U0873474

公路桥梁工程施工与养护

柳　勋　赵泽立　刘　哲　编著

中国石化出版社
·北京·

图书在版编目(CIP)数据

公路桥梁工程施工与养护 / 柳勋, 赵泽立, 刘哲编著. — 北京 : 中国石化出版社, 2025. 9. — ISBN 978-7-5114-8082-8

Ⅰ. U448. 145

中国国家版本馆 CIP 数据核字第 2025AM5322 号

中国石化出版社出版发行

地址:北京市东城区安定门外大街 58 号

邮编:100011　电话:(010)57512500

发行部电话:(010)57512575

http://www. sinopec-press. com

E-mail:press@ sinopec. com

北京捷迅佳彩印刷有限公司印刷

全国各地新华书店经销

*

787 毫米×1092 毫米 16 开本 15. 75 印张 390 千字

2025 年 9 月第 1 版　2025 年 9 月第 1 次印刷

定价:126. 00 元

《公路桥梁工程施工与养护》编委会

主　编　柳　勋　中交未名环保有限公司

赵泽立　中铁十八局集团国际工程有限公司

刘　哲　陕西华山路桥集团有限公司

副主编　黄　枫　深圳高速公路集团数字科技有限公司

周　俊　贵州路桥集团有限公司

杨小文　陕西路桥集团有限公司

编　委　王　威　中交路桥建设有限公司

刘峰峰　中交路桥建设有限公司

前言 PREFACE

现代社会文明的重要标志是交通的发达和畅通，公路桥梁正是交通的“咽喉”，作为关系城市交通正常运转的重要基础设施，它不仅是城市经济发展的保障，也是衡量现代城市生活品质的重要指标之一，事关群众日常出行的安全和便利。

公路桥梁工程具有施工环境复杂、受外界影响大、涉及部门和环节非常多等特点。受外界自然因素、人为因素等影响，易导致原先制定的施工计划无法实施，需要不断地根据实际情况进行优化更新。在公路桥梁建设过程中，施工阶段是非常重要而关键的环节，要想确保施工质量达到预期标准，就要结合实际情况，有针对性地采取有效策略，做好施工各个环节的控制工作，保证施工效率与质量，降低工程施工风险，减少资源浪费，降低安全事故发生率。

此外，在保证施工的基础上，对这些数目庞大、结构复杂的公路桥梁进行科学、有效的养护管理，维系桥梁设施的运行安全和舒适畅通亦是十分必要的。改革开放以来，桥梁建设迎来跨越式发展，国内公路桥梁激增，养护管理工作却相对滞后，面对近年来大量新增的桥型各异、结构复杂的城市桥梁及高架快速路桥梁，养护管理方面的短板显得十分明显，为此，结合国内外的公路桥梁施工与养护工作经验，特汇总编著此书。

本书主要面向公路桥梁专业技术人员和养护管理人员，其内容包括路基工程施工、路面工程施工、桥梁下部结构施工、桥梁上部结构施工、公路桥梁养护、国内外公路桥梁工程实践等章节。

限于作者水平，书中疏漏及不足之处请广大读者批评指正。

目录 CONTENTS

第1章 路基工程施工

1.1 路基工程概述

1.1.1 路基的概念与分类

公路路基是路面的基础，是线形承重主体，承受着自身土体的自重和路面结构的重量，以及由路面传递下来的行车荷载。没有稳定坚固的路基，就不会有一个好的路面，松软的路基会产生不均匀下沉现象，造成路面开裂和不平整，进而影响行车的速度、安全、舒适和道路的畅通。

根据填挖情况的不同，路基可分为路堤、路堑和填挖结合路基三种类型。路堤是指全部用岩、土(或其他填料)填筑而成的路基；路堑是指全部开挖形成的路基；当天然地面横坡比较大，一侧开挖，另一侧填筑时，称为填挖结合路基，也称半堤半堑路基。

对于一级公路和高速公路，路基又可分为整体式断面路基和分离式断面路基两类。对于路堤来讲，按路基的填土高度不同，又可划分为：矮路基(小于1.5m)、高路基(大于18m)和一般路基(1.5~18m)，按填料不同，又可分为土质路基、石质路基和土石混合路基。路基在结构上又分为：上路堤和下路堤、路床。路床是指路面底面以下0~0.8m内的路基部分，可分为上路床和下路床。上路堤是指路面底面以下0.8~1.5m的填方部分，下路堤是指上路堤以下的填方部分。

路堑按其开挖方式的不同，又可分为：全挖式路基、台口式路基和半山洞式路基。按其材质不同，路堑又可分为土质路堑和石质路堑。

1.1.2 路基施工的特点和基本要求

1.1.2.1 路基施工的主要特点

(1) 土石方数量大，不同路段工程数量差别大：一般平原微丘区的二级公路，每千米土石方数量在10000~22000m^3，山岭重丘区更是数量巨大，不同路段的挖填方数量差别大。

(2) 材质差别大：不论是填方路段还是挖方路段，路基工程都是宜土则土、宜石则石。土路基本身也有不同土质类型，如粉性土、砂性土、黏性土、黄土，还有须加固处理的软土等。石质路基材质有可能是石灰岩、沉积岩、变质岩或是火山岩，不论其风化程度如何，只要其强度满足要求，都可以用作路基填料。在同一道路的同一路段上，出现多种材质混合的可能性比较大。

（3）施工方法因地制宜：由于地形地貌、地质水文、气象、现有交通条件等诸多条件的制约，施工方法，宜挖则挖、宜爆则爆，多种多样，因地制宜。

（4）路基工程和桥梁、涵洞、防护工程、路面工程等在施工中相互干扰、相互影响，应认真组织，妥善安排。

（5）应注意环境和生态保护，防止取土、弃土和排水沟、边沟等影响农田水利和排灌系统。

1.1.2.2 车辆荷载对路基工程的基本要求

（1）具有足够的整体稳定性。

（2）具有足够的强度，也就是抵抗变形的能力。

（3）具有足够的水温稳定性，即在最不利的水温条件下，保持路基的强度仍能满足设计和行车荷载对路基的要求。

1.1.2.3 路基工程施工的基本要求

（1）路基工程施工应满足设计和使用要求，并把试验检测作为主要的监控手段来指导路基工程施工。

（2）路基施工宜移挖作填，即使用路堑段的挖方用作路堤填筑段的填方，减少占用土地并有利于环境保护，减少对自然景观的破坏，保持与地形地貌的协调。

（3）路基施工应严格按照规范要求来组织，特殊地区的路基施工采取相应的技术措施。

（4）石方挖方路基的施工，不宜采取大爆破的方法进行。必须使用时，需请有相应设计施工资质的单位，做出专门的设计，反复论证后，按大爆破的有关规定组织和实施。

1.1.3 路基填料

路基填筑工程量巨大，路基填料的选择一般采取因地制宜的原则，宜土则土，宜石则石。凡是具有规定强度且能被压实到规定密实度和能形成稳定路基的材料均为适用的填料。也就是说，不论是细粒土、粗粒土或是爆破之后的岩石或工业废渣，只要符合一定的技术要求，均可以用作路基填料。但在路基填料的选择上还要注意以下几点：

（1）路基填方应优先考虑使用级配较好的砾类土、砂类土等粗集料做填料，填料的最大粒径应小于150mm。

（2）当采用细粒土做填料时，最为符合规定。

（3）泥炭、淤泥、冻土、强膨胀土、有机土及易溶盐超过允许含量的土，不得直接用于填筑路基。液限大于50%，塑性指数大于26的土以及含水量超过规定的土，也不得直接用于路基填料。确需使用上述土或黄土填筑路基时，必须采取一定的改善措施，使其满足要求，并取得监理工程师批准。

（4）钢渣、粉煤灰等可用作路基填料，其他工业废渣使用前应进行有害物质的检测，以免对土地和水源造成污染。

（5）浸水路基应选用渗水性良好的材料填筑，如中等颗粒的砂砾、级配碎石等，不应直接采用粉质土填筑。如必须采用细砂、粉砂等易液化的材料做填料时，应考虑防止震动液化的技术措施。

(6) 桥梁台背宜采用渗水性材料、轻质材料、无机结合料稳定材料，在渗水材料缺乏的地区，可以使用石灰、水泥、粉煤灰等单独或综合处置的细粒土。

(7) 填石路基的石块最大粒径应小于厚度的2/3，路床顶面50cm厚度内不得使用石块填筑。

1.1.4 路基施工期间的防水与排水

(1) 在路基工程施工期间，为防止工程或附近农田、建筑物及其他设施受冲刷淤积，应修建临时排水设施，以保持施工场地处于良好的排水状态。

(2) 临时性排水设施应与永久性排水设施相结合。施工场地流水不得排入农田、耕地或污染自然水源，也不应引起淤积、阻塞和冲刷。

(3) 施工时，不论挖方或填方，均应做到各施工层表面不积水。因此，各施工层应随时保持一定的泄水横坡或纵向排水通道。挖方路基顶面或填方基底含水率过大时，应采取措施降低其含水率。

(4) 临时排水设施及排水方案应报请监理检查验收。

1.1.5 路基基本施工方法

(1) 人工施工。采用手工工具，如小推车、扁担挑、铁锹挖、人工填筑、人工石夯夯实的施工方法。人工施工工效低、进度慢，古代和近代的道路基本使用这种方法施工。目前道路施工中，特别小的项目和施工机械无法进入的区域，如庭院人行小路、块石路面，也主要采取人工施工方法。

(2) 简易机械化施工。以人工为主、简易机械为辅的施工方式，采取人工战术，大兵团作战，仅在碾压、整形等环节使用机械作业。20世纪80年代以前，由于缺乏机械，我国道路施工和河道清淤多采取这种施工组织方式。

(3) 机械法施工。使用配套机械(个别工序辅以人工)相互协调，共同形成主要工序的综合机械化施工方法，目前高等级公路的施工都采用这种方法。

(4) 爆破法施工。主要适用于石质路堑和隧道施工。

(5) 水力机械法施工。使用水泵、水枪等水力机械喷射强力水流，冲散土层并流至指定地点沉积。这种方法对电力和水源要求高，且沉积时间长，难以控制工程质量，目前在公路施工中很少使用。

1.1.6 路基填方试验路段

对于一级以上公路，或使用新材料、新技术、新工艺、新设备的施工路段，施工单位在正式施工之前，应首先进行一定长度的试验路段，试验路段的施工方法与正式施工相同。进行试验路段的目的是：确定填方施工的松铺厚度，验证最佳含水量范围，确定碾压组合形式，确定最佳的机械配套和施工组织。路段试验应对所有的实验环节做好记录，包括：压实设备的类型，碾压组合方式，碾压速度和碾压遍数，含水量的大小及均匀程度，有无出现翻浆及处理办法，填料的松铺厚度及压实厚度，最后实测的压实度等。试验结果作为以后该种填筑材料施工控制的重要依据。

1.2 一般路基工程施工

1.2.1 土质路堤施工

1.2.1.1 施工取土

（1）路基填方取土，应根据设计要求，结合路基排水和当地土地规划、环境保护要求进行，不得任意挖取。

（2）施工取土应不占或少占良田，尽量利用荒坡、荒地，取土深度应结合地下水等因素考虑，利于复耕。原地面耕植土应先集中存放，以利再用。

（3）自行选定取土方案时，应符合下列技术要求：①地面横向坡度陡于1：10时，取土坑应设在路堤上侧。②桥头两侧不宜设置取土坑。③取土坑与路基之间的距离，应满足路基边坡稳定的要求。取土坑与路基坡脚之间的护坡道应平整密实，表面设1%~2%向外倾斜的横坡。④取土坑兼作排水沟时，其底面宜高出附近水域的常水位或与永久排水系统及桥涵出水口的标高相适应，纵坡不宜小于0.2%，平坦地段不宜小于0.1%。⑤线外取土坑等与排水沟、鱼塘、水库等蓄水(排洪)设施连接时，应采取防冲刷、防污染的措施。

（4）对取土造成的裸露面，应采取整治或防护措施。

1.2.1.2 施工方法

1）分层填筑法。

路堤填筑根据不同的土质，从原地面逐层填起并分层压实，每层填土的厚度可按压实机具的有效压实深度和压实度确定。分层填筑法又可分为水平分层填筑和纵向分层填筑两种：①水平分层填筑：填筑时按照横断面全宽分成水平层次，逐层向上填筑，如原地面不平，应由最低处分层填起，每填一层，经过压实符合规定要求之后，再填上一层，依此循环进行直至达到设计高程。②纵向分层填筑：此方法适用于用推土机从路堑取土填筑距离较短的路堤，依纵坡方向分层，逐层向上填筑，原地面纵坡大于12%的地段常采用此法。

2）竖向填筑法。

指从路基一端或两端同时按横断面的全部高度，逐步推进填筑。此方法适用于无法自下而上填筑的深谷、陡坡、断岩、泥沼等运土和机械无法进场的路堤。

竖向填筑因填土过厚不易压实，施工时要选用沉陷量较小、透水性较好及颗粒粒径均匀的砂石材料或附近开挖路堑的废石方，并一次填足路堤全宽度；选用振动式或夯击式压实机械；暂时不修建较高级的路面，容许短期内自然沉落。

3）混合填筑法。

在路堤下层竖向填筑，上层水平分层填筑，使上部填土经分层压实获得需要的压实度。此方法适应于因地形限制或填筑堤身较高，不宜采用水平分层法和竖向填筑法自始至终进行填筑的情况。在深谷陡坡地段填筑路堤，尽量采用混合填筑法。施工时可以单机作业，也可多机作业，一般沿线路分段进行，每段距以20~40m为宜，多在地势平坦或两侧有可利用的山地土场的场合采用。

1.2.1.3 施工要点

（1）地基表层处理应符合下列规定：①二级及二级以上公路路堤基底的压实度应不小于90%；三、四级公路应不小于85%。路基填土高度小于路面和路床总厚度时，基底应按设计要求处理。②原地面坑、洞、穴等，应在清除沉积物后，用合格填料分层回填分层压实。③泉眼或露头地下水，应按设计要求，采取有效导排措施后方可填筑路堤。④地基为耕地、松散土、水稻田、湖塘、软土、高液限土等时，应按设计要求进行处理，局部软弱的部分也应采取有效的处理措施。⑤地下水位较高时，应按设计要求进行处理。⑥陡坡地段、土石混合地基、填挖界面、高填方地基等都应按设计要求进行处理。

（2）路堤填筑应符合下列规定：①性质不同的填料，应水平分层、分段填筑，分层压实。同一水平层路基的全宽应采用同一种填料，不得混合填筑。每种填料的填筑层压实后的连续厚度不宜小于500mm。填筑路床顶最后一层时，压实后的厚度应不小于100mm。②潮湿或冻融敏感性小的填料应填筑在路基上层，强度较小的填料应填筑在下层。在有地下水的路段或临水路基范围内，宜填筑透水性好的填料。③在透水性不好的压实层上填筑透水性较好的填料前，应在其表面设2%~4%的双向横坡，并采取相应的防水措施。不得在由透水性较好的填料所填筑的路堤边坡上覆盖透水性不好的填料。④每种填料的松铺厚度应通过试验确定。⑤每一填筑层压实后的宽度不得小于设计宽度。⑥路堤填筑时，应从最低处起分层填筑，逐层压实；当原地面纵坡大于12%或横坡陡于1∶5时，应按设计要求挖台阶，或设置坡度向内并大于4%、宽度大于2m的台阶。⑦填方分几个作业段施工时，接头部位如不能交替填筑，则先填路段，按1∶1坡度分层留台阶。如能交替填筑，则应分层相互交替搭接，搭接长度不小于2m。

（3）选择施工机械：应考虑工程特点、土石种类及数量、地形、填挖高度、运距、气候条件、工期等因素经济合理地确定。填方压实应配备专用碾压机具。

（4）压实度检测应符合以下规定：①用灌砂法、灌水（水袋）法检测压实度时，取土样的底面位置为每一压实层底部；用环刀法试验时，环刀中部处于压实层厚的1/2深度；用核子仪试验时，应根据其类型，按说明书要求办理。②施工过程中，每一压实层均应检验压实度，检测频率为每1000m^{2}至少检验2点，不足1000m^{2}时检验2点，必要时可根据需要增加检验点。

1.2.2 填石路堤施工

1.2.2.1 填料要求

路堤填料粒径应不大于500mm，并不宜超过层厚的2/3，不均匀系数宜为15~20，路床底面以下400mm范围内，填料粒径应小于150mm；路床填料粒径应小于100mm。膨胀岩石、易溶性岩石不宜直接用于路堤填筑，强风化石料、崩解性岩石和盐化岩石不得直接用于路堤填筑。

1.2.2.2 填筑方法

填石路堤的填筑施工方式有倾填(含抛填)和逐层填筑、分层压实两种。倾填又可分为石块从岩面爆破后直接散落在准备填筑的路堤内和用推土机将爆破后堆置在半路堑上的石块以及用自卸汽车从远处运来的爆破石块推入路堤两种情况。高速公路、一级公路和铺设高级路面的其他等级公路的填石路堤不宜采用倾填式施工，而应采用分层填筑、分层压实的方法。二级及二级以下且铺设低级路面的公路在陡峻山坡段施工特别困难或大量爆破以挖作填时，可采用倾填方式将石料填筑于路堤下部，但倾填路堤在路床底面下不小于1.0m范围内仍应分层填筑压实。

采用分层填筑方式施工，又可分为机械作业和人工作业两种方法。机械施工分层填筑时，高速公路及一级公路分层松铺厚度一般为50cm，其他公路为100cm。施工中应安排好石料运行路线，专人指挥，按水平分层，先低后高、先两侧后中央卸料。由于每层填筑厚度较大，故摊铺平整工作必须采用大型推土机进行，个别不平处应配合人工用细石块、石屑找平，如果石块级配较差、粒径较大、填层较厚，石块间的空隙较大时，可于每层表面的空隙里扫入石渣、石屑、中砂、粗砂，再以压力水将砂冲入下部，反复数次，使空隙填满。人工摊铺、填筑填石路堤，当铺填粒径25cm以上石料时，应先铺填大块石料，大面向下，小面向上，摆平放稳，再用小石块找平，石屑塞填，最后压实；铺填粒径25cm以下石料时，可直接分层摊铺，分层碾压。

1.2.2.3 施工要点

(1) 基层处理时：其承载力应满足设计要求；在非岩石地基上填筑填石路堤前，应按设计要求设过渡层。

(2) 路堤施工前：应先修筑试验路段，确定满足孔隙率标准的松铺厚度、压实机械型号及组合、压实速度及压实遍数、沉降差等参数。

(3) 路床施工前：应先修筑试验路段，确定能达到最大压实干密度的松铺厚度、压实机械型号及组合、压实速度及压实遍数、沉降差等参数。

(4) 岩性相差较大的填料应分层或分段填筑：严禁将软质石料与硬质石料混合使用。

(5) 中硬、硬质石料填筑路堤时：应进行边坡码砌。码砌边坡的石料强度、尺寸及码砌厚度应符合设计要求。边坡码砌与路基填筑宜基本同步进行。

(6) 压实机械宜选用自重不小于18t的振动压路机。

(7) 在填石路堤顶面与细粒土填土层之间应按设计要求设过渡层。

1.2.2.4 质量检验

(1) 上、下路堤的压实质量标准。

(2) 填石路堤施工过程中的每一压实层，可用试验路段确定的工艺流程和工艺参数，控制压实过程；用试验路段确定的沉降差指标检测压实质量。

(3) 填石路堤填筑至设计标高并整修完成后，其施工质量应符合规定。

(4) 填石路堤成型后的外观质量标准：路堤表面无明显孔洞；大粒径石料不松动，铁锹挖动困难；边坡码砌紧贴、密实，无明显孔洞、松动，砌块间承接面向内倾斜，坡面平顺。

1.2.3 土石路堤施工

土石路堤是指石料含量占总质量30%~70%的土石混合材料填筑的路堤。

1.2.3.1 填料要求

(1) 膨胀岩石、易溶性岩石等：不宜直接用于路堤填筑，崩解性岩石和盐化岩石等不得直接用于路堤填筑。

(2) 天然土石混合填料中：中硬、硬质石料的最大粒径不得大于压实层厚的2/3；石料最大粒径不得大于压实层厚。

1.2.3.2 填筑方法

土石路堤不得采用倾填方法，只能采用分层填筑，分层压实。

当土石混合料中石料含量超过70%时，宜采用人工铺填，即先铺填大块石料，且大面向下，放置平衡，再铺小块石料、石渣或石屑嵌缝找平，然后碾压。当土石混合料中石料含量小于70%时，可用推土机将土石混合料铺填，每层铺填厚度应根据压实机械类型和规格确定，不宜超过40cm。用机械铺填时应注意避免硬质石块，特别是集中在一起的尺寸大的硬质石块。

1.2.3.3 施工要点

(1) 在陡、斜坡地段，土石路堤靠山一侧应按设计要求做好排水和防渗处理。

(2) 压实机械宜选用自重不小于18t的振动压路机。

(3) 施工前应根据土石混合材料的类别分别进行试验路段施工，确定能达到最大压实干密度的松铺厚度、压实机械型号及组合、压实速度及压实遍数、沉降差等参数。

(4) 碾压前应使大粒径石料均匀分散在填料中，石料间孔隙应填充小粒径石料、土和石渣。

(5) 压实后透水性差异大的土石混合材料，应分层或分段填筑，不宜纵向分幅填筑。如确需纵向分幅填筑，应将压实后渗水良好的土石混合材料填筑于路堤两侧。

(6) 土石混合材料来自不同料场，其岩性或土石比例相差较大时，宜分层或分段填筑。

(7) 填料由土石混合材料变化为其他填料时，土石混合材料最后一层的压实厚度应小于300mm，该层填料最大粒径宜小于150mm，压实后，该层表面应无孔洞。

(8) 中硬、硬质石料的土石路堤，应进行边坡码砌：码砌边坡的石料强度、尺寸及码砌厚度应符合设计要求。边坡码砌与路堤填筑宜基本同步进行。软质石料土石路堤的边坡按土质路堤边坡处理。

1.2.3.4 质量检验

(1) 中硬、硬质石料土石路堤在施工过程中的每一次压实层，可用试验路段确定的工艺流程和工艺参数，控制压实过程；用试验路段确定的沉降差指标，检测压实质量。路基成型后质量应符合规定。

（2）软质石料填筑的土石路堤应符合地基表层处理的规定。

（3）土石路堤的外观质量标准包括路基表面无明显孔洞；大粒径填石无松动，铁锹挖动困难；中硬、硬质石料土石路基边坡码砌紧贴、密实，无明显孔洞、松动，砌块间承接面应向内倾斜，坡面平顺。

1.2.4 挖方路基施工

1.2.4.1 土质路堑开挖

1）土方开挖方法

路堑开挖施工，除需考虑当地的地形条件、采用的机具等因素外，还需考虑土层的分布及利用。在路堑开挖前，应做好现场伐树除根等清理工作和排水工作。如果移挖作填，还应将表层土单独掘弃，或按不同的土层分层挖掘，以满足路堤填筑的要求。路堑的开挖方法根据路堑深度、纵向长短及现场施工条件，可采用横向挖掘法、纵向挖掘法和混合式挖掘法。

（1）纵向全宽掘进开挖(横挖法)：是在路线一端或两端，沿路线纵向向前开挖。单层掘进开挖，其高度即等于路堑设计深度，掘进时逐段成型向前推进，由相反方向运土送出。单层掘进的高度受到人工操作安全及机械操作有效因素的限制，如果施工紧迫，对于较深路堑，可采用双层纵向掘进开挖，上层在前，下层随后，下层施工面上留有上层操作的出土和排水通道。双层或多层开挖，增多了施工工作面，加快了施工进度，层高应视施工方便且能保证安全而定，一般为1.5~2.0m。

（2）横向通道掘进开挖(纵挖法)：是先在路堑纵向挖出通道，然后分段同时由横向掘进。此法工作面多，既可人工施工，亦可机械施工，也可分层纵向开挖，即将路堑分为宽度和深度都合适的纵向层次向前掘进开挖，可采用各式铲运机施工。在短距离及大坡度时，可用推土机施工，如系较长、较宽的路堑，可用铲运机并配以运土机具进行施工。

（3）混合式掘进开挖：是横挖法和纵挖法的混合使用，即先顺路堑开挖通道，然后沿横向坡面挖掘，以增加开挖坡面，每一开挖坡面应能容纳一个施工组或一台开挖机械作业。在较大的挖土地段，还可沿横向再挖沟，配以传动设备或布置运土车辆。当路线纵向长度和深度都很大时，宜采用混合式开挖法。

2）土方开挖施工要点

（1）土方开挖应自上而下进行，不得乱挖超挖，严禁掏底开挖，土方应分类开挖分类使用，非适用材料应按设计要求或作为弃方按规定处理。开挖过程中，应采取措施保证边坡稳定。开挖至边坡线前，应预留一定宽度，预留的宽度应保证刷坡过程中设计边坡线外的土层不受到扰动。

（2）路基开挖中，基于实际情况，如需修改设计边坡坡度、截水沟和边沟的位置及尺寸等时，应及时按规定报批。边坡上稳定的孤石应保留。开挖至零填、路堑路床部分后，应尽快进行路床施工；如不能及时进行，宜在设计路床顶标高以上预留至少300mm厚的保护层。采取临时排水措施，确保施工作业面不积水。挖方路基路床顶面终止标高，应考虑因压实而产生的下沉量，其值通过试验确定。

(3) 边沟与截水沟应从下游向上游开挖，截水沟通过地面坑凹处时，应将凹处填平夯实。边沟及截水沟开挖后，应及时进行防渗处理，不得渗漏、积水和冲刷边坡及路基。

(4) 挖方路基施工遇到地下水时，应采取排导措施，将水引入路基排水系统，不得随意堵塞泉眼。路床土含水量高或为含水层时，应采取设置渗沟、换填、改良土质、土工织物处理措施，路床填料应具有良好的透水性能。

1.2.4.2 石质路堑施工

1) 石质路堑施工注意事项

采用松土法或破碎法施工应注意的事项与土质路堑开挖基本相同。当采用爆破施工时，应注意以下事项：

(1) 爆破影响区内既有建筑物、管线的调查。一旦确定采用爆破法开挖岩石后，应查明爆破区内有无电力、电信、供排水管道等地面、地下管线，既有建筑物的类型、权属、年限等。若有，还应明确其具体的平面位置、埋置深度、迁移可行性。此外，对开挖边线范围外的既有建筑物、各类管线、距离、权属也应充分调查，以便制定爆破方案，确保线外建筑物、管线的安全。

(2) 对C级及以上爆破工程专项施工方案须经专家论证、审查后，报施工企业技术负责人审核，签字同意后报监理单位审批，总监理工程师审核签字同意后方可实施。

(3) 持证上岗。持证上岗是杜绝爆破伤亡事故的根本保证。凡从事爆破作业的施工人员均必须经过专业培训，取得爆破证书后方能上岗。必须一人一证，严禁一证多人使用。

(4) 清渣工作。清渣应自上而下，将松动的、破碎的岩石撬落。不准掏“神仙渣”(即在下面往里掏成悬岩状，石渣在自重的作用下坍落)，以免坍塌伤人。目前多用大功率推土机集石，装载机装车；或直接用斗容量1.5~2.0m^3的正铲挖掘机装车。对特大的孤石，可采用钢钎炮二次爆破解小。

(5) 安全。爆破施工安全包括爆破器材安全管理、施工操作安全及警戒线之内的其他人员、物资安全。爆破施工是一项危险作业，要求杜绝各种事故的发生，做到安全生产。对爆破作业的每一道工序，都必须认真执行各有关爆破安全规程，有组织、有计划、有步骤地进行施工。为了避免事故，石方爆破作业以及爆破器材的管理、加工、运输检验和销毁等工程均应按国家现行标准《爆破安全规程》(GB 6722—2014)执行。

① 爆破器材安全管理。所有爆破器材、雷管、炸药应在指定地点分开存放，相距不得小于1km，距离施工现场不得小于3km。存放仓库应保持良好的通风，设置避雷设施。库房周围设围墙，无关人员不得入内，严禁烟火。仓库应配备24h全天候看守的警卫值勤人员，配备良好的足够的防火设备。临时性爆破器材仓库禁止安装电灯照明，可用自然采光或安全手电筒。临时性爆破器材仓库的最大库存量：炸药10L，雷管2万发，导火索1万m。库房内设单独的发放间，雷管和炸药分开存放，间距在8m以上。爆破器材应有专人负责入库、发出，健全各种手续。在雷雨黑夜天气不得办理爆炸物品的收发工作。

② 施工操作安全。爆破施工环节，包括钻孔、导洞开挖，装药、堵塞、起爆、瞎炮

处理等，这些环节都具有危险性。钻孔和导洞开挖时，所有作业人员必须戴安全帽和必要的劳保用品。洞口和险道设置栏杆，并有足够的照明。洞内采用12~36V的低压安全灯，严禁高压或明火照明。洞口开挖前应处理危石，以确保安全，否则采取支撑。导洞深度越过6m时，应采取通风措施。经常检查洞内风量、气压和有害气体含量。装药、堵塞、起爆阶段，应注意以下几点：a. 炮孔、洞室完成后及时报验，合格后方可装药。b. 起爆药包只准在爆破附近的安全地点进行。c. 在炸药、雷管送达洞口前，将洞内所有电线取出，改用绝缘手电筒或蓄电池灯照明，严禁烟火。d. 装药、堵塞严格按设计要求操作，不准用块石压盖药包，并注意保护起爆线。e. 装药、堵塞后，由经过专职培训合格的爆破工连线。f. 爆破区边界和通道设岗哨和标志，爆破信号和解除信号要及时、显著。g. 爆破后应对爆破现场进行认真检查，发现瞎炮及时、安全处理。

（6）排水。节理发育的岩石，例如石灰岩地区，地表水会沿裂缝缝隙往下渗入，一般不用设截水天沟。但在开挖区内应在纵、横向形成坡面，确保工作面不积水。其他石质路堑视现场而定。

2）炮型的选择

公路工程爆破炮型种类繁多，分类方法也不尽相同。影响炮型选择的因素很多，包括石方的集中程度，路堑开挖深度，地质、地形条件，公路路基横断面形状及施工机械。其中施工机械往往是决定炮型选择的决定性因素。

按工作动力不同，凿岩机可分为风动凿岩机、液压凿岩机、电动凿岩机和内燃凿岩机。风动凿岩机采用压缩空气为动力，结构简单，质量轻，工作安全可靠，操作维修方便，适用于任何硬度的岩石。液压凿岩机是近年发展起来的一种新型凿岩机，具有单一动力，低消耗，实现一人多机操作，现场调整参数等优点。目前爆破大多采用这类凿岩机械。电动凿岩机、内燃凿岩机或因可靠性差，或因笨重，实际没有前两种使用普遍。

3）公路工程特殊爆破技术

公路工程施工中比较常用的有光面爆破、预裂爆破、定向爆破、微差爆破、松动爆破等。下面就以上特殊爆破技术做简要介绍。

（1）光面爆破：是指在开挖界面的周边，适当排列一定间隔的炮孔，在有侧向临空面的情况下，用控制抵抗线和落量的方法使爆破后的坡面保持光滑、顺直、平整而不受明显破坏的爆破方法。光面爆破具有以下特点：①爆破后成型规整，路基断面符合设计轮廓，特别在松软岩层中更能显示出光面爆破的作用。②爆破后不产生或很少产生爆震裂隙，新岩面保持原有稳定性，岩体承载能力不致下降，因而可有效地保证施工安全，为快速施工创造有利条件。③新岩壁平整，通风阻力小，岩面上应力集中现象减少，在深部岩壁表面可以减少岩爆危害。光面爆破属于控制爆破，其机理是沿开挖轮廓线布置间距减少的平行炮眼，在这些岩面炮眼中进行药量减少的不耦合装药（即采用间隔药包、间隔钻孔装药，通常是使炮孔直径大于药卷直径1~2倍），然后同时起爆，爆破时沿这些炮眼的中心连线破裂成平整的光面。光面爆破时由于采用不耦合装药，药包爆炸后，炮眼壁上的压力显著降低，此时药包的爆破作用为准静压作用，当炮孔压力值低于岩石抗压强度时，在炮眼壁上不至于造成“压碎”破坏，因此爆炸引起的应力和凿岩时在炮眼壁上造成的应力状态相似，只能引起少量的径向细微裂隙。裂隙数目及其长度随不耦合系数(一般为 1.1~3.0，其中 1.5~2.5 用得较多)和装药量不同而不同，一般地在药包直径一定时，不耦合系数值愈大，药量愈小，则细微裂隙数愈少而长度也愈短。光面炮眼同时起爆时，由于起爆器材的起爆时间误差，不可能在同一时刻爆炸，先起爆的药包的爆炸应力作用在炮眼周围产生细微径向裂隙，由于相邻炮眼的导向作用，结果沿相邻两炮眼中心连线的那条径向裂隙得到优先发育，在爆炸气体作用下，这条裂隙继续延伸和扩展，在相邻两炮眼的炮眼连线与眼壁相交处产生应力集中，此处拉应力值最大，该相邻两炮眼中爆炸气体的气楔作用将这些径向裂隙加以扩展，成为贯通裂隙，最后造成光面。

光面爆破施工的主要技术要点：一是选择要求工作空间较小的优良钻机，精确凿岩，控制炮眼底部的偏离，严格保持炮孔在同一平面内。二是光面爆破应在主炮起爆之后，间隔时间在 25~50ms 范围内；同一排炮孔必须同时爆破，以免影响起爆质量，最好用传爆线起爆。三是采用恰当的药包结构，并控制装药量。一般地，光面爆破装药量比正常减少 1/2~1/3，炮孔直径不大于 50mm，且大于药卷直径 1~2 倍，或采用间隔药包、间隔钻孔装药。四是边孔间距可通过计算确定，也可由工地试验决定，曲线边孔应加密到 0.2m，采用小孔径，可间隔 1~2 孔装药。

（2）预裂爆破：是沿岩体设计开挖面与主孔之间布置一排预裂主炮孔，并使预裂炮孔超前主炮孔起爆(一般超前 50~150ms 起爆)，从而沿设计开挖面将岩石拉断，形成贯通预裂，使爆破主体与山体分离形成隔震减震带，为全部爆破完成后岩石开挖面形成要求的轮廓的一种爆破方法。

预裂爆破是在没有侧向空面和最小抵抗线的情况下，按一定间距钻一排小孔距平行炮孔，孔内装入少量炸药，在开挖区主爆起爆之前，这些炮孔首先爆破，预裂出一条裂缝，预裂缝在一定范围减小主炮炮孔的爆破震动效应，使开挖界限以外的山体或建筑物免遭爆破震动的破坏，并且防止额外超爆，有效保护开挖边坡，减小破坏。预裂爆破是在光面爆破基础上发展起来的一项特殊爆破技术。

施工时，为了获得良好的预裂爆破效果，除选择合理的爆破参数、起爆顺序和布孔方式外，更应精确掌握施工方法、操作要点，掌握好“孔深、方向和倾斜角度”三大要素，一般孔底的钻孔偏差不应大于 15cm。对钻孔的质量应十分重视，符合设计要求。

（3）定向爆破：就是利用爆破的作用，将大量的岩石和土按照指定的方向搬移到一定的地点，并堆积成一定形状的填方。定向爆破的基本原理，就是炸药在岩石或土内部爆炸时，岩石和土是沿着最小抵抗线，即沿着从药包到临空面最短距离的方向而抛出去，因此，合理选择临空面并布置炮孔是定向爆破的一个重要问题。临空面可以利用自然的地形，也可以在爆破地点，用人工方法造成需要的孔穴或空槽作为临空面，以便能够按照需要的方向，将爆破的岩石抛向指定的位置。

（4）深孔多排微差爆破：指前后或相邻炮孔内的药包以毫秒的时间间隔(一般为 15~75ms)依次起爆。微差爆破的特点是在装药量相等的条件下，可减震 1/3~2/3；前发药包为后发药包开创了临空面，从而可以扩大自由面，有利于应力的增加，增加岩块间的碰撞挤压作用，加强了岩石的破碎效果；降低各排孔一次爆破的堆积高度，有利于挖掘机作业；由于逐发或逐排依次爆破，减少了岩石挟制力，可节省近20%的炸药量，并可增大孔距，提高每钻孔炸落方量。

使用光面爆破的地质条件：①岩体稳定性好，坡顶上部无倾向路基的堆积覆盖层。②有多向临空面。③岩体的结构面层理、产状与路线平行。④岩体构造无软弱结构面、不整合面、软弱夹层。

施工中应注意的几个问题：一是施工前必须准确地测定设计边坡线和预裂孔的位置。二是施工中切实控制好“孔深、方向和倾斜角度”三大要素。各预裂孔应相互平行，孔底落在同一水平面上。预裂孔的角度与边坡坡度一致。三是严格保持炮孔在同一平面内，炮孔间距和最小抵抗线之比小于0.8，控制装药量，采用间隔药包，炮孔直径大于药卷直径1~2倍。四是光面炮在主炮之后起爆，时间间隔25~50ms。五是同一排孔要同时起爆，应尽量采用传爆起爆，以提高爆破效果。六是严格执行《爆破安全规程》(GB 6722—2014)，确保爆破安全。

1.2.4.3 挖方路基边坡坡度

土质挖方边坡坡度主要与边坡高度、土的湿度、密实程度、地下水、地面水情况、土的成因、类型及生成时代等因素有关。岩石挖方边坡坡度主要与岩性、地质构造、岩石的风化破碎程度、边坡高度、地下水及地面水等因素有关。挖方路基的边坡坡度要求与施工要点主要有：

(1) 土的挖方边坡坡度应根据调查路线附近已建工程的人工边坡及自然山坡稳定状况确定。

(2) 砾石类土的挖方边坡坡度主要与砾石土成因、岩块成分和大小、密实程度及休止角有关，并应结合当地水文条件和边坡高度进行对比分析、论证确定边坡坡度大小。

(3) 在边坡施工中，由于设计的边坡坡度可能与现场的实际土质等情况不相符合，因此，施工技术人员应注意随着填、挖的进行，认真地观察和分析影响边坡坡度稳定的因素，当发现设计的边坡坡度不能满足边坡稳定时，应按相关规定考虑变更设计，以确保边坡稳定。

1.2.4.4 机械化施工要点

(1) 采用机械按横挖法开挖路堑且弃土(或以挖作填)运距较远时，宜用挖掘机配合自卸汽车作业，每层台阶高度可增加到3~4m，亦可用推土机开挖。若弃土或以挖作填运距超过推土机的经济运距时，可用推土机推土堆积，再用装载机配合自卸汽车运土。

(2) 机械开挖路堑时，配以平地机或人工分层修刮平整边坡。

(3) 采用机械按纵挖法开挖路堑时：①当采用分层纵挖法挖掘的路堑长度较短(小于100m)，开挖深度不大于3m，地面坡度较陡时，宜采用推土机作业。②推土机作业时，每一铲挖地段的长度应能满足一次铲切达到满载的要求，一般为5~10m铲挖宜在下坡时进行，对普通土下坡坡度宜为10%~18%，不得大于30%；对于松土下坡坡度不宜小于10%，不得大于15%；傍山卸土的运行道应设有向内稍低的横坡，但应同时留有向外排水的通道。③当采用分层纵挖法挖掘的路堑长度较长(超过100m)时，宜采用铲运机作业。

④对于拖式铲运机和铲运推土机，其铲斗容积为4~8m，适宜运距为100~400m；容积为9~12m的适宜运距为100~700m。自行式铲运机适宜运距可照上述运距加倍。铲运机在路基上的作业距离不宜小于100m。有条件时宜配备一台推土机(或使用铲运推土机)配合铲运机作业。⑤铲运机运土道，单道宽度不应小于4m，双道宽度不应小于8m；重载上坡纵坡不宜大于8%，空驶上坡纵坡不得大于50%；弯道应尽可能平缓，避免急弯；路基表层应在回驶时刮平，重载弯道处表面应保持平整。⑥铲运机作业面的长度和宽度应使铲斗易于达到满载。在地形起伏的工地，应充分利用下坡铲装；取土应沿其工作面有计划地均匀进行，不得局部过度取土而造成坑洼积水。⑦铲运机卸土场的大小应满足分层铺卸的需要，并留有回转余地。填方卸土应边走边卸，防止成堆，行走路线外侧边缘至填方边缘的距离不宜小于20cm。

(4) 当路线纵向长度和挖深都很大时，宜采用混合式开挖法，即将横挖法与通道纵挖法混合使用。先沿路堑纵向挖通道，然后沿横向坡面挖掘，以增加开挖坡面。每一坡面应设一个施工小组或一台机械作业。

(5) 开挖边沟、修筑路拱、刷刮边坡、整平路基表面时，宜采用平地机配合其他土方机械作业。

(6) 弃方：①施工前，应对设计提供的弃土方案进行现场核对，若有疑问，应及时处理。②弃土不得占用耕地，沿河弃土不得影响排洪、通航，不得加剧河岸冲刷。不得向水库、湖泊、岩溶漏斗及暗河口处弃土。禁止在贴近桥墩台、涵洞口处弃土。③沿线弃土堆设置应符合设计要求；设计无要求时应符合下列规定：弃土应相对集中堆放，并与周边环境相协调，严禁随意处理；弃土堆的几何尺寸、压实程度、位置，应保证路基边坡和弃土堆自身的稳定。弃土堆的边坡不陡于1.0∶1.5，顶面向外设不小于2%的横坡，其内侧高度不宜大于3m；在地面横坡陡于1∶5的路段，不得在高于路堑边坡顶的山坡上方设弃土堆；在山坡上侧的弃土堆，应连续而不间断，并在弃土堆上侧设置截水沟。山坡下侧的弃土堆，应每隔50~100m设宽度不小于1m的缺口排水，排水主流方向不得对地面结构物及农田等造成不利影响，必要时可设人工沟渠导引排水。弃土堆坡脚应进行防护和加固。④弃土应按设计要求进行压实并及时完成弃土场的防护、排水工程。

1.3 特殊路基工程施工

1.3.1 软土路基施工

淤泥、淤泥质土以及天然强度低、压缩性高、透水性小的一般黏性土统称为软土。软土路基天然含水率大于等于35%与液限；天然孔隙比大于等于1m；十字板抗剪强度小于35kPa；压缩系数宜大于0.5MPa^{-1}。

高速公路路基的软土系指：标准贯击数小于4，无侧限抗压强度小于50kPa，含水量大于50%的黏性土和标准贯击数小于10，含水量大于30%的砂性土。

软土无论是按沉积成因还是按土质划分，它们都具有共同的工程性质，即：①颜色以深色为主，粒度成分以细颗粒为主，有机质含量高。②天然含水量高，容重小，天然含水量大于液限，超过30%；相对含水量大于10；软土的饱和度高达100%，甚至更大，天然重力密度为1.5~19km^3。③天然孔隙比大，一般大于1m。④渗透系数小，一般小于10^{-6}cm/s数量级，沉降速度慢，固结完成所需时间较长。⑤黏粒含量高，塑性指数大。⑥高压缩性，压缩系数大，基础沉降量大，一般压缩系数大于0.5MPa^{-1}。⑦强度指标小，软土的快剪黏聚力小于10kPa，快剪内摩擦角小于5°，固结快剪黏聚力小于10kPa，快剪内摩擦角小于5°；固结快剪的强度指标略高，黏聚力小于15kPa，内摩擦角小于10°。⑧软土的灵敏度高，灵敏度一般在2~10，有时大于10，具有显著的流变特性。软土路基应进行路基处理并观测路堤沉降，按图纸或经监理工程师批准的处理方法进行施工。

1.3.1.1 软土路基处理方法

（1）换填法：是将原路基一定深度和范围内的淤泥挖除，换填符合规定要求的材料，使之达到规定压实度的方法。换填时，应选用水稳性或透水性好的材料，分层铺筑，逐层压实。

（2）抛石挤淤法：是在路基底从中部向两侧抛投一定数量的碎石，将淤泥挤出路基范围，以提高路基强度。所用碎石宜采用不易风化的大石块，尺寸一般不小于0.15m。抛石挤淤法施工简单、迅速、方便。适用于常年积水的洼地，排水困难，泥炭呈流动状态，厚度较薄，表层无硬壳，片石能沉达底部的泥沼或厚度为3~4m的软土；适用于在特别软的地面上施工由于机械无法进入，或是表面存在大量积水无法排出时；适用于石料丰富，运距较短的情况。

（3）排水固结法：堆载预压法、真空预压法、降水预压法、电渗排水法，适用于处理厚度较大的饱和软土和冲填土路基，但对于较厚的泥炭层要慎重选择。

（4）胶结法：①水泥搅拌桩：水泥搅拌桩的适用范围为淤泥、淤泥质土、含水量较高的地层、地基承载力不大于120kPa的黏性土、粉土等软土路基。在有较厚泥炭土层的软土路基上，宜通过试验确定其适用性，并可适量添加磷石膏以提高搅拌桩桩身强度。当地下水中含有大量硫酸盐时，应选用抗硫酸盐水泥。冬期施工时，应注意负温。注意十字板剪切强度为35kPa所对应的静力触探总贯入阻力约为750kPa对处理效果的影响。②高压喷射注浆法：高压喷射注浆法的适用范围为淤泥、淤泥质土、黏性土、黄土、砂土、人工填土和碎石土等路基。尤其适用于软弱路基的加固。湿陷性黄土以及土中含有较多的大粒径块石、坚硬性黏性土、大量植物根茎或过多有机质时，应根据现场试验结果确定其适用程度。对地下水流速较大或涌水工程以及对水泥有严重侵蚀的路基应慎用。③灌浆法：灌浆法适用于处理淤泥、淤泥质土、粉土和含水量较高，且路基承载力标准值不大于120kPa的黏性土等地基。当用于处理泥炭土或地下水具有侵蚀性时，宜通过试验以确定其适用性。④水泥土夯实桩法：水泥土夯实桩法适用于地下水位以上的素填土、淤泥质土和粉土等。

（5）加筋土法：适用范围为人工填土、砂土的路堤、挡墙、桥台等；土工织物适用于砂土、黏性土和软土的加固，或用于反滤、排水和隔离的材料；树根桩适用于各类土，主要用于既有建筑物的加固及稳定土坡、支挡结构物；锚固法能可靠地锚固土层和岩层。对软弱黏土宜通过重复高压灌浆或采用多段扩体或端头扩体以提高锚固段的锚固力。对液限大于50%的黏性土，相对密度小于0.3的松散砂土以及有机质含量较高的土层，均不得作为永久性锚固地层。

(6) 振冲置换法：适用于不排水剪切强度20kPa≤CU≤50kPa的饱和软黏土、饱和黄土及冲填土。对不排水剪切强度小于20kPa的地基应慎重选择。此法能使天然路基承载力提高20%~60%。

(7) 水泥粉煤灰碎石桩(简称CFG桩)法：CFG桩法适用于淤泥、淤泥质土、杂填土、饱和及非饱和的黏性土、粉土，能使天然路基承载力提高70%以上。

(8) 钢渣桩法：适用于淤泥、淤泥质土、饱和及非饱和的黏性土、粉土。

(9) 石灰桩法：适用于渗透系数适中的软黏土、杂填土、膨胀土、红黏土、湿陷性黄土。不适合地下水位以下的渗透系数较大的土层。当渗透系数较小时，软土脱水加固效果不好的土层慎用。

(10) 强夯置换法：适用于饱和软黏土，一般适合于3~6m的浅层处理。

(11) 砂桩法：适用于软弱黏性土，但应慎用，且需要较长的时间，对不排水剪切强度小于15kPa的软土应采用袋装砂井桩。

(12) 夯坑基础法：适用于软黏土、非饱和的黏性土、夯填土、湿陷性黄土。

(13) 强夯法：适用于碎石、砂土、杂填土、素填土、湿陷性黄土及低饱和度的粉土和黏性土。对于高饱和度的粉土和黏性土，需经试验论证后方可使用，且应设置竖向排水通道。该法处理深度可达10多米，但强夯的震动可能会对周围环境造成不良影响，因此，使用时要求考虑周围环境因素。

(14) 振冲法：是一种不添加砂石材料的振冲挤密法，一般宜用于0.75mm以上颗粒占土体20%以上的砂土，而添加砂石材料的振冲挤密法宜用于粒径小于0.005mm的黏粒含量不超过10%的粉土和砂土。

(15) 挤密碎石桩法：适用于松散的非饱和黏性土、杂填土、湿陷性黄土、疏松的砂性土。对饱和软黏土应慎重使用。

1.3.1.2 软土路基施工方法

1) 抛石挤淤施工

(1) 抛石挤淤应按设计要求或监理工程师的要求进行。

(2) 应选用不易风化的片石，片石厚度或直径不宜小于300mm。

(3) 当软土地层平坦，软土成流动状时，填土应沿路基中线向前成三角形方式投放片石，再渐次向两侧全宽范围扩展，使泥沼或软土向两侧挤出。当软土地层横坡陡于1∶10时应自高侧向低侧抛投，并在低侧边部多抛填，使低侧边部约有2m的平台。

(4) 片石抛出软土面或抛出水面后，应用较小石块填塞垫平，用重型压路机压实。

2) 垫层施工

垫层处置施工通常用于松软过湿的表面，采用排水、铺设填料或以掺加剂加固使地表层强度增加，防止地基局部剪切变形，从而保证重型机械通行，又使填土荷载均匀分布在地基上。垫层材料宜采用无杂物的中、粗砂，含泥量应不小于5%；也可采用天然级配型砾料，其最大粒径应小于50mm，石强度应不低于四级。垫层应分层摊铺压实，碾压到规定的压实度。垫层宽度应宽出路基边脚500～1000mm，两侧宜用片石护砌或采用其他方式防护。垫层采用砂砾料时，应避免粒料离析。在软、湿路基上铺以0.3～0.5m厚度的排水层，有利于软湿表层的固结，并形成填土的底层排水，在一定程度上能提高地基强度，使施工机械可以通行。碎石、岩渣垫层的一般厚度为0.4m左右，并铺设单层或双层土工织物或土工网格，有利于均匀支承填土荷载，提高地基承载力，减少地基的沉降量。掺合料垫层是利用掺合料（石灰、水泥、土、加固剂）以一定剂量混合在填料土中，可改变地基的压缩性和强度特性，从而保证施工机械的通行，垫层大部分松散，应进行大部或全部防护。

3）袋装砂井施工

（1）袋装砂井施工工艺流程为：施工设备的准备→沉入套管，袋装砂沉入→就地填砂或井→预制砂袋沉放。

（2）袋装砂浆的成孔方法可根据机械设备条件进行比较选择：专用的施工设备一般为导管式的振动打设机械，只是在进行方式上有差异。成孔的施工方法有五种，即锤击沉入法、射水法、压入法、钻孔法及振动贯入法等。

（3）施工要点：①中粗砂粒径大于0.5mm颗粒的含量宜占总质量的50%以上，含泥量应小于3%，渗透系数大于5×10^{-2}mm/s。砂袋的渗透系数应不小于砂的渗透系数。②袋装砂井施工应符合以下规定：砂袋露天堆放时，应有遮盖，不得长时间暴晒；砂袋应垂直下井，不得扭结、缩颈、断裂、磨损；拔钢套管时，如将砂袋带出或损坏，应在原孔位边缘重打；连续两次将砂袋带出时，应停止施工，查明原因并处理后方可施工；砂袋在孔口外的长度，应能顺直伸入砂垫层至少300mm。③袋装砂井施工质量应符合规定。

4）塑料排水板施工

（1）塑料排水板：①芯板是由聚乙烯或聚丙烯加工而成的多孔管道或其他形式的板带，应具有足够的抗拉强度和垂直排水能力。其抗拉强度不应小于130N/cm；当周围土体压力在15m深度范围内不大于250kPa或在大于15m范围不大于350kPa条件下，其排水能力应不低于$30cm^3/s$。芯板应具有耐腐性和足够的柔性，保证塑料排水板在地下的耐久性并在土体固结变形时不会被折断或破裂。②滤套一般由无纺织物制成，应具有一定的隔离土颗粒和渗透功能，应等效于0.025mm孔隙，其最小自由透水表面积宜为$1500cm^2/m$，渗透系数应不小于5×10^{-3}cm/s。

（2）施工机械：主要机具是插板机，基本上可与袋装砂井打设机具共用，只是将圆形套管换成矩形套管。对振动打设工艺、锤击振力大小，可根据每次打设根数、导管断面大小、入土长度和地基均匀程度确定。

（3）塑料排水板加固软土地基：施工工艺流程为：整平原地面→摊铺下层砂垫层→机具就位→塑料排水板穿靴→插入套管→拔出套管→割断塑料排水板→机具移位→摊铺上层砂垫层。

（4）施工质量要求：①施工现场堆放的塑料排水板盘带应加以适当覆盖，以防暴露在空气中老化。②插入过程中导轨应垂直，钢套管不得弯曲，透水滤套不应被撕破和污染；

排水板底部应有可靠的锚固措施，以免拔出套管时将芯板带出。③塑料排水板留出孔口长度应保证伸入砂垫层不小于 50cm，使其与砂垫层贯通，并将其保护好，以防机械、车辆进出时受损，影响排水效果。④塑料排水板搭接应采用滤套内平接的方法，芯板对扣，凹凸对齐，搭接长度不少于 20cm；滤套包裹，用可靠措施固定。⑤施工中防止泥土等杂物进入套管中，一旦发现须及时清除。

5）碎石柱(砂桩)施工

（1）材料要求：采用中、粗砂，大于 0.6mm 颗粒含量宜占总重的 50%以上，含泥量应小于 3%，渗透系数大于 5×10^{-2}mm/s。也可使用砂砾混合料，含泥量应小于 5%。未风化碎石或砾石，粒径宜为 19~63mm，含泥量应小于 10%。

（2）当对砂桩质量要求较为严格或采用小直径管打大直径砂桩时，可以采用双管冲击法或单管振动重复压拔法成桩。

（3）施工前应按规定要求进行成桩试验：详细记录冲孔、清孔、制桩时间和深度、水压、冲水量、压入碎石用量及工作电流的变化等。通过试桩确定水压、工作电流等变化的幅值和规律(主要指土层变化与水压、工作电流的相应变化)，并验证设计参数和施工控制的有关参数，作为振冲碎石桩成桩的施工控制指标。

（4）填料方式：采用“先护壁，后制桩”的办法施工。成孔时先达到软土层上部 1~2m 范围内，将振冲器提出孔口加一批填料；下降振冲器使这批填料挤入孔壁，把这段孔壁加强以防塌孔；然后使振冲器下降至下一段软土中，用同样方法加料护壁。如此重复进行，直达设计深度。孔壁护好后，就可按常规步骤制桩了。

（5）桩的施工：桩的施工顺序一般采用由里向外、由一边推向另一边，或间隙跳打的方式。制桩操作步骤：先用振冲器成孔，而后借循环水清孔，最后倒入填料，再用振冲器沉至填料进行振实成型。

（6）施工要点：①采用单管冲击法、一次打桩管成桩法或复打成桩法施工时，应使用饱和砂；采用双管冲击法、重复压拔法施工时，可使用含水量为 7%~9%的砂；饱和土中施工可用天然湿砂。②地面下 1~2m 土层应超量投砂，通过压挤提高表层砂的密实程度。③成桩过程应连续。④实际灌砂量未达到设计用量时，应进行处理。

（7）碎石(砂)桩施工质量应符合相关规定。

6）加固土桩施工

（1）材料要求：①生石灰粒径应小于 2.36mm，无杂质，氧化镁和氧化钙总量应不小于 85%，其中氧化钙含量应不小于 80%。②粉煤灰中二氧化硅和三氧化二铝含量应大于 70%，烧失量应小于 10%。③水泥宜用普通或矿渣水泥。

（2）成桩试验：加固土桩施工前必须进行成桩试验，桩数不宜少于 5 根，且满足以下要求：①应取得满足设计喷入量的各种技术参数，如钻进速度、提升中速度、搅拌速度、喷气压力、单位时间喷入量等。②应确定能保证胶结料与加固软土拌和均匀性的工艺。③掌握下钻和提升的阻力情况，选择合理的技术措施。④根据地层、地质情况确定复喷范围。

（3）应根据固化剂喷入的形态(浆液或粉体)，采用不同的施工机械组合。

（4）采用浆液固化剂时，制备好的浆液不得离析，不得停置过长。超过 2h 的浆液应降低等级使用。浆液拌和均匀、不得有结块，供浆应连续。

（5）采用粉体固化剂时，应符合以下规定：①严格控制喷粉标高和停粉标高，不得中断喷粉，确保桩体长度；严格控制粉喷时间、停粉时间和喷入量；应采取措施防止桩体上下喷粉不匀、下部剂量不足、上下部强度差异大等问题；应按设计要求的深度复搅。②当钻头提升到地面以下小于 500mm 时，送灰器停止送灰，用同剂量的混合土回填。钻头直径的磨损量不得大于 10mm。如喷粉量不足，应整桩复打，复打的喷粉量不小于设计用量。因故喷粉中断时，必须复打，复打重叠长度应大于 1m。③施工设备必须配有自动记录的计量系统。

（6）加固土桩施工质量，应符合相关规定。

7）CFG 桩施工

（1）材料要求：①集料：应根据施工方法，选择合理的集料级配和最大粒径。②水泥：宜选用普通硅酸盐水泥。③粉煤灰：宜选用袋装Ⅱ、Ⅲ级粉煤灰。

（2）成桩试验：施工前应进行成桩试验，试桩数量宜为 5～7 根 CFG 桩试桩成功，经监理验收合格后，方可开始施工。

（3）CFG 柱施工要求：①桩体施工应选择合理的施打顺序，一般应隔行隔桩跳打，相邻桩之间施工间隔时间应大于 7d，避免对已成桩造成损害。②成桩过程中，应对已打桩的桩顶进行位移监测。③混合料应拌和均匀：在施工中，每台机械每天应做 1 组（3 块）试块（试块为边长 150mm 的立方体），经标准养生，测定其立方体抗压强度，应符合图纸规定。④CFG 桩沉管时间宜短，拔管速度控制在 1.2～1.5m/min，不允许反插，以防止桩缩颈、断桩及桩身强度不均。⑤桩顶设 500mm 保护桩长，CFG 桩施工完成 7d 后，开挖至设计高程，截去保护桩长。CFG 桩施工完成 28d 后，方可填筑路基。⑥冬季施工时混合料入孔温度不得低于 5℃，对桩头和桩间土应采取保温措施。

8）铺设土工合成材料

（1）土工合成材料的质量应符合设计要求及规范要求，在采用土工合成材料加筋的路堤填筑正式开工前，应结合工程先修筑试验路段，以指导施工。

（2）铺设土工合成材料应按图纸施工，在平整的下承层上全断面铺设，铺设时，土工织物应拉直平顺，紧贴下承层，不得扭曲、折皱。在斜坡上摊铺时，应保持一定松紧度。可采用插钉等措施固定土工合成材料于填土下承层表面。

（3）土工合成材料在铺设时，应将强度高的方向置于垂直于路堤轴线方向。

（4）应保证土工合成材料的整体性，当采用搭接法连接时，搭接长度宜为 300～600mm；采用缝接法时，缝接宽度应不小于 50mm；采用黏结法时，黏结宽度不应小于 50mm，黏合强度应不低于土工合成材料的抗拉强度。

（5）铺设土工合成材料的土层表面应平整，表面严禁有碎、块石等坚硬凸出物；在距土工合成材料层 80mm 以内的路堤填料，其最大粒径不得大于 60mm。

（6）土工合成材料摊铺以后，应及时填筑填料，以避免其受到阳光过长时间的曝晒，一般情况下，间隔时间不应超过 48h。填料应分层摊铺、分层碾压，所选填料及其压实度应符合规范的要求。与土工合成材料直接接触的填料中严禁含强酸性、强碱性物质。

(7) 土工合成材料上的第一层填土摊铺宜采用轻型推土机或前置式装载机，一切车辆、施工机械只容许沿路堤的轴线方向行驶。

(8) 对于软土地基，应采用后卸式货车沿加筋材料两侧边缘倾卸填料，以形成运土的交通便道，并将土工合成材料张紧。填料不允许直接卸在土工合成材料上面，必须卸在已摊铺完毕的土面上；卸土高度以不大于1m为宜，以免造成局部承载能力不足。卸土后应立即摊铺，以免出现局部下陷。

(9) 填筑施工便道后，再由两侧向中心平行于路堤中线对称填筑，第一层填料宜采用推土机或其他轻型压实机具进行压实；只有当已填筑压实的垫层厚度大于600mm后，才能采用重型压实机械压实。

(10) 双层土工合成材料上、下层接缝应交替错开，错开长度不应小于500mm。

(11) 施工过程中土工织物不应出现任何损坏，以保证工程质量。

1.3.2 黄土地区路基施工

1.3.2.1 黄土路基的特点

湿陷性黄土一般呈黄色或黄褐色，粉土含量常占60%以上，含有大量的碳酸盐、硫酸盐等可溶盐类，天然孔隙比在1左右，肉眼可见大孔隙。在自重压力或自重压力与附加压力共同作用下，受水浸湿后土的结构迅速破坏而发生显著附加下沉。

1.3.2.2 施工准备工作

黄土地区路基施工，应做好施工期排水，将水迅速引离路基。在填挖交界处引出边沟时，应做好出水口的加固，排水设施接缝处应坚固不渗漏。

1.3.2.3 湿陷性黄土地基的处理方法

湿陷性黄土地基应采取拦截、排除地表水的措施，防止地表水下渗，减少地基地层湿陷下沉。其地下排水构造物与地面排水沟渠必须采取防渗措施。

当地基土层有强湿陷性或较高的压缩性，且容许承载力低于路堤自重压力时，应考虑地基在路堤自重和活载作用下所产生的压缩下沉。除采用防止地表水下渗的措施外，可根据湿陷性黄土工程特性和工程要求，因地制宜采取换填土、重锤夯实、强夯法、预浸法、挤密法、化学加固法等措施对地基进行处理。

1.3.2.4 黄土填筑路堤要求

(1) 路床填料不得使用老黄土，路堤填料不得含有粒径大于100mm的块料。

(2) 在填筑横跨沟堑的路基土方时，应做好纵横向界面的处理。

(3) 黄土路堤边坡应拍实，并应及时予以防护，防止路表水冲刷。

(4) 浸水路堤不得用黄土填筑。

1.3.2.5 黄土路堑施工要求

(1) 路堑路床土质应符合设计要求，密实度不足时，应采取措施碾压至要求的压实度。

（2）路堑施工前，应做好堑顶地表排水导流工程，路堑施工期间，开挖作业面应保持干燥。

（3）路堑施工中，如边坡地质与设计不符，可提出修改边坡坡度。

1.3.2.6 地基陷穴处理方法

陷穴表面的防渗处理层厚度不宜小于300mm，并将流向陷穴的附近地面水引离。对现有的陷穴、暗穴，可以采用灌砂、灌浆、开挖回填等措施，开挖的方法可以采用导洞、竖井和明挖等。

挖方边坡坡顶以外50m范围内、路堤坡脚以外20m范围内的黄土陷穴宜进行处理。挖方边坡坡顶以外的陷穴，若倾向路基，应做适当处理。对串珠状陷穴应彻底进行处置。

1.3.3 膨胀土路基施工

1.3.3.1 路基特性

（1）膨胀土黏性含量很高，其中0.002mm的胶体颗粒一般超过20%，黏粒成分主要由亲水矿物组成。土的液限 $WL>40\%$，塑性指数 $IP>17$，多数在22~35，自由膨胀率一般超过40%。

（2）膨胀土有显著的吸水膨胀、失水收缩两种变形特性，一般强度较高，压缩性低，易被误认为是较好的地基土。

1.3.3.2 路堤填筑技术

强膨胀土稳定性差，不应作为路堤填料；中等膨胀土宜经过加工后作为填料，用于二级及二级以上公路路堤填料时，改性处理后胀缩总率应不大于0.7%；弱膨胀土可根据当地气候、水文情况及道路等级加以应用，当直接使用中、弱膨胀土填筑路堤时，应及时对边坡及顶部进行防护。

高度不足1m的路堤，应按设计要求采取换填或改性处理等措施处置。表层为过湿土，应按设计要求采取换填或进行固化处理等措施处置。填土高度小于路面和路床的总厚度，基底为膨胀土时，宜挖除地表0.30~0.60m的膨胀土，并将路床换填为非膨胀土或掺灰处理。若为强膨胀土，挖除深度应达到大气影响深度。

1.3.3.3 路基碾压施工

根据膨胀土自由膨胀率的大小，选用工作质量适宜的碾压机具，碾压时应保持最佳含水量；压实土层松铺厚度不得大于30cm；土块应击碎至粒径5cm以下。在路堤与路堑交界地段，应采用台阶方式搭接，其长度不应小于2m，并碾压密实。

1.3.3.4 路堑开挖

挖方边坡不要一次挖到设计线，沿边坡预留厚度30~50cm一层，待路堑挖完时，再削去边坡预留部分，并立即浆砌护坡封闭。膨胀土地区的路堑，高速公路、一级公路的路床应超挖30~50cm，并立即用粒料或非膨胀土分层回填或用改性土回填，按规定压实，其他各级公路可用膨胀土掺石灰处置。

1.3.3.5 路基填筑

膨胀土路基填筑松铺厚度不得大于300mm；土块粒径应小于37.5mm。路基完成后，当年不能铺筑路面时，应按设计要求做封层，其厚度应不小于200mm，横坡不小于2%。

1.3.4 滑坡地段路基施工

(1) 对于滑坡的处置，应分析滑坡的外表地形、滑动面，滑坡体的构造、滑动体的土质及饱水情况，以了解滑坡体的形式和形成的原因，根据公路路基通过滑坡体的位置、水文、地质等条件，充分考虑路基稳定的施工措施。

(2) 路基滑坡直接影响到公路路基稳定时，不论采用何种方法处理，都必须做好地表水及地下水的处理。

(3) 对于滑坡顶面的地表水，应采取截水沟等措施处理，不让地表水流入滑动面内。必须在滑动面以外修筑1~2条环截水沟，对于滑坡体下部的地下水源应截断或排出。

(4) 在滑坡体未处置之前，禁止在滑坡体上增加荷载(如停放机械、堆放材料、弃土等)。

(5) 对于挖方路基上边坡发生的滑坡，应修筑一条或数条环形水沟，但最近一条必须离滑动裂缝面最小5m以外，以截断流向滑动面的水流。截水沟可采用砂浆封面浆或砌片(块)石修筑，滑坡上面出现裂缝须填土进行夯实，避免地表水继续渗入，或结合地形，修建树枝形及相互平行的渗水沟与支撑渗沟，将地表水及渗水迅速排走。

(6) 当挖方路基上边坡发生的滑坡不大时，可采用刷方(台阶)减重、打桩或修建挡土墙进行处理以达到路基边坡稳定。采用打桩时，桩身必须深入到滑动面以下设计要求的深度；采用修建挡土墙时，挡土墙基础必须置于滑动面以下的硬岩层上。同时，宜修统排水沟、暗沟(或渗沟)排出地下水。滑坡较大时，可采用修建挡土墙、钢筋混凝土锚固桩或预应力锚索等方法处理，不论采用何种方法处理，其基础都必须置于滑动面以下的硬岩层上或达到设计要求的深度。同时宜修筑深渗沟、排水涵洞(管)或集水井。

(7) 填方路堤发生的滑坡，可采用反压土方或修建挡土墙等方法处理。

(8) 沿河路基发生的滑坡，可修建河流调治构造物(堤坝、丁坝、稳定河床等)及挡土墙等处理。

(9) 滑坡表面处置可采用整平夯实山坡，填筑积水坑，堵塞裂隙或进行山坡绿化固定表土。

1.3.5 岩溶地区路基施工

“以地下水为主、地表水为辅”，“以化学过程(溶解和沉淀)为主、机械过程(流水侵蚀和沉积、重力崩塌和堆积)为辅”，对石灰岩等可溶性岩石的破坏和改造作用叫岩溶作用。岩溶作用所造成的地表形态和地下形态叫岩溶地貌，岩溶作用及其产生的特殊地貌形态和水文地质现象统称为岩溶。

1.3.5.1 岩溶地区公路路基工程的主要病害

(1) 由于地下岩溶水的活动，或因地面水的消水洞穴阻塞，导致路基基底冒水、水淹路基、水冲路基以及隧道冒水、冒泥等病害。

（2）由于地下岩溶洞穴顶板的坍塌，引起位于其上的路基及其附属构造物发生坍陷、下沉或开裂。

（3）由于溶沟、溶槽、石芽等的存在造成地基不稳定，影响路基及其构筑物的稳定性或安全问题。

（4）某些岩溶形态的利用问题，如利用天生桥跨越地表河流，利用暗河、溶洞扩建隧道等。

此外，岩石地区除了石灰岩类岩溶外，尚分布着各类危及路基的崩坍、岩堆，这类岩石多数属于炭质泥岩、页岩、麻岩、云母岩。还有煤田、矿区、油田及地下水过量开采和利用，形成的采空区，往往引起路基沉陷、变形或开裂。这些地区修筑的路基具有相似处。

因此，在岩溶地区建造公路，应全面了解路线通过地带岩溶发育的程度和岩溶形态的空间分布规律，以便充分利用某些可以利用的岩溶形态，避让或防治影响路基稳定的岩溶病害。

1.3.5.2 岩溶形态及岩溶类型

岩溶地区岩溶的形态类型很多：有石芽和溶沟(槽)、溶蚀裂隙、漏斗、溶蚀洼地、坡立谷和溶蚀平原、溶蚀残丘、孤峰和峰林、槽谷、落水洞、竖井、溶洞、暗河、天生桥、岩溶湖、岩溶泉以及土洞等。比较常见的岩溶形态有：

（1）漏斗：是常见的地表岩溶形态之一，由地表层的溶蚀和侵蚀作用伴随塌陷作用而成，呈碟状或倒锥状，平面上呈圆形或椭圆形，直径和深度一般由数米至数十米。

（2）溶蚀洼地：许多相邻的漏斗经流水溶蚀不断扩大汇合而成溶蚀洼地，平面上呈圆形或椭圆形，但规模比漏斗更大，直径由数百米至一两千米。溶蚀洼地周围有溶蚀残丘或峰丛、峰林，底部常有落水洞和漏斗。

（3）坡立谷和溶蚀平原：溶蚀洼地充分发育，相邻的洼地彼此连通，发展成坡立谷。坡立谷长度、宽度从几十米至数千米不等，四周山坡陡峻，谷底宽平，覆盖着溶蚀残余的黄色、棕色或红色的黏性土，有时还有河流冲积层。常有河流纵贯坡立谷，河水从一端流入，于另一端被落水洞吸收，转入地下，形成暗河。有些坡立谷还耸立着孤峰。坡立谷进一步发展，即形成开阔宽广的溶蚀平原，溶蚀平原上还有许多其他岩溶形态。

（4）槽谷：是岩溶山区比较常见的一种长条形的槽状谷地，谷底平坦，谷坡陡峻，主要是由水流长期溶蚀而形成。由于河谷底部发育有一系列漏斗、落水洞等，地表水流不断漏失，使原来的河谷失去排水作用，即成干谷。槽谷在大部分时间是干涸的，但在暴雨季节和排水不畅时，则会出现暂时的水流。

（5）落水洞、竖井：落水洞和坚井多由岩石裂隙经流水长期溶蚀扩大或由岩层坍陷而成，呈垂直或稍倾斜状，下部多与溶洞或暗河连通，是地表通向地下的流水通道。在广西所见到的，直径多在 10m 以下，深度多在 10~30m。落水洞常产生在漏斗、槽谷、溶蚀洼地和坡立谷的底部，或河床的边缘，多呈串珠状分布。在雨季，由于落水洞排水不畅，常使槽谷、溶蚀洼地和坡立谷产生暂时性的积水，甚至发生淹水现象。

(6) 溶洞：是一种近于水平方向发育的岩溶形态，常由溶水对岩层的长期溶蚀和塌陷作用而形成，是早期岩溶水活动的通道。规模较大的水平溶洞系统，主要是在岩溶水的水平循环带中产生的。溶洞系统比较复杂，规模、形态变化很大，除少部分洞身比较顺直，断面比较规则外，大部分是忽高忽低，忽宽忽窄，洞身曲折起伏很大。洞内普遍分布各种堆积物，有时还有河流流痕及砂砾、卵石冲积物，支洞多，常有丰富的岩溶水。

(7) 暗河、天生桥：暗河是地下岩溶水汇集、排泄的主要通道，在岩溶发育地区，地下大部分都有暗河存在。其中部分暗河常与地面的槽谷伴随存在，通过槽谷底部的一系列漏斗、落水洞使两者互相连通。因此，可以根据这些地表岩溶形态的分布位置，概略地估计暗河在地下的发展方向。地下的暗河河道或溶洞塌陷，在局部地段有时会形成横跨水流的天生桥。

(8) 岩溶泉：岩溶水流出地面即成岩溶泉。它是岩溶发育地区分布最广泛的一种岩溶现象，其中以下降泉居多，上升泉较少。岩溶泉有经常性和间歇性之分。间歇性泉旱季干涸，雨季流水。当暗河流向非岩溶地区时，在可溶岩层与非可溶岩层接触带的边缘，经常是岩溶泉最发育的地方。

(9) 岩溶湖：由于槽谷、溶蚀洼地、坡立谷中的大型强斗底部的消水通道堵塞，或溶蚀平原局部洼地集水而成的湖泊。在溶洞中也常有小型的地下岩溶湖存在。

(10) 土洞：在槽谷、坡立谷底部和溶蚀平原上，可溶性岩层常为第四纪的松散土层所覆盖，由于地下水位降低或水动力条件的改变，在岩溶水的淋滤、潜蚀、搬运作用下，使上部土层下落，流失或坍塌，形成大小不一、形态不同的土洞。如广西、贵州和粤北等地土层覆盖的岩溶地区(即埋藏岩溶地区)，由于人为抽水、排水引起地下水位的变动，常形成土洞，直接危害路基的稳定。

1.3.5.3 岩溶路基施工技术要点

岩溶地区路基常见病害主要表现为地下水位高而侵蚀路基路面，导致土基软化，路面开裂；暴雨时节冲垮路基，路床地面以下潜伏洞穴而产生凹陷。一般公路受造价的制约，当地往往又缺乏路基用土，故而采用矮路堤。矮路堤所固有的排水不畅、地基强度不足等病源在此得到充分暴露。因此，岩溶地区地基处理的措施是排水、填洞、跨越、利用。

岩溶地下水应因势利导，采用疏导、排除、降低地下水位的方法，消除对路床软化的影响，保证路基处于干燥或中湿状态。所有冒水的溶洞在施工中均不能堵塞水的出路。一般的做法是在与地下水道相连的漏斗、消水洞处一律修建涵洞。疏导建筑物一般可采用明沟、泄水洞、渗沟、涵洞等。

1.3.5.4 崩坍、岩堆地区路基基底处理

在陡峭的山坡上，由于人工开挖、自然营力、风化、爆破的作用，岩(土)体从陡峭斜坡上向下倾倒、崩落、翻滚，破坏过程急剧、短促而猛烈，这个过程称崩坍。崩坍后的岩(土)体原来结构完全被打乱，互无联系，大石块抛落较远，土体集中，堆积而成倒石堆或岩堆。崩坍、岩堆地区路基处理的关键是边坡整治。路线应尽量避免通过原有的崩坍、岩堆地段。确有必要通过时，应探明其深度、范围、工程数量，采取清挖至原状土、设支挡

结构物、桩基顶面打钢筋混凝土盖板、桩基与岩堆共同组成复台地基等措施。之后，按填土或填石路基施工。

1.3.6 冻土地区路基施工

1.3.6.1 多年冻土地区路基施工

1）冻土的定义及特征

凡温度为负温或零温并含有冰的各种土均称为冻土。如果土中只有负温而不含冰时则称为寒土。冬季冻结、夏季全部融化的土层称为季节冻土，季节冻结层又称季节作用层、活动层。冬季冻结，一两年内不融化的土层称为隔年冻层。冻结状态持续 3 年以上的土层称为多年冻土。

季节冻土地区的表层土夏季融化，冬季冻结，所以是季节冻土。根据其与下伏多年冻土的关系又可分为季节冻结层和季节融化层。其中，季节冻结层夏季融化，冬季冻结时不与多年冻土层衔接或其下为融土层，季节融化层是夏季融化，冬季冻结时与多年冻土完全衔接的土层。不衔接多年冻土属于前者，衔接多年冻土属于后者。

（1）多年冻土上限、下限及冻土厚度：在多年冻土地区，地表以下的一定深度内，每年夏季融化，冬季冻结，该层称为季节融化层。在该深度以下的土则终年处于冻结状态，称为多年冻土。这一深度称为季节融化层底板或多年冻土上限。从地表到达这一深度的距离即为季节融化层厚度或多年冻土上限的埋深。

多年冻土层的底部称作多年冻土下限。下限处的地温值为 0℃。下限以上为多年冻土，以下为融土。上限和下限之间的距离称为多年冻土厚度。

多年冻土厚度是多年冻土的重要标志之一，它反映着冻土的发育程度；冻土层的厚度对评价建筑物地基稳定性有着重要意义，是进行各类型建筑地层基础设计不可缺少的依据。多年冻土薄的在 10m 以下，最厚的多年冻土在大小兴安岭，可超过 100m。

（2）多年冻土分类：多年冻土按含冰量分类，可分为少冰冻土、多冰冻土、富冰冻土、饱冰冻土和含土冰层五类。

（3）多年冻土上限的类别及用途：多年冻土上限有天然上限和人为上限两种。天然状态的多年冻土上限为其天然上限。因受人类活动影响改变了地温与气温的热交换条件，破坏了天然条件下的热平衡状态导致多年冻土上限发生变化，变化后的多年冻土上限即为人为上限。

人为多年冻土上限决定了多年冻土融化下沉计算的下部界限；而天然上限往往是厚层地下冰的埋藏深度。在建筑物地基的融沉计算中应包括融沉和压密下沉两部分。

2）冻土地区的不良地质现象

多年冻土地区的不良地质对公路建设会产生多种病害。因此，有必要了解冻土地区不良地质现象的形成和发展，以便采取预防措施。多年冻土地区之所以会形成不良地质现象，在于多年冻土地区不仅气候严寒，而且还有多年冻土层作为底板使地表水的下渗和多年冻土层上水的活动受到约束，这是冻土地区不良地质现象发生和存在的基本条件。多年冻土地区的不良地质现象主要有冰丘、冰锥、地下冰和冻土沼泽等。

3）冻土地区公路路基的主要病害

（1）融沉：融沉多发生在含冰量大的黏质土地段。当路基基底的多年冻土上部或路堑边坡上分布有较厚的地下冰层时，由于地下冰层埋藏较浅，在施工及使用过程中，因原来的自然环境条件发生变化，使多年冻土局部融化，上覆土层在土体自重力及外力的作用下产生沉陷，造成路基变形。融沉主要表现在路堤向阳侧路肩及边坡开裂、下滑，路堑边坡溜坍等。

融沉现象一般以较慢的速度下沉，但有时也会经过一段时间的慢速下沉后，突发大量的沉陷，并使两侧部分地基土隆起。产生的原因是路基基底由于含冰量大的黏质土融化后处于过饱和状态，几乎没有承载能力，又因路堤两侧融化深度不同，使得基底形成一个倾斜的冻结滑动面。在外荷载的作用下，过饱和的黏质土顺着冻结面挤出，路堤瞬间产生大幅度的沉陷，通常称为突陷。这样的突陷危及行车的安全。

（2）冻胀：多发生在季节性冻结深度较大的地区及多年冻土地区，以多年冻土地区较严重。其原因是地基土及填土中的水冻结时体积膨胀。水分的来源是地表水或地下水对路基土的浸湿。冻胀的程度与土质及土中的含水量高低有关。

（3）冰害：主要是指在路堤上方出露地表的泉水，或开挖路堑后地下水自边坡流出，在隆冬季节随流随冻，形成积冰掩埋路基或边坡挂冰、堑内积冰等病害。冰害在严寒的多年冻土地区尤为严重。对路基工程来说，路堑地段较路堤地段冰害要多，其发生在浅层地下水发育的低填浅挖及零填挖地段的冰害危害程度更大。

4）多年冻土地区路基施工

（1）资料收集：多年冻土地区有关资料的收集，是路基施工前的一项关键性工作。只有对多年冻土地区气象资料、地质资料及冻土的物理力学性质资料等，在施工中进行综合考虑，采用切实可行的技术措施，才能确保工程质量。包括：①气象资料：一年中冻结和融化的期间；积雪的时间和厚度(历年来的平均值、最大值和最小值)；年降水量、降雨季节；年平均气温，一月平均气温，七月平均气温，年最低气温和年最高气温；按大地貌单元收集多年冻土的多年地温资料。②地质资料：地形特征，植被状况，公路的方位及日照条件；季节冻融层的厚度，土的种类和融化后的潮湿程度；多年冻土层的成因、分布、构造、土质和含冰状况，多年冻土层的上限和下限；多年冻土不良物理地质的地段起迄里程及平面分布范围；厚层地下冰的成因、厚度、埋藏深度和分布范围；热融滑坍、热融沉陷及热融湖(塘)发生热融变化的原因，发展阶段及地下冰的分布及暴露情况等，热融湖(塘)的地表排水条件及水位变化情况；对融冻泥流、寒冻堆塌以及因热融产生的基底松软地段，也应收集必要的地质资料；冰锥的类型及规模，冰锥发育地段的冻土情况和水文地质情况；对冰丘及爆炸性充水鼓丘应查明成因，发生、发展的特点，变迁情况及积冰量等；沼泽的成因、类型与地表水和地下水的联系、冻土特征、埋藏深度、植物群落、泥炭和淤泥厚度及其含水量；渗水土、砂、石料及保温材料的来源、蕴藏量和运输方法等。③冻土的物理力学试验资料：物理试验资料包括：总含水量、天然相对密度、含冰率、塑性指数、比热容、导热系数、渗透系数；力学试验资料包括：抗剪强度、压缩性能。

（2）路堤：①路堤最小填土高度：保护多年冻土上限不下降的最小高度 H_1，防治翻浆和冻胀的最小填土高度 H_2，可根据当地已有的公路调查资料确定；当路堤高度达不到 H_1 的要求时，冻土上限可能下降，路基基底则应进行处理。②饱冰冻土及含土冰层地段路堤。路堤填土高度计算见式(1.1)：

$$H_1 = H_d - H_0 \tag{1.1}$$

式中，H_1为从天然地面算起的填土高度；H_d为保温厚度；H_0为将上限深度换算成保温材料时的当量厚度。

当路堤高度小于最小填土高度 H_1时，基底的饱冰冻土或含冰层则需进行部分或全部换填。当饱冰冻土层或含土冰层较厚，全部换填有困难且不经济时，则可采取部分换填。换填后的路堤换算高度仍应满足 H_1的要求。换填材料，应选用保温、隔水性能均较好的细颗粒土，并注意做好地表排水工程。当地表潮湿时，路基顶部应填筑不少于 0.5m 的渗水土，以防止冻害。

如在暖季施工，为防止换填基底的地下冰融化积水，应在换填基底下面铺设渗水土层，厚度为 0.3~0.5m。当饱冰冻土层或含土冰层较薄，且在路基顶面以下小于 H_1 的深度时，则可采用全部换填土的方法。

当用细颗粒土换填时，可按上述部分换填的方法进行；当用粗颗粒土作换填料时，其上部应铺设大于 1.0m 厚的黏性土隔水层，隔水层下铺 0.2m 的反滤层(砂或反扣草皮)。设置保温护道、护脚。饱冰冻土或含土冰层地段的路堤，当靠近基底(包括换填基底)仍有饱冰冻土层或含土冰层，且有可能融化时，可设保温护道、护脚于路堤一侧或两侧。护道或护脚所用保温材料宜就地取材。用草皮时，草根应向上一层一层叠铺；最外一层草根宜多带泥土，以便拍实形成保护层，当采用泥炭时，其表面应包 0.2m 厚的黏性土保护层，以防保温材料流失或被浸湿。沿线两侧 20m 内植被和原生地貌应严加保护。

不论基底地质条件如何，首先应根据水源特点及补给情况，在路堤一侧或两侧设置排水沟或挡水埝，将上游水源截断，必要时增设桥涵，排除地表积水。修建在塔头草泥沼地段的路堤，应自路堤坡脚 20m 以外，挖取塔头草，反铺在基底塔头朝空隙间，并加以夯实，使其成为良好的基底隔温层。路堤填土后塔头草垫层受压下降，因此在反铺塔头草时，基底的中间部分可以适当加高 0.2m，并且向两侧坡脚做成拱形，反铺塔头草的宽度，应伸出路堤坡脚外 1~2m。当采用细颗粒土填筑路堤时，在排水困难的低洼地或沼泽地段，应采取防止路基冻胀、翻浆的措施。一般可在路堤底部填筑毛细水隔断层，其厚度以在路堤沉降后尚高出地面以上 0.5m 为宜。为防止隔断层受污染、阻塞面失效，其上应加铺反滤层(草皮、碎石或砂)。泥炭被压缩的沉降量可按软土地基沉降计算方法进行计算。受挤压的泥炭厚度以多年冻土层上限为界。

(3) 路堑：①饱冰冻土及含冰土层地段的路堑：在饱冰冻土及含冰土层地段挖方，由于土中含冰量大，季节融化后或上限下降均会使基底处于过湿软弱状态，同时出现严重沉陷。在这类地段一般多采用部分或全部换填的措施，坡面亦应采取保温及其他措施。边坡：如用夯填泥炭、草皮或夯填黏土、草皮铺砌坡面时，边坡坡度用 1.0∶1.5~1.0∶2.0；当用叠砌草皮反扣塔头草铺砌坡面时，边坡坡度用 1∶1.0~1∶1.5，铺砌厚度均应满足保温层要求；基底全部换填时，换填厚度及结构要求与路堤基底全部换填的情况相同；部分换填时，厚度要大于或等于 H_1，结构要求与路堤基底部分换填的情况相同；边沟均应有防渗措施；断面型式。当路堑边坡上局部埋藏有饱冰冻土或含土冰层时，可以拓宽路堑，将冰层全部清除。若全部清除工程量过大、不经济，则可局部换填加固。②富冰冻土地段的路堑：细粒土中的路堑，当融化后不致造成边坡滑坍和基底松软时，可按一般路堑考虑。但由于细粒土在季节融化层中的湿度较大，为防止基底冻胀、翻浆，基底应换填渗水性土，换土厚度一般不小于 0.5m。

（4）零断面与低填浅挖：a. 零断面与低填浅挖地段，必须铲除地表的草皮和泥炭层，换填足够厚度的渗水土，并加强排水，使基底干燥，保证路基稳定性。如条件许可，可按照挖方保温措施处理。另外还需注意防止路基积雪。b. 半填半挖地段路基的挖方部分，应按路堑基底及边坡的要求处理，高度小于 0.5m 的路堤基底，亦考虑按路堑基底的要求换填，并设过渡带。

1.3.6.2 季节性冻融翻浆地区路基施工

季节性冻融地区的路基在冰冻过程中，土中的水分不断地向上移动，使路基上部的水分含量大大增加。春融期间，由于土基含水量过多，强度急剧降低，再加上行车的作用，路面会发生弹簧、裂缝、鼓包、冒泥等现象，形成翻浆。主要发生在我国北方各省及南方的季节性冰冻地区。

翻浆的发生，不仅会破坏路面，妨碍行车，严重的还会中断交通。因此，在翻浆地区修筑公路，对水文及水文地质不良地段，要注意详细调查沿线地面水、地下水、路基土和筑路材料的情况，以便采取相应的处理措施。从设计与施工两方面综合考虑，防止翻浆的发生。

1）防治翻浆的工程措施

（1）做好路基排水、提高路基：施工前应根据设计文件对翻浆地段进行现场详细调查，按水文、地质情况，做好场地排水工作。施工中要切实做好排水措施，防止地面水或地下水侵入路基，使路基土体保持干燥，从而减轻冻结时水分聚流的来源，这是预防和处理地面水类和地下水类翻浆的首要措施。

提高路基，增大路基边缘至地下水或地面水位间的距离，使路基上部土层保持干燥，在冻结过程中不致因过分聚冰而失去稳定，是一种效果显著、简便易行、比较经济的常用措施，主要适用于取土方便的地段。在路线穿过农田地段，为了少占农田，则应与路面结构综合考虑，以确定合理的填土高度。在有些中、重冰冻地区及粉性土地段，亦不能单靠提高路基保证道路的稳定性，要与其他措施配合应用。如在路堤填土高度受限制时，可在底槽做 1%～3%的横坡，上铺 15～30cm 厚的砂垫层（砂的质量以不含粉砂和杂质泥土的粗砂为宜，不宜用细砂）进行处理。

（2）铺设隔离层：隔离层设在路基中一定深度（一般设在土基 80cm 左右）处，其目的在于防止水分进入上部路基，从而保持上部土基干燥，防止翻浆发生。隔离层按使用材料可分为透水性及不透水性隔离层两类：透水性隔离层一般由碎石、砾石或细砂等做成，铺在聚冰层之下，其厚度为 10～20cm，并在其上、下面反铺草皮，防止隔离层被淤塞。隔离层的底部应高出地表水面 25cm 以上，并向路基两侧做 3%的横坡排水；不透水隔离层分不封闭式（仅隔断毛细水）和封闭式（隔断毛细水和横向渗水）两种。

不透水隔离层，可用两层油毡中间涂沥青铺成，也可在压实整平的土基上直接喷洒一层厚度为0.2~0.5cm的沥青或渣油（用油量为2~3kg/m^2）；或在土基上铺筑8%~10%的沥青土或6%~8%的沥青砂（厚2.5~3cm）；还可以在土基上直接铺塑料薄膜等。施工中严防石块及其他尖物刺穿不透水隔离层。隔离层在应用中应注意两点：一是不透水隔离层适用于不透水路面的路基中，在透水路面下只能设透水隔离层。二是在盐渍土地区的翻浆路段，隔离层深度应同时考虑防止盐胀和次生盐渍化等要求。

（3）设路基盲沟：①横向盲沟：公路纵坡大于3%的翻浆路段，当中级路基（岔道、辅道等）基层采用透水性材料时，为了及时排出透水层内的纵向水流和春融期土基化冻时的多余水分，可在路槽下设置横向盲沟。横向盲沟可设成人字形，纵向间距10m左右，深度20~40cm，易淤塞，使用中应予注意。②排水渗沟：为了降低路基附近的地下水位，可采用有管渗沟。为了拦截并排除流向路基的层间水，可采用排水渗沟。

（4）换土处理：采用水稳性好、冰冻稳定性好、强度高的粗颗粒土换填路基上部，可以提高土基的强度和稳定性，这是高等级公路中常用的处理方法。换土主要适用于因路基标高限制，不允许提高路基，且附近有砂石材料可利用的路段及原有路基土质不良路段。换填厚度根据地区情况、强度要求及换填材料等因素确定，一般换填40~60cm路基就可以基本稳定。

（5）改善路面结构层：①铺设砂（砾）垫层：砂（砾）垫层对防治翻浆主要有以下三方面的作用：能隔断毛细水上升；融期具有蓄水（汇积从路基化冻土层中渗出的水量）、排水（利用暗管式路肩盲沟将砂垫层中汇积的水排出去，以疏干土基）作用；在冻结和融化时，砂（砾）垫层可减轻路面冻胀和融沉。排除砂垫层中水分的方法，有整体式砂垫层和砂垫层与纵向或横向排水暗管配合的形式。暗管一般用石棉水泥管或陶瓷管。纵向暗沟中的水宜在纵断最低处，或在一定距离处设横向暗管排除。砂（砾）垫层适用于盛产砂石地区，可选用砂砾、粗砂或中砂为材料，要求砂中不含杂质、泥土。砂垫层路段两端，要用不透水的黏性土封闭，以防止翻浆的蔓延。施工时要洒适量水，用履带式拖拉机碾压，效果较好。透水性很差的黏性土路基，一般不宜使用蓄水的砂（砾）垫层。②石灰土防治翻浆主要有两方面的作用：由于石灰土具有一定板体性，可使行车荷载传至土基上的应力分布均匀，并逐渐扩散减小；石灰土水稳性和冰冻稳定性均较好，力学强度也较高。③煤渣石灰土结构层：煤渣石灰土结构层防治翻浆的作用，与石灰土大致相同，水稳定性则比石灰土好。煤渣石灰土结构层厚度可根据地区经验确定，也可按现行路面设计方法计算确定，一般应不小于15cm。配合比一般为：石灰：土：煤渣=（8~10）：（37~20）：（55~70），做基层时用高限，做垫层时用低限。采用煤渣石灰土时应注意以下几点：煤渣石灰土可处理轻、中、重冰冻地区的各种翻浆，特别适于做基层，也适于做垫层；煤渣石灰土所用的土、石灰的要求与石灰土相同，煤渣选用烧透的碎块，其中大于2mm烧结块的含量应超过75%，大颗粒不得超过3.5cm，细粉末不宜过多。施工要求与石灰土相同；煤渣石灰土不耐磨耗，其上必须加铺面层或沥青磨耗层。④防冻层：在冰冻地区，对高级或次高级路面除按强度设计路面结构层的厚度外，还需按允许冻胀值核算路面总厚度，使之不小于防冻层的厚度。当填土高度不能满足规范要求时，均需按允许冻胀值对路面结构层厚度进行核算。防冻层材料要求冰冻稳定性良好，在潮湿状态下冻结时也不产生明显冻胀。除路面面层外，还可采用炉渣、矿渣、加固土、砾石、碎石、贝壳和砂等。⑤水泥稳定砂砾结构层：水泥稳定砂砾结构层防治翻浆的作用，与石灰土、煤渣石灰土类似，但其强度和水稳定性则较石灰土和煤渣石灰土均高。

2）季节性冻融翻浆路基施工要点

（1）排水：在施工前应认真了解地形及水文地质情况，凡是可能危害路基强度稳定性的地面水和地下水，均应采取有效的临时性或永久性措施，使水能迅速排出路基之外。路床面应保持良好的排水状态。从路堑到路堤必须修建过渡边沟并无阻塞现象。各层填土应有路拱，表面无积水。施工后，各式沟、管、井、涵等能形成完整有效的排水系统。

（2）路堤：①原地面处理：水文地质不良和湿软地段，可视情况在地表铺填厚度不小于30cm的砂砾，或做局部挖除换填处理。当路堤高度低于20cm时(包括挖方土质路段)应翻松30~50cm并分层整形压实，其压实度为93%~95%，高速公路、一级公路取高限，其他公路取低限。②填料：宜选用水稳性良好的土填筑路基。路基上部受冰冻影响部位，应选用水稳性和冻稳性均较好的粗粒土。冻土、非渗水性过湿土、腐殖土禁止用于填筑各层路堤。压实时的含水量应控制在最佳含水量±2%范围内。③取土场：宜设置集中取土场，排水困难地段更宜集中取土。④碾压：各层表面碾压前应用平地机进行整平和修整路拱，切实控制松铺厚度以及填料的均匀性。压实后各层表面的平整度，用3m直尺测量，其间隙高度不宜大于20mm，成形后路床顶面应进行弯沉检查或用不小于20t的压路机碾压检验有无软弹现象。⑤路堤高度：应满足路基能全年处于干燥或中湿状态。填筑低路堤时，应根据具体情况采取相应技术措施。⑥为使路基预拱度和稳定性满足设计要求，施工中各类冻融翻浆防治方法可综合选用。

（3）路堑：①石方段超挖回填部位应选用符合要求的石渣，压实度不得低于95%，禁止使用劣质开山料或覆盖土回填或找平。超挖部分不规则或超挖不超过8cm时，可用混凝土修补找平。整平层宜采用级配碎石或水泥稳定碎石、二灰稳定碎石类等半刚性材料。②土质路或遇水崩解软化的风化泥质页岩等类路堑的路床压实度如不符合规定要求，应翻松压实或根据土质情况，换填符合路床强度并满足压实度要求的足够厚度的好土，然后加强排水措施，如封闭路肩、浆砌边沟等。③有裂隙水、层间水、潜水层、泉眼等路段，应分别采取切断、拦截、降低等措施，如加深边沟和设置渗沟、渗管、渗井等。

1.4 路基防护与支挡设施

1.4.1 路基防护与支挡

1.4.1.1 路基防护与支挡工程类型

路基防护与支挡工程中，一般把防止风化和冲刷，主要起隔离、封闭作用的措施称为防护工程。防护工程不能承受外力作用，所以要求路基本身必须是稳定的。把防止路基或山体因重力作用而滑移，地基承载力不足而沉陷，主要起支承和加固作用的结构物称为支挡工程。它们当中有些措施往往兼有防护与加固作用。路基防护与支挡工程设施，按其作用不同，可分为边坡坡面防护、冲刷防护及支挡建筑物三大类。

1）坡面防护

主要是保护路基边坡表面，免受雨水冲刷，减缓温差及温度变化的影响，防止和延缓软弱岩土表面的风化、碎裂、剥蚀演变进程，从而保护路基边坡的整体稳定性，在一定程度上还可美化路容，协调自然环境。常用类型有植物防护、浆(干)砌片石及混凝土预制块、坡面处置及综合防护等。

2）冲刷防护

用于防护水流对路基的冲刷与淘刷，可分为直接防护和间接防护等。直接防护类型有植物防护、砌石防护与加固等。间接防护主要指设置导流结构物，如丁坝、顺坝、防洪堤、拦水坝等，必要时进行疏浚河床、改变河道，以改变水流方向，避免或减缓水流对路基的直接破坏作用。

3）支挡建筑物

用以防止路基变形或支挡路基本身或山体的位移，以保证其稳定性，常用的类型有挡土墙、土垛、石垛及浸水挡土墙等。

1.4.1.2　植物防护施工

进行公路边坡坡面防护，必须考虑当地的气候特点、边坡类型和工程经济特点。植物的选择应根据植物学特性，考虑公路结构、护管条件、环境条件等。优先选择本地区的绿化植物、乡土植物和园林植物等；注重种类和生态习性的多样性；与附近的植物和风景等诸多条件相适应；兼顾近期和远期的植物规划，慢生和速生种类相结合；花、枝、叶形态美观的植物。植物的配置应考虑如下条件：根据季节的变化要求，使用不同季节相变化的植物，丰富公路景观。南方一般地区植物防护种类宜做到花常开、叶常绿；北方有条件地区宜做到三季有花、四季常绿；有条件地区植物防护的空间配置在平面和立面的基础上，可采用自然式和规则式；草地与周围植物应根据景观、功能要求，利用对比等手法进行配置。

边坡的植物防护配比一般应通过种子发芽率试验和种植试验确定，种植试验一般分路堤边坡和路堑边坡，其中路堑边坡又可分为阳坡土质、阴坡土质、阳坡土夹石、阴坡土夹石、缀花边坡及纯石质边坡进行不同配比的试验，根据试验边坡植物的生长情况确定施工配比。

1）植物防护的技术要求

（1）公路边坡植物防护应与主体工程相互协调：①路堤或路堑边坡，考虑高度和坡度，利用护坡道、平台、碎落台，在满足土壤和灌木条件的前提下，进行植物防护。②一般坡度缓于1：1.5的路基边坡可种植乔木，大乔木种植坡度缓于1：4，中乔木种植坡度缓于1：3。③坡度较陡、土质不佳时，可设计支架或砌筑植树坑，混凝土、砌石或喷射砂浆的边坡，可在边坡脚挖筑种植坑、槽填客土或坡面预留坑、槽填客土种植。

（2）土质或以土质为主的边坡，宜用灌木或混播抗逆性强的草种，并可多选用豆科植物进行植物防护，通过管护逐步稳定。

(3) 边坡平台宜选择灌木或小乔木植物防护。

(4) 混凝土、砌石或喷射砂浆的边坡，可选择攀缘或悬垂的植物以及抗逆性强的灌木或小乔木植物防护。

(5) 土夹石边坡，应结合防护工程，改善水肥条件后，用灌木或草本植物防护。

2) 植物防护施工时间的选择

(1) 边坡植物防护需在土建工程完成后进行。在土建施工完成并清除场地废物和其他有碍植物生长的杂物，边坡平整后开始边坡植物防护施工，上边坡植物防护应在边坡工程治理稳定后进行。

(2) 施工季节宜在春季、雨季、秋季。春季在3~4月；雨季在5~9月；秋季在10~11月。

(3) 植物防护施工应根据植物特性适时种植。①耐寒树种秋季落叶后种植为宜；耐寒性较差或珍贵的边缘树种宜在春季种植。②常绿树种、针叶树类宜在春季或雨季种植；常绿阔叶树类在春季、雨季种植效果好。③草地建植：采用营养体繁殖的，适宜时间是春末、夏初和深秋，以雨季为好。播种的时间，一般冷季型草以秋季为好，暖季型草宜在春末夏初。

(4) 公路植物防护一般在生土场地，杂草源少时及时播种；如需使用恶杀草性除草剂，一般应在施用恶杀草性除草剂的20~30d后再进行。

3) 植物防护的施工流程和施工方法

(1) 公路边坡播种植物防护的施工流程及施工方法。公路边坡喷播播种防护的工艺流程为：①坡面整理：进行喷播的场地废物和其他有碍植物生长的杂物清除和边坡平整，填平低洼。草地种植前，宜打碎土块至30mm以下，不得超过60mm。施用底肥以用有机肥为主，均匀撒布或条施、穴施，并与土壤充分拌和。对土壤较硬、节理发育差、种子着床困难的边坡，采用挖沟、挖槽、打孔等技术进行处理，以保证种子的附着及生长；对较贫瘠的坡面施以底肥，增加植物对贫瘠土壤的适应能力。对拱形(或人字形)护坡工程的坡面需做成行距15~20cm、深5~8cm的横沟，六角空心砖坡面只松土不做槽。对不适应植物生长的边坡土壤，进行换土处理，所换土壤必须符合植物防护技术规范中对土壤的要求。对于可能产生径流冲刷的坡面，应采取截排水措施，避免径流对种植坡面的冲刷，影响种植效果。②种子处理：种子的处理是影响植物生长最直接的因素。根据各种种子生长特性，采取不同的处理方法：如白三叶，提前24h进行根瘤接种，使根瘤的复活及附着繁殖较为充分；对部分苗木种子，如车桑子、刺槐等要提前用温水(一般为50℃左右的温水)或5%的氢氧化钠溶液浸泡12h，作催芽处理；如苗木种子壳较硬难以出苗，应进行种子的破壳处理，以保证灌木的正常出苗。③施工：由于在初期，树苗出芽、生长一般较草的出芽、生长速度慢，如果树、草同时播种，出苗初期的阳光、养分等被草吸收，树苗生长速度慢，甚至死亡。为此，对于树草混播的植物防护应采用两步施工，即先点播，后喷播。采用点播法种植树种，采用喷播法种植草种。土质松散，急需快速植物防护的边坡，可采取先喷播、后补播的工艺流程。无论采用哪一种施工方法，都需施足底肥。

点播：种子种植一般每平方米 4~6 穴，穴深 3~5cm，穴宽 10~15cm。肥料与种子以 2∶1的体积充分混合后，一次点播到穴位内，每穴点播种子 5~10 粒后立即覆土，等小苗长到 2~3cm 高后，即可实施喷播。

喷播：公路边坡坡面一般采用液压喷播法进行植物防护施工，喷播的配比按设计和试验结果(发芽率试验、喷播试验的植物生长情况)进行，种子配备应按 2d 施工用量提前一天配备好，并挂好标签，以免混用。喷播程序如下：配料→注水→搅拌→喷播→覆盖。

配料是在喷播车料箱注水的同时，首先加入复合肥和纤维材料(如锯木面等)，在注水到约 3/5 时加种子、黏结剂(如胶粉)、保水剂(如纸浆等)以及土壤防蚀剂，注满水后搅拌 15min 即可用高压水把混合好的液体均匀喷播在坡面上。喷播施工后及时覆盖无纺布，用 U 形铁丝、铁钉、木(竹)钉间隔 60~100cm 把无纺布固定在坡面上。如果是一次施工法，即树种和草种同时一次喷播，由于灌木种子的种皮较厚，应在喷播前用 50℃温水浸泡 12h(或进行破壳处理，或在 5%的氢氧化钠溶液中浸泡 12h)后再与其他种子拌和，以提高发芽率。但应注意出芽不宜过长，否则在喷播时幼芽易损伤，反而影响成苗率。

(2) 公路边坡直播播种防护的施工流程及施工方法。①应采用新鲜的种子，其纯度、重量、含水量、净度和发芽率等应合格。②发芽困难、需处理后再播种的草种，应进行催芽处理。常用的处理方法有冷水浸种、机械处理、药物催芽、高温催芽等。③播种以撒播为主，还可以采用开沟条播、穴播等方法。播种均匀，播种后应及时覆土滚压，或用齿耙拉松表土，埋没种子 1~2cm。④设计的播种量应根据现场情况适当调整。种子发芽率高，填土湿润、疏松、建坪时间充足的，播种量可适当减少；相反，则相应增加。⑤播种后，为保持土壤水分、调节土温和抑制其他杂草，宜覆盖无纺布，苗高 6~8cm 后可适时揭布。⑥出苗前后应重点进行水肥管理，出苗一周内，尤其要保持土壤水分，并可采用复合肥追肥增加苗势。

(3) 三维植被网垫植草施工流程及施工方法。三维植被网垫植草法，种子均匀且用量省，降雨或浇水时不易被冲刷、流失，防止水土流失效果明显。三维植被网垫植草可按以下步骤施工：清理边坡→整平坡面→润湿坡面→铺网垫→用竹(木)钉固定网垫→撒细土→播种→撒土覆盖→浇水养护→后期管理。

4) 植物防护的施工质量控制

(1) 确定施工质量控制点：①喷播的施工气候；配比、称量的准确，搅拌的均匀性，灌木种子的催芽率，喷播的均匀性、覆盖固定的牢固性。②栽植的树苗质量(树根的完整性、分级情况)；运输对树苗的损伤保护；坑距、坑的尺寸，风大地段的树苗固定情况，底肥施作情况。③葡萄茎繁殖法的根茎长度、种植时的出露情况。④两步施工法的施工间隔。⑤揭布时机。⑥施肥量、施肥时的气候。⑦浇水的时机。

(2) 公路边坡植物护坡质量检测要求：①成活率的指标。②边坡喷播植物、灌木成活率指标。③覆盖率的指标。

1.4.1.3 圬工防护施工

1) 喷浆、喷射混凝土防护

喷浆、喷射混凝土防护适用于易风化和坡面不平的岩石挖方边坡。喷浆、喷射混凝土的水泥用量较大，可用于重点工程或重点防护地段。根据实践经验，比较经济的砂浆是用水泥、石灰、河砂及水四种原材料，厚度一般为1~3cm（喷浆）或7~15cm（喷混凝土）。对坡面较陡或易风化的坡面，可以在喷射防护之前先铺设加筋材料，加筋材料可以用铁丝网或土工格栅。喷浆、喷射混凝土坡面应设置泄水孔，一般按2~3m间距和排距设置。

（1）喷浆、喷射混凝土防护的施工流程：喷浆、喷射混凝土防护一般按下列工序和步骤进行：施工前准备→测量放样→清理坡面→准备水泥浆或喷射混凝土→预留泄水孔→（打锚孔→清孔→插锚杆→压力灌浆→检查锚杆抗拔力→挂网）→（预留伸缩缝）→喷浆或喷射混凝土→（切缝机切缝→封缝）。

（2）喷浆、喷射混凝土防护的施工方法：①施工前，要清除坡面的活岩、虚渣、浮土、草根等杂物，坡面如有较大的裂缝、凹坑时，应先嵌补牢实，使坡面平顺整齐；岩体表面要冲洗干净，土体表面要平整、密实、湿润；对坡面渗水进行处理。②材料要符合设计规定，不得使用三无产品；钢筋不得有污锈。③泄水孔通常采用预留的方法形成，即在喷浆、喷射混凝土之前将硬塑料管或PVC管或钢管或其他地方性材料做成的管子（如竹筒等）放置在泄水孔设计位置，泄水管应外倾、固定，用纸团或木桩堵孔，然后进行喷浆施工，施工完毕后，除掉堵塞排水管的纸团或木桩就可以形成泄水孔。也可以用坡面喷浆、喷射混凝土之后采用风钻钻凿泄水孔。④每10~15m设置一条伸缩缝，用浸沥青木板或塑料泡沫放置在伸缩缝位置，并加以固定，然后进行喷射施工形成伸缩缝；也可以在喷射施工完成后用切割机切割形成伸缩缝。等混凝土凝固后用熔化沥青浇筑封闭伸缩缝。⑤在伸缩缝的下三角位置，可用边长为30~50cm的木板形成木模，在这个三角形木模内，不喷浆、喷射混凝土，用作排水，填土后即可进行绿化。⑥喷射应自下而上进行，喷嘴要垂直坡面，并经常保持1m左右的距离。当混凝土厚度大于7cm时，宜分两层喷射。⑦混凝土C15或C20，配合比（水泥：砂：碎石）为1：2：2~1：2：3，水灰比1：0.45~1：0.55。速凝剂用量视品牌，经试验确定。⑧喷射厚度应均匀，喷射次数及厚度，应根据岩体风化、表面破碎情况而定；一般喷2~3次即可，厚度为1~3cm（喷浆）或7~15cm（喷混凝土）。a. 喷射告一段落后，要进行全面检查，如发现空白点或薄层处，应进行补喷。b. 应采取多种方法保证喷层厚度，如用预嵌标钉、刻槽和激光断面仪等方法检查，每50m长度的边坡，至少应抽检一个断面的上、中、下三处厚度，看其是否符合设计，误差不得大于10%。

（3）喷浆、喷射混凝土防护施工的质量控制与检查：①喷浆、喷射混凝土施工前，坡面应稳定、平整，并清理干净和处理好坡面渗水，否则不得进行施工。②使用规定的原材料和按规定的方法准备材料。③喷浆或喷射混凝土前，应按2~3m间距和排距放置排水管形成排水孔，或喷射施工完毕后钻凿排水孔。④检查伸缩缝模板的位置准确到位后，才能进行喷射施工。⑤材料配比应符合设计要求，并随时检查配比称量和留足试件进行强度试验。⑥喷射施工中，用预嵌标钉、喷层凿取试件等方法标示检查、控制喷层的厚度，并不得有漏喷。⑦喷浆、喷射混凝土防护施工的质量检查内容及方法。

2）勾缝与灌浆防护

适用于比较坚硬，且裂缝多而细的岩石边坡，防止水分浸入岩层内造成病害。灌浆防护适用于坚硬，但裂缝较宽和较深的岩石边坡，借砂浆的胶结力，使坡面表层成为一个整体的防水层。

（1）勾缝与灌浆防护的施工流程：勾缝或灌浆施工可以按以下步骤进行：清理坡面—拌制砂浆或混凝土→冲洗裂缝→勾缝或灌浆→打磨、抹平→养生。

（2）勾缝与灌浆防护的施工方法：①施工前应清除坡面的活岩、虚渣、浮土、草根等杂物，将缝内冲洗干净，并依缝宽和缝深分别按下列要求施工：岩体较坚硬，不容易风化，节理多而细者，宜用勾缝，砂浆应嵌入缝中与岩体牢固结合；节理、裂缝宽度较大者，宜用砂浆灌缝，可用1∶4或1∶5(质量比)的水泥砂浆捣插密实，必要时可用压浆机灌注，灌浆应灌满至缝口抹平；缝宽大而深时，宜用水泥混凝土灌注，可按体积比为1∶3∶6或1∶4∶6配合比配料灌注振捣密实，灌满至缝口抹平。②在坡面有渗水、泉水的位置应留排水口，在每台坡脚每2~3m处也应留一个排水口。排水口的施工是先留一条或几条节理面，长5cm左右，不进行灌浆或勾缝。③补缝后3~5min进行打磨、抹平，使表面光滑，并用麻袋或青草将缝覆盖，洒水养生。

（3）勾缝与灌浆防护施工的质量控制与检查：①施工前，坡面应稳定、平整，并清理干净和处理好地下水，否则不得进行勾缝或灌浆施工。②使用规定的原材料和按规定的方法准备材料。③灌浆施工过程中，应检查、控制灌浆孔的间距、深度和浆液配比、灌浆压力。④注意预留排水口。⑤施工完毕后，必须注意养护。

3）护面墙

在各种软质岩层和较破碎岩石的挖方边坡，为免受大气、降雨因素影响而修建的护墙，称为护面墙。施工方法有干砌和浆砌两种，多用于易风化的片岩、绿泥片岩、泥质页岩、千枚岩及其他风化严重的软岩挖方边坡防护。

（1）护面墙的构造与布置：护面墙除自重外，还能承担部分墙后土体压力，一般要求挖方边坡能自身稳定。护面墙每10m长设置一道伸缩缝(或沉降缝)，缝宽2cm，嵌以沥青麻絮(如果不是浸水护面墙，可不进行封缝处理)，并每隔2~3m设置5cm×5cm、10cm×10cm或5cm×10cm的泄水孔。公路用地紧张时，护面墙通常与边沟直接相连，当采用梯形断面边沟时，护面墙的面墙可作为边沟的外侧沟帮。

当采用带盖板的矩形断面边沟时，边沟外侧沟帮仅17cm左右宽，且与护面墙相连，这种护面墙有时又叫带边沟的护面墙。护面墙基础应置于稳定的地基上，埋深应根据地质条件确定，在冰冻地区应埋置在冰冻线以下不小于0.25m。护面墙的前趾低于边沟底面。墙背顶应用浆砌石或砂浆，或黏土填埋密实，以防止雨水渗入墙后引起墙体破坏。护面墙多采用浆砌片石结构，在缺乏石料的地区，也可采用现浇混凝土或预制混凝土块砌筑。混凝土不应低于C15，砌筑用砂浆不应低于M5，寒冷地区不应低于M7.5。

在石质较好的路段，护面墙墙身中间可以不铺砌，留出拱形、圆形、方格形等空隙，以节省浆砌圬工，并可以作为排水、绿化等用途。

（2）护面墙的施工流程：护面墙可按下面的工序和步骤进行施工：施工前准备→刷坡→测量放样→基坑开挖→基坑检查→基础砌筑→基础检查→墙身砌筑(预留泄水孔)→墙顶抹面→墙身勾缝→墙背回填(泄水孔处设置反滤层)→交工验收。

（3）护面墙的施工方法：①浸水路基处的墙体应选择在枯水季节施工。②护面墙施工前，应清除表面松动岩石、浮渣，边坡能够自稳。③护面墙应挂线砌筑施工，墙背要紧贴坡面，不得干填或乱填碎石块。④护面墙每10m长或基础土质有变化时应设置伸缩缝（或沉降缝），缝宽2cm，施工时可在伸缩缝（或沉降缝）处放置厚2cm塑料泡沫；有过水要求的护面墙，应用沥青麻丝填缝，以防挡墙外面的水进入坡体内。⑤护面墙每隔2~3m设5cm×5cm、10cm×10cm或5cm×10cm的方形泄水孔，或直径为5cm的圆形泄水孔，泄水孔必须高于原地面线20cm（或在洪水位以上30cm），泄水孔必须向外倾斜、直顺、无堵塞、无孔洞漏水现象，泄水孔进水口要设置反滤结构。⑥泄水孔的反滤结构可以采用如下三种形式：粒料反滤层；反滤土工布包裹砂反滤层；无砂混凝土反滤层。

砂做反滤层施工时，以进水口为中心，形成边长为30cm的进水口集料反滤层；反滤土工布包裹砂施工，是用土工布做成外形比泄水孔稍大的口袋，用2~5mm的砂填装后，塞进泄水孔就可以形成反滤结构；无砂混凝土反滤结构施工是采用规定的砂粒按《公路路基施工技术规范》（JTG/T 3610—2019）的规定拌和后，用无砂混凝土封堵泄水孔的进水口，封闭长度为5~10cm，即可形成无砂混凝土反滤结构。

对于严重潮湿或严重冻害的土质边坡，在未进行排水前，不宜直接砌筑护面墙，而应该先排水。排水方法可采用塑料管、PVC管、竹筒等将坡体水导出，然后再砌筑护面墙。在护面墙达到坡体出水处时，应该设置泄水孔，待该泄水孔的砌筑砂浆和抹面砂浆凝固后，才可用泄水孔导水，或直接把排水管砌筑在墙体中，排水管就作为泄水孔。

泄水孔的施工方法：砌筑护面墙时，在泄水孔位置处的墙体上先留5cm宽或10cm宽的沟槽，并进行抹面或勾缝，在槽上方盖上较平整的片石，然后将编织带或水泥包装袋（可防止砂浆漏入预留沟槽内）铺在片石上，再抹砂浆，接着砌筑上面的墙体，这种方法能保证排水孔不堵塞。在护面墙上设置泄水孔，也可在砌筑时直接将塑料管、PVC管、竹筒埋置在泄水孔位置处作为泄水孔。

4）干砌片石护坡

适用于土质、软岩及易风化、破坏较严重的填、挖方路基边坡，以防止雨、雪水冲刷。在砌面防护中，宜首选干砌片石结构，这不仅为了节省投资，而且可以适应较大的边坡变形。如在冻胀严重的路段，干砌片石就显得特别优越。对土质填方路段也能适应路基边坡沉落变形。但干砌片石护坡受水流冲击时，细小土颗粒易被流水冲刷带走，而引起较大的沉陷。

（1）干砌片石护坡的构造与布置：常用的干砌片石结构分单层铺砌和双层铺砌两种，单层铺砌结构厚0.25~0.35m，双层铺砌下层厚0.15~0.25m，上层厚0.25~0.35m。为防止坡面土层被水流冲出和减轻漂浮物的撞击力，应在干砌防护下面设置碎石或砂砾构成的垫层（反滤层）。垫层一般厚度为0.1~0.2m，在一定条件下，也可以用反滤土工布代替。干砌片石护坡坡脚应视土质情况，设置不同埋深的基础。基础的砌筑有两种：墁石铺砌基础和抛石、堆石基础。被防护的边坡自身应符合稳定性的要求，一般坡率应大于1：1~1.0：1.5。

（2）干砌片石护坡的施工流程：干砌片石护坡可按下列工序及步骤进行施工：施工前

准备→刷坡→测量放样→基坑开挖→基坑验收→基础砌筑→基础检查→墙身砌筑→墙顶封面→交工验收。

（3）干砌片石护坡的施工方法：①尽量安排在枯水季节施工。②石料应为新鲜或微风化、坚硬、有棱角和不会冻结而破裂的岩石，其重力密度不应小于 $24kN/m^3$。在经常浸水的部位，用不易风化岩石。③在防护的边坡上铺石应设垫层，垫层材料最好为碎石或砾石。当边坡材料符合垫层要求时可不设垫层。④铺砌应设置基础，在冲刷情况比较严重时，应设浆砌片石脚墙基础。⑤铺砌应自下而上进行，不损坏垫层；石块应栽砌，大面与坡面垂直，厚度与坡面平行，各石块应彼此镶紧，各砌层之间应错缝砌筑。⑥铺石护坡最好在新筑路堤沉实或经可靠地夯实以后再施工。⑦在受水后易发生湿陷而引起较大变形的黄土、石膏地区不宜采用干砌片石防护。

（4）干砌片石护坡施工的质量控制与检查：①施工前，坡面应稳定、平整，并清理干净和处理好地下水，否则不得进行施工。②使用规定的原材料，规格尺寸和强度不符合要求的石料不得用作砌筑。③基础开挖必须到位，验收合格后方可进行墙体砌筑，否则不得进行墙体的砌筑，严禁超挖回填虚土。④石块应栽砌，大面与坡面垂直，厚度与坡面平行，各石块应彼此镶紧，错缝砌筑。⑤随时监督检测砌筑厚度，保证护坡厚度。

5）浆砌片石护坡

这是公路建设特别是高速公路建设中常用的工程防护方法。浆砌片石护坡是用水泥砂浆将片石空隙填满，使砌石成为一个整体，以保护坡面不受外界因素（水、大气等）的侵蚀，所以比干砌片石有更高的强度和稳定性。

（1）浆砌片石护坡的构造与布置：浆砌片石护坡采用的水泥砂浆一般为 M5，受水流冲刷或寒冷地区应采用 M7.5 或 M10。浆砌片石护坡所使用的石料应是不易风化的坚硬岩石或大块卵石，厚度为 0.25~0.5m。护坡底面铺设厚 0.1~0.15m 的碎石或砂砾组成的垫层，在一定条件下，也可以采用与垫层等效的反滤土工布代替。浆砌片石护坡应视土质情况设置砌石基础，其埋深应为护坡厚度的 1.5 倍以上（在冰冻地区设置在冰冻线以下 0.25m）。砌石护坡应每隔 10~15m 或地质条件发生变化处设置宽 2cm 的伸缩缝（或沉降缝），并按 2~3m 间距预留泄水孔。

（2）浆砌片石护坡的施工流程：浆砌片石护坡可按下列工序及步骤进行施工：施工前准备→刷坡→测量放样→基坑开挖→基坑验收→基础砌筑→基础检查→护坡铺砌→护坡勾缝→墙顶封面→交工验收。

（3）浆砌片石护坡的施工方法：①采用人工或机械开挖基础，基础应埋入冲刷线以下 0.5~1.0m，否则须有防止冲刷基础措施；在寒冷地区应埋入冰冻线以下 0.25m。②墙身部分每隔 2~3m，设 5cm×5cm、10cm×10cm 或 5cm×10cm 的方形泄水孔或孔径为 5cm、10cm 的圆形泄水孔一个，上下两排错位布置，最好呈梅花形分布。泄水孔施工可以采用如下方法：在泄水孔位置处先砌成 5cm×5cm、10cm×10cm 或 5cm×10cm 向外倾斜 3%的沟槽，并用砂浆抹平，然后干砌沟槽顶面，用水泥袋、塑料布等工地废旧薄层材料盖住沟槽顶的干砌片石后，接着砌筑上面的墙体；在泄水孔位置处放置直径为 5~10cm 的 PVC 管、竹筒等材料，并向外倾斜 3%的泄水管，然后继续砌筑上面的护坡。如果需要节省材料，重复利用PVC管、竹筒，应该在砂浆初凝后立即慢慢抽出PVC管、竹筒等材料，并用清水冲洗干净，以备后面的泄水孔施工之用。③泄水孔的进水口需设置反滤结构，其施工方法同护面墙反滤层。④沿护坡及墙身长度每隔10~15m设沉降缝一道；基底土质有变化处，亦需设置沉降缝，缝宽2cm。在施工过程中可在沉降缝设计位置处先放置2cm厚的泡沫板，以保证沉降缝的直顺度。当边坡为浸水坡面时，缝内应填塞沥青麻絮，防止河水倒灌入路基内，使路基湿软而降低强度和产生淘刷。

6）拱形骨架植草护坡

多用于稳定的土质挖方路基边坡的防护，土质边坡一般采用液压喷播植草进行绿化施工；对风化严重的石质边坡，可在骨架中间透空部分填土后再进行种草、种树等植物防护工作。根据拱形骨架所采用的材料不同，又可分为浆砌片石拱形骨架植草护坡、现浇混凝土拱形骨架植草护坡、预制混凝土块拱形骨架植草护坡等类型。

（1）拱形骨架植草护坡的构造与布置：护坡坡度与路基边坡坡度一致，一般在1∶1左右，每一台护坡垂直高度为8~10m，沿坡长每隔10~15m设置一条伸缩缝（沉降缝），缝宽2cm左右，一般设置在拱肋的拱顶处，伸缩缝（沉降缝）上下对齐。拱形护坡的拱肋通常设计成L形断面，通过肋条上的拦水捻拦截汇集坡面径流，以减少雨水对坡面的冲刷。在路堤坡面的防护中，为了克服拦水带设置在路面容易形成积水的问题，取消拦水带，采用在最高一道护坡肋之上的空格用砂浆或浆砌封面。

（2）拱形骨架植草护坡的施工工艺：①浆砌片石拱形护坡可按下列工序及步骤进行施工：施工前准备→刷坡→全站仪定位放样，拱形模放样→人工开挖竖肋和拱肋沟槽→验槽→铺砌竖肋沟底→铺砌竖肋沟帮→支拱形铁皮模→砌筑拱肋→竖肋和拱肋抹面→骨架中间回填客土→植草绿化。②混凝土预制块拱形骨架植草护坡的施工流程：混凝土预制块拱形护坡的施工流程及步骤同浆砌片石拱形护坡。

1.4.1.4 沿河路基防护施工

沿河路基防护包括坡岸防护、导流构造物防护和其他防护。各种防护都必须加强基础处理和圬工质量，防止水流冲刷和淘空，保证路基稳定。沿河路基防护工程基础应埋设在局部冲刷线以下不小于1m或嵌入基岩内；导流构造物施工前，根据现场具体情况采取相应措施，避免冲刷农田、村庄、公路和下游路基。

1）抛石防护

当水流流速为3.0~5.0m/s时，宜采用抛石防护。抛石防护类似于陡坡路堤在坡脚处设置石垛。抛石体边坡坡度和石料粒径应根据水深、流速和波浪情况确定，石料粒径应大于300mm，宜用大小不同的石块掺杂抛投。坡度应不陡于抛石石料浸水后的天然休止角。抛石厚度宜为粒径的3~4倍，用大粒径时，不得小于2倍。流速大、水很深、波浪高的路段，抛石应采用粒径较大的石块。抛石石料应选用质地坚硬、耐冻且不宜风化崩解的石块。

2）石笼防护

当水流流速大于5.1m/s或过多压缩河床，造成上游壅水时，宜用石笼防护或设置驳岸、浸水挡土墙等支挡结构物。石笼防护主要用于缺乏大石块的地区，它是用铁丝编织成长方体或圆柱体框架，内装石料，设置在坡脚处。石笼形状根据设计要求或不同情况和用途选用，笼内填石选用浸水不崩解和不易风化的石料，粒径不小于4cm，一般为5~20cm，外层石料要求有棱角，内层用较小石块填充。编制石笼时，应注意各部分尺寸正确，以利于石笼与石笼之间紧密连接。安置石笼时，用于防止冲刷淘底的石笼，应与坡脚线垂直，且堤岸一端固定。用于防止堤岸边坡冲刷时，则垒码平铺成梯形，单个石笼的大小，以不被相应速度的水流冲动为宜，铺设时须用厚0.2~0.4m的碎(砾)石垫层铺平，底层各角可用铁棒固定于基底。

3）浸水挡土墙和土工膜袋防护

（1）浸水挡土墙施工应符合下列规定：①浸水挡土墙应选用坚硬未风化且浸水不崩解的石块。②应注意浸水挡土墙与岸坡的衔接。

（2）土工膜袋防护施工应符合下列规定：①按设计要求整平坡面，放线定位，挖好边界处理沟。②膜袋铺展后应拉紧固定，防止充填时下滑。③充填材料应根据设计要求和实际情况合理选用，充填应连续。④需要排水的边坡，应适时开孔设置排水管。⑤膜袋顶部宜采用浆砌块石固定。有地面径流处，坡顶应采取防护措施，防止地表水侵蚀膜袋底部。⑥岸坡膜袋底端应设压脚或护脚棱体，有冲刷处应采取防冲措施。⑦膜袋护坡的侧翼宜设压袋沟。⑧膜袋与坡面间应按设计要求铺设好土工织物滤层。

4）丁坝及顺坝

为了改变水流方向，减轻水流对路基岸边的冲刷，可采用间接防护措施。常用的间接防护措施有设置丁坝、顺坝等调治构造物以及改移河道和种植防水林带等。通过这些防护措施，以降低防护地段的水流速度，改变水流流向，甚至促使部分岸线产生有利于保护路基的淤积等。丁坝适用于宽浅变迁性河段，用以排流或减低流速，减轻水流对河岸或路基的冲刷。顺坝适用于河床断面较窄、不允许过多占用河床以及地质条件较差的沿河路基。

（1）丁坝与顺坝的构造与布置：丁坝的轴向布置，从与水流方向的关系看有垂直式、下挑式、上挑式三种类型，由于丁坝的形式不同，其冲淤情况及作用也不同。丁坝的布置应满足以下三方面的要求：①丁坝的设计长度，应根据导治线(即计划中的河轴线的边缘线)来考虑，不宜过多压缩水流断面。②丁坝轴线与水流方向的交角及与河岸交角，宜按导治线的外形、流速大小、水深、水流含砂量、河床地层情况、河岸地质情况及坝长综合考虑。③丁坝的间距必须使其上游的壅高水位延伸到前一个丁坝的坝头，以免在坝头下游发生水面跌落现象。同时要使下游丁坝布置在上游丁坝的影响水流范围内，使射入丁坝坝格的水流和原水流方向形成的扩散角在7.5°~10°为宜，而不致冲击河岸。顺坝的布置必须制定一个合理的导治线。顺坝的终点必须与河岸连在一起，一般都设计成开口式，以利于淤积。顺坝常与格坝联合使用。丁坝、顺坝及格坝等导治构造物，在山岭区公路的沿河线路上用得比较多。

（2）丁坝与顺坝的施工方法：①在组织施工前，应仔细研究施工方案，避免工期过长，而引起沿河农田、村庄和上、下游路基的冲刷；施工应尽量安排在枯水季节。②导流构造物施工时，应周密调查核对坝址情况，对其地质、河道、水文条件或施工中发生的新变化，应及时修改设计并报有关部门批准后，方可施工。③施工前和施工中，应做好施工导流和基坑抽水，避免基坑积水和遭到河床水流冲刷。④基础开挖到位后，要进行高程、地质验收和承载力评价。如果需要进行地基处理，要进行地基处理验收，合格后抽干积水，清理浮渣、松土、淤泥、施工废物等后方可进行坝体的砌筑。⑤施工过程中，应处理好坝根与相连地层或其他防护设施的嵌接。⑥顺坝受水流影响较大，故迎水坡应比背水坡缓，迎水坡一般采用1：1.5~1：2.55，背水坡采用1：1.1~1：1.5。当水流动轴线紧贴坝缘，流速较大，河床地质又较松软时，迎水坡常被淘刷，影响坝体稳定，此时可在迎水坡加做护脚，或适当放缓迎水坡的坡度。⑦坝脚冲刷严重时，可在冲刷严重部位加深基础，或铺砌河床。⑧施工过程中和施工结束后，应注意对混凝土和砌石砂浆的养护，在混凝土或砂浆强度没有达到设计强度时，应避免水流对坝体的冲刷。

(3) 丁坝与顺坝施工的质量控制与检查：①施工前，坡面应有稳妥的施工导流方案并做好导流工程，不得有溃坝和大量漏水。②基础开挖过程中，要随时抽水，基础开挖到位后必须进行高程测量和地质验收，确定地基承载力是否满足要求，否则必须进行基础加深或地基处理，合格后才能进行坝体施工。③进行坝体施工前，需把基础积水抽干，清理干净，不得留有浮土、淤泥等，超挖部分必须用混凝土或浆砌石回填。④使用甲方(监理)认可的原材料，不得采用“三无”产品，规格尺寸和强度不符合要求的石料不得用作砌筑。⑤砌石时应随时检查砂浆配比并按规定取制试样进行强度试验检查。⑥施工过程中，应进行挂线施工和模板位置的测量校核，保证丁坝或顺坝的断面尺寸。⑦混凝土和砂浆强度未达到设计强度前，避免水流的冲刷。

5) 改移河道

沿河路基受水流冲刷严重，或防护工程艰巨以及路线在短距离内多次跨越弯曲河道时可改移河道。对主河槽改动频繁的变迁性河流或支流较多的河段不宜改移河道。改移河道工程应在枯水时期施工，一个枯水期不能完成时，应采取防洪措施。河道开挖应先挖好中段，然后再开挖两端，确认新河床工程已符合要求后，方可挖通其上游河段。利用开挖新河道的土石填平旧河道时，在新河道未通流前，旧河道应保持适当的流水断面。通流时，改河上游进口河段的河床纵坡宜稍大于设计坡度。河床加固设施及导流构造物的施工应合理安排，及时配套完成。

1.4.2 路基排水设施施工

路基排水设施可以及时排出地表径流，降低土基湿度，保持路基常年处于干燥和中湿状态，使路基工作区内的土基含水量降低到一定的范围内，确保路基路面具有足够的强度与稳定性。

1.4.2.1 路基排水的一般要求

(1) 路基内的水源来自地面水和地下水。地面水主要是由降水形成的地面径流。地下水为从地面渗入并滞留于上层的滞流水和地下含水层内的潜水。路基排水的目的是通过采取有效措施，使路基内含水量保持在允许范围内，保证路基经常处于稳定状态，满足使用要求。流向路基的地面水和地下水，需在路基范围以外的地点，设置截水沟与排水沟或渗沟进行拦截，并引离至指定地点，路基范围内的水源，分别采用边沟、渗沟、渗井和排水沟予以排除。路基排水一般向低洼一侧排除，必须横跨路基时，尽量利用拟设的桥涵，必要时设置涵洞、倒虹吸或渡槽。水流落差较大时，应在较短段落上设置跌水或急流槽。

（2）对于明显的天然沟槽，一般宜依沟设涵，不必勉强改沟与合并。对于沟槽不明显的漫流，应在上游设置束流设施，加以调节，尽量汇集成沟导流排除。对于较大水流，注意因势利导，不可轻易改变流向，必要时配以防护加固工程，进行分流或束流。为了提高截流效果，减少工程量，地面沟渠宜大体沿等高线布置，尽可能使沟渠垂直于流水方向，且应力求短捷，水流通畅。沟渠转弯处要求以圆曲线相接，以减小水流的阻力。排水沟的出水口应设置急流槽将水流引出路基或引入排水系统。

（3）各种排水设备必须地基稳固，不得渗漏或滞留，并具有适当纵坡，以控制与保持适当的流速。沟槽的基底与沟底沟壁必要时予以加固，不得溢水渗水，防止损害路基和引起水土流失。

（4）施工前，应校核全线排水设计是否完善、合理，必要时应提出补充和修改意见，使全线的沟渠、管道、桥涵组合成完整的排水系统。完成临时排水设施，临时排水设施应尽量与永久排水设施相结合，排水方案应因地制宜、经济实用。施工期间，应经常维护临时排水设施，保证水流畅通。

（5）路堤施工中，各施工作业层面应设2%~4%的排水横坡，层面上不得有积水，并采取措施防止水流冲刷边坡。

（6）路堑施工中，应及时将地表水排走。

1.4.2.2 常见排水设施

路基路面排水设施可分为地上的排水设施和地下的排水设施。地面排水设施有边沟、截水沟、排水沟、跌水、急流槽、倒虹吸、渡水槽、蒸发池等，它们分别设置在路基的不同部位，共同形成完整的路基地面排水系统。各类地表排水设施的沟槽顶面应当高出设计水位0.1~0.2m，地表排水设施的断面形状和尺寸应满足排泄设计流量的要求，不产生冲刷和淤积。地表排水沟渠宜短不宜长，以使水位不过于汇集，做到及时疏散，就近分流，同时也应兼做其他流水的用途。

1）边沟

挖方路基以及填土高度低于路基设计要求的临界高度的路堤，在路肩外缘均应设置纵向人工沟渠，称之为边沟。其主要功能在于排除路基用地范围内的地面水，包括路面、路肩和边坡的流水。边沟断面形式主要有梯形、矩形、三角形或流线形等，按公路等级、所需排水设计流量，设置位置和土质或岩质选定。

2）截水沟

是设置在挖方路基边坡坡顶以外，或山坡路堤上方的适当位置，用以拦截路基上方流向路基的地面水，减轻边沟的水流负担，保护挖方边坡和填方坡脚不受流水冲刷和损害的人工沟渠。它是多雨地区、山岭和丘陵地区路基排水的重要设施之一。截水沟设在路堑坡顶或路堤坡脚外侧，要结合地形和地质条件沿等高线布置，将拦截的水顺畅地排向自然沟谷或水道。

降水量较少或坡面坚硬和边坡较低以致冲刷影响不大的地段，可以不设截水沟；反之，若降雨量较多，且暴雨频率高，山坡覆盖层松软，坡面较高，水土流失较严重的地段，必要时可设置两道或多道截水沟。截水沟的横断面形式，一般为梯形，沟壁边坡坡度因土质条件而异，一般采用1∶1~1∶1.5，沟底宽度和深度不小于0.5m。地质或土质条件差，有可能产生渗流或变形时，应采取相应的防护措施。截水沟下游应有急流槽，把路堑或路堤坡面截水沟汇集的雨水导入天然水沟或排水沟。

3）排水沟

主要用于排除来自边沟、截水沟或其他水源的水流，并将其引至路基范围以外的指定地点。当路线受到多段沟渠或水道影响时，为保证路基不受水害，可以设置排水沟或改移渠道，以调节水流，整治水道。排水沟的横断面形式，一般采用梯形，尺寸大小应经过水力水文计算而定。排水沟的布置，必须结合地形等条件，离路基尽可能远些，转向时，尽可能采用较大半径(10~20m以上)，徐缓改变方向，距路基坡脚的距离一般不宜小于3~4m；排水沟长度一般不超过500m；纵坡大于7%时，应设置跌水或急流槽。

4）跌水与急流槽

均用于陡坡地段，沟底纵坡可达100%。由于纵坡大、水流湍急、冲刷作用严重，所以跌水与急流槽必须用浆砌石块或水泥混凝土砌筑，且应埋设牢固。在陡坡地段设置跌水结构物，可在短距离内降低水流流速、消减水流能量，避免出水口下游的桥涵结构物、自然水道或农田受到冲刷。跌水成台阶式，有单级跌水和多级跌水之分。跌水两端的土质沟渠，应注意加固，保持水流畅通，不致产生水流冲刷和淤积，以充分发挥跌水的排水效能。急流槽的纵坡，比跌水的平均纵坡更陡，结构的坚固稳定性要求更高，是山区公路回头曲线沟通上下线路基排水及沟渠出水口的一种常见排水设施。急流槽主体部分的纵坡依地形而定，一般可达67%，如果地质条件良好，需要时还可以更陡，但结构要求更严，造价亦相应提高，设计时应通过比较确定。按水力计算特点，由进水口、急流槽(槽身)和出水口三部分组成。

若沟槽横断面不同，为了能平顺衔接，可在急流槽的进、出水口与槽身连接处设过渡段，出水口部分设消力池。各部分的尺寸，根据水力计算确定。急流槽的基础必须稳固，端部及槽身每隔2~5m在槽底设耳墙埋入地面以下，以防止滑动。当槽身较长时宜分段砌筑每段长5~10m的预留伸缩缝，并用防水材料填塞。在开挖坡面的急流槽与边沟交汇处，应在边沟设置沉淤池或消能池，一方面可以沉积泥砂；另一方面可以起到消能作用，避免泥砂堵塞边沟和水流冲刷边沟，导致边沟遭到破坏。

5）盲沟与渗沟

设在路基边沟下面的暗沟称为盲沟，其目的是拦截或降低地下水。盲沟造价通常高于明沟，发生淤塞时，疏通困难，甚至需要开挖重建。设置在路基两侧边沟下的盲沟，主要作用是降低地下水位，防止毛细水上升至路基工作区范围内，形成水分积聚而造成冻胀和翻浆，或土基过湿而降低强度等。路基在挖方与填方交界处的横向盲沟，用以拦截和排除路堑下面的层间水或小股泉水，保持路堤填土不受水害。盲沟设置在地面以下起引排、集中水流的作用，无排渗水和汇水的作用。简易的盲沟结构主要由粗粒碎石、细粒碎石及不透水层组成。

6）渗井

当路基附近的地面水或浅层地下水无法排除，影响路基稳定时，可设置渗井，将地面水或地下水经渗井通过下透水层中的钻孔流入下层透水层中排除。渗井直径50~60cm，井内填充料含泥量应小于5%，按单一粒径分层填筑，不得将粗细材料混杂填塞。在下层透水范围内填碎石或卵石，上层不透水层范围内填砂或砾石，填充料应采用筛洗过的不同粒径的材料，井壁和填充料之间应设反滤层。渗井离路堤坡脚不应小于10m，渗水井顶部四周用黏土填筑围护，井顶应加筑混凝土盖，严防渗井淤塞。渗井开挖应根据土质选用合理的支撑形式，并应随挖随支撑，及时回填。

7）检查井

为检查维修渗沟，每隔30~50m或在平面转折和坡度由陡变缓处宜设置检查井。检查井一般采用圆形，内径不小于1.0m，在井壁处的渗沟底应高出井底0.3~0.4m，井底铺一层厚0.1~0.2m的混凝土，混凝土强度必须达到5MPa，井基如遇不良土质，应采取换填、夯实等措施。兼起渗井作用的检查井的井壁，应在含水层范围设置渗水孔和反滤层。深度大于20m的检查井，蹬出梯要牢固。井口顶部应高出附近地面0.3~0.5m并设井盖，井框、井盖应平稳，进口周围无积水。

1.4.2.3 边沟截水沟与排水沟的施工

通常把边沟、截水沟与排水沟笼统地称之为“水沟”，其施工工艺和施工方法非常相似。水沟的施工流程为：施工准备(清理现场、核查设计布置是否合理、组织施工人员及施工机械、材料准备)→测量放样→撒石灰线(机械开挖)或挂线(人工开挖)→沟槽开挖→人工修整→验槽→水沟加固(水沟沟底纵坡大于3%时，或土质水沟采用矩形断面时，或需要防止水沟水流下渗时)。

当公路用地比较紧张时，边沟、排水沟和碎落台截水沟多采用矩形断面形式，需要结合其他防护工程进行加固处理。高等级公路为了行车安全和增加路面视觉宽度，常在边沟顶面加带槽孔的混凝土盖板。

加带混凝土盖板的高等级公路边沟施工流程为：全站仪定位放样→撒石灰线→挖机(或人工)开挖沟槽→人工修整→验槽→砌筑沟底→砌筑沟帮→检查沟底、沟帮→沟帮、沟底抹面或勾缝→运输盖板→清除边沟淤积及沉降缝封缝→安装盖板→找平外露边沟顶面。

1）土质水沟的施工方法

根据设计图纸尺寸，利用经纬仪及钢尺或皮尺从中桩引测，或利用全站仪从测量控制点引测，放样点间距直线段一般为10m一点，曲线段根据转弯半径大小为2~5m一点。

放样时，应核查水沟设计位置的合理性，是否与公路设施及建筑物位置发生冲突；坡降是否过大或过小，过大是否需要采取加固措施，过小是否会产生积水或漫流现象；与其他防排水措施交接处是否会发生错位或冲刷，是否需要进行防冲加固；出水口水流是否顺畅，是否会发生冲刷危害，是否应采取消能或提高抗冲刷的加固措施；边沟转弯半径是否符合有关要求，是否应在外侧加高和加固。设计存在不合理的地方或存在需要完善的地方，需即时向有关单位进行汇报，并对设计进行修改和完善。放样之后，应进行现场清理，清除杂草、灌木、有机质土及覆土等杂物，平整场地及进行施工临时排水。

低等级道路，或降水量较少的地区，水沟设计尺寸亦较小，通常采用人工开挖沟槽。反之，高等级道路，或降水量较大的地区，水沟设计尺寸亦较大，为了保证施工质量和工期，大多采用人工配合挖掘机开挖。在纵向，一般应从下游向上游开挖。

当人工开挖作业时，测量放样后，挂线施工。施工时一般采用分段开挖的方法，每一段可以分层开挖，从上至下，逐渐成型，也可以全断面开挖，先开辟出一个工作面，修整成设计断面，然后往前推进，每一个断面都一次成型。

当采用机械开挖作业时，应该先放样，然后撒石灰线，挖土机开始工作。开挖过程中，最好欠挖，人工修整到位，不能超挖。如果出现超挖，超挖部分用浆砌片石或其他加固材料找补。

开挖时尽量不扰动原状土，当采用机械开挖时，可适当欠挖，边挖边测量控制，沟底高程用水准仪实测控制，最后用人工修整。修整时以一定长度(一般为10m，曲线段按半径大小为25m)按设计尺寸定标准断面，在两标准断面间拉线，按线修整，也可用断面样板或皮尺或钢尺逐段检查，反复修整，直到符合设计要求为止。雨季施工时基坑开挖必须采取防止坑外雨水流入基坑的措施，坑内雨水应及时排出。

2) 石质水沟的施工方法

石质水沟的开挖，无论采用人工还是机械施工，均需爆破，使石方松动后再开挖成型，这样很容易超挖，应控制炮孔位置和爆破药量，超挖部分用浆砌片石、混凝土或砂浆找补。石质水沟其他工序的施工方法与土质水沟相同。

3) 水沟加固的施工方法

为防止水流对水沟的冲刷与渗漏，对边沟、截水沟和排水沟等地面排水设施的沟底和沟壁应进行加固。

第2章　路面工程施工

2.1　路面工程概述

2.1.1　路面的概念、结构与分类

2.1.1.1　路面的概念

路面是指用各种材料铺筑在路基上的供车辆行驶的构造物，其主要任务是保证车辆快速、安全、舒适地行驶，路面应能够承受交通荷载和自然因素的作用，还要与周围环境衬托协调。

2.1.1.2　路面的结构

道路行车荷载和自然因素的作用一般随深度的增加而减弱，为适应这一特点，路面结构也是多层次的，路面结构一般由面层、基层、垫层组成，有的道路在面层和基层之间还设立了联结层。

1）面层

位于整个路面结构的最上层，直接承受行车荷载，并受自然因素的影响，因此要求面层有足够的强度、刚度和稳定性，另外面层还应有良好的平整度和抗滑性能，以保证车辆安全平稳地通行。面层通常使用水泥混凝土、沥青混凝土、沥青碎石混合料做铺筑材料，有些道路也用块石、料石或水泥混凝土预制块铺筑道路面层，山区交通量很小的地区也直接用泥灰结碎石或泥结碎石做面层。面层可分层铺筑，称为上面层(表层)、中面层和下面层。

2）基层

是指面层以下的结构层，主要起支撑路面面层和承受由面层传递来的车辆荷载作用，因此基层应有足够的强度和刚度，基层也应有平整的表面，以保证面层厚度均匀、平整，基层还可能受到地表水和地下水的浸入，故应有足够的水稳定性，以防湿软变形而影响路面的结构强度。基层可采用水泥稳定类、石灰稳定类、石灰工业废渣稳定类以及级配碎砾石、填隙碎石或贫混凝土铺筑。当基层较厚时，应分为两层或三层铺筑，下层称为底基层，上层称为基层，中层视材料情况，可称为基层也可称底基层。选择基层材料时，为降低工程成本，应本着因地制宜的原则，尽可能使用当地材料。

3）垫层

设在土基和基层之间，主要用于潮湿土基和北方地区的冻胀土基，用以改善土基的湿度和温度状况，起隔水(地下水和毛细水)、排水(基层下渗的水)、隔温(防冻胀)以及传递荷载和扩散荷载的作用。垫层材料不要求强度高，但要求水稳性能和隔热性能好，常用的垫

层有砂砾、炉渣或卵圆石组成的透水性垫层和石灰土或石灰炉渣土组成的稳定性垫层。

4）联结层

指为加强面层和基层的共同作用或减少基层裂缝对面层的影响，而设在基层上的结构层，经常被视为面层的组成部分。联结层一般采用颗粒较大的沥青稳定碎石、大粒径透水性沥青稳定碎石或沥青灌入式。

2.1.1.3 路面的分类

从路面力学特性角度划分，传统的分法把路面分为柔性路面和刚性路面，随着科技的进步，又有了新的发展，路面分类进一步得到细化。

1）柔性路面

是指刚度较小，抗弯拉强度较低，主要靠抗压和抗剪强度来承受车辆荷载作用的路面，其主要特点是刚度小，在车轮荷载的作用下弯沉变形较大，车轮荷载通过时路面各层向下传递到路基的压应力较大。

2）刚性路面

是指路面板体刚度大，抗弯拉强度较高的路面，其主要特点是，抗弯拉强度高、刚度大，处于板体工作状态，竖向弯沉较小，传递给下层的压应力较柔性路面小得多。

3）半刚性路面

我国公路科研工作者经过研究和探索，在20世纪90年代初又提出半刚性路面的概念。我国在公路建设中大量使用了水泥稳定类、石灰稳定类和石灰粉煤灰稳定类材料做基层，这些基层材料随着龄期的增长，其强度和刚度也在缓慢地增长，但最终的强度和刚度仍远小于刚性路面，其受力特点也不同于柔性路面，以沙庆林院士为首的我国公路路面科研人员，将之称为半刚性路面基层，加铺沥青面层之后，称为半刚性路面。

4）复合式基层路面

《公路沥青路面施工技术规范》(JTG F 40—2004)中提出了混合式基层的概念，即上部使用柔性基层，下部使用半刚性基层的基层称为复合式基层，它的受力特点是处于半刚性基层和柔性基层中间的一种结构，可以提高柔性路面的承载能力，在加铺沥青面层之后，称之为复合式路面。

当前，国内大量使用了半刚性路面基层，半刚性基层的整体性好，但易形成温度裂缝和干缩裂缝，并经反射造成沥青面层开裂，水渗入后在行车荷载的作用下出现唧浆现象，进而形成公路路面的早期损坏。将半刚性基层用作下基层，上覆以柔性基层，成为复合式结构，不仅可以提高基层的承载力，也可以扩散半刚性基层裂缝产生的水平应力，进而截断反射裂缝向上传递的途径。同时，柔性基层多采用级配碎砾石结构，具有一定的排水功能，进一步完善基层边缘排水设计，应能起到预防路面早期破坏的效果。重交通量和多雨潮湿地区目前已开始混合基层的研究和实践。

2.1.2 路面施工的特点和基本要求

路面工程是直接承受行车荷载的结构，经受严酷的自然环境和行车荷载的反复作用，因此对路面工程也提出了更高的要求。

2.1.2.1 路面施工的特点

1）机械化程度高

随着经济的发展，机械制造业也发展迅速，各种类型、各种功能的路面施工机械相继出现，以前使用人工施工为主的路面施工已经转变为机械化施工为主、人工为辅的局面。如何更好地发挥机械性能，减轻人工的劳动强度，也是路面工程施工组织的重要内容。

2）工程数量均匀，容易进行流水作业

一般情况下一个工程项目路面工程的结构类型和设计厚度是相同的或相近的，除交叉口和收费区范围外，每千米工程数量是均匀的，这使得采取流水作业法安排路面工程施工变得更加容易。

3）路面施工材料相对比较均匀，更容易控制路面质量

采用细粒土的路面基层底基层材料，虽然也采取了因地制宜的原则，用沿线的土进行基层底基层施工，但相对于路基工程——土石混合来讲，土质差别比较小，可以利用塑性指数的差别制定统一的质量控制标准来控制基层质量（如建立相同强度下，塑性指数与灰剂量的关系；或建立相同灰剂量情况下，塑性指数与最大干密度的关系等）。对于采取砂石材料进行施工的路面基层和面层，由于材料的产地相同，材质更加均匀，更容易用同样的质量标准来控制生产。

4）与桥梁工程、台背回填、防护工程施工有相互干扰

在施工进度安排上，因桥梁工程、台背回填、防护工程的滞后影响基层施工时，可采取跳跃施工的方法；对于面层施工时，应已完成上述工作，不影响面层施工的连续性。

5）废弃材料处理

应注意不对绿化工程、防护工程和水资源造成污染，必要时应采取环境保护措施。

6）半刚性基层沥青路面的基层重排与面层的施工安排

宜在同一年内施工，以减少半刚性基层的反射性裂缝和沥青面层的早期损坏。

2.1.2.2 路面工程的基本要求

一般说来，不同等级的公路对路面的使用品质具有不同的要求，主要表现在一定设计年限内允许通行的交通量和要求道路提供的服务等级。首先，路面在设计年限内通过预测交通量的情况下，路面应保持一定的承载能力和抗疲劳能力；其次，路面在风吹、日晒、雨淋、严寒、酷暑、冻融等复杂自然条件下，在设计年限内应保持一定的稳定性和耐久性；最后就是在设计年限内经过一定的养护管理，路面应具有与公路等级相适应的服务水平，为车辆行驶提供安全可靠、快捷舒适的服务。具体来说，对路面工程有以下要求：

1）具有足够的强度和刚度

路面承受车辆在路面行驶时作用于路面的水平力、垂直力，并伴随着路面的变形（弯沉盆）和车辆的振动，受力模型比较复杂，会引起各种不同应力，如压应力、弯拉应力、剪应力等。路面的整体或结构的某一部分所受的力超出其承载能力，就出现路面病害，如断裂、沉陷等；在动载的不断作用下，进而出现碎裂和坑槽。因此必须保证路面整体和路面的组成部分具有足够的强度，包括修建路面的原材料，如砂石、水泥等，复合性材料，

如水泥混凝土、沥青混凝土和路面结构本身。

刚度是指路面抵抗变形的能力，刚度不足时路面在车辆荷载的作用下也会产生变形、车辙、沉陷、波浪等破坏现象，因此要求路面具有足够的刚度，使路面整体和各组成部分的变形量控制在弹性变形范围内。

2）具有足够的稳定性

路面结构袒露在自然环境之中，经受水和温度等影响，使其力学性能和技术品质发生变化，路面稳定性包括以下内容：①高温稳定性：在夏季高温条件下，沥青材料如没有足够的抗高温的能力，会发生泛油、面层软化，在车辆荷载的作用下产生车辙、波浪和推挤，水泥路面则可能发生拱胀开裂。②低温抗裂性：冬季低温条件下，路面材料如没有足够的抗低温能力，会出现收缩、脆化或开裂，水泥路面也会出现收缩裂缝，气温骤变时出现翘曲而破坏。③水温稳定性：雨季路面结构应有一定的防水、抗水或排水能力，否则在水的浸泡作用下，强度会下降，甚至出现剥离、松散、坑槽等破坏。

3）具有足够的平整度

路面应有良好的平整度，不平整的路面会使车辆颠簸，行车阻力增大，影响行车安全和司乘舒适，加剧路面和车辆的损坏，因此，路面应具有与公路等级相适应的平整度。

4）粗糙度和抗滑性能

路面表层直接接触车轮，路面表层应有一定的粗糙度和抗滑性能，车轮和路面表层间应有足够的附着力和摩擦阻力，保证车辆在爬坡、转弯、制动时车轮不空转或打滑，路面抗滑性不仅对保证安全行车十分重要，而且对提高车辆的运营效益也有重要意义。

5）耐久性

阳光的曝晒、水分的浸入和空气氧化作用都会对路面结构和材料产生作用，尤其是沥青材料会出现老化，并失去原有的技术品质，导致路面开裂、脱落，甚至大面积的松散破坏。因此在路面修筑时，应尽可能选用有足够抗疲劳、抗老化、抗变形能力的路用材料，以提高路面的耐久性，延长路面的使用寿命。

6）尽可能低的扬尘性

汽车在路面上行驶，车身后及轮胎后产生的真空吸力作用将吸引路面表层或其中的细颗粒料而引起尘土飞扬，造成污染并影响行车视距，给沿线居民卫生和农作物造成不良影响，尤其以砂石路面为甚。所以除非在交通量特别小或抢修临时便道的情况下，一般不要用砂石路面结构。

7）具有尽可能低的噪声

噪声污染也影响居民的正常生活，穿越居民区的公路路面可采用减噪混凝土，以降低噪声。

2.1.3 路面施工用材料

路面工程施工中，材料起着至关重要的作用，有些新建公路路面工程出现早期破坏，材料质量是最重要的影响因素。路面结构层所用材料应满足强度、稳定性和耐久性等要求。路面施工需用材料广泛，物理力学性能各异，有些材料适用于路面基层，有些材料适用于路面面层，也有些材料既可用于基层也可用于面层，但技术要求和力学性能指标略有不同，以下对路面工程所用的主要工程材料的分类和基本要求进行分述。

2.1.3.1 路面材料的分类

路面材料从工程质量控制角度出发，应对集料、结合料质量进行监控，同时也应对路面混合料及辅助材料进行质量监控，只有这样才能更好地保证路面工程质量。

2.1.3.2 路面材料的基本要求

路面用材料种类繁多，需求量大。路面各结构层使用的材料均应满足强度、稳定性和耐久性的要求，以保证路面各层次质量。选择路面用材料时也应依照因地制宜的原则，但更重要的是各类路面材料必须符合路面各结构层次的技术要求。

1）基层底基层用材料

（1）水泥：普通硅酸盐水泥、矿渣硅酸盐水泥和火山灰质硅酸盐水泥均可用作基层结合料，但宜选用终凝时间较长的水泥。

（2）石灰：石灰质量应符合《建筑生石灰》和《建筑消石灰》规定的合格以上级的生石灰或消石灰的技术指标。

（3）粉煤灰：粉煤灰中二氧化硫、三氧化二铝和三氧化二铁的总含量应大于70%，烧失量不宜大于20%，比表面积宜大于2500cm^2/g。

（4）细粒土：无机结合料稳定的细粒土，其技术要求应符合规定。

（5）中粗粒土：级配碎石、未筛分碎石、砂砾、碎石土、煤矸石、砂砾土均可作为路面基层材料，其颗粒直径不宜大于37.5mm。集料压碎值：高速公路和一级公路按结构层次和结构类型一般应不大于30%，二级公路一般不大于30%~35%，三级及以下公路一般不大于35%~40%。

2）沥青面层用材料

（1）道路石油沥青：①各个沥青等级适用范围应符合的规定：道路石油沥青的质量应符合规范规定的技术要求。经建设单位同意，沥青的P值、60℃动力黏度，15℃延度可作为选择性指标。②沥青路面采用的沥青标号，宜按照公路等级、气候条件、交通条件、路面类型及在结构层中的层位及受力特点、施工方法等，结合当地的使用经验，经技术论证后确定。

（2）乳化沥青：①乳化沥青适用于沥青表面处置路面、沥青灌入式路面、冷拌沥青混合料路面，修补裂缝，喷洒透层、黏层与封层等。②乳化沥青的质量应符合相关规范的规定。③乳化沥青类型根据集料品种及使用条件选择。阳离子乳化沥青可适用于各种集料品种，阴离子乳化沥青适用于碱性石料。乳化沥青的破乳速度、黏度宜根据用途与施工方法选择。④制备乳化沥青用的基质沥青，对高速公路和一级公路，宜符合《道路石油沥青》中A、B级沥青的要求，其他情况可采用C级沥青。储存期以不离析、不冻结、不破乳为度，宜存放在立式罐中，并保持适当搅拌。

（3）液体石油沥青：①液体石油沥青适用于透层、黏层及拌制冷拌沥青混合料。根据使用目的与场所，可选用快凝、中凝、慢凝的液体石油沥青，其质量应符合相关规范规定。②液体石油沥青宜采用针入度较大的石油沥青，使用前按先加热沥青后加稀释剂的顺序，掺配煤油或轻柴油，经适当的搅拌、稀释制成。掺配比例根据使用要求由试验确定。

(4) 煤沥青：①道路用煤沥青的标号根据气候条件、施工温度、使用目的选用，其质量应符合相关规范的规定。②各种等级公路的各种基层上的透层，宜采用 T-1 或 T-2 级，其他等级不符合喷洒要求时可适当稀释使用；三级及三级以下的公路铺筑表面处置或灌入式沥青路面，宜采用 T-5、T-6 或 T-7 级；与道路石油沥青、乳化沥青混合使用，以改善渗透性。③道路用煤沥青严禁用于热拌热铺的沥青混合料，做其他用途时的储存温度宜为 70~90℃，且不得长时间储存。

(5) 改性沥青：①改性沥青可单独或复合采用高分子聚合物、天然沥青及其他改性材料制作。②各类聚合物改性沥青的质量应符合相关规范的规定，当使用其他聚合物及复合改性沥青时，可通过试验研究制订相应的技术要求。③改性沥青须在固定式工厂或在现场设厂集中制作，改性沥青的加工温度不宜超过 180℃。

(6) 粗集料：①沥青层用粗集料包括碎石、破碎砾石、筛选砾石、钢渣、矿渣等，但高速公路和一级公路不得使用筛选砾石和矿渣。粗集料必须由具有生产许可证的采石场生产或施工单位自行加工。②粗集料应该洁净、干燥、表面粗糙，质量应符合规范的规定。当单一规格集料的质量指标达不到施工中要求，而按照集料配合比计算的质量指标符合要求时，工程上允许使用。对受热易变质的集料，宜采用经拌和机烘干后的集料进行检验。③粗集料的粒径规格应按照规范的规定选用。破碎砾石应采用粒径大于 50mm、含泥量不大于 1%的砾石轧制，经过破碎且存放期超过 6 个月的钢渣可作为粗集料使用。钢渣在使用前应进行活性检验。要求钢渣中的游离氧化钙含量不大于 3%，浸水膨胀率不大于 2%。

(7) 细集料：①沥青路面的细集料包括天然砂、机制砂和石屑，其规格应分别符合相关规范要求。②细集料应洁净、干燥、无风化、无杂质，并有适当的颗粒级配。细集料的洁净程度，天然砂以小于 0.075mm 含量的百分数表示，石屑和机制砂以砂当量(适用于 0~4.75mm)或亚甲蓝值(适用于 0~2.36mm 或 0~0.15mm)表示。③热拌密级配沥青混合料中天然砂的用量通常不应超过集料总量的 20%，并且是在不得已情况下经试验论证后才可采用，SMA 和 OGFC 混合料不得使用天然砂。

(8) 填料：①沥青混合料的矿粉必须采用石灰岩或岩浆岩中的强基性岩石等憎水性石料经磨细得到的矿粉，原石料中的泥土杂质应除净。矿粉应干燥、洁净，能自由地从矿粉仓流出，其质量应符合相关规范的规定。②拌和机的粉尘严禁回收使用。③粉煤灰作为填料使用时，用量不得超过填料总量的 50%，粉煤灰的烧失量应小于 12%，与矿粉混合后的塑性指数应小于 4%，其余质量要求与矿粉相同。高速公路、一级公路的沥青面层不宜采用粉煤灰做填料。

3) 水泥路面用材料

(1) 水泥：①各等级公路均宜优先选用旋窑生产的道路硅酸盐水泥，确有困难时或中轻交通路面可以使用立窑水泥，低温天气施工或有快速通车要求的路段可采用 R 型早强水泥。各交通等级路面用水泥的抗折强度、抗压强度应符合规范的规定。②水泥进场时每批量应附有化学成分、物理、力学指标合格的检验证明。各交通等级路面所使用水泥的化学成分、物理性能等品质要求应符合规范的规定。③采用机械化铺筑时，宜选用散装水泥。散装水泥的夏季出厂温度：南方不宜高于65℃，北方不宜高于55℃；混凝土搅拌时的水泥温度：南方不宜高于60℃，北方不宜高于50℃，且不宜低于10℃。④当贫混凝土和碾压混凝土用作基层时，可使用各种硅酸盐类水泥。不掺用粉煤灰时，宜使用强度等级32.5级以下的水泥。掺用粉煤灰时，只能使用道路水泥、硅酸盐水泥、普通水泥。水泥的抗压强度、抗折强度、安定性和凝结时间必须检验合格。

（2）粉煤灰及其他掺合料：①混凝土路面在掺用粉煤灰时，应掺用质量指标符合规定的电收尘Ⅰ、Ⅱ级干排或磨细粉煤灰，不得使用Ⅲ级粉煤灰。贫混凝土、碾压混凝土基层或复合式路面下面层应掺用符合规定的Ⅲ级或Ⅲ级以上粉煤灰，不得使用等外粉煤灰。②粉煤灰宜采用散装灰，进货应有等级检验报告，并了解所用水泥中已经加入的掺合料种类和数值。③路面和桥面混凝土中可使用硅灰或磨细矿渣，使用前应经过试配检验，确保路面和桥面混凝土弯拉强度、工作性、抗磨性、抗冻性等技术指标合格。

（3）粗集料：①粗集料应使用质地坚硬、耐久、洁净的碎石、碎卵石和卵石，并应符合规范的规定。高速公路、一级公路、二级公路及有抗(盐)冻要求的三、四级公路混凝土路面使用的粗集料级别应不低于Ⅱ级，无抗(盐)冻要求的三、四级公路混凝土路面、碾压混凝土及贫混凝土基层可使用Ⅲ级粗集料。有抗(盐)冻要求时，Ⅰ级集料吸水率不应大于1.0%；Ⅱ级集料吸水率不应大于2.0%。②用作路面和桥面混凝土的粗集料不得使用不分级的统料，应按最大公称粒径的不同采用2~4个粒级的集料进行掺配，并应符合合成级配的要求。卵石最大公称粒径不宜大于19.0mm；碎卵石最大公称粒径不宜大于265mm；碎石最大公称粒径不应大于31.5mm；贫混凝土基层粗集料最大公称粒径不应大于31.5mm；钢纤维混凝土与碾压混凝土粗集料最大公称粒径不宜大于19.0mm。碎卵石或碎石中粒径小于75μm的石粉含量不宜大于1%。

（4）细集料：①细集料应采用质地坚硬、耐久、洁净的天然砂、机制砂或混合砂，并应符合规定。高速公路、一级公路、二级公路及有抗(盐)冻要求的三、四级公路混凝土路面使用的砂应不低于Ⅱ级，无抗(盐)冻要求的三、四级公路混凝土路面、碾压混凝土及贫混凝土基层可使用Ⅲ级砂。特重、重交通混凝土路面宜使用河砂，砂的硅质含量不应低于25%。②细集料的级配要求应符合规定，路面和桥面用天然砂宜为中砂，也可使用细度模数在2.0~3.5的砂。同一配合比用砂的细度模数变化范围不应超过0.3，否则应分别堆放，并调整配合比中的砂率后使用。③路面和桥面混凝土所使用的机制砂还应检验砂浆磨光值，其值宜大于35，不宜使用抗磨性较差的泥岩、页岩、板岩等水成岩类母岩生产机制砂。配制机制砂混凝土应同时掺引气高效减水剂。④在河砂资源紧缺的沿海地区，二级及二级以下公路混凝土路面和基层可使用淡化海砂，缩缝设传力杆混凝土路面不宜使用淡化海砂，钢筋混凝土及钢纤维混凝土路面和桥面不得使用淡化海砂。淡化海砂带入每立方米混凝土中的含盐量不应大于1.0kg，碎贝壳等甲壳类动物残留物含量不应大于1.0kg。

（5）水：饮用水可直接用作混凝土搅拌和养护用水。如果有质疑，检验硫酸盐含量小于0.0027mg/mm^3，含盐量不得超过0.005mg/mm^3，pH不得小于4，合格后方可使用。

（6）外加剂：①外加剂的产品质量应符合各项技术指标。供应商应提供有相应资质外加剂检测机构的品质检测报告，检验报告应说明外加剂的主要化学成分，认定对人员无毒副作用。②引气剂应选用表面张力降低值大、水泥稀浆中起泡容量多而细密、泡沫稳定时间长、不溶残渣少的产品。有抗冰(盐)冻要求地区，各交通等级路面、桥面、路缘石、路肩及贫混凝土基层必须使用引气剂；无抗冰(盐)冻要求地区，二级及二级以上公路路面混凝土中应使用引气剂。③各交通等级路面、桥面混凝土宜选用减水率大、坍落度损失小、可调控凝结时间的复合型减水剂。高温施工宜使用引气缓凝(保塑)(高效)减水剂；低温施工宜使用引气早强(高效)减水剂。选定减水剂品种前，必须与所用的水泥进行适应性检验。④处在海水、海风、氯离子、硫酸根离子环境的或冬期洒除冰盐的路面或桥面钢筋混凝土、钢纤维混凝土中宜掺阻锈剂。

(7) 钢筋：各交通等级混凝土路面、桥面和搭板所用钢筋网、传力杆、拉杆等钢筋应符合国家有关标准的技术要求。所用钢筋应顺直，不得有裂纹、断伤、刻痕、表面油污和锈蚀。传力杆钢筋加工应锯断，不得挤压切断；断口应垂直、光圆，用砂轮打磨掉毛刺，并加工成 2~3mm 圆倒角。

(8) 钢纤维：用于公路混凝土路面和桥面的钢纤维应满足《混凝土用钢纤维》(GB/T 39147—2020)的规定，单丝钢纤维抗拉强度不宜小于 600MPa。钢纤维长度应与混凝土粗集料最大公称粒径相匹配，最短长度宜大于粗集料最大公称粒径的 1/3；最大长度不宜大于粗集料最大公称粒径的 2 倍；钢纤维长度与标称值的偏差不应超过±10%。路面和桥面混凝土中，宜使用防锈蚀处理的钢纤维和有锚固端的钢纤维，不得使用表面磨损前后裸露尖端导致行车不安全的钢纤维和搅拌易成团的钢纤维。

(9) 接缝材料：①胀缝板：宜选用适应混凝土面板膨胀和收缩，施工时不变形、弹性复原率高、耐久性好的产品。高速公路、一级公路宜采用塑胶、橡胶泡沫板或沥青纤维板，其他公路可采用各种胀缝板。②填缝材料：填缝材料应具有与混凝土板壁黏结牢固、回弹性好、不溶于水、不渗水，高温时不挤出、不流淌、抗嵌入能力强、耐老化龟裂，负温拉伸量大，低温时不脆裂、耐久性好等性能。

2.1.4 路面施工的基本方法

路面工程是层状结构，路面工程施工的共同点是几乎所有的路面结构(手摆拳石和条石路面等结构除外)都需要拌和混合料、摊铺和压实三道工序，路面工程施工主要有三种方法：人工路拌法、机械路拌法、厂拌机铺法。

2.1.4.1 人工路拌法

20 世纪 80 年代以前路面工程施工主要采取这种方法。人工摊土(石料)、人工拌和、简易机械压实，基层施工主要有人工翻拌法、人工筛拌法等，沥青面层施工主要有沥青灌入式和人工冷拌沥青混合料、使用炒盘人工拌和沥青混合料等。其主要的特点是用工数量大，劳动强度大，工作效率低，工程质量受人为因素影响大，且质量不稳定，安全生产和防护措施比较严格，安全生产难度大。

2.1.4.2 机械路拌法

20 世纪 80 年代以后，我国开始引进德国生产的宝马牌路拌机，路面基层施工开始采用以机械路拌法为主的施工方法，其操作是以人工或机械分层摊铺各种路用材料，然后用路拌机械拌和，整形后碾压成型，也是目前路面底基层和二级以下公路路面基层常用的施工方法。其主要特点是用人工数量大大减少，混合料拌和质量较好，但如不严控拌和深度，易出现素土夹层。对于高速公路和一级公路除直接和土基相邻的路面底基层外，不宜采用机械路拌法施工，而应采取厂拌机铺法施工。

2.1.4.3 厂拌机铺法

随着高速公路的快速发展，无机结合料稳定粒料路面基层得到广泛的应用，这种结构多使用厂拌机铺法，此外，沥青碎石和沥青混凝土路面的施工，水泥混凝土路面的施工，也采用厂拌机铺法，即用专门的厂拌机械拌制混合料，用专门的摊铺机械摊铺路面的施工方法。其主要特点是机械化程度高，混合料配比准确，厚度控制、高程控制比较直观，但需要大量的自卸运输车辆。

2.1.5 路面工程试验路段

在进行大面积施工之前，修筑一定长度的试验路段是很必要的，在高速公路与一级公路的工程实践中，施工单位通过修筑试验路段，进行施工优化组合，把施工中存在的问题找出来，并采取措施予以克服，提出标准的施工方法和施工组合用来指导大面积施工，从而使整个工程施工质量提高、进度快。修筑试验路段的任务是：检验拌和、运输、摊铺、碾压、养生等拟投入设备的可靠性；检验混合料的组成设计是否符合质量要求及各道工序的质量控制措施；提出用于大面积施工的材料配比和松铺系数；确定每一作业段的合适长度和一次铺筑的理厚度；对于沥青混合料还应提出施工温度的保障措施，水泥稳定类混合料还应提出在延迟时间内完成碾压的保证措施等；最后提出标准施工方法。标准施工方法主要内容应包括：集料与结合料数量的控制与计量方法；摊铺方法；合适的拌和方法：拌和深度、拌和速度、拌和遍数；混合料最佳水量控制方法；沥青混合料油石比的控制方法；整平和整形的合适机具与方法；平整度及厚度的控制方法；压实机械的组合、压实顺序、速度和遍数；压实度的检查方法和对比试验，机械的选型与配套，自卸车辆与摊铺机械的配合等。

2.2 路面基层施工

2.2.1 路面粒料基层施工技术

2.2.1.1 粒料分类及适用范围

1）粒料分类

（1）嵌锁型：包括泥结碎石、泥灰结碎石、填隙碎石等。

（2）级配型：包括级配碎石、级配砾石、符合级配的天然砂砾、部分砾石经轧制掺配而成的级配砾、碎石等。

2）粒料类适用范围

包括：①级配碎石可用于各级公路的基层和底基层。②级配砾石、级配碎砾石以及符合级配、塑性指数等技术要求的天然砂砾，可适用于轻交通的二级和二级以下公路的基层以及各级公路的底基层。③填隙碎石可用于各等级公路的底基层和二级以下公路的基层。

2.2.1.2 对原材料的技术要求

（1）各类基层、底基层的集料压碎值应符合规定。

（2）填隙碎石的单层铺筑厚度。厚度宜为10～12cm，最大粒径宜为厚度的0.5～0.7倍。用作基层时，最大粒径不应超过53mm；用作底基层时，最大粒径不应超过63mm。填隙料可用石屑或最大粒径小于10mm的砂砾料或粗砂，主骨料和填隙料的颗粒组成可参照有关规范的规定。

（3）级配碎石宜用几种粒径不同的碎石和石屑掺配拌制而成，其粒料的级配组成应符合相应的试验规程的要求且级配应接近圆滑曲线。用于底基层的未筛分碎石的级配，宜符合相应的试验规程的要求。级配碎石用作基层时，其压实度不应小于98%；用作底基层时，其压实度不应小于96%。

（4）级配砾石或天然砂砾用作基层或底基层，其颗粒组成应符合相应的试验规程的要求且级配宜接近圆滑曲线。级配砾石或天然砂砾用作基层时，其重型击实标准的压实度不应小于98%，CBR值不应小于60%；用作底基层时，其重型击实标准的压实度不应小于96%，CBR值对轻交通道路不应小于40%，对中等交通道路不应小于60%。

2.2.2 路面沥青稳定基层施工技术

2.2.2.1 沥青稳定类基层分类及适用范围

（1）分类：热拌沥青碎石、沥青贯入碎石、乳化沥青碎石混合料等。

（2）适用范围：①热拌沥青碎石适用于柔性路面上基层及调平层。②沥青贯入式碎石可铺设在沥青混凝土与粒料基层之间作土基层，此时应不撒封层料，也不做上封层。③乳化沥青碎石混合料适于各级公路调平层。

2.2.2.2 对原材料的技术要求

沥青层的沥青材料、集料应符合《公路沥青路面设计规范》(JTG D50—2017)和《公路沥青路面施工技术规范》(JTG F40—2004)的有关规定及对各类沥青路面材料要求。

2.2.2.3 热拌沥青碎石施工的一般要求

（1）按施工规范要求做好各项施工准备工作。

（2）按施工规范规定的步骤进行热拌沥青碎石的配合比设计，即包括目标配合比设计阶段，生产配合比设计阶段，生产配合比验证阶段。配合比设计采用马歇尔试验设计方法。

2.2.3 路面无机结合料稳定基层施工技术

2.2.3.1 无机结合料稳定类(半刚性类)基层分类及适用范围

1）分类

（1）水泥稳定土：包括水泥稳定级配碎石、未筛分碎石、砂砾、碎石土、砂砾土、煤矸石、各种粒状矿渣等。

（2）石灰稳定土：包括石灰稳定级配碎石、未筛分碎石、砂砾、碎石土、砂砾土、煤矸石、各种粒状矿渣等。

（3）石灰工业废渣稳定土：可分为石灰粉煤灰类与石灰其他废渣类两大类。除粉煤灰外，可利用的工业废渣包括煤渣、高炉矿渣、钢渣(已经过崩解达到稳定)及其他冶金矿渣、煤矸石等。

2）适用范围

（1）水泥稳定土：适用于各级公路的基层和底基层，但水泥稳定细粒土不能用作二级和二级以上公路高级路面的基层。

（2）石灰稳定土：适用于各级公路的底基层以及二级和二级以下公路的基层，但石灰土不得用作二级公路的基层和二级以下公路高级路面的基层。

（3）石灰工业废渣稳定土：适用于各级公路的基层和底基层，但二灰、二灰土和二灰砂不应做二级和二级以上公路高级路面的基层。

2.2.3.2 对原材料的技术要求

（1）水泥。普通硅酸盐水泥、矿渣硅酸盐水泥和火山灰质硅酸盐水泥均可做结合料，但应是初凝时间3h以上和终凝时间较长(宜在6h以上)的水泥。

（2）石灰。石灰质量应符合规定的Ⅲ级以上消石灰或生石灰的技术指标。应检验石灰的有效钙和氧化镁含量。

（3）粉煤灰。粉煤灰中SiO_2、Al_2O_3和Fe_2O_3的总含量应大于70%，烧失量不宜大于20%，比表面积宜大于2500cm^2/g(或90%通过0.3mm筛孔，70%通过0.075mm筛孔)。

（4）集料。除应符合压碎值要求，还要满足级配要求的规定。

（5）无机结合料稳定细粒土时，细粒土应符合要求。

（6）水泥稳定类材料的压实度(按重型击实标准)及7d(在非冰冻区25℃、冰冻区20℃条件下湿养6d、浸水1d)龄期的无侧限抗压强度应满足要求。

（7）水泥剂量。应通过配合比设计试验确定，但设计水泥剂量宜按配合试验确定的剂量增加0.5%~1.0%，对集中厂拌法宜增加0.5%，对路拌法宜增加1%。当水泥稳定中、粗粒土做基层时，应控制水泥剂量不超过6%。水泥的最小剂量应符合规定。

（8）采用水泥稳定碎石土、砾石土或含泥量大的砂、砂砾。这时宜掺入一定剂量石灰进行综合稳定，当水泥用量占结合料总量的30%以上时，应按水泥稳定类进行设计，否则按石灰稳定类设计。

（9）水泥稳定粒径均匀且不含或含细料很少的砂砾、碎石以及不含土的砂时，宜在集料中添加 20%~40%的粉煤灰或添加剂量为 10%~12%的石灰土进行综合稳定。

(10) 石灰粉煤灰稳定类材料的压实度(按重型击实标准)及 7d(在非冰冻区 25℃、冰冻区 20℃条件下湿养 6d、浸水 1d)龄期的无侧限抗压强度应满足要求。

2.2.3.3 其他要求

(1) 为提高石灰粉煤灰稳定土的早期强度，宜在混合料中掺入 1%~2%的水泥。

(2) 石灰稳定土用于沥青路面的基层时，除层铺法表面处治外，应在基层上做下封层。

(3) 石灰稳定土用于基层时，颗粒的最大粒径不应超过 37.5mm；用于高速公路和一级公路的底基层时，颗粒的最大粒径不应超过 37.5mm，用于其他等级公路的底基层时，颗粒的最大粒径不应超过 53mm。

(4) 不含黏土的砂砾、级配碎石和未筛分碎石，应采用石灰土稳定，石灰土与集料的质量比宜为 1∶4，集料应具良好的级配。

(5) 石灰稳定土的压实度(按重型击实标准)及 7d(在非冰冻区 25℃、冰冻区 20℃条件下湿养 6d、浸水 1d)龄期的无侧限抗压强度应满足要求。

(6) 过湿路段和冰冻地区的潮湿路段不应直接铺筑石灰土底基层，应在其下设置隔水垫层。

2.3 沥青路面工程施工

2.3.1 沥青路面的结构形式

2.3.1.1 沥青路面结构组成

(1) 沥青路面结构层可由面层、基层、底基层、垫层组成。

(2) 面层是直接承受车轮荷载反复作用和自然因素影响的结构层，可由一至三层组成。表面层应根据使用要求设置抗滑耐磨、密实稳定的沥青层；中面层、下面层应根据公路等级、沥青层厚度、气候条件等选择适当的沥青结构层。

(3) 基层是设置在面层之下，并与面层一起将车轮荷载的反复作用传布到底基层、垫层、土基，起主要承重作用的层次。基层材料的强度指标应有较高的要求。基层视公路等级或交通量的需要可设置一层或两层。当基层较厚需分两层施工时，可分别称为上基层、下基层。

(4) 底基层是设置在基层之下，并与面层、基层一起承受车轮荷载反复作用，其次要承重作用的层次。底基层材料的强度指标要求可比基层材料略低。底基层视公路等级或交通量的需要可设置一层或两层。底基层较厚需分两层施工时，可分别称为上底基层、下底基层。

(5) 垫层是设置在底基层与土基之间的结构层，起排水、隔水、防冻、防污等作用。

2.3.1.2 路面等级、面层类型

（1）路面等级分为高级路面、次高级路面、中级路面、低级路面。

（2）路面面层类型的选用应符合规定。

2.3.1.3 沥青混合料结构类型

1）按组成结构分类

（1）密实-悬浮结构：在采用连续密级配矿料配制的沥青混合料中，一方面矿料的颗粒由大到小连续分布，并通过沥青胶结作用形成密实结构；另一方面较大一级的颗粒只有留出充足的空间才能容纳下一级较小的颗粒，这样粒径较大的颗粒就往往被较小一级的颗粒挤开，造成粗颗粒之间不能直接接触，也就不能相互支撑形成嵌挤骨架结构，而是彼此分离悬浮于较小颗粒和沥青胶浆中间，这样就形成了密实-悬浮结构的沥青混合料。工程中常用的 AC-I 型沥青混凝土就是这种结构的典型代表。

（2）骨架-空隙结构：当采用连续开级配矿料与沥青组成沥青混合料时，由于矿料大多集中在较粗的粒径上，所以粗粒径的颗粒可以相互接触，彼此相互支撑，形成嵌挤的骨架。但因很少含有细颗粒，粗颗粒形成的骨架空隙无法填充，从而压实后在混合料中留下较多的空隙，形成骨架-空隙结构。工程中使用的沥青碎石混合料(AN)和排水沥青混合料(OGFC)是典型的骨架空隙型结构。

（3）密实-骨架结构：当采用间断型密级配矿料与沥青组成沥青混合料时，由于矿料颗粒集中在级配范围的两端，缺少中间颗粒，所以一端的粗颗粒相互支撑嵌挤形成骨架，另一端较细的颗粒填充于骨架留下的空隙中间，使整个矿料结构呈现密实状态，形成密实-骨架结构。沥青玛蹄脂碎石混合料是一种典型的骨架密实型结构。

2）按矿料级配分类

（1）密级配沥青混凝土混合料：各种粒径的颗粒级配连续、相互嵌挤密实的矿料，与沥青拌和而成且压实后的剩余空隙率小于10%的混凝土混合料。剩余空隙率为3%~6%(行人道路2%~6%)的是Ⅰ型密实式改性沥青混凝土混合料；剩余空隙率为4%~10%的是Ⅱ型半密实式改性沥青混凝土混合料。代表类型有沥青混凝土、沥青稳定碎石。

（2）半开级配沥青混合料：由适当比例的粗集料、细集料及少量填料(或不加填料)与沥青拌和而成，压实后剩余空隙率在10%以上的半开式改性沥青混合料。代表类型有改性沥青稳定碎石，用AM表示。

（3）开级配沥青混合料：矿料级配主要由粗集料组成，细集料和填料较少，采用高黏度沥青结合料黏结形成，压实后空隙率大于15%的开式沥青混合料。代表类型有排水式沥青磨耗层混合料，以OGFC表示；另有排水式沥青稳定碎石基层，以AT-PB表示。

（4）间断级配沥青混合料：矿料级配组成中缺少一个或几个档次而形成的级配间断的沥青混合料。代表类型有沥青玛蹄脂碎石(SMA)。

3）按矿料粒径分类

（1）砂粒式沥青混合料：矿料最大粒径等于或小于4.75mm(圆孔筛5mm)的沥青混合料。也称为沥青石屑或沥青砂。

（2）细粒式沥青混合料：矿料最大粒径为 9.5mm 或 13.2mm（圆孔筛 10mm 或 15mm）的沥青混合料。

（3）中粒式沥青混合料：矿料最大粒径为 16mm 或 19mm（圆孔筛 20mm 或 25mm）的沥青混合料。

（4）粗粒式沥青混合料：矿料最大粒径为 26.5mm 或 31.5mm（圆孔筛 30~40mm）的沥青混合料。

（5）特粗式沥青混合料：矿料的最大粒径等于或大于 37.5mm（圆孔筛 45mm）的沥青混合料。

4）按施工温度分类。

（1）热拌热铺沥青混合料：沥青与矿料经加热后拌和，并在一定的温度下完成摊铺和碾压施工过程的混合料。

（2）常温沥青混合料：采用乳化沥青或稀释沥青在常温下（或者加热温度很低）与矿料拌和，并在常温下完成摊铺和碾压过程的混合料。

2.3.2 沥青路面透层、黏层、封层的作用及适用条件

2.3.2.1 透层施工技术

1）作用与适用条件

（1）透层的作用：为使沥青面层与非沥青材料基层结合良好，在基层上浇洒乳化沥青、煤沥青或液体沥青而形成的透入基层表面的薄层。

（2）符合下列情况，应浇洒透层沥青：①沥青路面的级配砂砾、级配碎石基层。②水泥、石灰、粉煤灰等无机结合料稳定土。③粒料的半刚性基层上必须浇洒透层沥青。

2）一般要求

（1）凡是用水泥、石灰、粉煤灰等无机结合料稳定土或粒料的半刚性基层、级配砂砾、级配碎石基层都应喷洒透层油。

（2）透层油沥青的稠度宜通过试验确定，对于表面致密的半刚性基层宜采用渗透性好的稀透层沥青；对级配砂砾、级配碎石等粒料基层宜采用软稠的透层沥青。

（3）透层油沥青宜采用慢裂的洒布型乳化石油沥青或者是中、慢裂液体石油沥青或煤沥青。

（4）使用乳化石油沥青时，用于制作乳化沥青的沥青标号应根据基层种类、当地气候等条件确定。

（5）透层沥青的品种和用量应根据基层的种类通过试验确定，并符合有关的技术要求。

3）注意事项

（1）透层油洒布后应不致流淌，应渗入基层一定深度，不得在表面形成油膜。

（2）如遇大风或将要下雨时，不能喷洒透层油。

（3）气温低于 10℃ 时不宜喷洒透层油。

（4）应按设计喷油量一次均匀洒布，当有漏洒时，应人工补洒。

（5）喷洒透层油后一定要严格禁止人和车辆通行。

（6）在摊铺沥青前，应将局部尚有多余的未渗入基层的沥青清除。

（7）透层油布洒后应待充分渗透，一般不少于 24h 后才能摊铺上层，但也不能在透层油喷洒后很久不做上层施工，应尽早施工。

（8）对无机结合料稳定的半刚性基层喷洒透层油后，如果不能及时铺筑面层时，并还需开放交通，应铺撒适量的石屑或粗砂，此时宜将透层油增加 10%的用量。用 6~8t 钢筒式压路机稳压一遍，并控制车速。在摊铺上层时发现局部沥青剥落，应修补，还需清扫浮动石屑或砂。

2.3.2.2 黏层施工技术

1）作用与适用条件

（1）黏层的作用：使上下层沥青结构层或沥青结构层与结构物（或水泥混凝土路面）完全黏结成一个整体。

（2）符合下列情况，应浇洒黏层沥青：①双层式或三层式热拌热铺沥青混合料路面在铺筑上层前，其下面的沥青层已被污染。②旧沥青路面层上加铺沥青层。③水泥混凝土路面上铺筑沥青面层或桥面铺装前。④与新铺沥青混合料接触的路缘石、雨水进水口、检查井等的侧面。

2）一般要求

（1）黏层沥青的技术要求：黏层沥青材料目前一般多采用乳化沥青。使用乳化沥青时，宜使用快裂型的乳化沥青，也可以使用快、中凝液体石油沥青或煤沥青。黏层油的规格、质量应符合有关的要求。黏层沥青的种类、标号宜与面层所用沥青相同，但需经乳化或稀释。

（2）黏层沥青的用量、品种选择：路面的基层结构不一样，使用黏层沥青的品种就不一样。如级配碎石基层的渗透性好，可采用慢裂乳化沥青，而半刚性基层使用慢裂石油沥青洒布后会严重流淌，应使用快裂型沥青。

3）注意事项

（1）喷洒表面一定清扫干净，并表面干燥。

（2）当气温低于 10℃或路面潮湿时禁止喷洒。

（3）喷洒黏层后，严禁车辆行人通过。

（4）黏层沥青喷洒后，一定要等乳化沥青破乳，水分蒸发完后才能铺筑上层沥青混凝土。

2.3.2.3 封层的施工技术

1）作用与适用条件

（1）封层的作用：①封闭某一层起着保水防水作用。②起基层与沥青表面层之间的过渡和有效连接作用。③路的某一层表面破坏离析松散处的加固补强。④基层在沥青面层铺筑前，要临时开放交通，防止基层因天气或车辆作用出现水毁。封层可分为上封层和下封层；按施工类型来分，可采用拌和法或层铺法的单层式表面处治，也可以采用乳化沥青稀浆封层。

（2）符合下列情况之一时，应在沥青面层上铺筑上封层：①沥青面层的空隙较大，透水严重。②有裂缝或已修补的旧沥青路面。③需加铺磨耗层改善抗滑性能的旧沥青路面。④需铺筑磨耗层或保护层的新建沥青路面。

2）一般要求

（1）使用层铺法沥青表面处治铺筑上封层：施工方法按层铺法表面处治工艺施工。其材料用量要求应符合有关规定。沥青用量可采用规定范围的中、低限。

（2）使用层铺法沥青表面处治铺筑下封层：施工工艺同上封层。矿料用量应根据矿料尺寸、形状、种类等情况确定，宜为 $5 \sim 8m^3/1000m^2$。沥青用量可采用规定范围的中、高限。

（3）采用拌和法施工上、下封层：应按照热拌沥青混凝土路面的施工工艺进行。当为下封层铺筑时，宜采用 AC-5（或 LH-5）砂粒式沥青混凝土，厚度宜为 1cm。

（4）使用乳化沥青稀浆封层施工上、下封层：①稀浆封层的厚度宜为 3~6mm。②稀浆封层的矿料类型及矿料级配，应根据封层的目的、道路等级、铺筑厚度、集料尺寸及摊铺用量等因素选用。③稀浆封层使用的乳化沥青可采用慢裂或中裂的拌和型乳化沥青，当需要减缓破乳速度时，可掺加适量的氧化乳作外加剂。当需要加快破乳时，可采用一定数量的水泥或消石灰粉作填料。④乳化沥青的合理用量通过试验确定。⑤混合料的湿轮磨耗试验的磨耗损失不宜大于 $800g/m^2$；轮荷压砂试验的砂吸收量不宜大于 $600g/m^2$。⑥稀浆封层混合料的加水量应根据施工摊铺和易性由稠度试验确定，要求的稠度应为 2~3cm。

3）注意事项

（1）当在被磨损的旧路面上铺筑稀浆封层时，施工前应先修补坑槽、整平路面。

（2）稀浆封层施工时应在干燥情况下进行。

（3）稀浆封层施工应使用稀浆封层铺筑机，其工作速度宜匀速铺筑，应达到厚度均匀，表面平整的要求。

（4）稀浆封层铺筑后，必须待乳液破乳、水分蒸发、干燥成型后方可开放交通。

（5）稀浆封层施工气温不得低于 10℃。

2.3.3 路肩及中央分隔带施工技术

2.3.3.1 硬路肩施工

硬路肩的设计标高常见的有两种情况：①硬路肩与车行道连接处标高一致，横坡与沥青混合料的种类也相同。可将硬路肩视为行车道的展宽，摊铺混合料时可与行车道一起铺筑，硬路肩的质量要求同相同的路面结构。②硬路肩的顶面标高低于相连的行车道，这种情况应先摊铺硬路肩部分。宽度应比要求的宽 5cm 左右，保证与行车道路面有一定的搭接，以免搭不上需人工找补。摊铺行车道表面层时，摊铺机靠硬路肩一侧的端部应使用 45°的斜挡板，以减少碾压时边缘坍塌或发生较大的侧移，并尽量使边缘顺直、平齐。

2.3.3.2 土路肩施工

对填方路段来说，采用培路肩的方法施工既经济又简便，土路肩通常随着路面结构层的铺筑，相应地分层培筑，可以先培也可以后培，各有利弊。先培路肩的优点是，已培好的路肩在结构层碾压时起支撑作用，可以减轻或避免结构层侧移影响边缘的厚度和平整度，先培路肩的缺点是，横断面上易形成一个三角区。培土路肩的材料，通常与填筑路堤的材料相同，应在填筑路堤、修整边坡时，将削坡剩余的材料暂存在靠近路肩的边坡上。这样，不仅使用时很方便，而且可避免在铺筑路面的过程中，向路肩运送培路肩的材料可能要污染路面的情况。

路堑段的路肩是开挖出来的，当开挖到设计标高时，路肩部分宜停止开挖，路面部分继续开挖直至路床顶面。开挖路床时，路床两侧与路肩连接处应开挖整齐，既要保证路面宽度又不要多挖，否则超挖部分摊铺的路面得不到计量与支付；开挖时应尽量使路槽的侧壁为垂直面，以减少麻烦或造成浪费。土路肩填筑的压实度不小于设计值(重型击实)，应按照要求进行重型击实试验。填筑好的土路肩表面应平整密实，不积水。肩线直顺，曲线圆滑，无其他堆积物。

2.3.3.3 中央分隔带施工

1）中央分隔带的开挖

当路面基层施工完毕后，即可进行中央分隔带的开挖，采用人工开挖的方式。沟槽的断面尺寸及结构层端部边坡应符合设计要求，沟底纵坡应符合设计要求，沟底须平整、密实。沟底不得有杂物。

2）涂双层沥青防渗层

沟槽开挖完毕并经验收符合设计要求后，即可喷涂双层防渗沥青。防渗层沥青要求涂布均匀，厚薄一致，无漏涂现象，涂布范围应是中央分隔带范围内的路基及路面结构层。

3）纵向碎石盲沟的铺设

（1）开挖的土料不得堆置在已铺好的基层上，以防止污染并应及时运走。

（2）反滤层：可用筛选过的中砂、粗砂、砾石等渗水性材料分层填筑，但目前高等级公路多采用土工布作为反滤层。

（3）碎石盲沟上铺设土工布：使与回填土隔离，较之砂石料作反滤层，施工方便，有利于排水并可保持盲沟长期利用。施工时应注意：①必须平滑无拉伸地铺在碎石盲沟的面层上，不得出现扭曲、折皱、重叠，避免过量拉伸超过其强度和变形的极限而发生破坏和撕裂。②现场施工若发现土工布有破损时，必须立即修补好，并能恢复到原性能时才能使用。③土工布的接长和拼幅需采用平搭接的连接方式，搭接长度不得小于30cm。

4）埋设横向塑料排水管

（1）路基施工完毕后，进行埋设横向塑料排水管的施工。

（2）基槽开挖。根据设计要求，按图纸所示桩号，定出埋设位置。采用人工开挖或用开沟机挖槽，沟槽应保持直线并垂直于路中心线。沟槽开挖深度及宽度应符合设计要求。沟底坡度应和路面横坡一致。

（3）埋设塑料排水管。①埋设要求：一端应插入中央分隔带范围内的纵向排水盲沟位置，另一端应伸出路基边坡外。横向塑料排水管的进口须用土工布包裹，防止碎石堵塞。②接头处理：当塑料管不足一次埋设的长度时，需套接。套接时，管口要对齐，并靠紧，接头处用一短套管套紧相邻两根塑料排水管，套管两端需用不透水材料扎紧。

(4) 沟槽回填。横向排水管埋设完毕并经验收合格后，方可进行沟槽回填。

5) 缘石安装

具体如下：

(1) 路缘石的预制安装或现场浇筑应符合图纸所示的线型和坡度。

(2) 路缘石应在路面铺设之前完成。

(3) 预制缘石应铺筑设在厚度不小于 2cm 的砂垫层上，砌筑砂浆的水泥与砂的体积比应为 1∶2。

(4) 路缘石的施工技术要求：安砌稳固，顶面平整，缝宽均匀，勾缝密实，线条直顺，曲线圆滑美观。槽底基础和后背填料必须夯打密实。

2.3.4 SMA 沥青路面施工技术

2.3.4.1 沥青玛蹄脂碎石

沥青玛蹄脂碎石(stone mastic asphalt，SMA)，是一种由沥青、矿粉及纤维稳定剂组成的沥青玛蹄脂结合料，填充于间断级配的矿料骨架中，所形成的沥青混合料。具有抗滑耐磨、密实耐久、抗疲劳、抗车辙、减少低温开裂的优点，适用于高速公路，一级公路做抗滑表层使用。

2.3.4.2 SMA 沥青路面施工

按施工技术规范要求首先应进行沥青、矿料、纤维等材料选择及试验，进行配合比设计，通过目标配合比设计阶段，生产配合比设计阶段，生产配合比验证阶段。经按生产配合比设计进行试拌及试验段铺筑检验后，确定生产用的标准配合比。以此作为生产控制的依据和质量检验的标准。

2.3.4.3 SMA 混合料的拌和

(1) 沥青混合料必须在沥青拌和厂采用拌和机械拌制。拌和厂的设置应符合国家有关环境保护、消防和安全等规定。

(2) 纤维类掺加剂必须有可靠的掺加设备。该设备应计量正确以保证混合料的质量，沥青混合料应采用间歇式拌和机拌和，拌和机应有防止矿粉飞扬散失的密填充性能及除尘设备，并有检测拌和温度的装置。

(3) 沥青混合料拌和时间。应以混合料拌和均匀、纤维掺加剂均匀分布在混合料中、所有矿料颗粒全部裹覆沥青结合料为度。

(4) 试拌。视混合料情况，拌和时间可相应增减。

(5) 采用颗粒状纤维。纤维应在粗细集料投料后立即加入，干拌时间较常规混合料生产增加 5~10s，喷入沥青后湿拌时间较常规混合料生产至少增加 5s。采用纯纤维，纤维随沥青喷入后，由专用设备打散、喷入，湿拌时间较常规混合料生产至少增加 5s。

2.3.4.4 SMA 的施工温度 SMA

拌和、摊铺和碾压温度均较常规路面施工温度要求高，不得在天气温度低于 10℃的气候条件下和雨期施工。

2.3.4.5 SMA 混合料的运输

（1）混合料应采用大吨位自卸车运输。为防止沥青与车厢板黏结，车厢侧板和底板可涂一薄层水混合液，但不得有余液积聚在车厢底部。

（2）保证连续摊铺。开始摊铺时，现场待卸料车辆不得太少。

（3）在卸料时，运输车辆不得撞击摊铺机。如有可能最好采用间接输送的办法或沥青混合料转运车，以保证摊铺出的路面的平整度。

（4）沥青混合料在运输过程中必须加盖篷布，防止混合料表面结硬。

2.3.4.6 SMA 混合料的摊铺

（1）摊铺前必须将工作面清扫干净。如用水冲，必须晒干后才能进行下步作业。摊铺前必须洒一层黏层油，黏层油可使用改性沥青（丁苯胶乳改性沥青或其他），用量为 0.25～0.40kg/m^2。

（2）保证路面的平整度。要按照规范要求做到缓慢、均匀、连续不间断地摊铺，摊铺过程中不得随意变换速度或中途停顿。

2.3.4.7 SMA 结构路面碾压施工

（1）确保摊铺碾压温度尤为重要。因为 SMA 混合料内部含有大量沥青玛蹄脂胶浆，黏度大，温度低时很难压实。

（2）SMA 的碾压遵循“紧跟、慢压、高频、低幅”的原则。碾压温度越高越好，摊铺后应立即压实，不得等候。SMA 路面碾压宜采用钢轮压路机初压 1～2 遍、复压 2～4 遍、终压 1 遍的组合方式。碾压过程中，压路机应“紧跟慢压”——紧跟摊铺机，缓慢匀速（不超过 5km/h）对路面进行碾压。采用振动压路机时，宜用高频率、低振幅。特别强调的是，在 SMA 面层碾压施工时，还应确保压路机数量充足。初压、复压工作区间严格分开，降低压路机工作区段长度，保证在足够高的温度下进行压实作业。同时也要防止过度碾压，破坏结构内部骨架。

SMA 面层施工切忌使用胶轮压路机或组合式压路机，以防止胶轮压路机或组合式压路机的轮胎将结构部沥青“泵吸”到路表面，使路表失去纹理和粗糙度。

2.3.4.8 SMA 路面接缝处理

（1）施工中要尽可能避免冷接缝。SMA 路面接缝处理较常规热拌沥青混合料要困难，如不可避免冷接缝，应在施工完毕、路面尚未完全冷却前，用切割机切割好，然后用水将缝处冲刷干净，继续施工时，涂刷黏层油即可摊铺新混合料施工。

（2）当采用两台摊铺机时出现的纵向接缝应采用热接缝。即施工时将已铺混合料部分留下 10～20cm 宽暂不碾压，作为后铺部分的高程基准面，然后再跨缝碾压以消除缝迹。

（3）横向接缝应先处理原铺沥青路面。原路面必须消除边缘处压实度不足部分（约 3m），然后用切缝机锯齐，形成垂直的接缝面，并用热沥青涂抹，然后用压路机进行横向碾压，碾压时压路机应位于已压实的面层上，错过新铺层 15cm，然后每压一遍，向新铺层移动 15～20cm，直至全部在新铺层上，再改为纵向碾压。

2.3.4.9 施工注意问题

1）过碾压

对SMA路面来说，由于它的集料嵌挤作用，可压实程度不大，压实度比较容易达到，可是粗集料之间还是有层沥青结合料膜，在高温状态下，其相当于润滑油的作用，所以只有在温度降下来以后才能稳定，在高温状态下碾压，沥青结合料的黏度毕竟很低。集料的嵌挤也只是棱角部分接触，反复地碾压，集料之间不能达到最终稳定状态，不管碾压多少遍，粗集料之间的相对位置总可能多少有些位移，只能是集料不断地往下走，玛蹄脂一点点地向上浮，这是一对矛盾的两个方面，正因为如此，SMA结构就特别容易出现过碾压的毛病，除了可能压碎碎石外，还会使玛蹄脂部分上浮，构造深度减少，达不到SMA的目的。因此SMA在高温下可以方便地碾压，而且主要依靠粗集料的嵌挤达到稳定，过碾压是SMA的大忌。

2）碾压不足

如果路面碾压温度不够或路面碾压次数少导致路面压实不足，会造成路面平整度差和通车不久即形成车辙病害，SMA高温稳定性能不能体现。

3）油斑的形成及处理方法

油斑的形成原因主要有：①运输距离较远，SMA混合料中骨料与沥青产生离析。②SMA混合料温度过高，改性沥青发生老化。③纤维掺加剂拌和不均匀。④拌和时间太短，SMA混合料拌和不够充分。⑤用油量过高。⑥压路机碾压遍数过多，使路面超压。⑦拌和料（特别是纤维掺加剂）及路表含有一定的水分。要想没有油斑，最根本的措施是采用有标准计量装置的间歇式拌和机，将人工投放纤维的方式改变为机械自动化投入，同时防止纤维受潮和成团。摊铺中出现的油斑应及时铲除并用热料填补，碾压中出现的油斑，应及时在油斑区域洒机制砂。当摊铺时遇雨或下层潮湿时，严禁进行摊铺工作。

2.3.5 SAC沥青路面施工技术

2.3.5.1 碎石沥青混凝土

碎石沥青混凝土（SAC）是粗集料断级配沥青混凝土中的一种。其是采用较多的粗碎石形成骨架，沥青砂胶填充骨架中的孔隙并使骨架胶合在一起而形成的沥青混合料形式。具体组成为：粗集料含量69%～78%，矿粉6%～10%，油石比5%左右。

2.3.5.2 原材料

（1）沥青的选用应根据所处的温度区选择，对超载车辆、交通量大的高速公路应选用改性沥青。

（2）粗集料应具有良好的、接近立方体的形状，同时洁净、无风化和杂质，采用两次破碎工艺，用锤式破碎机破碎并符合粗集料的质量技术要求。

（3）为了保证沥青混合料的性能，施工中应严格控制混合料现场的级配，对4.75mm以上的碎石颗粒的含量和2.36mm以上的粗集料的总量的误差以及为控制沥青混凝土的空隙率，对混合料中小于0.3mm的细砂颗粒和小于0.075mm的粉料含量误差，进行严格控制。

2.3.5.3 马歇尔试验温度及试验技术指标

为了使马歇尔试验击实温度与施工时温度相匹配，并考虑制作混合料马歇尔试件的温度对试件的技术指标、沥青混凝土的力学性能和沥青面层实际使用寿命、性能等的影响，在制作马歇尔试件时，应该严格掌握矿料和沥青的加热温度以及沥青混合料的击实温度。使试验技术指标符合：①空隙率：3%~4%。②沥青饱和度：65%~75%。③稳定度：>7.5kN。40 流值：20~40(0.1mm)。④残留稳定度：>75%。

2.3.5.4 施工技术

1）防止离析现象的发生

（1）集料的堆放：堆料采用小料堆，避免大料堆放时大颗粒流到外侧，集料产生离析。

（2）填料的含量：应严格控制、减少混合料中小于 0.075mm 颗粒的含量。

（3）拌和时间：沥青混凝土的足够拌和时间对保证沥青混合料的均匀性非常重要，通常的干拌时间不少于 10s，对于粗集料级配混合料的干拌时间应是 13~15s。混合料的湿拌时间一般在 35s 左右。

（4）混合料的运输：卡车装料应分三个不同位置往车中装料，第一次装料靠近车厢的前部，第二次装料靠近后部车厢门，第三次装料在中间，这样可以消除装料时的离析现象。卸料，当卡车将料卸入摊铺机受料斗时，要尽量使混合料整体卸落，而不是逐渐将混合料卸入受料斗。

（5）摊铺：①在每辆卡车卸料之间，不要用完受料斗中的混合料，留少量部分混合料在受料斗内。②尽可能减少将两侧板翻起的次数，仅在需要受料斗中的混合料弄平时，才将受料斗的两块侧板翻起。③尽可能宽地打开受料斗的后门，以保证分料室中的料的饱满，并使分料器连续运转。④尽可能连续摊铺混合料，只有在必要时才可停顿和重新启动。⑤调整摊铺机的速度，使摊铺机的产量与拌和机的产量相匹配等。

2）压实度与空隙率

应提高沥青面层的压实度。建议表面层不小于 98%，中、下面层不小于 97%。建议的现场空隙率标准为：表面层≤6%，中、下面层≤7%。

2.3.6 土工合成材料在沥青路面中的应用

2.3.6.1 沥青路面的反射裂缝

在半刚性基层上，在已开裂的老沥青路面上或在有接缝的水泥混凝土路面上铺筑沥青层后，基层的裂缝及老路面上原先的裂缝或接缝会在新铺沥青面层上相同位置重新出现“反射裂缝”，这种反射裂缝在雨水、雪水、气温和荷载作用下，使路面强度降低以至破坏。

2.3.6.2 土工合成材料防止沥青反射裂缝的作用

用土工合成材料对沥青路面进行加筋，使沥青路面结构层提高了对裂缝的抑制能力、对剪切破坏的抵抗能力。减少反射裂缝的数量，延缓反射裂缝产生，减少沥青路面车辙，从而延长沥青路面结构层的疲劳寿命。

2.3.6.3 土工合成材料类型

应用于强沥青路面的土工合成材料主要有塑料格栅、玻璃纤维格栅和土工织物。

1）塑料格栅和玻纤网

均为网状结构，在沥青路面中作用机理也完全相同，所不同的是塑料格栅刚度较小，延伸性较大，在路面结构中能够以较大的变形吸收应力，从而减少应力集中；玻纤网刚度较大且本身强度很高，能够依靠自身的刚度扩散应力分布范围，承受较大的应力。也有从材料的受力特性出发将塑料格栅归入柔性土工格栅，玻纤网归入刚性土工格栅。

2）土工织物

其是透水性的平面土工合成材料，按制造方法分为无纺(non woven，非织造)土工织物和有纺(woven，织造)土工织物。无纺土工织物是由细丝或纤维按定向排列或非定向排列并结合在一起的织物；有纺土工布是两组平行细丝或纱按一定方式交织而成的织物。目前，广泛应用于防止路面裂缝的土工合成材料主要是玻纤网和土工织物。

2.3.6.4 土工合成材料加筋沥青路面的施工工艺

1）土工合成材料张拉

土工合成材料铺筑时，可采用机械或人工铺设。铺设前，先将一端用固定器固定好，然后用机械或人工拉紧，拉力适中，使张拉伸长率控制在1.0%~1.5%。不允许出现褶皱现象，最后用固定器固定另一端。

2）土工合成材料应纵、横向搭接

玻纤网横向搭接8~10cm，纵向搭接5~8cm。纵向搭接处用尼龙绳绑扎固定。土工织物横向搭接4~5cm，纵向用黏层油黏结。

3）洒布黏层油

玻纤网宜先铺设，再洒布热沥青作黏层油($0.4 \sim 0.6kg/m^2$)。土工织物宜先洒黏层油，再铺土工织物，最后洒布黏层油($0.4 \sim 0.6kg/m^2$)。

4）沥青面层施工

施工车辆不得在土工合成材料上转弯、急刹车，如摊铺机在其上打滑，应在黏层油上洒石屑。

2.4 水泥混凝土路面施工

2.4.1 水泥混凝土路面原材料施工技术

2.4.1.1 水泥

水泥属于水硬性无机胶凝材料，是公路工程的主要材料之。按不同类别以水泥的主要水硬性矿物、混合材料、用途和主要特性进行水泥的命名，力求简明准确。公路工程中使用的水泥对其化学性质和物理性质有较高的要求，水泥中的氧化镁含量不得超过5%，三氧化硫含量不得超过3%，抗压强度和抗折强度要符合国家标准。水泥按照水泥砂浆试件3d、28d的强度分不同分级，水泥的强度等级分为32.5级、32.5R级、42.5级、42.5R级、52.5级、52.5R级等。公路工程主要使用硅酸盐类水泥中的五种通用水泥，即：硅酸盐水泥、普通硅酸盐水泥、矿渣硅酸盐水泥、火山灰质硅酸盐水泥和粉煤灰硅酸盐水泥；路面工程还会用上道路硅酸盐水泥。

2.4.1.2 水泥混凝土

水泥混凝土具有可浇性、经济、耐用、耐热、能效高、现场制作、艺术性、能耗低、原料丰富、可就地取材等优点。但水泥混凝土也有抗拉强度低、韧性差、体积不稳定、强度/重量比值低等缺点。用于公路工程施工的混凝土主要有桥涵水泥混凝土和道路水泥混凝土。

2.4.1.3 混凝土外加剂

（1）特性。混凝土外加剂是在混凝土制作过程中加入的一种少量甚至微量材料，其使得混凝土在施工、硬化过程中或硬化后具有某些新的特性。

（2）分类。混凝土外加剂按其主要功能分为四类：一是改善混凝土拌和物流变性能的外加剂，如各种减水剂、引气剂和泵送剂等。二是调节混凝土凝结时间、硬化性能的外加剂，如早强剂、缓凝剂和速凝剂等。三是改善混凝土耐久性的外加剂，如引气剂、防水剂和阻锈剂等。四是改善混凝土其他性能的外加剂，如加气剂、膨胀剂、防冻剂、着色剂、防水剂和泵送剂等。

2.4.2 水泥混凝土路面施工方法

水泥混凝土路面，包括普通混凝土(素混凝土)、钢筋混凝土、连续配筋混凝土、预应力混凝土、装配式混凝土、钢纤维混凝土和混凝土小块铺砌等面层板和基(垫)层所组成的路面。目前采用最广泛的是就地浇筑的普通混凝土路面，简称混凝土路面。所谓普通混凝土路面，是指除接缝区和局部范围(边缘和角隅)外不配置钢筋的混凝土路面。

水泥混凝土路面具有强度高、稳定性好、耐久性好、养护费用少、有利于夜间行车、有利于带动当地建材业的发展等优点，但对水泥和水的需要量大且存在有接缝、开放交通较迟、修复困难等缺点。水泥混凝土面层铺筑的技术方法有小型机具铺筑、滑模机械铺筑、轨道摊铺机铺筑、三辊轴机组铺筑和碾压混凝土等方法。

2.4.2.1 模板及其架设与拆除

施工模板应采用刚度足够的槽钢、轨模或钢制边侧模板，不应使用木模板、塑料模板等易变形模板；支模前在基层上应进行模板安装及摊铺位置的测量放样，核对路面标高、面板分板、胀缝和构造物位置；纵横曲线路段应采用短模板，每块模板中点应安装在曲线切点上；模板安装应稳固、平顺、无扭曲，应能承受摊铺、振实、整平设备的负载行进，冲击和振动时不发生位移。模板与混凝土拌和物接触表面应涂脱模剂；模板拆除应在混凝土抗压强度不小于8.0MPa时方可进行。

2.4.2.2 混凝土拌和物搅拌

搅拌楼的配备，应优先选配间歇式搅拌楼，也可使用连续搅拌楼。每台搅拌楼在投入生产前，必须进行标定和试拌。在标定有效期满或搅拌楼搬迁安装后，均应重新标定。施工中应每15d校验一次搅拌楼计量精确度。搅拌楼配料计量偏差不得超过规定。不满足时，应分析原因，排除故障，确保拌和计量精确度。采用计算机自动控制系统的搅拌楼时，应使用自动配料生产，并按需要打印每天(周、旬、月)对应路面摊铺桩号的混凝土配料统计数据及偏差。

应根据拌和物的黏聚性、均质性及强度稳定性试拌确定最佳拌和时间。外加剂应以稀释溶液加入，其稀释用水和原液中的水量，应从拌和加水量中扣除。拌和引气混凝土时，搅拌楼一次拌和量不应大于其额定搅拌量的90%。纯拌和时间应控制在含气量最大或较大时。

2.4.2.3 混凝土拌和物的运输

(1) 应根据施工进度、运量、运距及路况，选配车型和车辆总数。总运力应比总拌和能力略有富余。确保新拌混凝土在规定时间内运到摊铺现场。

(2) 运输到现场的拌和物必须具有适宜摊铺的工作性。不同摊铺工艺的混凝土拌和物从搅拌机出料到运输、铺筑完毕的允许最长时间应符合时间控制的规定。不满足时应通过试验、加大缓凝剂或保塑剂的剂量。

(3) 混凝土运输过程中应防止漏浆、漏料和污染路面，途中不得随意耽搁。自卸车运输应减小颠簸，防止拌和物离析。车辆起步和停车应平稳。

2.4.2.4 轨道式摊铺机进行混凝土面层铺筑

高速公路混凝土路面施工根据具体条件可使用轨道式摊铺机进行施工。一级公路、二级公路、三级公路混凝土路面施工应使用轨道式摊铺机进行施工。

1) 准备工作

(1) 提前做好模板的加工与制作：制作数量应为摊铺机摊铺能力的1.5~2.0倍模板数量以及相应的加固固定杆和钢钎。

(2) 测量放样：恢复定线，直线段每20m设一中桩，弯道段每5~10m设一中桩。经复核无误后，以恢复的中线为依据，放出混凝土路面浇筑的边线桩，用3寸长铁钉，直线每10m一钉，弯道每5m一钉。对每一个放样铁钉位置进行高程测量，并计算出与设计高程的差值，经复核确认后，方可导线架设。

(3) 导线架设：在距放样铁钉2cm左右处，钉打钢钎(以不扰动铁钉为准)长度约45cm，打入深度以稳固为宜。进行抄平测量，在钢钎上标出混凝土路面的设计标高位置线(可用白粉笔)应准确为±2mm。然后将设计标高线用线绳拉紧拴系牢固，中间不能产生垂度，不能扰动钢钎，位置要正确。

(4) 模板支立：依导线方向和高度立模板，模板顶面和内侧面应紧贴导线，上下垂直，不能倾斜，确保位置正确。模板支立应牢固，保证混凝土在浇筑、振捣过程中，模板不会位移、下沉和变形。模板的内侧面应均匀涂刷脱模剂，不能污染环境和传力杆钢筋以及其他施工设备。安装拉杆钢筋时，其钢筋间距和位置要符合设计要求，安装牢固，保证混凝土浇筑后拉杆钢筋应垂直中心线与混凝土表面平行。

（5）铺设轨道：轨道可选用12型Ⅰ字钢或12型槽钢均可，一般只需配备4根标准Ⅰ字钢长度即可，向前倒换使用，并应将Ⅰ字钢或槽钢固定在0.5m×0.15m×0.15m的小型枕木上，枕木间距为1m。轨道应与中心线平行，轨道顶面与模板顶面应为一个固定差值，轨道与模板间的距离应保持在一个常数不变。应保证轨道平稳顺直，接头处平滑不突变。

（6）摊铺机就位和调试：每天摊铺前，应将摊铺机进行调试，使摊铺机调试为与路面横坡度相同的倾斜度。调整混凝土刮板至模板顶面路面设计标高处，检查振捣装置是否完好和其他装置运行是否正常。

2）混凝土摊铺

注意事项如下：

（1）摊铺前应对基层表面进行洒水润湿，但不能有积水。

（2）混凝土入模前，先检查坍落度，控制在配合比要求坍落度20~40mm范围内，制作混凝土检测抗压抗折强度的试件。

（3）摊铺过程中，间断时间应不大于混凝土的初凝时间。

（4）摊铺现场应设专人指挥卸料，应根据摊铺宽度、厚度，每车混凝土数量均匀卸料，严格掌握，不能亏料，可适当略有富余，但又不能太多，防止被刮到模板以外。

（5）摊铺过后，对拉杆要进行整理，保证拉杆平行与水平，同时要用铝合金直尺进行平整度初查，确保混凝土表面平整、不缺料。

（6）每日工作结束后，施工缝宜设在胀缝或缩缝处，按胀缝和缩缝要求处治。因机械故障或其他原因中断浇筑时，可设临时工作缝。宜设在缩缝处按缩缝处理。

（7）当摊铺到胀缝位置时，应按胀缝设计要求设置胀缝和安装传力杆，传力杆范围内的混凝土可用人工振实和整平。如继续浇筑，摊铺机需跳开一块板的长度开始进行，留下部分待模板拆除并套上塑料套后用人工摊铺振捣成型。

（8）摊铺机在摊铺时，两侧应各设1名辅助操作员，保证摊铺机运行安全和摊铺质量。

2.4.2.5 混凝土振捣

混凝土振捣即小型机具施工。在待振横断面上，每车道路面应使用2根振捣棒，组成横向振捣棒组，沿横断面连续捣密实，并应注意路面板底、内部和边角处不得欠振或漏振。

振捣棒在每一处的持续时间，应以拌和物全面振动液化，表面不再冒气泡和泛水泥浆为限，不宜过振，也不宜少于30s。振捣棒的移动间距不宜大于500mm；至模板边缘的距离不宜大于200mm。应避免碰撞模板、钢筋、传力杆和拉杆。在振捣棒已完成振实的部位，可开始振动板纵横交错两遍，全面提浆振实，每车道路面应配备1块振动板。振动板移位时，应重叠100~200mm，振动板在一个位置的持续振捣时间不应少于15s。振动板须由两人提位振捣和移位，不得自由放置或长时间持续振动。移位控制以振动板底部和边缘泛浆厚度(3±1)mm为限。

缺料的部位，应铺以人工补料找平。振动梁振实，每车道路面宜使用1根振动梁。振动梁应具有足够的刚度和质量，振动梁应垂直路面中线沿纵向拖行，往返2~3遍，使表面泛浆均匀平整。

2.4.2.6 整平饰面

每车道路面应配备1根滚杠(双车道两根)。振动梁振实后，应拖动滚杠往返2~3遍提浆整平。拖滚后的表面宜采用3m刮尺，纵横各1遍整平饰面或采用叶片式或圆盘式抹面机往返2~3遍压实整平饰面。在抹面机完成作业后，应进行清边整缝，清除黏浆，修补缺边、掉角。整平饰面后的面板表面应无抹面印痕，致密均匀，无露骨，平整度应达到规定要求。

2.4.2.7 空脱水工艺要求

小型机具施工三、四级公路混凝土路面，应优先采用在拌和物中掺外加剂，无掺外加剂条件时，应使用真空脱水工艺，该工艺适用于面板厚度不大于240mm混凝土面板施工。使用真空脱水工艺时，混凝土拌和物的最大单位用水量可比不采用外加剂时增大3~12kg/m³，拌和物适宜坍落度为高温天30~50mm，低温天20~30mm。

2.4.2.8 纵缝施工

当一次铺筑宽度小于路面和硬路肩总宽度时，应设纵向施工缝，位置应避开轮迹，并重合或靠近车道线，构造可采用平缝加拉杆型。当所摊铺的面板厚度大于260mm时，也可采用插拉杆的企口型纵向施工缝。采用滑模施工时，纵向施工缝的拉杆可用摊铺机的侧向拉杆装置插入。采用固定模板施工方式时，应在振实过程中，从侧模预留孔中手工插入拉杆。

当一次铺筑宽度大于4.5m时，应采用假缝拉杆型纵缝，即锯切纵向缩缝，纵缝位置应按车道宽度设置，并在摊铺过程中用专用的拉杆插入装置插入拉杆。钢筋混凝土路面、桥面和搭板的纵缝拉杆可由横向钢筋延伸穿过接缝代替。钢纤维混凝土路面切开的假纵缝可不设拉杆，纵向施工缝应设拉杆。插入的侧向拉杆应牢固，不得松动、碰撞或拔出。若发生拉杆松脱或漏插，应在横向相邻路面摊铺前，钻孔重新植入；当发现拉杆可能被拔出时，宜进行拉杆拔出力(握裹力)检验。

2.4.2.9 横缝设置与施工

每天摊铺结束或摊铺中断时间超过30min时，应设置横向施工缝，其位置宜与胀缝或缩缝重合，确有困难不能重合时，施工缝应采用设螺纹传力杆的企口缝形式。普通混凝土路面横向缩缝宜等间距布置。不宜采用斜缝。不得不调整板长时，最大板长不宜大于60m，最小板长不宜小于板宽。在中、轻交通的混凝土路面上，横向缩缝可采用不设传力杆假缝型。在特重和重交通公路、收费广场、邻近胀缝或路面自由端的三条缩缝应采用假缝加传力杆型。缩缝传力杆的施工方法可采用前置钢筋支架法或传力杆插入装置(DBI)法。横向缩缝的切缝方式有全部硬切缝、软硬结合切缝和全部软切缝三种，切缝方式的选用，应由施工期间该地区路面摊铺完毕到切缝时的昼夜温差确定。

2.4.2.10 胀缝设置与施工

普通混凝土路面、钢筋混凝土路面和钢纤维混凝土路面的胀缝间距视集料的温度膨胀性大小、当地年温差和施工季节综合确定：高温施工，可不设胀缝；常温施工，集料温缩系数和年温差较小时，可不设胀缝；集料温缩系数或年温差较大，路面两端构造物间距不小于500m时，宜设一道中间胀缝；低温施工，路面两端构造物间距不小于350m时，宜设一道胀缝。邻近构造物、平曲线或与其他道路相交处的胀缝应按《公路水泥混凝土路面设计规范》(JTG D 40—2011)的规定设置。

普通混凝土路面的胀缝应设置胀缝补强钢筋支架、胀缝板和传力杆。钢筋混凝土和钢纤维混凝土路面可不设钢筋支架。胀缝宽20~25mm，使用沥青或塑料薄膜滑动封闭层时，胀缝板及填缝宽度宜加宽到25~30mm。传力杆一半以上长度的表面应涂防粘涂层，端部应戴活动套帽，套帽材料与尺寸应符合有关规定的要求。胀缝板应与路中心线垂直，缝壁垂直；缝隙宽度一致，缝中完全不连浆。胀缝应采用前置钢筋支架法施工，也可预留一块面板，高温时再铺封。前置法施工，应预先加工、安装和固定胀缝钢筋支架，并在使用手持振捣棒振实胀缝板两侧的混凝土后再摊铺。宜在混凝土未硬化时，剔除胀缝板上部的混凝土，嵌入(20~25)mm×20mm的木条，整平表面。胀缝板应连续贯通整个路面板宽度。

2.4.2.11 抗滑构造施工

摊铺完毕或精整平表面后，宜使用钢支架拖挂1~3层叠合麻布、帆布或棉布，洒水湿润后做拉毛处理。人工修整表面时，宜使用木抹。用钢抹修整过的光面，必须再做拉毛处理，以恢复细观拉滑构造。当日施工进度超过500m时，抗滑沟槽制作宜选用拉毛机械施工，没有拉毛机时，可采用人工拉槽方式。特重和重交通混凝土路面宜采用硬刻槽，凡使用圆盘、叶片式抹面机整平后的混凝土路面、钢纤维混凝土路面必须采用硬刻槽方式制作抗滑沟槽。

2.4.2.12 混凝土路面养生

混凝土路面铺筑完成或软作抗滑构造完毕后立即开始养生。机械摊铺的各种混凝土路面、桥面及搭板宜采用喷洒养生剂同时保湿覆盖的方式养生。在雨天或养生用水充足的情况下，也可采用覆盖保湿膜、土工毡、土工布、麻袋、草袋、草帘等洒水湿养生方式，不宜使用围水养生方式。

养生时间根据混凝土弯拉强度增长情况而定，不宜小于设计弯拉强度的80%，应特别注重前7d的保湿(温)养生。一般养生天数宜为14~21d，高温天不宜小于14d，低温天不宜小于21d。掺粉煤灰的混凝土路面，最短养生时间不宜少于28d，低温天应适当延长。混凝土板养生初期，严禁人、畜、车辆通行，在达到设计强度40%后，行人方可通行。在路面养生期间，平交道口应搭建临时便桥。面板达到设计弯拉强度后，方可开放交通。

2.4.2.13 灌缝

应先采用切缝机清除接缝中夹杂的砂石、凝结的泥浆等，再使用压力不小于0.5MPa的压力水和压缩空气彻底清除接缝中的尘土及其他污染物，确保缝壁及内部清洁、干燥。缝壁检验以擦不出灰尘为灌缝标准。

常温施工式填缝料的养生期，低温天宜为24h，高温天宜为12h。加热施工式填缝料的养生期，低温天宜为2h，高温天宜为6h。在灌缝料养生期间应封闭交通。

路面胀缝和桥台隔离缝等应在填缝前，凿去接缝板顶部嵌入的木条，涂黏结剂后，嵌入胀缝专用多孔橡胶条或灌进适宜的填缝料，当胀缝的宽度不一致或有啃边、掉角等现象时，必须灌缝。

第3章 桥梁下部结构施工

3.1 桥梁基础施工

3.1.1 扩大基础施工

扩大基础是将桥梁上部结构和桥梁墩台传来的荷载直接传递至较浅支撑地基的一种基础形式，一般采用明挖法进行施工，故又称为明挖扩大基础或浅基础。明挖法施工的特点是工作面大、施工简便。本节主要介绍基坑定位放样、基坑围堰、基坑开挖与排水、地基处理、基础砌筑和基坑回填。

3.1.1.1 基坑定位放样

当对桥墩和桥台中心进行测放(测量放样)后，即可确定桥墩和桥台的基坑位置。对于渗水土质，旱地基础的基坑顶尺寸在满足施工要求的前提下，由基础尺寸和基坑排水设计共同确定。若基坑较深或土质较差，为了防止坍塌并保证安全，需要将基坑坑壁修成一定的倾斜坡度，称为放坡。放坡系数是指边坡底宽与基坑深度之比，坡度与放坡系数互为倒数。基坑坑壁坡度应根据地质条件、基坑深度、施工经验和现场的具体情况确定。通常，基坑顶尺寸应在放坡后再比基础尺寸各边增加一个工作宽度。

基坑的基础尺寸由设计图纸得到，再根据土质确定放坡系数，得到基坑顶的尺寸。如图3.1所示，当基坑的基础尺寸为 a(基础长度)，b(基础宽度)时，基坑顶的尺寸见式(3.1)。

$$\begin{aligned} A&=a+2c+2Hn \\ B&=b+2c+2Hn \end{aligned} \tag{3.1}$$

式中，A 为基坑顶的长；B 为基坑顶的宽；c 为工作宽度，一般取0.5~1m；H 为基坑深度，即基底高程与地面平均高程之差；n 为放坡系数。

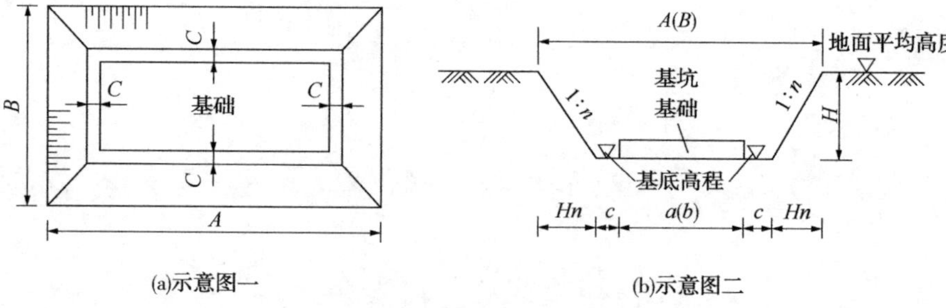

图3.1 基坑放坡示意图

当基坑深度在 5m 以内时，若施工工期较短、基坑底在地下水位以上、土的湿度正常(接近最佳含水量)、土层构造均匀，则基坑坑壁坡度可参考表 3.1。若土的湿度可能引起坑壁坍塌，则坑壁坡度应小于该湿度下土的天然坡度。

表 3.1 基坑坑壁坡度

坑壁土类别	坑壁坡度		
	坡顶无荷载	坡顶有静荷载	坡顶有动荷载
砂类土	1∶1	1∶1.25	1∶1.5
卵石、砾类土	1∶0.75	1∶1	1∶1.25
粉质土、黏质土	1∶0.33	1∶0.5	1；0.75
极软岩	1∶0.25	1∶0.33	1∶0.67
软质岩	1∶0	1∶0.1	1∶0.25
硬质岩	1∶0	1∶0	1∶0

注：1. 坑壁有不同土层时，基坑坑壁坡度可分层选用，并酌设平台。2. 坑壁土的类别按现行《公路土工试验规程》(JTG 3430—2020)划分；岩面单轴抗压强度小于 5MPa、为 5~30MPa、大于 30MPa 时，分别定为极软、软质、硬质岩。3. 当基坑深度大于 5m 时，基坑坑壁坡度可适当放缓或加设平台。

基坑顶缘应设置防止地面水流入基坑的集水沟。若基坑顶缘有动载，坑顶与动载间至少应留有 1m 宽的护道；若地质条件不良或动载过大，应增宽护道或采取加固措施。当基坑中有地下水时，地下水位以上部分可以直接放坡开挖；地下水位以下部分，若土质易坍塌或水位高出基坑底较多时，应采用加固或降地下水位等方法开挖。

当基坑坑壁坡度不稳定并受地下水影响，或放坡开挖场地受到限制，或放坡开挖工程量较大时，可根据具体情况，采取适当加固坑壁的支护措施，如挡板支护、板桩墙支护和混凝土护壁(喷射混凝土护壁、现浇混凝土护壁)支护等。

若基坑只能垂直或大坡度开挖，在地基土质较好、渗水性较小的情况下，可采用喷射混凝土护壁加固基坑，并且逐层开挖、逐层加固。

3.1.1.2 基坑围堰

在河岸或水中修建桥梁基础时，为了防止水浸入基坑，开挖前需要在基坑周围先修筑防水围堰。所谓围堰，是指在基坑四周修筑的一道临时、封闭、挡水的构筑物。围堰修筑完成后，抽除里面的水，使基坑开挖在无水状态下进行，待桥梁墩台修筑出水面后，再对基坑回填并拆除围堰。工程中常见的围堰主要有土石围堰、板桩围堰和套箱围堰等，其适用条件如表 3.2 所示。

表 3.2 常见围堰及适用条件

围堰名称		适用条件
土石围堰	土围堰	水深不大于 1.5m，水流速度不大于 0.5m/s，土质渗水性较小的河床
	土袋围堰	水深不大于 3m，水流速度不大于 1.5m/s，土质渗水性较小的河床
	木桩竹条土围堰	水深 1.5~7m，水流速度不大于 2m/s，土质渗水性较小、能打桩的河床，多见于盛产竹木的地区
	竹、铅丝笼围堰	水深不大于 4m，水流速度较大，难以成桩的河床

续表

围堰名称		适用条件
板桩围堰	钢板桩围堰	深水或深基坑，水流速度较大，砂类土、黏质土、卵石类土及风化岩等渗水性较大的河床
	钢筋混凝土板桩围堰	深水或深基坑，各种土质的河床，除用于挡水、防水外还可作为基础结构的一部分，也可在使用完成后拔出循环利用
套箱围堰		大型河流的深水基地，水流速度不大于 2m/s，覆盖层较薄、平坦的岩石河床

1）围堰设计要求

围堰形式和所用材料应根据当地水文、地质、材料来源等因素确定，但不论采用何种形式和材料，在设计围堰时均应注意以下几点要求。

（1）围堰顶应比施工期间可能出现的最高水位(包括浪高)高出 0.5~0.7m。

（2）围堰应减少对河道泄洪、通航、导流能力的影响。对于因河床断面被围堰压缩而产生的对围堰本身和河床的集中冲刷，应有相应的防护措施。

（3）围堰断面不应超过原河床断面的 30%。

（4）围堰应满足坑壁放坡和基础砌筑时对工作面的要求。

（5）围堰应便于施工、维护及拆除，围堰材料不得对河道水质产生污染。

（6）围堰应严密，不得渗漏。

2）围堰施工要求

下面介绍几种常见的围堰及其施工要求。

（1）土围堰。土围堰是最简易的一种围堰，堰顶宽一般为 1 ~ 2m，堰外坡度一般为 1∶3~1∶2，堰内坡度一般为 1∶1.5~1∶1。堰内坡脚与基坑顶缘的距离应根据河床土质及基坑深度而定，但不得小于 1m。

修筑土围堰时的施工要求主要包括以下几点。

① 在筑堰前应将河床上的树根、石块、杂物等清除，自上游开始填筑至下游合龙。

② 筑堰的土宜用黏质土或砂类土，倒土时应将土沿着已出水面的堰面顺流倒入水中，填土出水面后应进行夯实。

③ 堰内抽水时，应注意及时检查围堰，如有漏洞渗水，要及时堵住。

④ 若筑堰引起水流速度增大，使堰外坡面有受冲刷的危险，可在堰外坡面用草皮、柴排、片石或草袋等进行防护。

⑤ 若河床渗水量较大，可修筑多道围堰，分级开挖。

（2）土袋围堰。土袋围堰的堰顶宽一般为 1 ~ 2m，有黏土心墙时堰顶宽为 2 ~ 2.5m，堰外坡度一般为 1∶1~1∶0.5，堰内坡度一般为 1∶0.5~1∶0.2。堰内坡脚与基坑顶缘的距离应根据河床土质及基坑深度而定，但不得小于 1m。

修筑土袋围堰时的施工要求主要包括以下几点。

① 堰底处理及填筑方向与土围堰相同。

② 土袋内应装有袋容量 1/2 到 1/3 的松散黏质土或粉质土，袋口缝合。

③ 堆码在水中的土袋，其上下层和内外层(竖向)应相互错缝，尽量堆码密实、整齐；

必要时可由潜水工配合堆码，并整理坡脚。

④ 土袋围堰也可由双排土袋与中间填充黏质土组成，填土时不可随意倾填，防止将土填在土袋上，降低围堰强度。

⑤ 土袋宜采用草包、麻袋和尼龙编织袋，但若土袋不易腐烂，会给拆除带来困难。

(3) 钢板桩围堰。钢板桩一般采用槽钢、工字钢等型钢类材料，其机械性能和尺寸应符合施工要求。经过整修或焊接后的钢板桩应采用同类型的钢板桩进行锁口。钢板桩应以等强度焊缝接长。在堆存、搬运、起吊时，应防止钢板桩由于自重而引起的变形及锁口损坏。当设备允许时，应在打桩前将2~3块钢板组拼为一组，组拼后用坚固的夹具夹牢。

修筑钢板桩围堰时，插打钢板桩的施工要求主要包括以下几点。

① 插打前一般应在锁口内涂以黄油、锯末等混合物，组拼桩时用油灰和棉花捻缝，以防漏水。

② 插打顺序按照施工组织设计进行，开始部分逐块插打，最后部分先插，待合龙后再打，并且一般应从上游两岸分别向下游合龙。

③ 插打钢板桩时必须有导向装置，对于最初沉入的几根或几组钢板桩，应详细检查其平面位置和垂直度。若发现倾斜，应立即纠正或拔起重插。

④ 插打钢板桩时，一般应先将全部钢板桩逐根或逐组打到稳定深度，然后再依次打到设计深度。在能保证钢板桩垂直沉入的条件下，也可一次打到设计深度。

⑤ 插打钢板桩时，若起重设备高度不够，允许改变吊点位置，但该点位置不得低于桩顶以下1/3桩的高度。

⑥ 采用汽锤或坠锤打桩时应设置桩帽，以分散冲击力并保护桩头。

⑦ 对于接长的钢板桩，其相邻两钢板的接头位置应上下错开。

⑧ 在同一围堰内使用不同类型的钢板桩时，应将两种不同类型钢板桩的各半块拼焊成一块异型钢板桩，以便连接。

3.1.1.3 基坑开挖与排水

1) 基坑开挖

基坑开挖施工应尽量安排在枯水或少雨季节进行，开工前应按照施工计划准备好劳动力和物资等，开工后连续快速施工。基础的轴线、边线位置及基底标高应精确测定，检查无误后方可施工。基坑开挖的注意事项主要包括以下几点。

(1) 避免超挖。若超挖，应将松动部分清除，其处理方案应报监理、设计单位批准。

(2) 挖至标高的土质基坑不得长期暴露、扰动或浸泡，并应及时检查基坑尺寸、高程、基底承载力，符合要求后，应立即进行基础砌筑。

(3) 排水困难或具有水下基坑开挖设备时，可采用水下挖基的方法，但应保持基坑中原有水位高程。

(4) 基坑附近有其他结构物时，应有可靠的防护措施。

(5) 挖基废方应放在指定位置，不得妨碍施工。弃土的坡脚到基坑顶缘的距离不宜小于基坑深度。弃土宜放置于下游，不得污染环境、阻塞河道、影响泄洪。

(6) 应经常注意观察基坑顶缘有无裂缝，坑壁有无松散塌落现象，确保施工安全。

2）基坑排水

基坑坑底多位于地下水位以下，随着基坑的下挖，渗水将不断涌入基坑。为保持基坑干燥，便于基坑挖土和基础砌筑，施工过程中必须采取必要的排水措施。目前，工程上常用的基坑排水方法有集水坑排水法和井点降水法两种。

（1）集水坑排水法。如图3.2所示为集水坑排水法。基坑开挖时，在坑底基础范围之外设置集水坑并沿坑底周围开挖排水沟，使水流入集水坑内，再利用排水设备将水排出坑外。集水坑坑底应低于基坑底面，集水坑深度应大于吸水头的高度。集水坑应设在最低处，尺寸视渗水情况而定。

除粉质土基坑外，其他类型基坑均适用集水坑排水法。排水设备的排水能力应为总渗水量的1.5~2.0倍或者更大，水泵应大小搭配且以电动为佳，可用竹(荆)筐围护吸水头，防止堵塞。抽水机应根据基坑深度及吸程大小安装在适当位置。

（2）井点降水法。如图3.3所示为井点降水法。基坑开挖前，在基坑四周埋设一定数量的滤水井管，然后利用排水设备抽水，使所挖的土始终保持干燥状态。

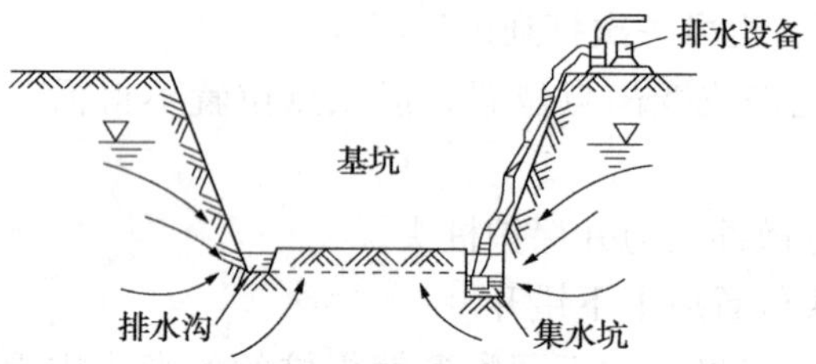

图3.2　集水坑排水法

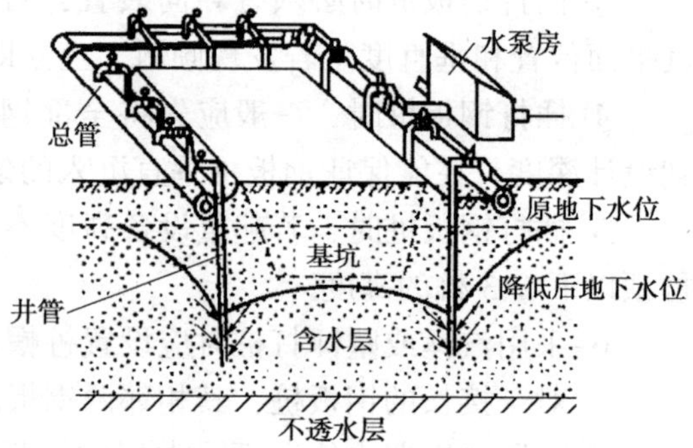

图3.3　井点降水法

井点降水法适用于地下水位较高、有承压水、挖基较深、坑壁不稳定的粉质土或砂类土基坑，对于无砂的黏质土基坑不宜使用。井点法的选择可根据土层渗透系数、降低地下水位深度及工程特点确定，各种井点法的适用范围如表3.3所示。

表3.3　各种井点法的适用范围

类别	土层渗透系数/($m \cdot d^{-1}$)	降低地下水位深度/m
一级轻型井点法	0.1~80	3~6
二级轻型井点法	0.1~80	6~9
喷射井点法	0.1~50	8~20
射流泵井点法	0.1~50	<10
电渗井点法	<0.1	5~6
管井井点法	20~200	3~5
深井泵法	10~80	>15

注：1. 降低土层中地下水位时，应将滤水井管埋设在透水性较大的土层中。
2. 井管下端滤水井管的长度应考虑渗水土层的厚度，但不得小于1m。

采用井点降水法排水时应注意以下几点。

① 井管的成孔可根据土质分别采用射水成孔或冲击钻机、旋转钻机及水压钻机成孔。井点降水曲线应低于基底设计高程或开挖高程 0.5m。

② 井点的布置应根据基坑的大小、形状、土质及地下水位的高低、流向、降水深度等确定。

③ 在水位降低区域内设置水位观测孔，其数量视工程情况而定。做好沉降及边坡位移观测，确保水位降低区域内建筑物的安全，必要时应采取防护措施。

④ 降水过程中应加强对整个井点系统的维护和检修，保证降水效果，确保基坑表面无积水。

⑤ 施工完成后应及时拆除或回填井点，防止人畜坠入。

3.1.1.4 地基处理

地基处理应根据地基土的种类、强度和密度，结合设计要求与现场情况，采取相应的处理方法。地基处理范围至少应比基础尺寸宽 0.5m。对于符合设计要求的细粒土、特殊土等基底，修整完成后，应尽快进行基础施工，不得使基底浸水或长期暴露。当地基需要加固或现场开挖后地质情况与设计不符时，应根据设计要求及有关规范执行。

1）常见地基的处理

桥梁工程中常见的地基有岩层地基、粗粒土和巨粒土地基、溶洞地基、泉眼地基等，其处理要求如下。

（1）岩层地基。

① 对于未风化岩层，应先将淤泥、苔藓、松动石块等清除，并洗净岩石。

② 对于风化岩层，应挖至满足地基承载力要求或其他方面要求为止。

③ 对于坚硬的倾斜岩层，应将岩层面凿平。若倾斜度较大，无法凿平，则应凿成多级台阶，且台阶的宽度应不小于 0.3m。

（2）粗粒土和巨粒土地基。

① 若强度和稳定性满足设计要求，应将其承重面修理平整、夯实。

② 当基底有水不能彻底排干时，应先将水引至排水沟，然后再砌筑基础。

（3）多年冻土地基。

① 基础不应置于季节性冻融土层上，并不得直接与冻土接触。

② 基础位于多年冻土层（即永冻土）上时，基底之上应设置隔温层或保温层材料，其铺筑宽度应在基础外缘加宽 1m。

③ 按保持冻结原则设计的明挖地基，其多年平均地温高于或等于-3℃时，应在冬季施工；多年平均地温低于-3℃时，可在其他季节施工，但应避开高温季节。

④ 施工前做好充分准备，组织快速施工。施工完成的基础应立即回填封闭，不宜间歇；必须间歇时，应采用保温材料进行覆盖，防止热量侵入。

⑤ 施工时，必须搭设防雨棚和遮阳棚，严禁地表水流入基坑，及时排除季节性冻层内的地下水和冻土本身的融化水。

⑥ 施工期间如有明水，应在距坑顶 10m 之外设置排水沟，将水引到远离基坑的位置排放。

（4）溶洞地基。

① 处理溶洞地基时，不得堵塞溶洞水路。

② 干溶洞可用砂砾石、碎石、干砌或浆砌片石及灰土等回填密实。

③ 基底干溶洞较大，回填处理困难时，可设置桩基进行处理。桩基的设置应履行设计变更手续，并应由设计单位进行设计。

（5）泉眼地基。

① 不论采用何种方式处理基底的泉眼，均不应使基底饱水。

② 可采用有螺口的钢管紧密打入泉眼，盖上螺帽并拧紧，阻止泉水流出；或向泉眼内压注速凝水泥砂浆，再打入木塞堵眼。

③ 堵眼困难时，可采用管子塞入泉眼，将水引流至集水坑排出；或在基底下设盲沟引流至集水坑排出，待基础施工完成后，再向盲沟压注水泥浆堵塞。采用引流方式排水时，应防止砂土流失，引起基底沉陷。

2）特殊地基的处理

对于属细粒土或特殊土类的软弱黏土层、湿陷性黄土等形成的特殊地基，其强度低，稳定性差，处理时应根据该类土的处理深度、含水量等情况，结合基底的要求，采取固结处理，以满足设计要求。

（1）软弱黏土层地基的处理。软弱黏土层地基承压力小、沉降量大，处理时可根据软弱黏土层的厚度和物理力学性质、施工期限、施工机具和材料供应等因素，因地制宜、就地取材，采取换填土、砂砾垫层、袋装砂井、排水塑料板、生石灰桩等处理方法。

① 换填土法：当软弱黏土层深度不大于2m时，可将其全部挖除，换为力学性能较好的砂类土，并分层夯实，夯实度应达到最佳密实度的90%~95%。

② 砂砾垫层法：单独使用砂砾垫层时，其厚度应根据下卧软弱黏土层的允许承压力确定，砂砾垫层材料可采用中砂、粗砂、砾砂或碎（卵）石，其中黏土含量不应大于5%、砾料粒径应小于10cm，且填筑砂砾时应分层夯实。

③ 袋装砂井法：适用于软弱黏土层较厚的地基，起到排水固结的作用。砂袋材质一般为聚丙烯，直径为7cm，装灌适量风干的中砂或粗砂，并防止砂袋鼓破漏砂。砂井的深度和间距根据设计要求确定。砂井可用振动沉桩机先将钢套管沉入至设计深度，再将砂袋从套管顶插入至管底，最后拔出套管，将砂袋留在软土中。

④ 排水塑料板法：一般塑料板的宽度为10cm，厚度为0.3~0.4cm，长度和插入间距根据设计要求确定，用插板机或砂井打设机将塑料板插入软土中。该方法的适用条件和作用与袋装砂井法相同。

⑤ 生石灰桩法：一般桩径为20cm，间距为80cm，深度根据设计要求确定。桩的造孔施工方法与袋装砂法井相同，孔中灌以生石灰块，其粒径为1~5cm，并具有一定级配。灰块最大尺寸不得超过桩径的1/3，防止卡管。桩顶用黏土封闭夯实，以免地表水浸泡石灰柱。生石灰吸水发热膨胀，使软土脱水挤实，起到固结地基的作用。

（2）湿陷性黄土地基的处理。湿陷性黄土地基处理时应尽量避免在雨季施工，否则，应有专门的防洪排水设施，以保证基坑不被浸泡。地基处理完成后，应立即砌筑基础，并避免圬工养护水浸泡基坑。基础砌筑出地面后，应及时用不透水土或原土对基坑进行分层回填夯实，直至稍高于附近地面，以利于排水。由于黄土地基不容许有渗漏，湿陷性黄土地基的处理不得使用砂砾垫层法或袋装砂井法，但可采用重锤夯实法、换填灰土垫层法、土桩深层挤实法等。

① 重锤夯实法：适用于地下水位以上的湿陷性黄土。

② 换填灰土垫层法：即挖除基底中的湿陷性黄土，换填以石灰土或水泥土。挖换基底尺寸应符合软弱土层地基处理的规定。例如，石灰土是将挖基土(不得使用渗水性土)晾干、碾碎(碾碎后最大粒径不得大于15mm)，然后掺和熟石灰(最大粒径不大于5mm)而成，灰土配合体积比一般采用2∶8或3∶7，拌和均匀后，分层摊铺并夯实。要求夯实后的灰土干容重不小于0.016N/cm^3。换填水泥土时，其水泥用量应为土量的4%~8%。

③ 土桩深层挤实法：在基底标高以上0.5~1.0m处打入直径约为30cm、桩尖为活动瓣式的钢管桩，桩距约为桩径的3倍，插打顺序为先周边后中间。当钢管桩插打至加固设计深度以下1.0m后，向管内填入接近最佳含水量且渗水性小的黏质土或石灰土，然后将钢管分节拔出，同时将管内的土向下挤压并夯实，拔一节填夯一节，直至基底标高。地基土桩加固完成后，再将坑底挖至基坑的设计标高。

3.1.1.5 基础砌筑

基础砌筑时，扩大基础的种类有浆砌块(片)石、片石混凝土、钢筋混凝土等几种。

1) 浆砌块(片)石基础施工

(1) 石料的选用。选用材质坚实的石料，确保石料表面无风化剥落层、无裂纹，将表面的泥垢、水锈等杂质清洗干净，砌于外露面的石料应色泽均匀。

(2) 砌体砌筑。准确定位放样，进行挂线施工，砌筑时保持石料表面湿润。浆砌块石基础施工采用挤浆法分层砌筑。砌筑前先在基础底面上铺一层3~5cm厚的稠砂浆，然后安放石块。砌筑程序为先砌角石，再砌面石，最后砌腹石。

① 角石用以确定基础的位置，应注意选择形状方正、尺寸较大的石块。角石先进行试放，必要时须稍加修凿，然后铺灰砌筑。

② 面石的外露面应较为平整。砌筑面也要先行试放和修凿，然后铺好砂浆，使砂浆挤紧。面石可选用长短不等的石块，以便与腹石交错衔接。

③ 腹石用较小的石块分层填筑，填筑前先铺座浆。填放第一层腹石时应大面向下放稳，尽量使石缝间隙最小，用灰浆填满空隙，并塞以小石块，轻敲使石块挤入灰缝中。

④ 砌筑时石块应分层平砌。石块砌体宜以2~3层块体组成一个工作层，每个工作层的水平缝应大致找平，各层竖缝应相互错开，不得贯通。

⑤ 块石砌体砌筑时每层石料高度应大致相同，角石石块和面石石块应丁顺相间或二顺一丁排列，且砌缝宽度不应大于30mm，上下层竖缝错开距离不应小于80mm。

⑥ 各层块体应安放稳固，且块体间砂浆饱满，黏结牢固，不得直接贴靠和脱空。

⑦ 在继续砌筑前，应将原砌体表面的浮渣清除，砌筑时应避免振动下层砌体。

(3) 砌体勾缝。勾缝应在砌体砌筑完成24h以后进行，先将缝内深度不大于20mm的砂浆刮去，用水将缝内冲洗干净，再用强度等级较高的砂浆进行填缝。要求勾缝砂浆采用细砂和较小的水灰比，其灰砂比控制在 1∶2~1∶1 之间。勾缝应保持石块砌合自然接缝，力求美观、匀称，石块形态突出，表面平整，黏附的砂浆应清理干净。

（4）砌体养护。砌体砌筑完成后，须用麻袋或草覆盖，并经常洒水养护，保持表面潮湿，养护时间一般约为 7d。冬季不洒水，用麻袋覆盖保温。在砌体未达到要求的强度之前，不得在上面堆放重物或修凿石块，以免砌体受振动破坏。

2）片石混凝土基础施工

在片石混凝土基础施工前，应先对基础进行处理，当基底为非黏质土或干土时，应将其夯实、润湿，然后直接坐浆砌筑；当基底为岩石层时，应加以润湿，铺一层 2~3cm 厚的水泥砂浆，然后在水泥砂浆凝结前浇筑第一层混凝土。

混凝土中填放片石时应注意以下几点。

① 应选用无裂纹、无风化、无夹层、无水锈，且未被烧过的片石。

② 片石应具有抗冻性能，且厚度不小于 15cm。

③ 片石的抗压强度不低于 30MPa 或混凝土的强度等级。

④ 填放片石的数量不应超过混凝土体积的 25%，片石的最大尺寸不应超过填放处结构最小尺寸的 1/4。

⑤ 片石应清洗干净，均匀地埋入刚浇筑的混凝土中，相互之间净距不小于 10cm，距结构侧面和顶面的净距不小于 15cm。片石不得接触钢筋或预埋件。

3）钢筋混凝土基础施工

（1）旱地浇筑钢筋混凝土基础施工。旱地浇筑钢筋混凝土基础时，应在对基底和基坑完成验收后，尽快进行钢筋的放置和绑扎。在底部放置混凝土垫块，保证钢筋混凝土净保护层厚度，同时安放桥墩或桥台钢筋的预埋部分，保证其定位准确。对钢筋根数、直径、间距、位置等进行验收，当满足设计文件和技术规范要求时，即可浇筑混凝土。

旱地浇筑钢筋混凝土基础施工的注意事项包括以下几点。

① 进行混凝土浇筑时，对于已经拌制好的混凝土，运输到现场后，若倾落高度不大，可直接倒入基坑内；若倾落高度过大，为防止发生离析，应设置串筒或溜槽，焊上减速钢梳，保证混凝土能够整体均匀地运入基坑，并用插入式振捣器振捣，使其密实结合。

② 混凝土的浇筑应分层进行，但要连续施工，应在下层混凝土开始凝结之前，将上层混凝土灌注捣实完毕。

③ 基础浇筑凝结后，应覆盖草袋、麻袋、稻草或砂子，并进行洒水养护。一般硅酸盐水泥混凝土的养护时间为 7d 以上，矿渣水泥、火山灰质水泥混凝土为 14d 以上。

（2）水下灌注混凝土基础施工。一般在排水困难时才采用水下灌注混凝土基础的施工方法。基础圬工水下灌注分为水下封底和水下直接灌注两种。其中，水下封底只起封闭渗水的作用，封底后仍要进行排水才能砌筑基础，此时混凝土只作为地基而不作为基础本身，该方法适用于板桩围堰开挖的基坑。

现代公路桥梁基础水下灌注混凝土广泛采用垂直移动导管法。水下灌注混凝土基础施工时需要注意以下几点。

① 当封底面积较大时，应按先低处后高处、先周围后中部的顺序用多根导管同时或

逐根灌注，并保持大致相同的标高，以保证混凝土充满全部基底。同时，应根据封底面积、障碍物情况、导管作用半径等因素确定导管根数及在平面上的分布。

② 对于大体积的封底混凝土，可分层分段逐次灌注。对强度要求不高的围堰封底水下混凝土，也可一次性由一端逐渐灌注到另一端。

③ 正常情况下，水下灌注混凝土仅其表面与水接触，其他部分的灌注状态与空气中灌注没有差别，从而保证了水下混凝土的质量。至于与水接触的表层混凝土，可在排水外露后予以凿除。

3.1.1.6 基坑回填

当桥梁墩台结构施工完成后，即可进行基坑回填。回填时要按照设计和规范的要求，进行分层填夯。基坑回填完成后，应进行场地清理，特别是水中基坑，要将围堰拆除干净，以扩大河床断面，保持水流畅通，从而减少水流对桥墩的冲刷。

基坑回填的注意事项包括以下几点。

(1) 基坑回填前的清理工作。将基坑内的积水排净，并清理干净里面的淤泥等杂物。回填前应在低洼处设置排水沟、集水坑，以方便排水。

(2) 基坑回填材料为石渣，要求每层30cm，进行分层回填。在扩大基础上每30cm做一个标记，以方便回填高度的控制。此外，回填石渣粒径要求小于20cm。

(3) 回填压实。若能用压路机，应尽量采用压路机进行压实；对于基坑边角部分，应采用汽油夯进行夯实。压实度要求不小于95%。

(4) 成品保护。靠近基础的部分尽量采用小粒径的回填材料，回填时要注意对承台边角的保护。

(5) 回填要求。基坑应回填至与扩大基础顶面平齐。

3.1.2 桩基础施工

当建筑物荷载较大，地基上部土层软弱，浅埋扩大基础不能满足安全、稳定与变形要求时，常采用桩基础。目前，我国公路桥梁工程中常用的是沉入桩施工和灌注桩施工。

3.1.2.1 沉入桩施工

1) 锤击沉桩施工

开锤前应检查桩锤、桩帽或送桩与桩的中心轴线是否一致。在松软土中沉桩，将桩锤放在桩顶上时，为防止下沉量过大，应先不解开钢丝绳，待安好桩锤再慢慢放长吊锤和吊桩的钢丝绳，使桩均匀缓慢地向土中沉入。同时，还要继续检查桩锤、桩帽或送桩的中心是否同桩的中心轴线一致，桩的方向有无变动，随时进行改正。经检查无误后即可进行锤击。

锤击沉桩的施工方法包括由一端向另一端顺序打、由中间向两端打、由两端向中间打和分段打桩。

由一端向另一端顺序打桩便于施工，应用较多，一般当桩数不多、间距较大、土不太密实、桩锤较重时，可采用此顺序打桩。

由中间向两端打桩可避免因中部土壤被挤紧而造成打桩困难的现象，一般在基坑较小，土质密实，桩多、间距小的情况下可采用此顺序打桩。

由两端向中间打桩可使土质越挤越紧，增加土的摩擦阻力，充分发挥摩擦桩的作用，适用于较松软的土中打摩擦桩。

分段打桩可解决后打桩不易打入的问题，且土壤挤出也比较均匀，可在基坑较大，桩数较多的情况下采用。

2）射水沉桩施工

（1）下沉空心桩时，一般用单管内射水。当桩下沉较深或土层较密实时，可用锤击或振动配合射水。下沉至要求深度仍有困难时，如在砂质土层中，可再加外射水，以减小桩周的摩阻力，加快沉桩进度。

（2）下沉实心桩时，将射水管对称安装在桩的两侧，并能沿着桩身上下自由移动，以便在任何高度上冲土。当在流水中沉桩或下沉斜桩时，应将水管固定于桩身上。

（3）射水沉桩机配合锤击沉桩具有施工快、效率高、不易打坏桩的优点，但射水沉桩不适用于承受水平推力及上拔的锚固桩或离建筑物较近的桩，也不适用于沉斜桩。

（4）射水沉桩施工时，在沉入最后阶段 1~5m 至设计标高时，应停止射水，单用锤击或振动沉入至设计深度。

（5）射水沉桩施工应尽可能用清水，以免堵塞射水嘴，输水管路应尽量减少弯曲，保证输水顺畅。为了排除管内积水，管路应不小于 0.2%的纵坡。射水沉桩施工设备主要有水泵和射水管。

（6）为了减少射水压力的损失，应尽可能将水泵设在沉桩地点附近，在河流中，可将水泵设在船上。

（7）内射水的射水管长度 L 见式(3.2)。

$$L=L_1+L_2+L_3 \tag{3.2}$$

式中，L_1为桩长，从桩尖至桩顶；L_2为射水嘴伸出桩尖外的长度，一般为 15~20cm；L_3为射水管高出桩顶以上的高度(包括弯管)。

（8）射水管的直径根据水压和水量决定。如需扩大冲刷范围，可在喷嘴管壁上设置若干小孔眼，该孔眼与喷嘴垂直轴线成 30°~45°角，孔眼直径一般为 8mm。在黏性土壤中，宜用只有一个中心孔眼的射水管。

3）振动沉桩施工

振动沉桩法具有沉桩速度快，施工操作简易安全且能辅助拔桩的优点，适用于松软的或塑态的黏质土或饱和砂类土层中，对于密实的黏性土、风化岩、砾石效果较差，基桩入土深度小于 15m 时，单用振动沉桩即可，除此情况外，宜采用射水配合振动沉桩。

（1）如果采用有桩架的振动沉桩机，则振桩机机座、桩帽应连接牢固，桩机和桩中心轴线应尽量保持在同一直线上。

（2）振动沉桩的其他要求，同锤击沉桩。

（3）用振动打桩机作振动沉桩时，多用起重机、吊振拔机，此时应注意下列几点。

① 起重机宜用滑轮机械式的起重机，不可用液压式的起重机，以防止起重机因振动

漏油，影响起重机的使用。

② 用振拔机时应将桩身吊直，如为钢板桩则应一侧入榫后再振动；如为振沉护筒，则应将护筒采用双层井字架固定，护筒必须垂直下沉，在护筒与振拔机之间应用刚性的锥式桩帽连接，连接必须牢固。在振动过程中，应经常检查连接部位的螺栓是否有松动现象，如有松动应及时拧紧。

（4）每一根沉桩工作应一气呵成，不可中途停留过久，以免桩周围土壤阻力恢复，继续下沉困难。

4）静力压桩施工

静力压桩施工现场应先平整，并根据现场条件，预先确定压桩机压桩顺序，尽量减少压桩机行走距离。压桩机的安装与拆卸应根据厂方产品说明书的规定执行。

吊装前应清理桩身，并检查桩身有无明显碰损处，以免影响夹持下压。如影响则不得使用。吊装进入压桩机夹具后，应对准桩位。开始压桩时，应以较低的压力徐徐压入，待无异常情况后，再开始正常工作。

压桩过程中，应防止一根桩压入时中断工作，以免间歇后桩阻力增大。采用接桩时应尽量缩短接桩时间，以减少压桩阻力。压桩过程中应严格控制桩身与地面的垂直度，不允许倾斜压入。如需接送桩，应保证送桩的中心轴线与桩身的中心轴线上下一致。压桩过程中，还应随时注意桩下沉有无变化，如有水平方向位移，则可能桩尖遇到障碍，当移动量较大时，应将桩拔出，清除障碍或与设计单位研究后改变位置。

5）桩的复打

“假极限”土中的桩、射水下沉的桩、有上浮的桩均应复打，桩的复打应达到最终贯入度且不大于停打贯入度。复打前“休息”天数应符合下列要求。

（1）桩穿过砂类土，桩尖位于大块碎石类土、紧密的砂类土或坚硬的黏性土，不得少于1d。

（2）在粗中砂和不饱和的粉细砂里不得少于3d。

（3）在黏性土和饱和的粉细砂里不得少于6d。

3.1.2.2 钻孔灌注桩施工

1）钻孔施工

（1）场地准备。为安装钻架，进行钻孔施工，施工前应平整场地。对于旱地，应清除杂物，平整场地；遇软土应进行处理；在浅水中，宜用筑岛法施工；在深水中，宜搭设平台，如水流平稳，钻机可设在船上，但船必须锚固稳定。

施工现场应设置桩基轴线定位点和水准点，定出每根桩的位置，并做好标志。

（2）埋设护筒。钻孔前应埋设护筒，护筒具有固定桩位、作钻孔向导、防止孔口土层坍塌、隔离孔内外表层水等作用，因此，要求护筒坚固耐用、不易变形、不漏水、能重复使用，护筒可用钢或混凝土制作，当使用旋转钻时，护筒内径应比钻头直径大20cm；使用冲击钻时，护筒内径应比钻头直径大40cm。

（3）制备泥浆。在砂类土、碎石土或黏土砂土夹层中钻孔应用泥浆护壁。泥浆宜选用优质黏土、膨润土或符合环保要求的材料制备，其性能指标可参照表3.4选用。

表 3.4 泥浆性能指标选择

钻孔方法	地层情况	泥浆性能指标							
		相对密度	黏度/(Pa·s)	含砂率/%	胶体率/%	失水率/(mL/30min)	泥皮厚/(mm/30min)	静切力/Pa	酸碱度 pH
正循环	一般地层	1.05~1.20	16~22	4~8	≥96	≤25	≤2	1.0~2.25	8~10
	易坍地层	1.20~1.45	19~28	4~8	≥96	≤15	≤2	3~5	8~10
反循环	一般地层	1.02~1.06	16~20	≤4	≥95	≤20	≤3	1~2.5	8~10
	易坍地层	1.06~1.10	18~28	≤4	≥95	≤20	≤3	1~2.5	8~10
	卵石土	1.10~1.15	20~35	≤4	≥95	≤20	≤3	1~2.5	8~10
推钻冲抓	一般地层	1.10~1.20	18~24	≤4	≥95	≤20	≤3	1~2.5	8~11
冲击	易坍地层	1.20~1.40	22~30	≤4	≥95	≤20	≤3	3~5	8~11

注：1. 地下水位高或其流速大时，指标取高限，反之取低限。
2. 地质状态较好，孔径或孔深较小的取低限，反之取高限。
3. 在不易坍塌的黏质土层中，使用推钻、冲抓、反循环回转钻进时，可用清水提高水头(≥2m)以维护孔壁。

(4) 安装钻机或钻架。钻架是钻孔、吊放钢筋笼、灌注混凝土的支架。在钻孔过程中，成孔中心必须对准桩位中心，钻机(架)必须保持平稳，不发生位移、倾斜和沉陷。钻机(架)安装就位时，应详细测量，底座应用枕木垫实塞紧，顶端应用缆风绳固定平稳，并在钻进过程中经常检查。

(5) 钻孔施工。钻孔施工时，孔内水位宜高出护筒底脚 0.5m 以上或地下水位以上 1.5~2m。钻头的起落速度应均匀，不得过猛或骤然变速。孔内出土，不得堆积在钻孔周围。且钻孔应一次成孔，不得中途停顿。钻孔达到设计深度后，应对孔位、孔径、孔深和孔形等进行检查。

2) 清孔施工

钻孔达到设计标高后，应对孔径、孔深进行检查，确认合格后即进行清孔，进行清孔的目的是清除钻渣与孔底沉淀层，以减少桩基的沉降量，提高承载能力，同时为灌注混凝土创造良好条件，确保桩基质量。

清孔施工方法包括换浆清孔法、抽浆清孔法、掏渣清孔法、喷射清孔法和砂浆置换清孔法等，应根据设计要求、钻孔方法、机具设备条件和地层情况决定。

(1) 换浆清孔法是在完成钻孔深度后，提升钻锥至距孔底钻渣面 0.1~0.3m，以大泵量泵入符合清孔后性能指标的新泥浆，维持正循环 4h 以上，直到清除孔底沉渣、减薄孔壁泥皮、泥浆性能指标符合要求为止。换浆清孔法进度较慢，适用于正循环回转钻孔，对于大直径深孔可将正循环机具迅速拆除，改用抽浆法。

(2) 抽浆清孔法是在反循环回转钻孔完成后，即停止钻具回转，将钻锥提离孔底钻渣面10~30cm，维持泥浆的反循环，并向孔中注入清水。应经常测量孔底沉渣厚度和孔中泥浆性能指标，满足要求后立即停止清孔。抽浆清孔法清孔较彻底迅速，适用于各种方法的钻孔。

(3) 掏渣清孔法是用抽渣筒、大锅锥或冲抓锥清掏孔粗钻渣，掏渣前可投入1~2袋水泥，再以冲锥冲成钻渣和水泥的混合物，提高掏渣工效。掏渣清孔法只能掏取粗粒钻渣，不能降低泥浆相对密度，只能作为初步清孔，适用于机动锥钻孔、冲抓钻孔和冲击钻孔。

(4) 喷射清孔法是在灌注水下混凝土前，对孔底进行高压射水或射风数分钟，使孔底剩余少量沉淀物漂浮后，立即灌注水下混凝土。喷射清孔法采用射水(风)的压力应比池孔底水(泥浆)压力大0.5MPa，射水(风)时间为3~5min。喷射清孔法只适宜配合换浆法或抽浆法使用。

(5) 砂浆置换清孔法是利用掏渣筒尽量清除钻渣，以高压水管插入孔底射水，降低泥浆相对密度，以活底箱在孔底灌注0.6m厚的以粉煤灰与水泥加水拌和并掺入缓凝剂的特殊砂浆，插入比孔径稍小的搅拌器，慢速旋转，将孔底残渣搅入砂浆中，吊出搅拌器，吊入钢筋骨架，灌注水下混凝土，搅入残渣的砂浆被混凝土置换后，一直被顶托在混凝土面以上而被推到桩顶后，再予以清除。砂浆置换清孔法适用于掏渣清孔后使用。

3) 钢筋笼吊放

混凝土灌注桩钢筋笼普遍刚度不足，很容易发生变形。由制作时的水平状态至安放时的垂直状态，如何能加快安放速度以避免坍孔等事故发生，防止钢筋笼变形导致孔壁坍孔，是钢筋笼吊放工作的关键性问题。钢筋笼的吊装应符合下列规定：

(1) 钢筋笼宜整体吊装入孔。需分段入孔时，上下两段应保持顺直。

(2) 应在骨架外侧设置控制保护层厚度的垫层，其间距竖向宜为2m，径向圆周不得少于4处。钢筋笼入孔后，应牢固定位。

(3) 在骨架上应设置吊环。为防止骨架起吊变形，可采取临时加固措施，入孔时拆除。

(4) 钢筋笼吊放入孔应对中、慢放，防止碰撞孔壁。下放时应随时观察孔内水位变化，发现异常应立即停放，检查原因。

4) 水下混凝土灌注

灌注水下混凝土之前，应再次检查孔内泥浆性能指标和孔底沉渣厚度，如超过规定，应进行第二次清孔，符合要求后方可灌注水下混凝土。

水下混凝土灌注多采用导管法，用于灌注水下混凝土的导管内壁应光滑圆顺，直径宜为20~30cm，节长宜为2m；导管不得漏水，使用前应试拼、试压，试压的压力宜为孔底静水压力的1.5倍；导管轴线偏差不宜超过孔深的0.5%，且不宜大于10cm；导管采用法兰盘接头宜加锥形活套；采用螺旋丝扣型接头时必须有防止松脱装置。

导管法灌注水下混凝土，应先将导管居中插入到距离孔底0.30~0.40m，导管上口接漏斗或储料斗，为隔绝混凝土与导管内水的接触，应在接口处设隔水栓。待储料斗中存备足够数量的混凝土后，放开隔水栓使储料斗中存备的混凝土连同隔水栓向孔底猛落，将导管内水挤出，混凝土沿导管下落至孔底堆积，并使导管埋在混凝土内，此后向导管连接处灌注混凝土。导管下口埋入孔内混凝土中1~1.5m深，以保证钻孔内的水不能重新流入导管。随着混凝土不断灌入，钻孔内初期灌注的混凝土及其上面的水或泥浆不断被顶托升高，相应地不断提升导管和拆除导管，直至混凝土灌注完毕。

5）后压浆施工

钻孔灌注桩后压浆施工是在已施工完成的钻孔桩桩底和柱侧进行压浆，其目的是清除桩底软弱垫层（沉渣），改善桩土界面的工况，提高单桩承载力，分为桩底压浆与桩侧压浆。

桩底压浆是指将高压水泥浆送进预埋的压浆管，并通过压浆管底部的单向阀（逆止阀）对土层产生渗入、劈裂作用向桩底一定范围的土体中注入水泥，同时还有一部分浆液从桩底沿桩土界面向上渗流扩展到桩底以上10~20m，甚至更高的范围。

桩侧压浆则是将高压水泥浆送入预先设置在钢筋笼外侧的带单向阀的加筋PVC（Polyvinyl Chloride，聚氯乙烯）管或黑铁管，根据土层、桩长情况在管上设几个压浆断面；浆液从管上的浆孔喷出，对桩周土产生挤密、渗入作用，同时顺着桩土界面向上和向下渗透，在桩土界面处形成一道水泥浆与土的胶结层，使桩与土的接触面及桩周土的摩阻得到改善和提高。

3.1.2.3 挖孔灌注桩施工

挖孔灌注桩多用人工开挖和小型爆破，配合小型机具成孔，灌注混凝土形成桩基。其特点是设备投入少，成本低，成孔后可直观检查孔内土质状况，基桩质量有可靠保证。适用于无水或极少水的较密实的各类土层，桩径不小于1.2m，孔深不宜大于15m。

1）开挖桩孔

开挖桩孔一般采用人工开挖，根据土壁保持直立的状态的能力分为若干个施工段，一般以0.8~1.2m为一个施工段，挖土过程中要随时检查桩孔尺寸和平面位置，减小误差。

挖土由人工从上到下逐段用镐、锹进行，遇坚硬土层用锤、钎破碎。同一段内挖土次序为先中间后周边。扩底部分采取先挖桩身圆柱体，再按扩底尺寸从上到下削土修成扩底形。孔深超过10m时，应经常检查孔内二氧化碳浓度，若超过0.3%应采取通风措施。孔内如用爆破施工，应采用浅眼爆破法，且在炮眼附近要加强支护，以防止震坍孔壁。桩孔较深，应采用电引爆，爆破后应通风排烟。经检查，孔内无毒后施工人员方可下孔。应根据孔内渗水情况，做好孔内排水工作。

2）护壁和支承

人工挖孔过程中，为保证施工安全，应根据地质、水文条件、材料来源等情况因地制宜选择现浇混凝土护圈和钢套管护圈等护壁和支承方法。其中，现浇混凝土护圈适用于桩孔较深，土质相对较差，出水量较大或遇流砂等情况，必要时，也可配制少量钢筋或架立钢筋网，架立钢筋网后可直接锚喷砂浆形成护圈代替现浇混凝土护圈。钢套管护圈适用于地下水丰富的强透水地层或承压水地层，可避免产生流砂和管涌现象，能确保施工安全。

对于土质松散而渗水量不大的情况，可考虑用木料作框架式支承或在木框后面作木板支承。木框架或木框架与木板间应用扒钉钉牢，木板后面用土面塞紧。对于土质尚好，渗水不大的情况也可用荆条、竹笆作护壁，随挖随护壁，以保证挖孔施工的安全进行。

3）灌注桩身混凝土

挖孔到达设计深度后，即可灌注桩身混凝土。灌注桩身混凝土前，应先清除孔壁、孔底的浮土，并进行钢筋筑架的吊装，排除孔底积水。

桩身混凝土应连续分层灌注，每层灌注高度不得超过 1.5m，用串筒或导管下料，垂直灌入桩孔，避免混凝土斜向冲击孔壁。若需要灌注水下混凝土，应参照钻孔灌注桩水下混凝土灌注施工的相关内容。

3.1.3 沉井基础施工

沉井基础是利用其自重，在地基挖掘过程中一边下沉一边接高的下口尖形的井状结构物，下沉到预定标高后，进行封底。构筑井内地板、梁、楼板、内隔墙、顶盖板等构件，最终形成一个地下建筑物或建筑物基础，它是重要的基础形式之一。在施工过程中，它可充当挡水和护壁结构物，方便施工；在施工结束后，它又充当基础，桥梁墩台建造其上。

3.1.3.1 沉井的类型与构成

1）沉井的类型

（1）按平面外形分类。按照平面外形，沉井可分为圆形沉井、矩形沉井和圆端形沉井，如图 3.4 所示。

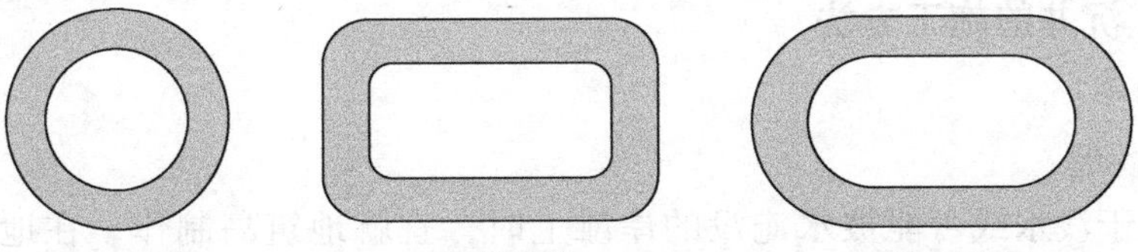

(a)圆形沉井　(b)矩形沉井　(c)圆端形沉井

图 3.4　沉井按平面外形分类示意图

① 圆形沉井：易控制下沉方向，取土方便，在水压力作用下井壁只承受环向压力。

② 矩形沉井：制造简单，基础受力有利。其四角一般做成圆角，以减小井壁的摩阻力和取土清底的困难。但其阻水面积大，易造成严重冲刷，井壁承受的挠曲弯矩较大。

③ 圆端形沉井：介于上述两者间，在控制下沉、受力状态、阻水冲刷方面较矩形沉井有利，但制造相对复杂。

（2）按仓室分布分类。当沉井平面尺寸较大时，往往根据井壁侧向承受的弯矩、施工要求及上部结构的需要，在沉井中设置隔墙，将沉井平面分成多格，沉井内部空间被分成多个仓室。

按照仓室的分布，沉井可分为圆形单仓沉井和矩形三仓沉井，如图 3.5 所示。

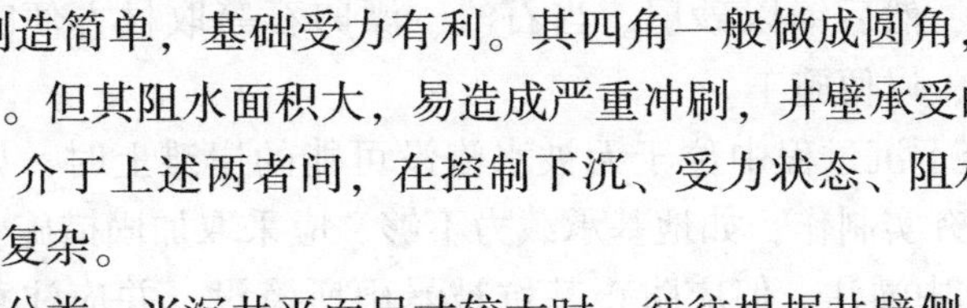

(a)圆形单仓沉井　(b)矩形三仓沉井

图 3.5　沉井按仓室分布分类

2）沉井的构成

通常情况下，沉井结构由井壁、刃脚、隔墙、射水管、封底和盖板构成。

（1）井壁：井壁是沉井的主体部分。在沉井下沉过程中，井壁具有挡土、挡水的作用，同时是沉井下沉入岩时自重荷载的主体部分；当沉井下沉到位后，井壁是将上部荷载向地基传递的主体部分。因此，井壁必须具有足够的强度和一定的厚度。

（2）刃脚：井壁最下端首先入岩的楔状部分称为刃脚。刃脚的作用是通过缩小沉井的下切面增大刃脚下切强度，使沉井更易切入土体。刃脚底部的宽度一般为 0.1~0.2m，软土可适当放宽。当下沉深度大且土质较硬时，刃脚底面应采用型钢或槽钢加固，以防刃脚破坏。

（3）隔墙：当沉井平面尺寸较大时，应在沉井内设置隔墙，将沉井分隔成多个仓室，以加强沉井的刚度，减小井壁的挠曲。应注意的是，在进行隔墙设计时，应使隔墙底面标高高于刃脚底面标高。

（4）射水管：当沉井下沉尺度大、穿越的土层土质较好时，其在下沉过程中有可能遇到困难。此时应预先在井壁中埋置射水管，借助射水的帮助提高沉井下沉的速率。

（5）封底和盖板：当沉井下沉至设计标高且清基完成后，应浇筑封底混凝土以阻止渗水。若沉井中无填料，应在沉井顶部设置盖板，从而起到上下连接的作用。

3.1.3.2　沉井的施工方法

1）沉井制作

（1）平整场地。

① 沉井位于浅水或可能被水淹没的岸滩上时，宜就地筑岛制作。在地下水位较低的岸滩，若土质较好时，可开挖基坑制作沉井。

② 在岸滩上或筑岛制作沉井，要先将场地平整夯实，以免在灌注沉井过程中和拆除支垫时，发生不均匀沉陷。若场地土质松软，应加铺一层 30~50cm 厚的砂层，必要时，应挖去原有松软土层，然后铺以砂层。当石渣、漂卵石等取材方便时，常不挖除松软土壤，可直接回填夯实，以便施工。

③ 沉井在制作至下沉过程中位于无被水淹没可能的岸滩上时，如地基承载力满足设计要求，可就地整平夯实制作；如地基承载力不够，应采取加固措施。

④ 沉井可在基坑中灌注，但应防止基坑被暴雨所淹没。并应注意观察洪水，做好防洪措施。在总的进度安排中，应抓住枯水期的有利季节。

⑤ 运输线路，风、水管路，电力线的铺设以及混凝土厂起吊设备的布置等，均应事先详细计划，妥善安设，以免干扰沉井施工作业。

（2）沉井分节。沉井分节制作的高度，应能保证其稳定性，又有适当重力便于顺利下沉。底节沉井的最小高度，应能抵抗拆除垫木或挖除土模时的竖向挠曲强度，当上述条件许可时，应尽可能高些，一般每节高度不宜小于 3m。

（3）铺设承垫木。铺设承垫木时，应用水平尺进行找平，要使刃脚在同一水平面上，承垫木下应用 0.3~0.5m 厚的砂垫层填实，高差不应大于 3cm；相邻两块承垫木高差不应大于 0.5cm。

承垫木顶面应与刃脚底面紧贴，使沉井重力均匀分布于各垫木上。承垫木可单根或几根编成一组铺设，但组与组之间最少需留有 0.2～0.3m 的空隙，以便能顺利地将承垫木抽出。

为便于抽除刃脚的承垫木，还需设置一定数量的定位垫木，使沉井最后有对称的着力点。确定定位垫木位置时，以沉井井壁在抽除承垫木时，所产生的跨中与支点的正负弯矩的绝对值相接近为原则。对于圆形沉井的定位垫木，一般对称设置在互成 90°的四个支点上。方形沉井的定位垫木在 4 个角上。矩形沉井的定位垫木，一般设置在两长边，每边设 2 个。

(4) 模板及其拆除。为了加快施工进度，目前现场已采用整体拼装式井孔模板。采用钢制模板，具有强度大、周转次数多等优点。

沉井的非承重的侧模在混凝土强度达到设计强度的 50%时便可拆除；刃脚下的侧模，在混凝土强度达到设计强度的 75%时方可拆除。当混凝土强度达设计强度的 100%时，沉井方可下沉。

(5) 施工缝处理。当沉井结构较高时，必须设置施工缝，并应妥善处理，以防发生隐患，沉井井壁的水平施工缝，不得留在底板凹槽或凸榫或沟、洞处，距离应不小于 20～30cm。同时，沉井井壁及框架均不宜设置竖向施工缝。

施工缝有平缝、凸或凹式施工缝和钢板止水施工缝。

(6) 沉井制作方法。沉井制作一般有旱地制作、人工筑岛制作和在基坑中制作三种方法，一般可根据不同情况采用，使用较多的是在基坑中制作，下文重点对这个方法进行介绍。

在基坑中制作沉井，基坑应比沉井宽 2～3m，四周设排水沟、集水井，使地下水位降至比基坑底面低 0.5m，挖出的土方在周围筑堤挡水，要求护堤宽不少于 2m。

在基坑中制作沉井的关键工艺主要有以下方面。

① 模板支设。井壁模板采用钢组合式定型模板或木定型模板组装而成。采用木模时，外模朝混凝土的一面应刨光，内外模均采取竖向分节支设，每节高 1.5～2.0m，用 ϕ12mm～ϕ16mm 对拉螺栓拉槽钢圈固定。对于有抗渗要求的沉井，应在螺栓中间设止水板。第一节沉井井筒壁应在设计尺寸周边加大 10～15mm，第二节相应缩小一些，以减少下沉摩阻力。对于大型沉井，可采用滑模方法制作。

② 钢筋安装。沉井钢筋可用吊车进行垂直吊装就位，用人工绑扎，或在沉井预先绑扎钢筋骨架或网片，用吊车进行大块安装。对于竖筋可一次绑好，而水平筋则应采用分段绑扎，与前一节井壁连接处伸出的插筋采用焊接连接方法，接头错开 1/4。沉井内壁隔墙可与井壁同时浇筑，也可以在井壁与内壁隔墙连接部位预留插筋，待下沉完毕后，再进行隔墙施工。

③ 混凝土浇筑。沉井混凝土浇筑时，应沿沉井周围搭设脚手架平台，混凝土应沿着井壁四周对称进行浇筑，以避免混凝土面高低悬殊、压力不均产生基底不均匀沉陷，致使沉井混凝土开裂。每节沉井的混凝土应分层、均匀灌注，一次连续灌完。每层厚度不应超过表 3.5 的规定。混凝土灌筑厚度计算如式(3.3)所示。

表 3.5 混凝土灌筑厚度 H 值表

序号	项目	厚度 H 应小于
1	使用插入式振捣器	振捣器作用部分的 1.25 倍
2	人工振捣	15~25cm
3	从灌注一层的时间不应超过水泥初凝时间 t 考虑	$H \leqslant Qt/A$

$$H \leqslant Qt/A \tag{3.3}$$

式中，Q 为每小时混凝土灌注量，m^3/h；t 为水泥初凝时间，h；A 为灌注面积，m^2。

④ 混凝土养护。一般情况下，混凝土灌注完成 10~12h 后，即应进行遮盖洒水养护。但在炎热天气，混凝土灌注 1~2h 后，即应进行遮盖洒水养护，以防烈日直接暴晒。洒水时应掌握好水量，防止筑岛土流失坍塌，造成沉井混凝土开裂。

当日间最低气温低于-3℃或室外平均气温低于+5℃时即应按冬期施工措施进行混凝土浇筑与养护。第一节混凝土强度必须达到 100%设计强度，其余各节达到 70%后，方可停止保暖养护。

当混凝土强度达 2.5MPa 左右，即可在顶面凿毛，以便顶部再接混凝土时，增加其接缝强度。

⑤ 模板拆除。混凝土强度达到 25%时可拆除侧模，混凝土强度达 75%时方可拆除刃脚模板。拆除模板按以下要求进行：

a. 拆除隔墙及刃脚下支撑时，应对称依次进行，一般宜从隔墙中部向两边拆除。

b. 拆除时先挖去垫木下的砂，抽出支撑排架下的垫木，或当支撑排架顶面(或底面)设置有楔形木时，可打掉楔木，再拆除支撑。

c. 拆模后，下沉抽垫木前，仍应将刃脚下回填密实，以防止不均匀沉陷，保证正位下沉，这对后期下沉的过程非常重要。

2）沉井下沉

（1）排水开挖下沉。在渗水量小、土质稳定的地层中宜采用排水开挖下沉，排水开挖下沉常用人工或风动工具，或在井内用小型反铲挖土机，在地面用抓斗挖土机分层开挖。排水开挖下沉施工时，挖土方法视土质情况而定。

对于一般土层，应从中间开始逐渐挖向四周，每层挖土层 0.4~0.5m，在刃脚处留 1~1.5m 台阶，然后沿沉井井壁每 2~3m 一段，向刃脚方向逐层全面、对称、均匀地开挖土层，每次挖去 5~10cm，当土层经不住刃脚的挤压而破裂，沉井便在自重作用下均匀破土下沉。

对于坚硬土层，当刃脚内侧土台挖平后仍下沉很少或不下沉，可从中部向下挖深约 40~50cm，并继续向四周均匀扩挖，使沉井平稳下沉，当土垄挖至沉井仍不下沉或下沉不平稳则须按平面布置分段的次序逐段对称地将刃脚下挖空，并挖出刃脚外壁的 10cm，每段挖完用小卵石填塞夯实，待全部挖空回填后，再分层去掉回填的小卵石，可使沉井均匀减少承压而平衡下沉。

对于岩层，应先挖去风化或软质岩层，一般采用风镐或风铲即可，如需采用爆破方法除土下沉时要经有关部门批准，并严格控制药量。较硬的岩层可通过打眼爆破进行开挖，开挖时，可用斜炮眼，斜度大致与刃脚内侧平面平行，伸出刃脚约15~20cm，使开挖宽度超过刃脚5~10cm，开挖深度宜为40cm左右。采用松动方式进行爆破，炮孔深度1.3m，以1m×1m梅花形交错排列，使炮孔伸出刃脚口外15~30cm，以使开挖宽度可超出刃脚口5~10cm，下沉时，顺刃脚分段顺序，每次挖1m宽即进行回填，如此逐段进行，至全部回填后，再去除土堆，使沉井平稳下沉。

(2) 不排水开挖下沉。不排水开挖下沉适用于大量涌水、翻砂、土质不稳定的土层，不排水开挖下沉常采用抓斗挖土法和水枪冲土法进行开挖。

采用抓斗挖土法时，需用吊车吊住抓斗挖掘井底中央部分的土，逐渐使井底形成锅底状。对于砂或砾石类土层，一般当锅底比刃脚低1~1.5m时，沉井即可靠自重下沉，刃脚下的土即被挤向中央锅底，若使沉井即刻继续下沉则只需从井孔继续进行抓土。在黏质土或紧密土中刃脚下的土不易向中央坍塌，则应配以射水管松土。多井孔的沉井，最好每个井孔配置一套抓土设备，可同时均匀挖土，并减少抓斗倒孔时间，否则应逐孔轮流抓土，使沉井均匀下沉。

采用水枪冲土法时，水枪冲土系统主要包括高压水泵、供水管路、水枪等。高压水沿供水管路输送到水枪，在水枪喷嘴处形成一股高速射流，冲击工作面土层，并破坏其结构，形成混渣浆，同时，由空气吸泥机将泥渣浆排到地面，以完成沉井挖土任务。施工时，应使高压水枪冲入井底的泥浆量和渗入的水量与水力吸泥机吸出的泥浆量保持平衡。

射水下沉是抓斗挖土和水枪冲土两种方法的辅助方法，一般需辅以高压射水松动及冲散土层以便抓吸土。施工时，需用预先设在沉井外壁的水枪，借助高压水冲刷土层，使沉井下沉。

(3) 泥浆润滑下沉。泥浆润滑下沉沉井的方法，是在沉井外壁周围与土层间设置泥浆隔离层，以减少土壤与井壁的摩阻力使沉井下沉。

3) 沉井接高

当底节沉井顶面下沉至离土面较近时，其上可接筑第二节沉井。沉井接高应符合下列规定。

(1) 沉井接高前应调平。接高时应停止除土作业。

(2) 接高时，井顶露出水面不得小于150cm，露出地面不得小于50cm。

(3) 接高时应均匀加载，可在刃脚下回填或支垫，防止沉井在接高加载时突然下沉或倾斜。

(4) 接高时应清理混凝土界面，并用水湿润。

(5) 接高后的各节沉井中轴线应一致。

4) 沉井封底

待井体下沉至设计标高，且经沉降观测在8h内如果累计下沉量不超过10mm，表示井体下沉稳定，方可进行封底施工。

施工时在沉井中心设置渗井一个，先将沉井内土体整理成锅底形，自刃脚向中心开挖放射形排水沟并填以石子形成滤水暗沟，中心渗井深度为1~2m，插入直径0.6~0.8m周围有孔的钢套管，并在四周填满卵石，使井底的水都汇集到集水井中，再用水泵抽出，使地下水位始终保持在井底以下30~50cm。刃脚处混凝土在浇筑前应先凿毛并洗刷干净，然后浇筑毛石混凝土。待混凝土强度达到30%后铺设底板钢筋，浇筑混凝土并振捣密实。养护期间在封底的集水井中应不断抽水，待底板混凝土达到设计强度70%后，立即向滤水井管中灌入C30早强干硬性混凝土并振实，并装上法兰，再在上面浇筑一层混凝土，使之与底板平齐。如地下水较少或无地下水时可一次性浇筑底板混凝土。下沉结束后井体允许偏差应满足表3.6的要求。

表3.6 井体下沉允许偏差

检查项目	允许偏差/mm
刃脚平均标高	100
沉井水平位移	$<H/100$；下沉深度<10m时，100
刃脚底面四角的任何两角高差	小于两角间水平距离的1%，300；两角间水平距离<10m时，刃脚底面高差允许100

注：表中H为井体高度。

3.1.4 地下连续墙基础施工

采用专用的挖槽孔机械，在泥浆护壁条件下，沿深基础或地下构筑物周边开挖出具有一定深度的槽孔，然后在槽孔内放入钢筋骨架，采用导管法浇筑混凝土，形成一个单元墙段或桩柱段，再以某种接头方式连成一道连续的地下钢筋混凝土墙，即地下连续墙基础。

地下连续墙基础可作为挡水围堰、地下挡墙、承受竖向和侧向荷载的桥梁基础，起到截水、防渗、挡土、承重等作用，适用于除岩溶地段和地下承压水较高地段外的其他各类土层。

3.1.4.1 构筑导墙

地下连续墙基础的施工平台应坚固、平整，适合于重型设备和运输车辆行走，平面尺寸及高度应满足施工要求。采用泥浆护壁挖槽孔的地下连续墙应先构筑导墙。导墙是在地下墙挖槽前沿两侧构筑的临时结构，可以明确挖槽位置，对挖槽起到导向作用，还可作为地下连续墙的地面标志。导墙不仅可以防止地面污水流入槽内，而且还能维持槽内液面稳定。

导墙的材料、平面位置、形式、墙体厚度、埋置深度、顶面高程等应符合设计要求，当设计未要求时，应符合下列规定。

（1）导墙应采用钢筋混凝土浇筑，混凝土强度等级不宜低于C20。

（2）导墙的平面轴线应与地下连续墙的轴线平行，两导墙的内侧间距应比地下连续墙的墙体厚度大40~60mm。导墙应每隔1~1.5m设置一道支撑。

（3）根据土质情况不同，导墙可采用板墙形、匚(fāng)形或倒L形，导墙的墙体厚度应满足施工需要。

（4）导墙底端埋入土内的深度应大于1m，基底土层应夯实，若地基土质较松散或较软弱，构筑导墙前应采取加固措施。

（5）导墙顶面高程应高出地面，若地下水位较高，导墙顶面高程应高于稳定后的地下水位 1.5m 以上。

3.1.4.2 地下连续墙槽孔施工

地下连续墙槽孔施工应根据水文、地质情况和施工条件选用能满足成槽或成孔要求的机具与设备，必要时可选用多种设备组合施工。

1）槽孔开挖

地下槽孔开挖应分段施工，施工前应按照已划分的单元槽段决定各段开挖的先后次序，且相邻槽孔之间应留有足够的安全距离。槽孔开挖施工应连续进行，直至完成单元槽段。单元槽段是地下墙在延长方向上一次浇筑混凝土的长度，并不得小于挖槽机械的挖槽装置长度。单元槽段之间为施工缝。

槽孔开挖常用的方法有钻劈法、钻孔法、抓取法和铣削法等，各种挖槽方法的施工要求如下。

（1）采用钻劈法开挖槽孔时，钻头直径应满足墙厚的设计要求，且开孔钻头的直径应大于终孔钻头的直径；副孔长度应合理选择，应在主孔终孔后再劈打副孔。

（2）采用钻孔法开挖槽孔时，应先采用钻机钻进主孔，再采用抓斗抓取副孔。采用两钻一抓法时，主孔的中心距不宜大于抓斗的开度。

（3）采用抓取法和铣削法开挖槽孔时，主孔长度应等于抓斗开度和一次铣削长度，副孔长度宜为主孔长度的1/3~1/2。当采用铣削法时，应根据槽孔的深度、倾斜度及先期地下连续墙混凝土的强度，确定先期铣削墙段的长度和铣削接头的施工时间，且应对先期铣削墙段铣削后的端部混凝土进行清理。开挖槽孔时应随时测量接缝处端孔的倾斜度，并进行控制，接缝位置应准确，并应将其标记在导墙上。

成槽机械开挖到一定深度后，应立即输入调制好的泥浆，并保持槽内的泥浆面不低于导墙顶面 300mm。开挖的槽壁及接头处应保持竖直，倾斜度不应大于 0.5%，接头处相邻两槽段的挖槽中心线在任意深度的偏差值均不得大于墙厚的1/3。槽底高程不得高于墙底的设计高程。

挖槽过程中应对槽壁变形、槽孔垂直度、泥浆面高度等进行观测，若发生槽壁坍塌或槽孔垂直度超过允许偏差，应及时将机械设备提出，查明原因，并妥善处理。

槽段开挖达到槽底设计高程后，应对成槽质量进行检验，合格后方可进行下一工序。挖槽施工应做好施工记录，并应妥善处理废弃泥浆及钻渣，防止环境污染。

2）槽孔清底

槽孔挖至设计高程后，应及时检查槽段的平面位置、槽深、横截面和垂直度。当槽壁倾斜或弯曲、槽宽超过允许偏差时，应进行修槽工作，修槽后应对槽段接头处进行清理，符合设计要求后方可进行清底。槽孔清底应在安放接头装置之前进行，清底工作包括清除槽底泥渣沉淀和置换槽内泥浆。

槽孔清底的施工方法应根据槽孔的形状、尺寸、施工环境及设备条件等确定。当采用正循环法成槽时，将钻头提离槽底 200mm 左右进行空转，中速压入相对密度为 1.05~1.15 的稀泥浆，把槽内悬浮渣及稠泥浆置换出来；当采用自成泥浆成槽时，终槽后使钻头空转而不进尺，然后进行射水，待排出泥浆的相对密度降到 1.1 左右时即为合格。

清理槽底和置换泥浆工作结束1h后，槽底以上200mm处的泥浆相对密度应不大于1.15，槽底沉淀物的厚度应符合设计要求。

3）安放接头

施工接头是指浇筑地下连续墙时两相邻单元墙段的纵向连接接头。接头处理应符合设计要求，接头处应能承受混凝土灌注时的侧压力，且不能产生位移。安放接头时应紧靠槽端，垂直缓慢下放，不能碰撞槽壁和强行入槽。

工程中应用较多的接头有管式接头、箱式接头和隔板式接头等。接头的结构形式应符合设计要求，安放接头时应符合下列规定。

（1）管式接头的安放应在单元槽段开挖与清底完成后进行。将钢制接头管竖直起吊放入槽内，紧靠单元槽段两端，接头管的底端应插入到槽底以下100~150mm处，管长应略大于地下连续墙的设计值。接头管可分节置于管内，并用销子连接固定，管外应平顺无凸出物，管外径应比墙厚小50mm。水下混凝土灌注时，应经常转动并少量提升接头管，待混凝土初凝后将接头管拔出，拔管时不得损坏接头处的混凝土。

（2）箱式和隔板式接头安放时，吊放的钢筋骨架一端应带有堵头钢板，并使堵头钢板向外伸出的水平钢筋插入接头箱管中。水下混凝土灌注时，应使混凝土不流入接头箱管内；混凝土初凝后，应逐步吊出接头箱管，并使先灌节段的外伸钢筋伸入邻段混凝土中。

（3）当地下连续墙与桥梁承台或墩柱连接时，结构接头的施工应根据设计要求在连接处埋设连接钢筋，预埋的连接钢筋应与后浇的桥梁承台或墩柱上的主筋可靠连接。

4）吊放钢筋骨架

钢筋骨架吊放入槽前，应对挖槽进行全面检查，确认符合质量标准后，方可进行吊装。地下连续墙钢筋骨架的制作和吊放除应符合钢筋工程施工的相关规定外，还应符合下列规定。

（1）钢筋骨架应根据设计要求和单元槽段的长度划分进行制作，并应在胎架上装配成型。骨架主筋的接长应采用机械连接，骨架中间应留出上下贯通的导管位置。

（2）吊放钢筋骨架时，应使其中心与单元槽段中心对准，下降过程中不能发生摆动，钢筋骨架应保持竖直且不变形，顺利下降并插入槽内。

（3）全部钢筋骨架入槽后，将其固定在导墙上，并使骨架顶端高程符合设计要求。

（4）若钢筋骨架不能顺利插入槽内，应先将其吊起，查明原因并采取有效措施后，再重新放入，不得强行压入槽内。

5）浇筑混凝土

地下连续墙防水混凝土浇筑是在泥浆下进行的，多采用导管法，即沿槽孔长度方向设置数根垂直导管，从地面向数根导管内同时灌入搅拌好的混凝土，混凝土从导管底口排出后自动摊开，并从槽孔底部逐渐上升，不断把泥浆顶出槽孔，直至槽孔内灌满混凝土。

由于混凝土要通过较长的导管灌入孔底，所以必须防止导管堵塞，要求混凝土拌和料具有足够大的流动性，并达到设计强度，以满足抗渗要求。由于槽孔内混凝土是利用混凝土与泥浆的密度差进行浇筑的，因此必须保证两者密度相差1.1倍以上。

单元槽段长度小于4m时，可采用1根导管灌注；单元槽段长度超过4m时，可采用2

或3根导管同时灌注。采用多根导管灌注时，导管间净距不应大于3m，导管距离节段端部不应大于1.5m；各导管灌注的混凝土表面高度差不应大于0.3m；导管内径不应小于200mm。

3.1.4.3 地下连续墙开挖施工

1）地下连续墙开挖

在施工质量良好的情况下，地下连续墙应与沉井一起构成一个封闭的井筒，井壁没有淋水，井内没有涌水。因此，可在良好的工作条件下进行开挖。

地下连续墙开挖时，防水混凝土必须达到设计强度。当存在质量问题且地层不稳定时，需要进行补强，待补强混凝土达到设计强度后才能进行开挖。若地下连续墙能深入到不透水基岩层中，则开挖时可不采取排水措施；若透水层太厚，地下墙不能深入到不透水基岩层，则开挖时需要采取措施降低地下水位。开挖时不能将地下连续墙底部全部挖空，应留有足够厚度的基岩承托，防止地下墙出现涌水或地下墙加上套壁后下沉。

2）地下连续墙内衬墙

由于技术与施工的原因，在泥浆下浇筑混凝土很难保证质量，混凝土的强度和抗渗性能都难以达到设计要求，并且为了便于装修和安装设备，一般需要在地下墙上再构筑内衬墙。地下墙与内衬墙之间应铺满膨润土防水板，使其达到永久防水的目的。

内衬墙一般采用整体现浇防水混凝土，也可采用其他内衬套。构筑内衬墙时，应铲除表面泥皮，并将其冲刷干净，然后再进行内衬墙壁施工。若地下连续墙仅作为穿过流砂层的防护措施，则内衬墙为永久承重墙，其内表面可不必冲刷。

3）地下连续墙补强

在开挖过程中，若发现涌水或涌砂的孔洞，则应在地下墙补强后再进行开挖施工；若开挖至一定深度后发生涌砂事故，则应立即将井筒内灌满水，使井筒内的水位高于地下水位，以平衡井内外压差，防止继续涌砂，然后再进行补强处理。

地下墙出现孔洞时的补强方法包括以下几个步骤。

（1）先测定孔洞与地表对应的位置。

（2）再测定孔洞距离地表的深度和孔洞的大小。

（3）在地下墙事故处的外壁上钻凿一段槽孔，其深度应大于孔洞深度3m，宽度应大于孔洞内径1.5m，混凝土的浇筑高度应高于洞顶2m，并提高混凝土的强度等级。在补强的槽孔内灌注混凝土后，其上部要做好回填。

3.1.4.4 桩排式地下连续墙施工

桩排式地下连续墙是将灌注桩或预制混凝土桩并排连续组合起来建造的地下墙，主要用于临时性结构物。例如，在开挖软土地基时，可用作挡土墙、截水防渗墙和保护邻近建筑物基础的外围防护墙等。

桩排式地下连续墙的施工方法可根据钻孔灌注桩施工的相关规范进行。采用压力注浆法对桩排间的土层进行加固和防渗处理时，其施工方法可根据扩大基础施工的相关规范进行。

桩排式地下连续墙根据成墙墙体不同，可分为灌注桩式和预制桩式两种。

灌注桩式连续墙施工时，若采用机械钻孔，成孔后应向孔内插入钢筋，用导管灌注混凝土；若采用螺旋钻挖孔，挖至设计深度后，提升钻杆的同时应从钻杆底端注入水泥砂浆，然后插入钢筋或 H 型钢；若采用特殊钻头，需要将钻头安装在空心钻杆的底端，一边从底端注入砂浆，一边旋转钻杆向深处钻进，提升钻杆的同时要重复该动作，最后插入钢筋。

预制桩式连续墙施工时，其成槽工艺可按照现浇地下墙防水施工要求进行，考虑到安插预制墙板的需要，挖槽宽度应比墙体设计宽度增加 100~150mm。

3.2 桥梁墩台施工

3.2.1 混凝土墩台、石砌墩台与墩台顶帽施工

3.2.1.1 混凝土墩台施工

混凝土墩台一般选择就地浇筑施工方法，具体施工要点如下。

1）墩台模板

模板一般用木材、钢料或其他符合设计要求的材料制成。木模重量轻，便于加工成结构物所需要的尺寸和形状，但装拆时易损坏，重复使用次数少。对于大量或定形的混凝土结构物，则多采用钢模板。钢模板的造价较高，但可重复多次使用，且拼装拆卸方便。

模板安装前应对模板尺寸进行检查；安装时要坚实牢固，以免振捣混凝土时引起跑模漏浆；安装位置要符合结构设计要求。有关模板制作与安装的允许偏差见表 3.7 和表 3.8。

表 3.7 模板制作的允许偏差(一)

项次	项目		允许偏差/mm
木模板	模板的长度和宽度		±5.0
	不刨光模板相邻两板表面高低差		3.0
	刨光模板相邻两板表面高低差		1.0
	平板模板表面最大的局部不平（用 2m 直尺检查）	刨光模板	3.0
		不刨光模板	5.0
	拼合板中木板间的缝隙宽度		2.0
	榫槽嵌接紧密度		2.0
钢模板	外形尺寸	长和宽	0，−1
		肋高	±5.0
	面板端偏斜		≤0.5
	连接配件(螺栓、卡子等)的孔眼位置	孔中心与面板的间距	±0.3
		板端孔中心与面板的间距	0，−0.5
		沿板长、宽方向的孔	±0.6
	板眼局部不平(用 300mm 长平尺检查)		1.0
	板面和板侧挠度		±1.0

表 3.8 模板制作的允许偏差(二)

项次	项目		允许偏差/mm
一	模板高程	基础	±15
		墩台	±10
二	模板内部尺寸	基础	±30
		墩台	±20
三	轴线偏位	基础	±15
		墩台	±10
四	装配式构件支承面的高程		+2，-5
五	模板相邻两板表面高低差		2
	模板表面平整度(用 2m 直尺检查)		5
六	预埋件中心线位置		3
	预留孔洞中心线位置		10
	预留孔洞截面内部尺寸		+10，0

2）混凝土浇筑施工要求

(1) 混凝土的运送。混凝土的水平和垂直运输需要相互配合，具体的配合方式与适用条件见表 3.9。如混凝土的数量大，浇筑振捣速度快时，可采用混凝土的皮带运输机或混凝土的输送泵。其中皮带运输机速度应不大于 1.0~1.2m/s。

表 3.9 混凝土运输相互配合方式及适用条件

水平运输	垂直运输	适用条件		附注
人力混凝土手推车、内燃翻斗车、轻便人力推运翻斗车、混凝土吊车	手推车	中、小桥梁，水平运距较近	H<10m	搭设脚手平台，铺设坡道，用卷扬机拖拉手推车上平台
	轨道爬坡翻斗车		H<10m	搭设脚手平台，铺设坡道，用卷扬机拖拉手推车上平台
	皮带输送车		H<10m	倾角不宜超过 15°，速度不宜超过 1.2m/s；高度不足时，可用两台串联使用
	履带(或轮胎)起重机起吊高度约 20m		10m<H<20m	用吊斗输送混凝土
	木制或钢制扒杆		10m<H<20m	用吊斗输送混凝土
	墩外井架提升		H>20m	在井架上安装扒杆提升吊斗
	墩内井架提升		H>20m	适用于空心桥墩
	无井架提升		H>20m	适用于滑动模板

续表

水平运输	垂直运输	适用条件		附注
轨道牵引输送混凝土车、翻斗车或混凝土吊斗汽车倾卸车、汽车运送混凝土吊斗、内燃翻斗车	履带(或轮胎)起重机起吊高度约 30m	大、中桥梁，水平运距较远	$20m<H<30m$	用吊斗输送混凝土
	塔式吊机		$20m<H<50m$	用吊斗输送混凝土
	墩外井架提升		$H<50m$	井架可用万能杆件组装
	墩内井架提升		$H>50m$	适用于空心桥墩
	无井架提升		$H>50m$	适用于滑动模板
索道吊机		$H>50m$		—
混凝土输送泵		$H<50m$		可用于大体积实心墩台

注：表中 H 为墩高。

(2) 混凝土的灌注速度。为保证灌注质量，混凝土的配制、运送及灌注的速度采用式(3.4)计算。

$$V=Sh/t \tag{3.4}$$

式中，V 为混凝土配料、输送及灌注容许的最小速度，m/h；S 为灌注的面积，m^2；h 为灌注层的厚度，m；t 为所用水泥的初凝时间，h。

如混凝土的配制、运送及灌注需较长的时间，则采用式(3.5)计算。

$$V\geqslant Sh/(t-t_0) \tag{3.5}$$

式中，t_0 为混凝土的配制、运送及灌注所消耗的时间，h。其余符号意义同前。

混凝土灌注层的厚度 h，可根据使用的捣固方法，按规定数值采用。

墩台是大体积圬工，为避免水化热过高，导致混凝土因内外温差引起裂缝，可采取如下措施。

① 用改善集料级配、降低水灰比、掺加混合材料与外加剂、掺入片石等方法减少水泥用量。采用 C_3A(铝酸三钙)、C_3S(硅酸三钙)含量小、水化热低的水泥，如大坝水泥、矿渣水泥、粉煤灰水泥、低强度水泥等。

② 减少浇筑层厚度，加快混凝土散热速度。混凝土用料应避免日光暴晒，以降低初始温度。在混凝土内埋设冷却管通水冷却。

当浇筑的平面面积过大，不能在前层混凝土初凝或能重塑前浇筑完成次层混凝土时，为保证结构的整体性，宜分块浇筑。分块时应注意：各分块面积不得小于 $50m^2$；每块高度不宜超过 2m；块与块间的竖向接缝面应与墩台身或基础平截面短边平行，与平截面长边垂直；上下邻层间的竖向接缝应错开位置做成企口，并应按施工接缝处理。混凝土中填放片石时应符合有关规定。

(3) 混凝土浇筑。为防止墩台基础第一层混凝土中的水分被基底吸收或基底水分渗入混凝土，对墩台基底处理除应符合天然地基的有关规定外，还应满足以下要求。

① 基底为非黏性土或干土时，应将其湿润。如为过湿土时，应在基底设计高程下夯填一层 10~15cm 厚片石或碎(卵)石层。

② 基底面为岩石时，应加以润湿，铺一层厚 2~3cm 水泥砂浆，然后于水泥砂浆凝结

前浇筑第一层混凝土。

墩台身钢筋的绑扎应和混凝土的灌注配合进行。在配置第一层垂直钢筋时，应有不同的长度，同一断面的钢筋接头应符合施工规范的规定，水平钢筋的接头，也应内外、上下互相错开。钢筋保护层的净厚度，应符合设计要求。如无设计要求，则可取墩台身受力钢筋的净保护层不小于30mm，承台基础受力钢筋的净保护层不小于35mm。墩台身混凝土宜一次连续灌注，否则应按桥涵施工规范的要求，处理好连接缝。墩台身混凝土未达到终凝前，不得泡水。

3.2.1.2 石砌墩台施工

1）石料、砂浆与脚手架

石砌墩台是用片石、块石及粗料石以水泥砂浆砌筑的，石料与砂浆的规格要符合有关的规定。

2）墩台砌筑施工要点

砌筑方法：同一层石料及水平灰缝的厚度要均匀一致，每层按水平砌筑，丁顺相间，砌石灰缝互相垂直，灰缝宽度和错缝见表3.10。砌石顺序为先角石，再镶面，后填腹。填腹时的分层厚度应与镶面相同。圆端、尖端及转角形砌体的砌石顺序，应自顶点开始，按丁顺排列接砌镶面石。砌筑图如图3.6、图3.7所示，圆端形桥墩的圆端顶点不得有垂直灰缝，砌石应从顶端开始先砌石块(见图3.6)，然后应丁顺相间排列，安砌四周镶面石；尖端桥墩的尖端及转角处不得有垂直灰缝，砌石应从两端开始，先砌石块(见图3.7)，再砌侧面转角，然后丁顺相间排列，安砌四周的镶面石。

表3.10 浆砌镶面石灰缝规定

种类	灰缝宽/cm	错缝(层间或行间)/cm	3块石料相接处空隙/cm	砌筑行列高度/cm
粗料石	1.5~2	≥10	1.5~2	每层石料厚度一致
半细料石	1~1.5	≥10	1~1.5	每层石料厚度一致
细料石	0.8~1	≥10	0.8~1	每层石料厚度一致

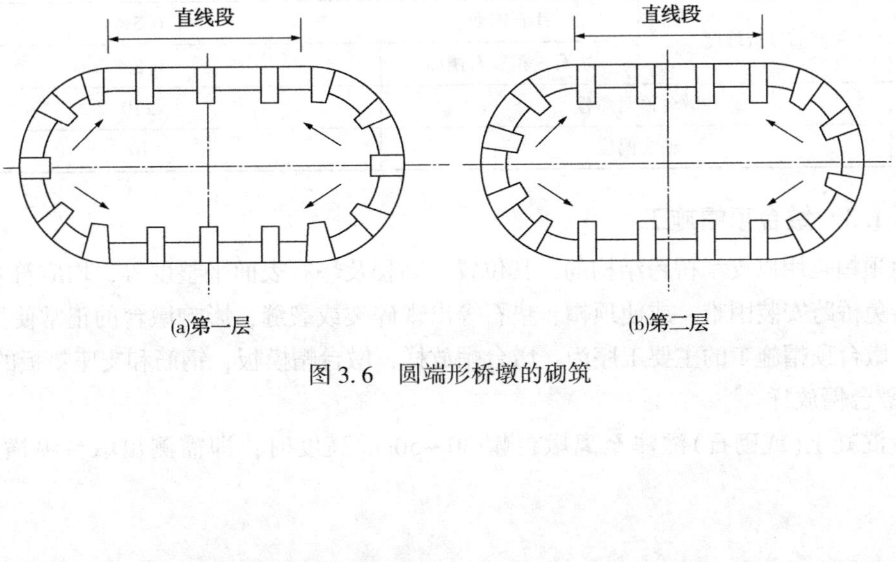

(a)第一层 (b)第二层

图3.6 圆端形桥墩的砌筑

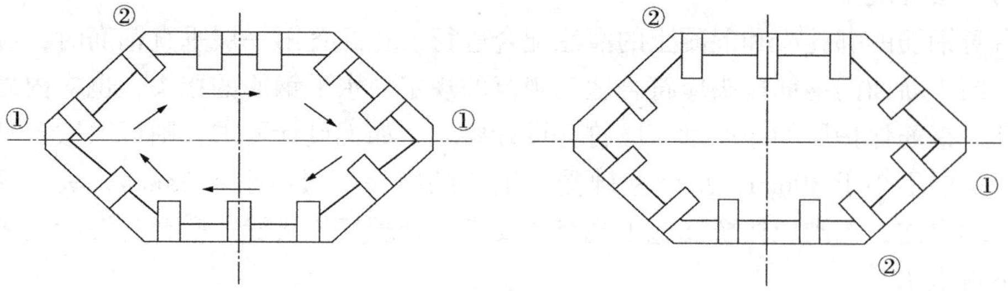

图 3.7　尖端形桥墩的砌筑

注：①②表示砌石的顺序。

砌体质量应符合以下规定。

① 砌体所有各项材料类别、规格及质量符合要求。

② 砌缝砂浆或小石子混凝土铺填饱满、强度符合要求。砌缝宽度、错缝距离符合规定，勾缝坚固、整齐，深度和形式符合要求。

③ 砌筑方法正确。砌体位置、尺寸不超过允许偏差。

墩台砌体位置及外形允许偏差见表 3.11。

表 3.11　墩台砌体位置及外形允许偏差

项次	检查项目	砌体类别	允许偏差/mm
1	跨径 L_0	$L_0 \leqslant 60$m	±20
		$L_0 > 60$m	$\pm L_0/3000$
2	墩台宽度及长度	片石镶面砌体	+40，−10
		块石镶面砌体	+30，−10
		粗料石镶面砌体	+20，−10
3	大面平整度（2m 直尺检查）	片石镶面	30
		块石镶面	20
		粗料石镶面	10
4	竖直度或坡度	片石镶面	0.5%
		块石、粗料石镶面	0.3%
5	墩台顶面高程		±10
6	轴线偏位		10

3.2.1.3　墩台顶帽施工

墩台顶帽是用以支承桥跨结构的，其位置、高程及垫石表面平整度等，均应符合设计要求，以避免桥跨安装困难，或使顶帽、垫石等出现碎裂或裂缝，影响墩台的正常使用功能与耐久性。墩台顶帽施工的主要工序为：墩台帽放样，墩台帽模板，钢筋和支座垫板的安设。

1) 墩台帽放样

墩台混凝土(或砌石)灌注至离墩台帽 30~50cm 高度时，即需测出墩台纵横中心线，并开始竖立墩台帽模板，安装锚栓孔或安装预埋支座垫板、绑扎钢筋等。墩台帽放样时，应注意不要以基础中心线作为台帽背墙线，浇筑前应反复核实，以确保墩台帽中心、支座垫石等位置方向与水平高程等不出差错。

2）墩台帽模板

墩台帽是支撑上部结构的重要部分，其尺寸位置和水平高程的准确度要求较严，浇筑混凝土应从墩台帽下约 30~50cm 处至墩台帽顶面一次浇筑，以保证墩台帽底有足够厚度的紧密混凝土。图 3.8 所示为混凝土桥墩墩帽模板图，墩帽模板下面的一跟拉杆可利用墩帽下层的分布钢筋，以节省铁件。台帽背墙模板应特别注意纵向支撑或拉条的刚度，防止浇筑混凝土时发生鼓肚，侵占梁端空间。

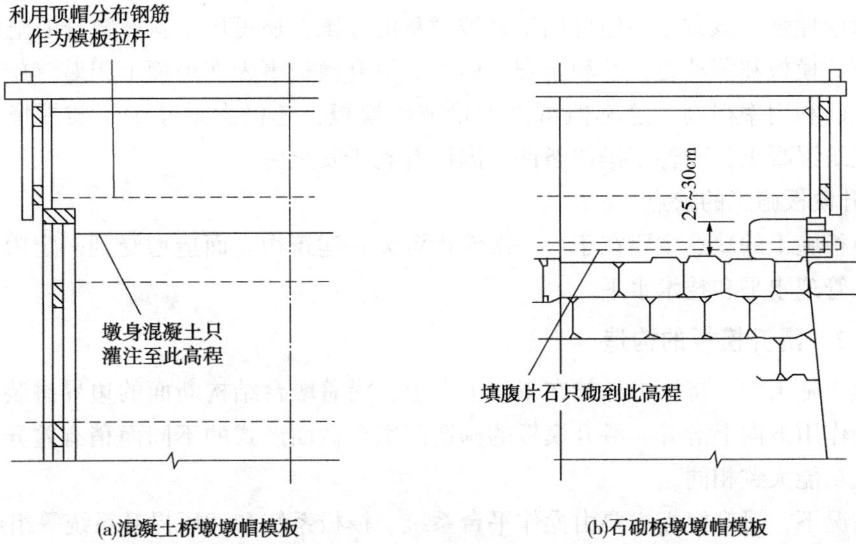

图 3.8 桥墩墩帽模板示意图

3）钢筋和支座垫板的安设

墩台帽上的支座垫板的安设一般采用预埋支座和预留锚栓孔的方法。前者须在绑扎墩台帽和支座垫石钢筋时，将焊有锚固钢筋的钢垫板安设在支座的准确位置上，即将锚固钢筋和墩台帽骨架钢筋焊接固定，同时用木架将钢垫板固定在墩台帽上。此法在施工时垫板位置不易准确，应经常校正。后者须在安装墩台帽模板时，安装好预留孔模板，在绑扎钢筋时注意将锚栓孔位置留出。此法安装支座施工方便，支座垫板位置准确。

3.2.2 滑升模板施工

在高桥墩施工过程中，滑升模板始终支撑在混凝土内预置的顶升杆件上，利用液压或手动提升设备将滑升模板体系提离地面并使其不断地向上滑升，而不依赖于已浇筑的混凝土墩壁。因此，滑升模板施工方法作为一种现浇混凝土工程连续成型施工工艺，在每一个滑升模板的循环施工过程中，不会对绑扎钢筋和浇筑混凝土产生影响，直至到达所需要的高度。

3.2.2.1 滑升模板施工的优、缺点

1）滑升模板施工的优点

滑升模板施工具有以下优点。

（1）机械化程度高。整套滑升模板均由电动液压机械提升，机械化程度高。

（2）结构整体性好。滑升模板体系刚度高且可连续作业，各层混凝土之间不留施工缝，从而大大提高了墩台混凝土浇筑的内在质量和外观质量。

（3）施工速度快。施工过程中只需要进行一次模板组装，从而大大减少了模板拆装工序，实现了连续作业。竖向结构施工速度快，在一般气温下，每天的平均施工进度可达5~6m。

（4）适应性强。该方法不但可用于直坡墩身的施工，还可用于斜坡墩身的施工。

（5）节约模板和劳动力，有利于安全施工。滑升模板事先在地面上组装，施工中不再变化，模板的利用率很高。这不但可以大量节约模板，还极大地减少了装拆模板的劳动力，方便浇筑混凝土，改善了操作条件，因而有利于安全施工。

2）滑升模板施工的缺点

滑升模板施工的缺点主要在于：一次性投资大；建筑物立面造型受到一定限制；需要较高的施工管理水平和技术水平。

3.2.2.2 滑升模板的构造

滑升模板施工中，将模板悬挂在工作平台上，沿着墩台结构断面的边界拼装模板，并在千斤顶的作用下向上滑升。滑升模板的构造因墩台截面形式的不同而稍有差异，但其主要部件及其功能大致相同。

一般情况下，滑升模板主要由操作平台系统、模板系统和液压提升系统等组成。

1）操作平台系统

操作平台系统是绑扎钢筋、浇筑混凝土、提升模板的操作场所，是材料、工具等的堆放场所，是液压控制设备的安置台，有时还用于架设垂直运输机械。

操作平台系统的组成部分包括内操作平台、外操作平台、吊挂脚手架。

（1）内操作平台。内操作平台一般由内钢圈、承重辐射梁、楞木和踏板组成。内操作平台用以提供施工操作场地，为整个滑升模板结构的部分骨架，因此应具有足够的强度和刚度。

承重辐射梁支承在提升架的立柱上，也可通过托架支承在桁架式围圈上。按平面形状的不同，内操作平台的平面可组装成矩形、圆形等各种形状；按结构的不同，内操作平台的结构可分为分割式与整体式；按施工工艺要求的不同，内操作平台的踏板可设计成固定式或活动式。

（2）外操作平台。外操作平台一般由悬臂辐射梁或外挑三脚架组成。

悬臂辐射梁或外挑三脚架支撑在提升架的立柱或围圈上，外操作平台的外挑宽度为0.8m或1.0m，在其外侧设置防护栏杆，张挂安全网，以便安全操作。

（3）吊挂脚手架。吊挂脚手架的作用是进行混凝土质量的检查、混凝土构件表面的修

整和养护、模板的调整和拆卸等。

内吊挂脚手架挂在提升架立柱和操作平台的钢桁架或悬臂辐射梁上，外吊挂脚手架挂在提升架立柱和外挑三脚架或悬臂辐射梁上。吊挂脚手架的吊杆可用 ϕ6mm 或 ϕ8mm 的圆钢制成，也可采用柔性链条。作业人员行走的踏板宽度一般为 500mm 或 800mm，每层高度为 2m 左右。吊挂脚手架的外侧必须设置防护栏杆，并张挂安全网到底部。

2）模板系统

模板系统的组成部分为模板、围圈和提升架。

（1）模板。模板的作用是使混凝土成型，并保证其表面质量符合要求。因此，滑升模板的内外模一般采用薄钢板制作而成，并通过背后的加固围圈悬挂于提升架之上，使得模板具有足够的强度，以承受混凝土的侧压力、冲击力及滑升时模板与混凝土之间的摩阻力。

对于壁厚不变的斜坡空心墩，采用单侧收坡丝杠沿辐射梁进行径向调整以控制坡率；对于变壁厚的斜坡空心墩，则设置内、外收坡丝杠分别调整内、外模板的坡率，从而实现对墩壁变厚、变坡的控制。

滑升模板的高度一般为 0.9~1.2m，在高耸结构施工中，模板的形状通常为弧形，兼具收放和活动的功能。为了减少滑升时模板与混凝土之间的摩阻力及便于脱模，模板在安装时应形成上口小、下口大的倾斜度，一般单面倾斜度为 0.2%~0.5%，内、外模在 1/2 高度处的净间距为结构截面的厚度。

（2）围圈。在模板系统中，围圈是一种非常重要的构件，它沿水平方向布置在模板背面，一般上、下各布置一道，形成闭合框。围圈一方面可以固定模板，同时带动模板滑升，承受模板传来的侧压力、冲击力、摩阻力及模板和围圈的自重；另一方面，若操作平台支承在围圈上，还可以承受平台自重和其上的施工荷载。

（3）提升架。顾名思义，提升架的首要作用是带动围圈、模板和操作平台系统一起滑升。因此，提升架自身必须具备足够的刚度，用以固定围圈位置，防止模板发生侧向变形。

提升架横梁至模板顶部之间的净高度，对于配筋结构不宜小于 500mm，对于无筋结构不宜小于 250mm，但也不应过大，否则支撑杆的自由长度增加，将影响其稳定性和承载能力。

用于变截面结构的提升架，在立柱上应设有调整内、外模板间距和倾斜度的装置；当采用工具式提升设备时，应在提升架横梁下设置内径比支撑杆直径大 2~5mm 的套管，其长度应到模板下缘。

3）液压提升系统

液压提升系统由支撑杆（爬杆）、液压式千斤顶和丝杠式千斤顶组成。

（1）支撑杆（爬杆）。在全部滑升模板施工过程中，支撑杆既是液压千斤顶爬升的轨道，又是滑升模板装置全部质量的承重支柱，承受施工过程中的全部荷载。因而，支撑杆的制作标准很高，一般采用 ϕ25mm 的圆钢，还必须进行调直除锈处理。

支撑杆的加工长度一般为 3~5m。施工过程中，支撑杆经常需要接长，以适应结构混凝土浇筑的需要。支撑杆接长通常采用丝扣、榫接或坡口焊接方式。当采用丝杠式提升设备时，顶升丝杠应用丝扣连接。

（2）液压式千斤顶。采用穿心式液压千斤顶时，支撑杆从其中心穿过。液压式千斤顶按千斤顶卡具形式的不同可分为滚珠式和楔块式；按额定起重量来分，有 30kN、60kN、75kN、90kN 和 100kN 等几种，以 30kN 的应用较广。液压式千斤顶的允许承载力，即工作起重量，一般不应超过其额定起重量的一半。

（3）丝杠式千斤顶。丝杠式千斤顶的工作原理如图 3.9 所示。当丝杠套筒手柄正向转动时，上卡座抱死顶升丝杠。此时顶升丝杠提升模板系统上升，同时提升下卡座，直至上、下卡座顶住为止；手柄反向转动时，下卡座抱死，上卡座复位，然后开始下一个循环。

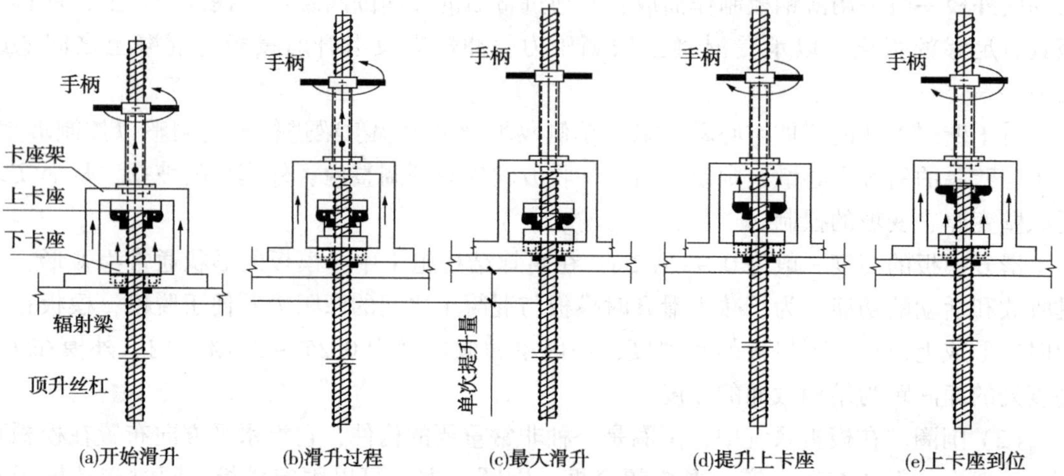

图 3.9　丝杠式千斤顶工作原理示意图

3.2.2.3　滑升模板系统的组装

在滑升模板施工过程中，滑升模板系统只需组装一次，中途一般不再变化，直到施工完毕，然后拆除。

1）滑升模板系统组装前的准备工作

（1）组装滑升模板系统前，基础土方应回填平整，并要求起滑线以下的基础或结构混凝土达到一定强度。

（2）在组装位置用弹线标出提升架、支撑杆、工作平台桁架等装置的定位线和标高线。

（3）检查滑升模板系统各部件的质量，核对其规格和数量。

（4）完成液压设备的试车、试压检查。

（5）安装垂直运输设备；利用土方或枕木构建临时组装平台。

2）滑升模板系统的组装顺序

（1）安装提升架，并检查其水平度和垂直度。

（2）安装围圈。按照先内后外、先上后下的顺序将围圈安装于提升架立柱之上，并锁紧固定。

（3）绑扎起滑段混凝土内的钢筋，安装预埋件及预留孔洞的胎模。

（4）安装模板。按照先内后外、先角模后其他的顺序进行安装。

(5) 安装内操作平台的桁架或梁以及踏板；安装外操作平台的外挑三脚架、踏板、防护栏杆等。

(6) 安装液压式千斤顶及液压设备(或丝杠式千斤顶)，并进行空载试车及对油路进行加压排气。

(7) 在液压系统试验合格后，安装支撑杆并校核其垂直度。

(8) 待滑升施工开始后模板升至3m左右时，安装内、外吊挂脚手架并张挂安全网。

3) 施工中的一些工艺问题

(1) 关于支撑杆。

① 支撑杆接头处理。安放支撑杆时，应使相邻支撑杆接头的标高互相错开，同一标高平面内的接头数量不应超过接头总数量的25%。通常在同一层内插入千斤顶的支撑杆应加工为四种以上的不同长度，长度相差500mm以上，施工时按长度变化的顺序选用。

② 支承杆下端处理。工具式支撑杆的下端应套钢靴，非工具式支撑杆的下端宜垫小钢板。

③ 支撑杆的清洁。支撑杆上如有油污应及时清除干净。

④ 支撑杆的连接。对采用坡口对接、榫接或丝扣接头的非工具式支撑杆，当千斤顶通过接头部位后，应及时对接头进行焊接加固。用于筒壁结构施工的非工具式支撑杆，当千斤顶滑过后应与横向钢筋点焊连接，焊点间距不宜大于500mm。

⑤ 当支撑杆发生失稳，被千斤顶带起或弯曲等情况时，应立即进行加固处理。支撑杆兼作结构受力钢筋时，其加固和接头处的焊接质量还应同时满足受力钢筋的有关要求。

(2) 关于模板滑升。滑升模板施工工艺中，模板的滑升分为初试滑升、正常滑升和最后滑升三个阶段。

① 初试滑升阶段。模板初试滑升时，混凝土承受的滑升摩擦力必须小于混凝土的自重，否则混凝土可能会被模板带起。

初试滑升前须进行试滑。此时应将全部千斤顶同时缓慢上升50~100mm，观察混凝土有无塌落现象，同时用手指按压下部刚出模的混凝土，并注意下列情况。

a. 如果指印轻微且不黏手，耳闻“沙沙”声，说明可以开始滑升。

b. 如果无指印，滑升困难，混凝土下端有轻微拉裂缝，说明滑升时间过迟。

c. 如果混凝土有塌落或指印很深，说明暂时还不能滑升，可继续浇筑，等待合适的滑升时机。

② 正常滑升阶段。在该阶段内，混凝土浇筑、钢筋绑扎、模板滑升等工序相互交替进行，应紧密衔接以保证施工顺利。

滑升高度一般为200~300mm。正常气温下，两次提升的时间间隔应控制在1.5h以内；气温较高时，应增加1~2次中间提升，中间提升高度为30~60mm，以减小混凝土与模板间的摩阻力。

在滑升过程中，应及时清理黏结在模板上的砂浆，特别对于转角模板、收分模板、活动模板，要注意清理夹灰；对于被油污染的钢筋和混凝土，应及时处理干净。

正常滑升阶段的滑升速度一般为200~250m/h。

③ 最后滑升阶段。当模板滑升至距结构顶部标高 1m 左右时，滑升模板即进入最后滑升阶段。此时应放慢滑升速度，并对模板进行准确的抄平和纠正工作，以使最后一层混凝土能够均匀地交圈，保证顶部标高及位置的正确。

混凝土浇筑结束后，模板应继续滑升，直至模板全部脱离混凝土为止。

4）关于混凝土的局部质量问题

（1）混凝土局部坍塌。

① 原因：若发生在初试滑升阶段，则是因为滑升过早；若发生在正常滑升阶段，往往是因为滑升速度过快，或者是由于混凝土没有严格遵循分层交圈的浇筑方法，使局部混凝土尚未凝固。

② 处理：已坍塌的混凝土应及时清除干净，并用高一级强度等级的干硬性细石混凝土补强。

（2）混凝土表面鱼鳞状外凸(穿裙)。

① 原因：模板外凸，模板一次滑升过高，模板的倾斜度过大或模板下部刚度不足，混凝土每层浇筑厚度过大或混凝土振捣时的侧压力过大。

② 处理：控制每次滑升的高度；调整模板的倾斜度，加强模板的刚度；减小每层浇筑厚度，采用振动力较小的振捣器。

（3）混凝土缺棱掉角。

① 原因：棱角处模板的摩阻力比其他部位大或混凝土振捣时碰动了主筋，从而将已凝固的混凝土棱角碰掉。

② 处理：将转角处模板制成圆角或八字形，并对转角处模板的倾斜度进行严格控制；严格掌握混凝土振捣操作方法。棱角残缺处可用同强度等级的水泥砂浆修补。

3.2.3 V 形墩施工

3.2.3.1 V 形墩桥梁的优点

近十多年来，国内外出现了很多以预应力混凝土 V 形支撑作为桥墩的桥梁。其桥型以 V 形墩连续刚构为主，也有部分为 V 形墩连续梁。V 形墩结构轻盈，造型美观，具有极强的时代特征。其外形在某些特定场合犹如大鹏展翅，塑造了一种健美的力量，也诠释着不断进取的理念。因此，其在很多重要的公路桥梁中被采用。

V 形墩桥梁具有如下优点。

1）结构受力比较合理

V 形墩桥梁与采用直立墩的同跨径连续桥梁相比，悬臂跨径减小，负弯矩值大幅度降低，正弯矩的作用效果也有所缓解。V 形支撑的受力在某种程度上类似于拱桥中的拱圈受力，可以在不增加圬工量的同时有利于发挥混凝土的抗压能力，增大支撑范围，提高桥梁的承载能力。

2）结构刚度大大提高

V 形支撑既加强了支点附近梁的刚度，又减小了跨径，使结构的竖向挠度能得到更有效的控制。与此同时，由于 V 形支撑与顶部 0 号梁块之间构成了极为稳定的刚性三角形，故大大增加了桥梁各方向上的刚度。

3）结构造价更经济

V形墩桥梁的上述两个优点使得构件的截面尺寸减小，故可节约材料用量，降低造价。一般认为，V形墩桥梁比直立式桥墩连续桥梁的造价低10%~15%。

3.2.3.2 V形墩的施工方法

V形墩桥梁施工方法的制订首先要适应V形墩结构特点的需要，其次要考虑桥址处的水文和地质环境，还要考虑工程的工期要求和造价约束。V形墩桥梁施工的关键是V形墩的施工。

V形墩施工方法的选择中，最重要的是模板支架方案的选择，其次是混凝土浇筑方案的确定。

随着V形墩桥梁的不断建设，V形墩的模板支架方法在不断发展，目前主要有满堂支架法、刚性模架加局部支撑法和平衡内支撑法。

1）满堂支架法

满堂支架法是一种古老而成熟的施工方法。其主要靠密集的钢管支架支撑模板，工艺简单，受力明确，并且可以充分利用现有的各类施工材料，不需专用设备，但缺点是钢材耗量大，对地基承载力要求高，不适用于河床以下工程地质条件较差的环境，也不适用于深水及施工期间有较高通航要求的环境。

2）刚性模架加局部支撑法

采用刚性模架加局部支撑法进行V形墩的施工，在这种方法中，模板与刚性桁架组装成刚性模架。由于模架的刚度很大，承载能力很强，因此施工中只需将模架进行精确定位之后，采用局部支撑稳定刚性模架的空中位置便可以进行V形墩的施工。V形墩斜双肢施工完成以后，须尽快在双肢之间张拉临时索栓拉杆，使体系处于稳定状态，然后采用支架法进行0号梁块的施工。

3）平衡内支撑法

平衡内支撑法是一种新型施工方法。该方法主要是在V形墩浇筑之前，先在墩的双肢内部预埋型钢，双肢混凝土浇筑成型之后再在双肢之间架设承重平衡塔架，然后在塔架两侧对称悬挂拉索将V形支撑内预埋型钢锁定，同时在塔架顶部利用拉索悬挂住0号梁块底模桁架，为M梁块的施工建立施工平台。

V形墩的施工方法还有鹰架加临时支墩法等多种方法。根据V形墩桥梁的规模，混凝土浇筑常采用分段分次浇筑的方式。

分段分次浇筑可以避免一次性浇筑的混凝土方量过大，而且可以让先期浇筑的混凝土达到一定强度后承担部分后浇混凝土的重量，从而减小支架及模板承受的重量，使得其刚度及强度容易满足施工要求，同时可使得V形支撑0号梁块结构更容易精确定位，成型状态良好。分段分次浇筑还可以避免大体积混凝土浇筑时常产生的温度裂缝，但必须控制好混凝土分段分次浇筑的时机。

3.2.3.3 V形墩连续刚构桥施工阶段的划分

对于任何结构的施工控制而言，结构成型后的设计目标（主要是几何形态和受力状态）

是施工过程追求并不断逼近的最重要目标，因此施工过程的阶段性分解应以这一目标的实现为依据。在每一个施工阶段完成之后，当前已成型结构的受力状态和几何形态不仅要合理，还应在后续施工阶段的持续作用下稳定地向着最终目标逼近，最大限度地减小施工荷载引起的结构次内力。下文以一座大跨度 V 形墩连续刚构桥的施工为例，简要说明 V 形墩连续刚构桥施工步骤的划分及 V 形墩的施工要点。

V 形墩连续刚构桥的施工过程可以采用如下阶段划分方案(假设此时 V 形墩基础和桥台已施工完成)。

(1) 施工 V 形墩墩身，用临时拉索临时闭合。

(2) 施工墩顶 0 号梁块混凝土梁，形成稳定体系。

(3) 进行边墩附近梁段混凝土的鹰架法现浇和主墩两侧梁跨的悬臂浇筑；进行边跨和中跨合龙段浇筑以及桥面系施工。

大量的理论与实践证明，这样的施工阶段划分与实施不但最有利于开展该桥梁的施工，而且成桥后的桥形和受力状态能够最佳地逼近设计目标。

大跨度 V 形墩连续刚构桥施工阶段划分见图 3.10。

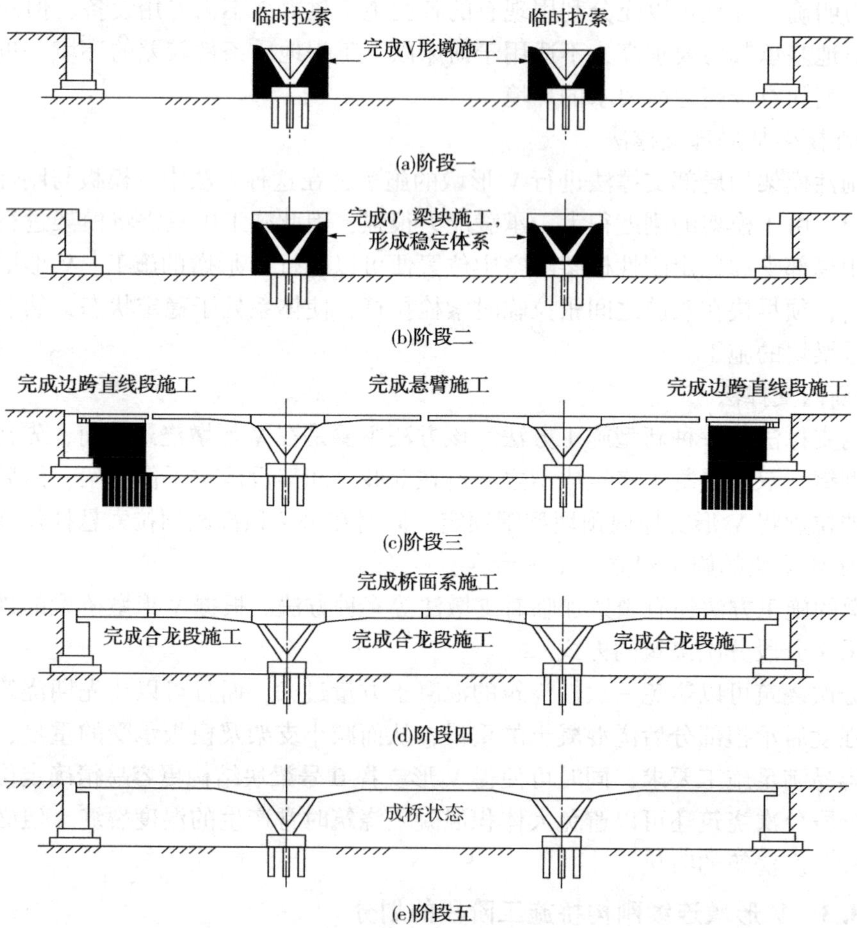

图 3.10　大跨度 V 形墩连续刚构桥施工阶段划分示意图

第一施工阶段主要是进行V形墩墩身的施工。施工完成之后，为避免V形墩双肢根部因重力作用而产生外倾拉伤，在双肢之间张拉临时预应力拉索，形成临时稳定体系。

在第二施工阶段，首先搭设V形墩顶部的主梁施工支架，浇筑主梁0号梁块混凝土，然后张拉主梁M梁块和V形墩双肢内预应力钢束，使主梁0号梁块与V形墩形成稳定的固结状态。

在第三阶段，拆除V形墩临时预应力拉索和支架，在V形墩顶0号梁块上拼装悬臂施工挂篮，开始悬臂浇筑主梁每一节段混凝土；同时，在两个边墩处搭设鹰架，浇筑边墩附近的主梁混凝土直线段，等待悬臂浇筑梁段与之合龙。

在第四阶段，完成边跨与中跨合龙段的施工，一般顺序为先边跨，后中跨。然后依次完成V形墩双肢和全桥梁体预应力钢束的张拉，拆除边墩鹰架，完成整个体系的受力转换。之后，完成桥面系和栏杆的施工。

完成上述施工之后，便可到达第五阶段，实现最终的成桥状态。

3.2.3.4 V形墩的施工注意事项

V形墩双肢受力比较复杂，在顶部0号梁块尚未浇筑、封闭的稳定体系尚未形成之前，必须对V形支撑根部外荷载和自重产生的弯矩作用进行严格的控制，因此施工过程中应注意以下几点：

(1) V形支撑夹角较大，其双肢混凝土刚度尚未形成前，双肢施工模架将承受很大的水平力作用，因此必须保证V形墩双肢的施工模架具有足够的刚度和稳定性，从而确保双肢在浇筑过程中其根部拉应力不超限。

(2) V形截面的形式比较多，钢筋布置也比较密集，在混凝土浇筑过程中须保证混凝土振捣密实，同时还要保证V形支撑的内夹角和刚性骨架的定位符合设计要求。

(3) 施工前应对V形墩双肢的施工过程进行精确的模拟计算，准确掌握模架体系各个部件可能的变位和受力情况；施工过程中应加强安全监测，以保证V形支撑及顶部M梁块始终处于良好的受力状态。

(4) V形墩双肢在施工过程中的受力状态与成桥后的最终受力状态相比变化较大，因此往往需要对布置在V形墩双肢中的预应力钢束进行多次分批张拉，过程较为复杂，必须控制好预应力钢束的张拉顺序和张拉吨位。

3.2.4 墩台附属工程施工

3.2.4.1 台背施工

台背填土不得使用含杂质、腐殖物或冻土块的土类，宜采用透水性土。

台背填土与路基填土同时进行，应按设计高度一次填齐，台背填土应采用机械碾压。台背0.8~1m范围内宜回填砂石、半刚性材料，并采用小型压实设备或人工夯实。

轻型桥台台背填土应待盖板和支承梁安装完成后，两台对称均匀进行。

拱桥台背填土应在主拱施工前完成；拱桥台背填土长度应符合设计要求。

桩式桥台台背填土宜在柱侧对称均匀地进行。

3.2.4.2 锥体护坡施工

坡面式基面夯实，整平后，方可开始铺砌锥体护坡，以保证护坡稳定。

锥坡填土应与台背填土同时进行，桥涵台背、锥坡、护坡及拱上等各项填土，宜采用透水性土，不得采用含有泥草、腐殖物或冻土块的土。填土应在接近最佳含水量的情况下分层填筑和夯实。填土应按标高及坡度填足，每层厚度不得超过 0. 30m，密实度应达到规范要求。

为防止坡角滑走，护坡基础与坡角的连接面应与护坡坡度垂直。片石护坡的外露面和坡顶、边口，应选用较大、较平整并略加修凿的块石铺砌。

砌石时拉线要张紧，砌面要平顺，护坡片石背后应按规定做碎石倒滤层，以防止锥体土方被水冲蚀变形。护坡与路肩或地面的连接必须平顺，以利排水，并避免背后冲刷或渗透坍塌。

砌体勾缝除设计有规定外，一般可采用凸缝或平缝，且宜待坡体土方稳定后进行。浆砌砌体，应在砂浆初凝后，覆盖养护 7~10d。养护期间应避免碰撞、振动或承重。

3. 2. 4. 3 泄水盲沟施工

泄水盲沟以片石、碎石或卵石等透水材料砌筑，并按要求坡度设置，沟底用黏土夯实。盲沟应建在下游方向，出口处应高出一般水位 0. 2m，平时无水的干河应高出地面 0. 2m；如桥台在挖方内横向无法排水时，泄水盲沟在平面上可在下游方向的锥体填土内折向桥台前端排出，在平面上呈 L 形。

3. 2. 4. 4 导流工程

（1）导流建筑物应和路基、桥涵工程综合考虑施工，以避免在导流建筑物范围内取土、弃土破坏排水系统。

（2）砌筑用石料的抗压强度不得低于 20MPa；砌筑用砂浆标号，在温和及寒冷地区不低于 M5，在严寒地区不低于 M7. 5。

（3）导流建筑物的填土应达到最佳密度的 90%以上，坡面砌石按照锥体护坡要求办理。若使用漂石时，应采用栽砌法铺砌；若采用混凝土板护面，板间砌缝为 10~20mm，并用沥青麻筋填塞。

（4）抛石防护宜在枯水季节施工。石块应按大小不同规格掺杂抛投，但底部及迎水面宜用较大石块。水下边坡不宜陡于 1∶1. 5。顶面可预留 10%~20%的沉落量。

（5）石笼防护基底应铺设垫层，使其大致平整。石笼外层应用较大石块填充，内层则可用较小石块码砌密实，装满石块后，用铁丝封口。石笼间应用铁丝连成整体。在水中安置石笼，可用脚手架或船只顺序投放，铺放整齐，笼与笼间的空隙应用石块填满。石笼的构造、形状及尺寸应根据水流及河床的实际情况确定。

3. 3 装配式桥梁下部结构施工

3. 3. 1 墩柱预制拼装

与传统的桥墩柱现浇技术相比，墩柱预制拼装技术因其在质量、造价、工期及对周边环境影响等一系列的优势，已成为公路桥梁进一步发展和推广的方向。下文结合福建省内某外路西端道路工程应用实例，总结了桥墩柱预制拼装技术应用过程中的关键技术。

3.3.1.1 项目概况

工程采用套筒灌浆连接方式连接，项目主线高架桥共13联45跨，总长1502.2m。其中Z19~Z44段共8联采用钢板组合梁，预制拼装墩柱共计54根，所有盖梁、墩柱均采用工厂预制施工现场拼装。

3.3.1.2 墩柱预制拼装关键技术

预制拼装桥墩技术主要由构件预制生产和现场拼装两部分组成，整体流程如下：第一步，在钢筋车间统一加工钢筋；第二步，在工厂进行桥梁墩柱、盖梁预制养护；第三步，成品运输至桥梁施工现场进行拼装对接；第四步，预制墩柱与现浇承台、预制盖梁之间通过预埋钢筋套筒灌浆连接。

1）墩柱预制生产关键技术

为确保预制盖梁、立柱在现场的拼装准确无误，精度控制显得尤为重要。由于本项目采用的是套筒灌浆连接，而预埋钢筋和套筒定位偏差大是现场拼装出现的主要问题。因此在预制生产过程中精度控制的重点应在于构件自身尺寸精度的把控和连接的定位精度把控，即第一控制预制构件的尺寸精度；第二控制预埋钢筋的定位；第三控制预埋套筒的定位。

(1) 预制构件精度把控。预制盖梁及立柱精度很大程度上在于钢筋笼尺寸的精度控制。为确保钢筋笼的各钢筋定位准确且不变形，设计模块化专用胎架加工制作钢筋笼。胎架由底座、支架、挂片及定位板组成。支架固定在底座上，目的是给予钢筋笼支撑确保其不变形。挂片安装在支架上，是主筋及其伸出筋的定位装置。定位板的目的是确保套筒位置定位准确。胎架安装时应注意胎架底座安装需水平，各支架位置准确，保证垂直不倾斜，定位板和挂片开槽位置准确。安装完成后，复核胎架各精度指标，底座与支架安装误差均不可超出2mm。胎架拼装完成后，在此专用胎架上制作钢筋笼，控制盖梁与立柱钢筋笼精度均在±2mm范围内。

(2) 预埋钢筋定位。使用钢筋笼胎架上的钢筋挂片对主筋及其伸出筋进行初步定位。同时在预埋筋的套筒端设置了主筋定位板，该钢板采用车床精加工成型，误差不大于1mm。最后每个预留孔周边设置可调式定位螺杆，在预埋筋初步定位后，通过调节螺杆的进出，微调主筋及预埋筋的位置，确保预埋筋位置偏差小于2mm。

(3) 预埋套筒定位。预埋套筒定位准确关键在于套筒定位后是否与底模牢固固定。若未固定连接，套筒极易在钢筋笼模板翻转和混凝土浇捣养护过程中发生位移变化，造成套筒的定位偏差，从而影响现场的拼装精度。因此在灌浆套筒端采用套筒定位钢板对套筒进行精确定位，钢板采用车床精加工成型，精度误差不大于1mm。该钢板同时作为底模板，定位后不拆卸，同时与钢筋笼一起吊装入模，减少后续工序对套筒定位的影响。

为确保套筒不变形不移位，套筒固定方式如下：套筒的底部采用橡胶塞固定，套筒的中间部分通过在外部设置箍筋和在内部设置角钢固定，最后通过套筒定位钢板固定套管的顶部，套筒位置偏差控制在2mm以内。

2）墩柱现场拼装关键技术

墩柱现场拼装的关键首先在于现场吊装各构件位置的精确定位，其次在位置准确的基础上要确保套筒灌浆连接的可靠性。

（1）现场拼装精度控制。承台施工前应反复测量立柱与承台拼接面的坐标、标高与水平度，确保坐标与标高偏差在±2mm 以内，确保水平度偏差在±1mm/m 范围内。

立柱垂直度是立柱施工质量的关键。单根立柱垂直度监测方法采用两台经纬仪在不同方向同时监测校核立柱中心标记，同时使用四台手动顶升液压杆，来校正立柱的垂直度，将立柱垂直度误差控制在 1mm 以内。两立柱间相对位置控制，主要由测量其立柱间相对距离和扭转情况来评估，测量方法和允许误差如下：立柱间相对距离由测量立柱主筋距离控制，误差控制在 2mm 范围内；立柱间扭转情况由测量对角线主筋距离控制，误差控制在 2mm 范围内；在柱顶用定位框套住一根已定位固定的立柱为基准，来控制双立柱之间的相对位置，如图 3.11 所示。

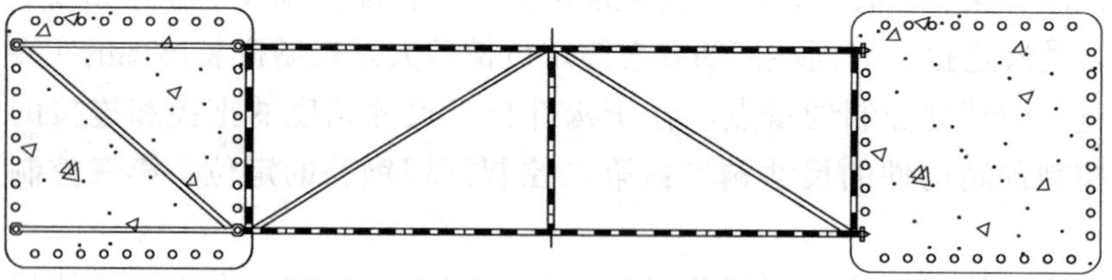

图 3.11 双立柱间相对位置控制示意图

（2）套筒灌浆施工。套筒灌浆施工技术就是指拼装的两构件，一端预埋金属套筒，一端将钢筋插入套筒中，然后在其中灌注具有高强度、微膨胀特性的灌浆料实现预制构件的拼装。它的原理主要是借助灌浆料微膨胀特性，增强与钢筋和套筒件的摩擦力实现钢筋应力传递。影响钢筋和套筒间连接可靠性的因素主要有三个：灌浆饱满度、钢筋锚固长度以及灌浆料实体强度。下面分别就控制和检测指标进行阐述。

灌浆料饱满度的检测主要有内窥镜法、X 射线法、预埋钢丝拉拔法、预埋传感器法、冲击回波法，各检测方法特征如表 3.12 所示。

表 3.12 灌浆料饱满度检测各方法特征

检测方法	是否需要预埋	是否定量	检测指标
内窥镜法	皆可	是	饱满度
X 射线法	否	是	饱满度
预埋钢丝拉拔法	是	否	饱满性
预埋传感器法	是	否	饱满性
冲击回波法	否	是	饱满度

本项目采用内窥镜法检测饱满度，其原理是在灌浆料饱满度不足的情况下，套筒出浆口将高于灌浆料液面。因此，在套筒出浆口设置内窥孔道，使用具备尺寸测量能力的内窥镜，即可定量计算出灌浆料饱满度。

钢筋锚固长度测量通常在现场拼装完成后，灌浆施工前进行。通过在套筒内设置参照点(套筒尺寸精度高)，采用三维立体测量内窥镜测量参照点与插入套筒内钢筋末端的距离，即可计算得出套筒内插入钢筋的长度。

灌浆料实体强度往往是通过表面硬度法进行检测，表面硬度法是根据灌浆料表面硬度与其抗压强度存在正相关的特性，建立表面硬度的测强曲线，根据测得的表面硬度即可得到其抗压强度。在实际应用中，通常将出浆口内的灌浆料作为硬度检测样本。表3.13是套筒灌浆料的检测指标与现场实际检测数据，结果表明现场套筒灌浆料强度满足规范要求。

表3.13 套筒灌浆料检测技术标准

序号	名称	检测项目	技术要求及标准		实际检测数据
1	套筒灌浆料	抗压强度/MPa	1d	≥35	74.2
2			3d	≥60	92.3
3			28d	≥100	132.2

预制墩柱现场拼装模式主要有以下几个质量特点：

① 由于采用智能化机械加工钢筋制作准确；

② 工厂化制作厂内吊装定位预埋件及模板拼装误差小；

③ 工厂化制作混凝土配比较好，浇捣更加精细；

④ 养护阶段能做到及时到位，外观较少缺陷。

从各个特点中可看出，预制墩柱生产过程质量更容易控制，养护条件更容易保持，具有一定的质量优势。

3.3.2 盖梁施工

在国内基础设施建设领域，由于桥梁跨度不断增大，导致施工难度也随之增加，随着科学技术发展进步，预应力混凝土预制盖梁技术产生。和其他桥梁技术相比，预应力混凝土预制盖梁技术具有良好的适应性，几乎能很好地适应各种桥梁工程，而且施工速度比较快，能够营造安全的施工环境。然而预制盖梁施工工序复杂，施工难度也相对较大。

下文依托某城市高架桥梁工程，详细介绍盖梁预制施工的重点施工工艺。

3.3.2.1 预制盖梁概况

由于城市高架桥梁盖梁施工时，现场受到密集交通以及施工场地的制约，从安全、经济、进度等方面综合考虑，本项目盖梁施工采用预制拼装的方案进行施工。预制盖梁采用预应力钢筋混凝土结构，跨中处高1.4m，立柱处高1.7m。根据上部结构连续与非连续，盖梁宽度分为1.7m和1.9m。在钢筋混凝土中布置双层预应力束，预应力采用两端张拉，在张拉两端设置深埋锚固套筒。1.7m宽盖梁重约76t，1.9m宽盖梁重约84t。预制盖梁主筋直径25mm，并焊接成钢筋骨架。

3.3.2.2 盖梁预制施工工艺

1) 盖梁钢筋加工

盖梁钢筋原材料检验合格后，车丝用的主筋用手动砂轮切割机切断，丝头用车丝机车丝，然后用打磨机对丝头进行打磨。采用全自动弯曲机弯曲箍筋。

按 1∶1 比例放样出骨架片位置，制作固定模具。在模具上依次摆放好钢筋，钢筋之间点焊固定。骨架片尺寸检查合格后开始施焊，焊接采用单面焊接，焊接采用焊接机器人焊接骨架所有焊缝，焊接焊缝长度为 10*d*（*d* 为钢筋直径），在同一个断面，焊缝接头间距不小于 100cm。焊接顺序由中间向两边对称进行焊接，焊接过程注意观察骨架片是否有明显变形，保证焊接完成的骨架片平整并存放待用。

2）钢筋胎架设计

盖梁钢筋骨架在胎架上绑扎，为保证预制拼装的定位精度，在胎架下部增加半灌浆套筒定位架，该定位架在工厂精加工成型。

盖梁钢筋胎架尺寸可以调整，以满足各种规格盖梁钢筋骨架绑扎。

半灌浆套筒通过定位板与钢筋定位架连成整体，保证盖梁与 2 根立柱能精确拼装。定位架分为 3 种坡度，通过更换定位架来实现盖梁横坡变化。

3）盖梁钢筋骨架绑扎

盖梁钢筋骨架绑扎按下面步骤进行施工：

（1）盖梁钢筋绑扎胎架安装好后，开始在钢筋胎架上安装相应的定位板和定位架。

（2）将半灌浆套筒与预埋主筋全部连接，再安装在定位板上。

（3）从中间向两侧依次安装盖梁骨架片，骨架片之间采用铁丝临时绑扎，防止倾倒。在半灌浆套筒进出浆口安装压浆管。压浆管采用镀锌钢管，一端设置丝口，另一端安装止浆塞，压浆管长度保证止浆塞背面紧贴侧模。

（4）安装波纹管，并进行临时固定。

（5）安装半灌浆套筒箍筋。

（6）安装盖梁箍筋，精确调整盖梁箍筋及半灌浆套筒箍筋，与骨架片之间采用扎丝绑扎牢固。

（7）精确调整波纹管位置，采用 U 形定位筋卡进行定位，定位筋间距直线段不大于 100cm，曲线段间距为 30~50cm。安装锚下钢筋网片加强钢筋。

（8）安装挡块与垫石钢筋、盖梁吊点及保护层垫块。

4）盖梁钢筋骨架吊装

盖梁钢筋骨架验收合格后方可吊离胎架。盖梁钢筋骨架总质量为 5.6t，为避免钢筋骨架在起吊和安装时产生变形，设计专门钢筋骨架吊装吊具，采用钢丝绳卸扣连接吊具与钢筋骨架。骨架吊点周围钢筋交叉点要求焊接牢固。吊具采用 I22 型钢制作，吊点间距 1.5m。

3.3.2.3 盖梁混凝土浇筑及养护

预制盖梁混凝土强度满足设计图纸要求，盖梁混凝土采用人工浇筑完成。混凝土由工厂集中拌制，混凝土用 8m^3罐车运至盖梁浇筑区，混凝土卸料到 2m^3漏斗内，用龙门吊起吊漏斗把混凝土倒入盖梁钢筋内，混凝土落差不超过 2m。

盖梁混凝土浇筑时，混凝土应从盖梁中间往两边开始下料进行浇筑，这样有利于混凝土中产生的气体能排出混凝土内，防止混凝土表面出现气泡。混凝土浇筑采用高频附着振捣器和插入式振捣器相结合的方法进行振捣混凝土。混凝土浇筑采用分层工艺进行浇筑，每层浇筑厚度控制在30cm以内，先开动附着振捣器振捣，然后再用插入式振捣器振捣混凝土，插入式振捣器应插入下层混凝土内10cm。振捣棒应快插慢拔，距离模板边缘小于10cm振捣，每振捣完毕后应边振动边徐徐提出振捣器，应避免振动器碰撞模板、钢筋及波纹管。对每一振捣部位，需振捣至混凝土面不再下沉、不再逸出气泡、表面充分泛浆为准。浇筑混凝土期间，安排专人检查模板、钢筋和波纹管等稳固情况，当发现有松动、变形、移位时，应及时处理。

锚垫板四周应充分振捣密实，以防预应力张拉时因锚垫板周围混凝土破损而导致锚头破裂。为避免预应力管道被堵塞，在混凝土浇筑前在预应力管道内穿入芯棒。

混凝土浇筑完初凝后，用土工布覆盖混凝土表面，并进行洒水养护，混凝土的洒水养护时间按照设计图纸要求进行。

3.3.2.4 盖梁预应力施工

1）预应力张拉

盖梁预应力筋张拉时，盖梁的混凝土强度、弹模（或龄期）应满足设计图纸要求。利用汽车吊把千斤顶装入盖梁张拉两端，采用智能张拉设备进行两端同步张拉，张拉时以拉应力为主，伸长量为辅进行预应力张拉控制。预应力张拉程序为：0→初应力→δ_k（锚固，持荷5min锚固，δ_k为张拉控制应力）。

预应力筋张拉完成后，经检验合格后，采用砂轮切割机切除钢绞线，钢绞线外漏长度不小于30cm。

预应力张拉采用专用的张拉平台。张拉平台用来放置张拉仪和悬挂张拉千斤顶，上部设置挡雨板，下部安装有4个滚轮，便于张拉仪移动。张拉平台正对锚具侧设置有挡板，起到安全防护作用。

2）压浆封锚

压浆采用真空辅助压浆工艺，压浆设备型号LZJS30，转速1420r/min，压浆料采用专用孔道压浆料，水灰比符合规范要求，初凝时间6.4h，3d抗压强度45.9MPa，7d抗压强度56.8MPa。

3）盖梁起吊及存放

（1）盖梁吊离台座之前，在盖梁侧面喷涂编号及安装方向。

（2）盖梁起吊采用专用吊具连接盖梁4个吊点，120t龙门吊单吊。

（3）盖梁存放采用2层存放，盖梁与存放台座之间、上下层盖梁之间支垫工字钢和橡胶板。上下层盖梁应对齐，且支垫不得出现脱空。

（4）按照编号有规律存放，便于吊运出厂。

（5）盖梁混凝土强度只有达到混凝土设计强度的100%后才能外运，进行安装。

第 4 章　桥梁上部结构施工

4.1　钢筋混凝土简支梁桥施工

简支梁桥是上部结构由两端简单支承在墩台上的主要承重梁组成的桥梁。简支梁是静定结构，相邻各跨单独受力，结构受力比较单纯，不受支座变位等影响，适用于各种地质情况，构造也较简单，容易做成标准化、装配化构件，制造、安装都较方便，是一种应用最广泛的梁式桥。钢筋混凝土简支梁桥作为简支梁桥中常见的桥梁结构，具有重量轻、强度高、施工方便等特点。

4.1.1　模板与支架

4.1.1.1　模板

1）模板应符合的一般要求

（1）构造和制作力求简单，装拆方便，周转率高。

（2）模板接缝紧密，以保证混凝土在振捣器强烈振动下不致漏浆。支架连接件牢靠、不松动，能承受支架以上的各项荷载。

（3）保证结构物设计形状、尺寸及各部分相互位置的正确性。具有足够的强度、刚度和稳定性，能可靠地承受在施工过程中可能产生的各项荷载。

2）模板的种类

（1）木模。木模由模板、肋木、立柱或由模板、直枋、横枋组成。模板厚度通常为 3~5cm，板宽为 15~20cm，不得过宽，以免翘曲。肋木、立柱、直枋和横枋尺寸通过计算确定。木模的优点是容易制作。

（2）钢模。钢模大都做成大型块件，一般长 3~8m，由钢板和加劲骨架焊接组成。通常钢板厚取用 4~8mm。骨架由水平肋和竖向肋组成，肋由钢板或角钢做成，肋距 500~800mm。大型钢模块件之间用螺栓或销连接。在梁的下部，常集中布置受力钢筋或预应力索筋，必要时可在钢模板上开设天窗，以便浇筑或振捣混凝土。多次周转使用的钢模，在使用前可用化学方法或机械方法清扫；在浇筑混凝土前，在模板内壁要用脱模剂，以便脱模。钢模的优点是周转次数多，且结实耐用，拼缝严密，能经受强行振捣，浇筑时表面光滑。

4.1.1.2　支架

支架的主要类型有三种：立柱式支架、梁式支架和梁柱结合式支架。

1）立柱式支架

立柱式支架如图 4.1(a)和图 4.1(b)所示，主要由排架和纵梁等构件组成。立柱式支架的特点是构造简单，主要用于城市高架桥或不通航道以及桥墩不高的小跨径桥梁施工。其构造如下。

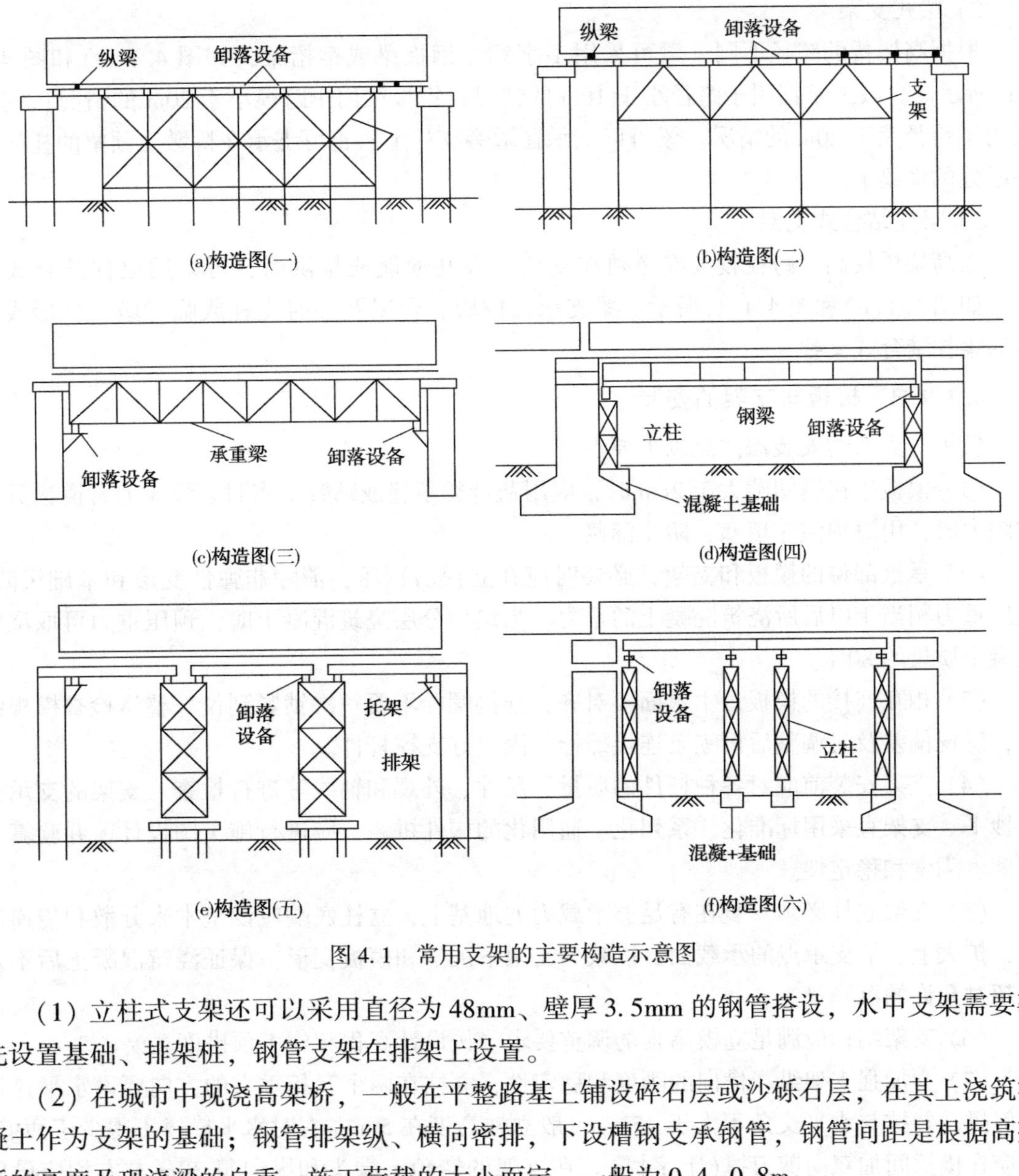

图 4.1　常用支架的主要构造示意图

(1) 立柱式支架还可以采用直径为 48mm、壁厚 3.5mm 的钢管搭设，水中支架需要事先设置基础、排架桩，钢管支架在排架上设置。

(2) 在城市中现浇高架桥，一般在平整路基上铺设碎石层或沙砾石层，在其上浇筑混凝土作为支架的基础；钢管排架纵、横向密排，下设槽钢支承钢管，钢管间距是根据高架桥的高度及现浇梁的自重、施工荷载的大小而定，一般为 0.4~0.8m。

(3) 钢管主要由扣件接长或者搭接，上端采用可调节的槽形顶托固定纵、横木龙骨，形成立柱式支架。

(4) 搭设钢管支架要设置纵、横向水平杆加劲，高架桥较高时还需要加剪刀撑，水平加劲杆与剪刀撑均需要扣件与立柱钢管连成整体。排架顶标高应适当考虑设置预拱度。

(5) 方塔式重力支撑脚手架是一种轻型支架，需要采用焊接钢管制成的方塔，上、下均有可调底座和顶托，其高度可由标准架组拼调整，方塔间用连接杆连成整体。通过测试，每个单元塔架子安全承载力约180kN。该支架装拆方便，用钢量少，通常在高度5m以下的支架上使用。塔架需要架设水平加劲及剪刀加劲杆，但是，对高桥和重载桥不适宜。

2）梁式支架

根据高架桥的跨径不同，梁可采用工字钢、钢板梁或钢桁梁，如图4.1(c)和图4.1(d)所示。一般工字钢用于跨径小于10m的情况；钢板梁用于跨径小于20m的情况；钢桁梁用于跨径大于20m的情况。梁可以支承在墩旁支柱上，也可支承在桥墩上预留的托架或桥墩处的横梁上。

3）梁柱结合式支架

当高架桥较高、跨径较大或必须在支架下设孔通航或排洪时，可采用梁柱结合式支架，如图4.1(e)和图4.1(f)所示。梁支承在桥墩、台以及临时支柱或临时墩上，形成多跨的梁柱结合式支架。

4.1.1.3 模板与支架的安装

模板与支架的安装需注意以下要点。

(1) 模板连接缝间隙大于2cm时，应用灰膏类填缝或贴胶带密封。预应力管道锚具处空隙大时，用海绵泡沫填塞，防止漏浆。

(2) 承重部位的模板和支架，必要时应在立模后预压，消除非弹性变形和基础沉降。预压重力相当于以后所浇筑混凝土的重力。当结构分层浇筑混凝土时，预压重力可取浇筑混凝土质量的80%。

(3) 相互连接的模板，木板面要对齐，连接螺栓不要一次锁紧到位，整体检查模板线形，发现偏差及时调整后再锁紧连接螺栓，固定好支撑杆件。

(4) 支架安装前应对各种杆件的质量、尺寸、外观和轴线等进行检查。支架的支承面应抄平。支架宜采用标准化、系列化、通用化的构件拼装，应进行施工图设计，并验算其强度、刚度和稳定性。

(5) 支架立柱必须安装在有足够承载力的地基上，立柱底端应设垫木来分散和传递压力，扩大上、下支承点的承载面，以减少支架下沉量和模板变形，保证浇筑混凝土后不发生超过允许的沉降量。

(6) 支架结构应满足立模高程的调整要求。按设计高程和施工预拱度立模。

(7) 为加强支架纵、横向的刚度和稳定性，立柱在两个互相垂直的方向要设水平撑杆和斜撑，斜撑与水平交角不大于45°。一般立柱高度在5m左右时水平横撑不得少于两道，并应在横撑间加双向剪刀撑(十字撑)。在支架的转角、端头和纵向每30m左右均应设剪刀撑。剪刀撑要从顶到底连续布设，最后一对必须落地。

4.1.1.4 施工预拱度计算

1）确定预拱度时应考虑的因素

在支架上浇筑梁式上部构造时、在施工时和卸架后，上部构造要发生一定的下沉和产生一定的挠度。因此，为使上部构造在卸架后能满意地获得设计规定的外形，需在施工时设置一定数值的预拱度。在确定预拱度时应考虑下列因素。

(1) 卸架后上部构造本身及一半活载所产生的竖向挠度 δ_1。

(2) 支架在荷载作用下的弹性压缩 δ_2。

(3) 支架在荷载作用下的非弹性变形 δ_3。

(4) 支架基底在荷载作用下的非弹性沉陷 δ_4。

(5) 由混凝土收缩及温度变化而引起的挠度 δ_5。

2) 预拱度的计算

上部构造和支架的各项变形值之和，即为应设置的预拱度。各项变形值可按下列方法计算和确定。

(1) 桥跨结构应设置预拱度，其值等于恒载和半个静活载所产生的竖向挠度。当恒载和静载产生的挠度不超过跨径的1/1600时，可不设预拱度。

(2) 对于满布式支架，当其杆件长度为 L、弹性模量为 E、压力为 δ 时，其弹性变形见式(4.1)。

$$\delta_2 = \frac{\delta \cdot L}{E} \tag{4.1}$$

当支架为桁架等形式时，应按具体情况计算其弹性变形。

(3) 支架在每一个接缝处的非弹性变形，在一般情况下，横纹木料接缝为3mm；顺纹木料接缝为2mm；木料与金属或木料与圬工的接缝为1～2mm；顺纹与横纹木料接缝为2.5mm。

(4) 卸落设备砂筒内砂粒压缩和金属筒变形的非弹性压缩量，根据压力大小、沙子细度模量及筒径、筒高确定。一般20t压力砂筒为4mm；40t压力砂筒为6mm；沙子未预先压紧者为10mm。支架基底的沉陷，可通过试验确定或见表4.1。

表4.1 支架基底沉陷

cm

土壤	枕梁	柱	
		当柱上有极限荷载时	柱的支承力未充分利用时
砂土	0.5～1.0	0.5	0.5
黏土	1.5～2.0	1.0	0.5

3) 预拱度的设置

根据梁的拱度和支架的变形所计算出来的预拱度之和，为预拱度的最高值，应设置在梁的跨梁中点。其他各点的预拱度，应以中间点为最高值，以梁的两端为零，按直线或二次抛物线比例进行分配。

4.1.2 钢筋工程

4.1.2.1 钢筋加工

1) 钢筋的调直

直径10mm以下Ⅰ级钢筋常卷成盘形，粗钢筋常弯成“发卡”形或出厂时截成8～10m长，便于运输和储存。

盘形钢筋应先放开，把它截成 30~40m 的长度，然后用人力或电动绞车拉直，拉直时对拉力要注意控制，使任一段的伸长率不超过 1%。也可用钢筋调直机拉直。

粗钢筋可放在工作台上用手锤敲直，亦可用手工扳子或自动机床矫直。整直后，粗钢筋应挺直，无曲折，钢筋中心线的偏差不超过其全长的 1/100。

2）钢筋的除锈去污

钢筋应有清洁的表面，使钢筋与混凝土间有可靠的黏结力，油渍、漆皮、鳞锈均应在使用前清除干净。除锈工作应尽量利用冷拉和调直工序进行除锈。除锈的方法有人工除锈(钢丝刷、砂盘)、喷砂除锈、钢筋除锈机除诱和酸法除锈。

3）钢筋的画线配料

为了使成型的钢筋，较正确地符合设计要求，下料前进行用料的设计工作称为配料。配料以施工图纸和库存料规格及每一根钢筋的下料长度为依据，将不同直径与不同长度的各号钢筋顺序填制配料单，按表列各种长度及数量进行配料，然后按型号规格分别切断弯制。

钢筋配料注意事项如下。

（1）对于有接头的钢筋，配料时应注意使接头位置设在内力较小处，并错开布置。对于焊接接头，受拉钢筋接头的截面积在同一截面内不得超过钢筋总截面积的 50%。此处同一截面是指钢筋长度方向 $35d$(d 为钢筋直径)长度范围内，但不得小于 50cm。

（2）对于绑扎搭接接头，其截面积在同一截面内受拉区不得超过钢筋总面积的 25%；受压区不得超过钢筋总截面积的 50%。此处同一截面是指钢筋搭接长度范围内，绑扎接头的最小搭接长度见表 4. 2。

表 4. 2　绑扎接头的最小搭接长度

混凝土标号	15 号		≥20 号	
钢筋种类受力情况	受拉	受压	受拉	受压
Ⅰ级 5 号钢筋	$35d$	$25d$	$30d$	$20d$
Ⅱ级钢筋	$40d$	$30d$	$35d$	$25d$
Ⅲ级钢筋	$45d$	$35d$	$40d$	$30d$

注：d 为钢筋直径。

（3）所有接头与钢筋弯曲处应不小于 $10d$，也不宜位于构件的最大弯矩处。受力钢筋同一截面内，同一根钢筋，只准有一个接头。

4）钢筋切断

钢筋按下料长度下料，钢筋下料切断可用钢筋切断机(直径 40mm 以下的钢筋)及手动液压切断器(直径 16mm 以下的钢筋)。钢筋一般先断长料，后断短料；长料长用，短料短用。切剩的短料可作为电焊接头的绑条使用。

4. 1. 2. 2　钢筋接长(钢筋连接)

钢筋接长的方式有闪光接触对焊、电弧焊、机械连接和钢丝绑扎搭接。一般多应用电焊接头，只有在没有焊接条件时，才可用绑扎接头。

1）连接方式

（1）闪光接触对焊。用闪光接触对焊接长钢筋，其优点是使钢筋传力性能好、省钢材、能电焊各种钢筋，避免了钢筋的拥挤，便于混凝土浇筑。故一般焊接均以采用闪光接触对焊为宜。闪光接触对焊是将夹紧于对焊机钳口内的钢筋，在接通电流时，以不大的压力移近钢筋两头，使其轻微接触。在移近过程中，钢筋端隙向四面喷射火花，钢筋熔融到既定的长度值后，便将钢筋进行快速的顶锻，至此焊接过程结束。

（2）电弧焊。电弧焊焊接过程示意图如图4.2所示。一根导线接在被焊钢筋上，另一根导线接在夹有焊条的焊钳上。合上开关，将接触焊件接通电流，此时立即将焊条提起2~3mm，产生电弧。由于电弧最高可达4000℃，能熔化焊条和钢筋，并汇合成一条焊缝，至此焊接过程结束。

（3）机械连接。钢筋机械连接是指通过连接件的机械咬合作用或钢筋端面的承压作用，将一根钢筋中的力传递至另一根钢筋的连接方法。它具有接头质量稳定可靠，不受钢筋化学成分的影响，操作简便，施工速度快，且不受气候条件影响，无污染，无火灾隐患，施工安全等优点。目前推广应用的有套筒挤压连接法（通过挤压机施工），直螺纹连接法和锥螺纹连接法等。

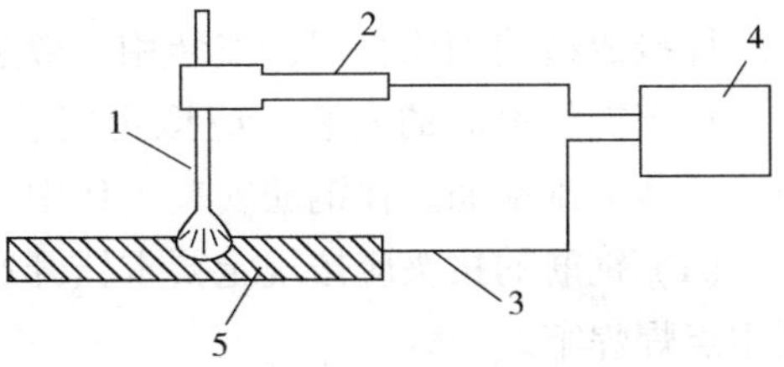

图4.2 电弧焊接示意图
1—焊条；2—焊钳；3—导线；
4—电源；5—被焊金属

（4）铁丝绑扎搭接。当没有条件采用焊接时，接头可采用铁丝绑扎搭接，绑扎应在钢筋搭接处的两端和中间至少3处用铁丝扎紧。其搭接长度见表4.2。受拉区内Ⅰ级钢筋的接头末端应做弯钩。

对轴心受拉构件的接头及直径大于25mm的钢筋均应用焊接，不得采用绑扎接头；冷拔钢丝的接头只能采用绑扎，不得采用焊接接头；冷拉钢筋的焊接接头应在冷拉前焊接。

2）钢筋骨架的焊接

钢筋骨架的焊接应采用电弧焊，先焊成单片平面骨架，然后再将平面骨架组焊成立体骨架，使骨架有足够刚性和不弯形性，以便吊运。

钢筋在焊接过程中由于温度变化，骨架将会发生翘曲变形，使骨架的形状和尺寸不符合设计要求，同时会在焊缝内产生收缩应力而使焊缝开裂。因此，为了防止施焊过程中骨架的变形，在施工工艺上要采取一定的措施。一般常在电焊工作台上用先点焊后跳焊（即错开焊接的次序）的方法。另外，宜采用双面焊缝使骨架的变形尽可能均匀对称。

钢筋按设计图布置就绪后，各钢筋用点焊固定相对位置，使钢筋骨架各部分不致因施焊时加热膨胀及冷却收缩而变形。

无论是点焊或电弧焊，骨架相邻部位的钢筋不能连续施焊，而应该错开焊接顺序（跳焊）。钢筋骨架焊接顺序宜由中到边对称地向两端进行，先下排钢筋跳焊，再焊上排钢筋。同一部位有多层钢筋时，各条焊缝也不能一次焊好，而要错开施焊。当多层钢筋直径不同时，可先焊两直径相同的，再焊直径不同的。

3）钢筋弯制成型

钢筋应按设计尺寸和形状用冷弯的方法弯制成型。当弯制的钢筋较少时，可用人工弯筋器在成型台上弯制。

弯制大量钢筋时，宜采用电动弯筋机，能弯制直径 6~40mm 的钢筋，并可弯成各种角度。

弯制各种钢筋的第一根时，应反复修正，使其与设计尺寸和形状相符，并以此样件作标准，用以检查以后弯起的钢筋。钢筋弯曲成型后，表面不得有裂纹、鳞落或断裂等现象。

4.1.2.3 钢筋安装

在模板内安装钢筋之前，必须详细检查模板各部分的尺寸，检查模板有无歪斜、裂缝及变形，尺寸不符之处和各板之间的松动都应在安装钢筋之前予以处理好。

焊接成型的钢筋骨架，安装用一般起重设备吊入模板内即可。

对于绑扎钢筋的安装，应拟定安装顺序。一般的梁肋钢筋，先放箍筋，再放下排主筋，后装上排钢筋。在钢筋安装工作中为了保证达到设计及构造要求，应注意下列几点。

（1）钢筋的接头应按规定要求错开布置。钢筋的交叉点，应用铁丝绑扎结实，必要时可用点焊焊牢。

（2）为保证混凝土保护层厚度，应在钢筋与混凝土间错开(0.7~1.0m)设水泥浆垫块，不应贯通截面全长。为保证与固定钢筋间的横向净距，两排钢筋间可用混凝土分隔块或短钢筋扎结固定。

（3）除设计有特殊要求外，梁中箍筋应与主筋垂直。箍筋弯钩的叠合处，在梁中应沿梁长方向置于上面并交错布置，在柱中应沿柱高方向交错布置。

4.1.3 混凝土工程

4.1.3.1 混凝土浇筑前的准备工作

1）检查原材料

检查原材料的具体操作如下。

（1）沙子。混凝土用的沙子，应采用级配合理、质地坚硬、颗粒洁净、粒径小于 5mm 的天然砂，一般应以细度模数 2.5~3.5 的中、粗沙为宜，砂中有害杂质含量不得超过规范规定。

（2）石子。混凝土用的石子，有碎石和卵石两种，要求质地坚硬、有足够强度、表面洁净，针状、片状颗粒以及泥土、杂物等含量不得超过规范规定。粗骨料的最大粒径不得超过结构最小边尺寸的 1/4 和最小钢筋净距的 3/4；在两层或多层密布钢筋结构中，不得超过钢筋最小净距的 1/2，同时最大粒径不得超过 100mm。施工前应对所有的粗骨料进行碱活性检验。

（3）水泥。水泥进场必须有制造厂的水泥品质试验报告等合格证明文件。水泥进场后应按其品种、强度、证明文件以及出厂时间等情况分批进行检查验收，并对水泥进行反复试验。超过出厂日期三个月的水泥，应取样试验，并按其试验结果使用。对受潮的水泥，硬块应筛除并进行试验，根据实际强度使用，一般不得用在结构工程中。已变质的水泥，不得使用。不同品种、强度等级和出厂日期的水泥应分别堆放。堆垛高度不宜超过10袋，离地、离墙30cm。做到先到的先用，严禁混掺使用。

（4）水。水中不得含有妨碍水泥正常硬化的有害杂质，不得含有油脂、糖类和游离酸等。pH值小于5的酸性水及含硫酸盐量超过0.27kg/cm的水不得使用，海水不得用于钢筋混凝土和预应力混凝土结构中。饮用水均可拌制混凝土。

2）检查混凝土配合比

混凝土配合比设计必须满足强度、和易性、耐久性和经济性的要求。根据设计的配合比及施工所采用的原材料，在与施工条件相同的情况下，拌和少量混凝土做试块试验，验证混凝土的强度及和易性。

上面所述的配合比均为理论配合比，其中砂、石均为干料，但在施工现场所用的材料均包含一定量的水。因此，在混凝土搅拌前，均需测定砂石的含水率，调整施工配合比。

3）检查模板与支架

检查模板的尺寸和形状是否正确，接缝是否紧密，支架接头、螺栓、拉杆、撑木等是否牢固，卸落设备是否符合要求。清除模板内的灰屑，并用水冲洗干净；模板内侧需涂刷隔离剂，以利脱模，若是木模还应洒水润湿。

4）检查钢筋

检查钢筋的数量、尺寸、间距接头位置及保护层厚度是否符合设计要求；钢筋骨架绑扎是否牢固；预埋件和预留孔是否齐全，位置是否正确。并签发隐蔽工程验收单后方可进行浇筑混凝土。

4.1.3.2 混凝土拌和

1）人工拌和

人工拌和混凝土是在铁板或在不渗水的拌和板上进行。拌和时先将拌和所需的砂料堆正中耙成浅沟，然后将水泥倒入沟中，干拌至颜色一致，再将石子倒入里面加水拌和，反复湿拌若干次到全部颜色一致，石子和水泥砂浆无分离和无不均匀现象为止。

2）机械拌和

机械拌和混凝土是在搅拌机内进行。混凝土拌和前，应先测定沙石料的含水率，调整配合比，计算配料单，水泥以包为单位。

混凝土拌和时，应先向鼓筒内注入用水量的2/3，然后按先石子，次水泥，后沙子的上料顺序将全部混合料倒入鼓筒，随后将余下的1/3水量注入。投入搅拌机的第一盘混凝土材料应适量增加水泥、砂和水或减少石子，以覆盖搅拌筒的内壁而不降低拌和物所需的含浆量。混凝土搅拌中应严格控制水灰比和坍落度，拌和时间一般为3min左右，以石子表面包满砂浆，混凝土拌和物均匀，颜色一致为标准，不得有离析和泌水现象。

4.1.3.3 混凝土运输

1）基本要求

（1）混凝土运输路线应尽量缩短，尽可能减少转运次数。道路应平坦，以保证车辆行驶平稳。

（2）混凝土运输过程中不应发生离析、泌水和水泥浆流失现象。坍落度前后相差不得超过30%，如有离析现象，必须在浇筑前进行第二次搅拌。第二次搅拌时不得任意加水，可同时加水和水泥以保持原水灰比不变。如第二次搅拌仍不符合要求，则不得使用。运输盛器应严密坚实，要求不漏浆、不吸水，并便于装卸拌和料。

（3）混凝土从加水搅拌，拌和机内卸出，经运输、浇筑直至振捣完毕所需的运输时间不宜超过表4.3的规定。

表4.3　混凝土拌和物运输时间限制

气温/℃	无搅拌设施运输/min	有搅拌设施运输/min
20~30	30	60
10~19	45	75
5~9	60	90

2）运输工具

一般采用独轮手推车、双轮手推车、窄轨倾斗车、自动倾卸卡车、井字架起吊设备、悬臂起重机、缆索起重机、搅拌运输车和混凝土泵车等。

4.1.3.4　混凝土浇筑

浇筑前仔细检查支架、模板和钢筋的尺寸，预埋件的位置是否正确，并检查模板的清洁、润滑和紧密程度。

1）允许间隙时间

混凝土浇筑应依照次序，逐层连续浇完，不得任意中断，并应在前层混凝土开始初凝前即将次层混凝土拌和物浇捣完毕。其允许间隙时间以混凝土还未初凝或振捣器尚能顺利插入为准。

2）工作缝的处理

当间歇时间超过规定的数值时，应按工作缝处理，其方法如下。

（1）需待下层混凝土强度达到2.5MPa后，方可浇筑后续混凝土。

（2）在浇筑混凝土前，应凿除施工缝处下层混凝土表面的水泥砂浆和松弱层，使坚实混凝土层外露并凿成毛面。

（3）无筋构件的工作缝应加锚固钢筋或石榫，有抗渗要求的施工缝宜做成凹形、凸形或设止水带。

（4）对施工接缝处的混凝土，振捣器离先浇混凝土5~10cm，应仔细地加强振捣，使新旧混凝土紧密结合。施工缝的位置宜留置在结构受剪力和弯矩较小且便于施工的部位。

（5）旧混凝土经清理干净后，用水清洗干净并排除积水。垂直接缝应刷一层净水泥浆；水平接缝应铺一层厚为1~2cm的1∶2(水泥∶砂)水泥砂浆，斜缝可把斜面凿毛呈台阶状，按照前面所说的处理。

3）混凝土浇筑时的分层厚度

每层混凝土的浇筑厚度，应根据拌和能力、运输距离、浇筑速度、气温及振捣器工作能力来决定，一般为 15~30cm。

4）混凝土的自由倾落高度

为保证混凝土在垂直浇筑过程中不发生离析现象，应遵守下列规定。

（1）浇筑无筋或少筋混凝土时，混凝土拌和物的自由倾落高度不宜超过 2m。当倾落高度超过 2m 时，应用滑槽或串筒输送；当倾落高度超过 10m 时，串筒内应附设减速设备。

（2）浇筑钢筋较密的混凝土时，自由倾落高度最好不超过 30cm。在溜槽串筒的出料口下面，混凝土堆积高度不宜超过 1m。

5）斜层浇筑混凝土的方法

对于大型构造物，每小时的混凝土浇筑量相当大，使混凝土的生产能力很难适应，采用斜层浇筑混凝土的方法，可以减少浇筑层的面积，从而减少每小时的混凝土浇筑量。斜面浇筑混凝土应从低处开始。

6）分成几个单元浇筑混凝土的方法（大体积混凝土浇筑）

对于大型构造物如桥梁墩台，当其截面积超过 100~150m^2时，为减少混凝土每小时需要量，可把整体混凝土分成几个单元来浇筑。每个单元面积最好不小于 50m^2，其高度不超过 2m，上、下两个单元间的垂直缝应彼此相间、互相错开约 1~1.5m。

把厚大的混凝土体分成单元，还可以防止墩台表面发生裂缝。大体积混凝土的浇筑应在一天中气温较低时进行。

7）简支梁混凝土的浇筑

浇筑上部构造混凝土可以采用水平分层浇筑法或斜层浇筑法。

整体式简支板梁混凝土的浇筑，宜不间断地一次浇筑完毕。务使整个上部构造浇筑完毕时，其最初浇筑的混凝土强度还不大，并仍有随同支架的沉陷而变形的可塑性。一般采用斜层浇筑法，从两端同时开始，向跨中将梁和行车道板一次浇筑完毕。

简支梁式上部构造混凝土的浇筑也可用水平层浇筑法。在所有钢筋绑扎安装之后，把上部构造分层一次浇筑完毕，浇筑时通过上部钢筋间的缝隙，从上面把混凝土浇入模板内并进行捣实。

4.1.3.5 混凝土振捣

1）人工振捣

采用人工振捣的混凝土，适用于坍落度大、混凝土数量少或布筋较密的场合，且应按规定分层浇筑。为使混凝土密实，且表面平整、无蜂窝麻面等现象，每层需以捣钎捣实，并沿模板边缘捣边，捣边时要用手锤或木槌轻敲模板外侧，使之抖动。振捣时应注意均匀，大力振捣不如小力加快振捣更有效。

2）机械振捣

（1）插入式振捣。用插入式振捣器插入混凝土内部振捣，适用于非薄壁构件的振捣，如实心板、墩台基础和墩台身，捣实效果比较好。振动器插入混凝土时要垂直，不可触及模板和钢筋。振捣时快插慢拔、插点要均匀，可按行列式或交错式进行，两点间距离以 1.5 倍作用半径为宜。作用半径一般为 40~50cm。振捣上一层的混凝土时振捣器应略插入下层混凝土 5~10cm 以消除两层之间的接触面。与侧模应保持 5~10cm 的距离，以避免振动棒碰撞模板。

振捣时间以混凝土不再下沉、气泡不再发生、水泥砂浆开始上浮、表面平整为止。插入式振捣器振捣时间约为 15~30s。

延长振捣时间，并不能提高混凝土的质量；相反，过久地振捣，可能使混凝土产生离析，使混凝土发生石子下沉，灰浆上升；过多地振捣所造成的危害比振捣不足更大，尤其对塑性的、稠度较稀的混凝土更为显著。

（2）平板式振捣。平板式振捣系用平板式振捣器放在混凝土浇筑层的表面振捣，适用于混凝土面积较大的振捣，如实心板、空心板的底板和顶板、桥面和基础等。平板式振捣器移位间距，应以使振捣器平板能覆盖已振实部分 10cm 左右为准，振捣时间约为 20~40s。

（3）附着式振捣。附着式振捣系用附着式振捣器安装在模板外部振捣，适用于薄壁构件的振捣，如 T 形梁等。振捣器的布置与构件厚度有关，当厚度小于 15cm 时，可两面交错布置；当厚度大于 15cm 时，应两面对称布置。振捣器布置的间距不应大于它的作用半径。附着式振捣器振捣时间约为 40~60s。这种方法因系借助振动模板以振实混凝土，效果并不理想，且对模板要求很高，故一般只有在钢筋过密而无法采用插入式振捣器时方可采用。

4.1.3.6 混凝土养护

混凝土中水泥的水化作用过程，就是混凝土凝固、硬化和强度发育过程，为了保证已浇筑的混凝土有适当的硬化条件，并防止天气干燥使混凝土表面产生收缩裂缝，应对新浇筑的混凝土加以润湿养护。混凝土养护主要方法有浇水养护和喷膜养护。

1）浇水养护

浇水养护是在自然温度条件下(高于 5℃)，对塑性混凝土，应在浇筑后 12h 以内；对于硬性混凝土，应在浇筑后 1~2h 内，用湿草袋、麻袋、锯末覆盖和洒水养护保持混凝土表面处于湿润状态。混凝土的浇水养护日期，随环境气温而异，在常温下，用普通水泥拌制时，不得少于 7d；用矾土水泥拌制时，不得少于 3d；用矿渣水泥，火山灰质水泥或在施工中掺用塑化剂时，不得少于 14d。干燥炎热天气应适当延长，气温低于 5℃时，不得浇水，但在混凝土表层加以覆盖。

2）喷膜养护

喷膜养护是混凝土表面喷洒 1~2 层塑料溶液，待溶液挥发后，在混凝土表面结合成一层塑料薄膜，使混凝土与空气隔绝，使混凝土水分不再蒸发，从而完成水化作用。此养护方法适用于表面较大的混凝土及垂直面混凝土。

4.1.3.7 模板与支架的拆除

模板拆除应遵循先支后拆、先拆非承重、后拆承重的顺序，自上而下进行。支架和拱架，应按几个循环卸落，卸落量宜为由小渐大。每一循环中，在横向应同时卸落，在纵向应对称、均衡卸落。

非承重侧模板应在混凝土强度保证其表面及棱角不致因拆模而受损坏时方可拆除，一般抗压强度达到 2. 5MPa。

芯模和预留孔道的内模，应在混凝土抗压强度能保证其表面不发生塌陷和裂缝现象时方可抽除。

预应力混凝土结构的承重底模，应在施加预应力后拆除。

拆除立杆(拉杆)时，要特别注意防止失稳，一般最后一道水平横撑杆要与立杆(拉杆)同时拆下。卸落支架时要设专人用仪器观测梁、拱的变形情况并做详细记录。

现浇钢筋混凝土桥落架工作，应从挠度最大处的支架上的落架设备开始向两支点进行。卸落量是开始宜小以后逐渐增大，并要纵向对称、横向一致同时卸落。简支梁、连续梁宜从跨中向支座依次循环卸落；悬臂梁应先卸挂梁及悬臂的支架，再卸无铰跨内的支架；肋板梁等型式的上部构造，应按荷载传递的次序进行。

在拆除模板及其支架以前，应将混凝土立方体进行试压，以确定所达到的强度。混凝土立方体应取自浇筑承重结构的混凝土中，并且应与承重结构处于相同的条件下进行养护。

模板及其支架的拆除期限与混凝土硬化的速度、气温及结构性质有关。钢筋混凝土结构的承重模板、支架和拱架的拆除，见表 4. 4。

表 4. 4　现浇结构拆除底模时的混凝土强度

结构类型	结构跨度/m	按设计混凝土强度标准值的百分率/%
板	≤2	50
	2~8	75
	>8	100
梁、拱	≤8	75
	>8	100
悬臂构件	≤2	75
	>2	100

模板拆除时，应尽量避免对混凝土硬化的震动，已拆除模板的结构，应在混凝土达到设计强度的100%时，才允许承受全部计算荷载。

4. 1. 3. 8　混凝土的季节性施工措施

1) 混凝土冬季施工

混凝土的强度发育，与周围的温度有关，当温度低于15℃时，它的硬化速度减慢；当温度至0℃以下时，硬化基本停止，虽然在温度回升后，仍能重新进行硬化，但最终强度却被削弱了。所以在冬季条件下进行混凝土施工，要求混凝土强度未达到设计强度的40%~50%时不得受冻，需要采取保温措施。

实验证明，当混凝土强度达到设计强度的70%时，再受冻就没有影响了，当天气转暖后，混凝土仍可发展到正常的强度。当平均气温连续5d低于5℃或最低气温低于-3℃时，应按冬季施工法浇筑混凝土。

(1) 一般措施。在冬季，减少用水量和增加混凝土拌和时间。改进运输工具，在其周围设置保温装置，减少热量损失。冬季混凝土宜优先选用强度等级在42.5级以上的硅酸盐水泥、普通硅酸盐水泥；水灰比一般不应大于0.45。混凝土运输时间尽量短，要有保温措施。

（2）原材料加热。拌制混凝土应优先采用加热水，水加热温度不宜高于80℃。在严寒情况下，也可将骨料加热，骨料加热温度不得高于60℃，拌和时先将水和砂石材料拌和一定时间，再加入水泥一起拌和，避免水泥和热水接触，产生“假凝现象”，拌和时间应延长50%。

（3）掺早强剂。在混凝土中掺入一定数量的引气剂、减水剂和防冻剂，既可加快提高混凝土的早期强度，又可降低混凝土中水的冰点，从而防止混凝土的早期冻结。

对无筋或少筋的混凝土结构可加入2%的氯化钙，对钢筋混凝土结构可加入亚硝酸钠复合剂0~1.0%。预应力混凝土禁用含氯盐防冻剂。

（4）提高养护温度。提高养护温度主要有以下方法。

① 暖棚法。把结构物用棚子盖起来，在棚内生火炉，使温度保持在10℃左右。暖棚内应保持一定的湿度，湿度不足时，应向混凝土面及模板上洒水。

② 蓄热法(暖瓶法)。在混凝土表面上覆盖稻草、锯末等保温材料，保温不低于10℃，延迟混凝土热量的散失。此法宜用于不甚寒冷的气候，成本最低，使用简便。

③ 蒸汽加热法。把构件放在密闭的养护室内，通以湿热蒸汽加以养护。蒸汽养护在混凝土浇筑后2h开始加温，升温速度不得超过15℃/h，养护时间为8~12h，最高温度不宜超过80℃，降温速度不得超过10℃/h。

④ 电热法。在混凝土内埋入钢筋或铅丝，然后通电，使电能变为热能。在养护中控制温度并观测混凝土表面的湿度，出现干燥现象时应停电，并用温水润湿表面。

2）混凝土夏季施工

混凝土夏季施工是指浇筑混凝土时的气温高于30℃。其主要注意事项如下。

（1）控制原材料温度。采取遮阴或降温措施，降低混凝土原材料及水温能有效地降低混凝土的温度。实验证明，若水温降低2℃，则能使混凝土降低0.5℃，拌制混凝土用水可采用地下水，水泥、砂、石料应遮阴防晒，以降低骨料温度。

（2）掺减水剂。掺加减水剂可以减少水泥用量和提高混凝土的早期强度。减水剂的用量为水泥用量的3%。

（3）控制操作时间。施工宜在凌晨或夜间进行，运输时尽量缩短时间，运输距离力求最短，减少拌和时间，保证以最短的时间连续浇筑完毕。浇筑现场尽量遮阴，并采取措施降低模板与钢筋的温度。

（4）注意养护。混凝土浇筑完毕后，及时进行表面泌水，并覆盖塑料膜、湿草袋或湿麻袋，采取遮光和挡风措施，洒水养护保持湿润最少7d。构筑物竖面拆模后用湿麻布外包塑料膜包裹，保湿7d以上。

3）混凝土雨季施工

混凝土雨季施工是指在降雨量集中的季节且易对混凝土的质量造成影响时进行的施工。其主要注意事项如下。

(1) 混凝土浇筑完毕后，及时覆盖塑料布。

(2) 雷区应设置防雷措施，高耸结构应有防雷设施。露天使用的电器设备要有可靠的防漏电措施。台风区要有防风措施。

(3) 施工前检查和疏通现场排水系统。雨后及时清除模板和钢筋上的污物。

4.1.3.9 泵送混凝土施工

1) 泵送混凝土原材料和配合比

(1) 泵送混凝土原材料的要求如下。

① 水泥。水泥品种对混凝土可泵性有一定影响。一般以采用硅酸盐、普通硅酸盐水泥为宜，均应符合相应标准的规定，一般不用矿渣水泥。采用适当提高砂率、降低坍落度、掺加粉煤灰、提高保水性等技术措施，对降低水泥水化热、防止温差引起裂缝等是有利的。

② 水。拌制泵送混凝土所用的水，应符合国家现行标准的规定。

③ 细集料。细集料宜采用中砂。规定通过0.315mm筛孔的砂，不应少于15%。

④ 粗集料。为防止混凝土泵送时管道堵塞，必须严格控制粗集料最大粒径与输送管径之比。泵送高度在50m以下时，碎石不宜大于1∶3，卵石不宜大于1∶2.5；泵送高度在50~100m时，宜在1∶4~1∶3；泵送高度在100m以上时，宜在1∶5~1∶4。粗集料针片状颗粒含量对混凝土可泵性影响很大。当针片状颗粒含量多，石子级配不好时，输送管道弯头处的管壁往往易磨损或泵裂。针片状颗粒一旦横在输送管中，易造成输送管堵塞，因此，规定针片状颗粒含量不宜大于10%。

⑤ 外掺材料。泵送混凝土中掺用外加剂和粉煤灰(简称“双掺”)对提高混凝土的可泵性十分有利，同时还可节约水泥，但均需符合国家现行相应标准的规定。掺粉煤灰的泵送混凝土配合比设计，必须经过试配确定。

(2) 泵送混凝土配合比。确定泵送混凝土的配合比时，仍可采取用普通方法施工的混凝土配合比设计方法，故泵送混凝土配合比设计应符合用普通方法施工的混凝土配合比设计所应遵守的规定。只是考虑混凝土拌和物在泵压作用下，由管道输送的特点，在坍落度、水灰比、砂率、水泥用量等方面予以特殊处理。

① 坍落度。不同泵送高度入泵时混凝土的坍落度，见表4.5。

表4.5 不同泵送高度入泵时混凝土坍落度选用值

泵送高度/m	30以下	30~60	60~100	100以上
坍落度/mm	100~140	140~160	160~180	180~200

② 水灰比。泵送混凝土水灰比过小，混凝土流动阻力急剧上升，泵送极为困难；水灰比过大，混凝土易离析，可泵性差。泵送混凝土的水灰比宜为0.4~0.6。

③ 砂率。泵送混凝土的砂率宜为38%~45%。

④ 水泥用量。水泥含量是影响管道内输送阻力的主要因素。泵送混凝土最小水泥用量与输送管直径、泵送距离、集料等有关。泵送混凝土的最小水泥用量宜为300kg/m。

2) 混凝土泵送设备

(1) 混凝土泵。混凝土泵是将混凝土拌和物加压并通过管道水平或垂直连续输送到浇筑工作面的混凝土输送机械，是泵送混凝土施工的主要设备。

混凝土泵按驱动形式主要分为挤压式和活塞式。目前一般采用的是液压活塞式混凝土泵。混凝土泵按其移动方式可分为拖式、固定式、臂架式和车载式等。

(2) 输送管道。混凝土泵的输送管的管材主要有钢管和橡胶软管。钢管是一种常见的输送管道，其具有较高的抗压性能和强度，同时也具有较长的使用寿命，在使用钢管进行泵送混凝土时，需要注意的是钢管的连接问题，一定要保证连接的牢固性，避免因管道破裂而导致事故的发生。橡胶软管是一种具有较好的柔性、防护性能的管道，其可承受一定的压力，并且容易折叠和运输，相比于钢管，橡胶软管具有更好的可塑性和灵活性，但是其寿命相对较短，需要更加频繁地更换。混凝土泵的输送管管道直径可按实际需要和可能，通过变径锥管连接。

3) 混凝土泵送施工方法

(1) 混凝土的泵送。泵送前应先开机进行空运转，然后泵送适量水以湿润混凝土泵的料斗、活塞及输送管的内壁等直接与混凝土接触部位。经泵送水检查，确认混凝土泵和输送管中无异物，并且接头严密后，应采用下列方法之一润滑混凝土泵和输送管内壁。

① 泵送水泥浆。

② 泵送 1：2 水泥砂浆。

③ 泵送与混凝土内除粗集料外的其他成分相同配合比的水泥砂浆。

润滑浆的数量可根据混凝土泵操作说明提供的定额和管道长度来确定。润滑用的水泥浆或水泥砂浆应分散布料，不得集中浇筑在同一处。

开始泵送时，转速以 500~550r/min 为宜，混凝土泵应处于慢速、匀速并随时可反泵的状态。泵送速度应先慢后快，逐步加速。同时，应观察混凝土泵的压力和各系统的工作情况，待各系统运转顺利后，方可以正常速度进行泵送。

在混凝土泵送过程中，要密切注意观察油压表和各部分的工作状态。泵送中应注意不要使料斗里的混凝土降到 20cm 以下。若料斗内剩料过少，不但会使泵送量减少，还会因吸入空气而造成堵塞。泵送时，每 2h 更换一次清洗水箱里的水。当混凝土泵送开始后就应连续进行，尽可能不要中途停顿。料斗内的混凝土部分带有离析倾向时，应先搅拌均匀后再泵送。

泵送过程中，废弃的和泵送终止时多余的混凝土，应按预先确定的处理方法和场所，及时进行妥善处理。

混凝土泵送即将结束前，应正确计算尚需用的混凝土数量，并应及时告知混凝土搅拌站。泵送完毕时，应将混凝土泵和输送管清洗干净。

(2) 泵送混凝土的浇筑。泵送混凝土的浇筑施工，应根据工程结构特点、平面形状和几何尺寸、混凝土供应和泵送设备能力、劳动力和管理能力，以及周围场地大小等条件，预先划分好混凝土浇筑区域。

① 混凝土的浇筑顺序。浇筑泵送混凝土时，为了方便施工，提高工效，缩短浇筑时间，保证浇筑质量，应当确定合理的浇筑次序，并加以严格执行。其注意事项如下。

a. 当采用输送管输送混凝土时，应由远而近浇筑，可使布料、拆管和移动布料设备等不会影响先浇筑混凝土的质量。

b. 同一区域的混凝土，应按先竖向结构后水平结构的顺序，分层连续浇筑。

c. 当不允许留施工缝时，区域之间、上下层之间的混凝土浇筑间歇时间，不得超过混凝土初凝时间。当下层混凝土初凝后，浇筑上层混凝土时，应先按留施工缝的规定处理。

② 混凝土的布料方法如下。

a. 在浇筑竖向结构混凝土时，布料设备的出口离模板内侧面不应小于50mm且不得向模板内侧面直冲布料，也不得直冲钢筋骨架，以防止混凝土离析。

b. 浇筑水平结构混凝土时，不得在同一处连续布料，应在2~3m范围内水平移动布料，且宜垂直于模板布料。

③ 混凝土浇捣注意事项如下。

a. 混凝土浇筑分层厚度，宜为300~500mm。当水平结构的混凝土浇筑厚度超过500mm时，可按1∶10~1∶6坡度分层浇筑，且上层混凝土应超前覆盖下层混凝土500mm以上。

b. 振捣泵送混凝土时，振动器移动间距宜为400mm左右，振捣时间宜为15~30s，且隔20~30min后进行第二次复振。

c. 对于有预留洞、预埋件和钢筋太密的部位，应预先制订技术措施，确保顺利布料和振捣密实。在浇筑混凝土时，应经常观察，当发现混凝土有不密实等现象时，应立即采取措施予以纠正。对于水平结构的混凝土表面，应适时用木抹子磨平搓毛两遍以上。必要时，还得用铁滚筒压两遍以上，以防止产生收缩裂缝。

4.2 预应力混凝土梁桥施工

预应力混凝土梁桥，除了具有钢筋混凝土梁桥的所有优点外，它的主要特点如下。

(1) 预应力混凝土结构，由于能够充分利用高强度材料(高强度混凝土、高强度钢筋)，所以构件截面小，自重弯矩占总弯矩的比例大大下降，桥梁的跨越能力得到提高。

(2) 与钢筋混凝土梁桥相比，一般可以节省钢材30%~40%，跨径愈大，节省愈多。

(3) 全预应力混凝土梁在使用荷载下不出现裂缝，即使部分预应力混凝土梁在常遇荷载下也无裂缝，鉴于全截面参加工作，梁的刚度就比通常开裂的钢筋混凝土梁要大。因此，预应力梁可显著减少建筑高度，使大跨径桥梁做得轻柔美观，由于能消除裂缝，这就扩大了对多种桥型的适应性，并提高了结构的耐久性。

(4) 预应力技术的采用，不但使钢桥采用的一些施工方法，如：悬臂拼装、顶推法(由钢桥的纵向拖拉施工方法演化而成)和旋转施工法，在预应力混凝土梁桥中得到新的发展与应用，而且为现代预制装配式结构提供了最有效的接合和拼装手段，根据需要可在结构纵、横和竖向任意分段，施加预应力，即可集成理想的整体，此外还发展了逐段或逐孔现浇施工方法。这种分段现浇或分段预制拼装的施工方法，国外统称为节段施工法，用这种施工方法建成的预应力混凝土桥梁统称为预应力混凝土节段式桥梁。

显然，要建造好一座预应力混凝土桥梁，首先要有作为预应力筋的优质高强钢材和保证高强度混凝土的施工质量，同时需要有一整套专门的预应力张拉设备和材料素质好、制作精度要求高的锚具，并且要掌握较复杂的施工工艺。

4.2.1 先张法预应力混凝土简支梁桥施工

4.2.1.1 先张法概述

先张法是先将预应力筋在台座上按设计要求的张拉控制应力张拉，然后立模浇筑混凝土，待混凝土强度达到设计标号75%后，放松预应力筋。由于钢筋的回缩，通过其与混凝土之间的黏结力，使混凝土得到预应力。

先张法生产可采用台座法或机组流水法，用于工厂内预制定型构件。

先张法的优点：只需夹具，可重复使用，它的锚固是依靠预应力筋与混凝土的黏结力自锚于混凝土中；工艺构造简单，施工方便，成本低。

先张法的缺点：需要专门的张拉台座，一次性投资大；构件中的预应力筋只能直线配筋，适用于长25m内的预制构件。

4.2.1.2 张拉台座

张拉台座由承力支架、台面、横梁和定位板等组成，要求有足够强度、刚度与稳定性（其抗倾覆安全系数不小于1.5，抗滑移系数不小于1.3），台座长度一般在50~100m。

1）承力支架

承力支架是台座的重要组成部分，要承担全部张拉力，在设计和建造时应保证不变形、不位移、经济、安全和操作方便。目前在桥梁施工中所采用的承力支架多用槽式，这种支架一般能承受1000kN以上的张拉力。

2）台面

台面是制作构件的底模，要求地基不产生非均匀沉陷，底板制作必须坚固、平整、光滑。一般可在夯实平整的地基，浇铺一层素混凝土，并按规定留出伸缩缝。

3）横梁

横梁是将预应力筋的全部张拉力传给承力支架的两端横向构件，可用型钢或钢筋混凝土制作；并要根据横梁的跨度、张拉力的大小，通过计算确定其断面，以保证其强度、刚度和稳定性；受力后挠度应不大于2mm，避免受力后产生变形或翘曲。

4）定位板

定位板是用来固定预应力钢筋位置的，一般都用钢板制作。其厚度必须使承受张拉力后，具有足够的刚度。圆孔位置按照梁体预应力钢筋的设计位置，孔径的大小应略比预应力钢筋大2~4mm，以便穿筋。

4.2.1.3 主要施工要点

1）模板与预应力钢筋制作

（1）模板的制作。模板的制作除满足一般要求外，还有如下要求。

① 端模预应力筋孔道的位置要准确，安装后与定位板上对应的预应力筋要求均在一条中心线上。

② 先张法制作预应力板梁，预应力钢筋放松后板梁压缩量为1%左右。为保证梁体外形尺寸，侧模制作要增长1%。

(2) 预应力钢筋的制作。预应力混凝土构件所用的预应力钢筋，种类很多，有直径为3~5mm的高强钢丝、钢绞线、冷拉Ⅱ、Ⅳ级钢筋等。下文仅介绍预应力钢筋的制作工序，它包括下料、对焊、镦粗、冷拉等工序。进场分批验收除检查三证还需按规定检验，每批重量不大于60t。若按规定抽样试样不合格，则不合格盘报废，另取双倍试样检验不合格项，如再有不合格项，则整批预应力筋报废。

① 钢筋的下料。预应力钢筋的下料长度如图4.3所示，应通过计算。计算时应考虑构件或台座长度、锚夹具长度、千斤顶长度、焊接接头或镦粗头预留量、冷拉伸长值、弹性回缩值、张拉伸长值和外露长度等因素。

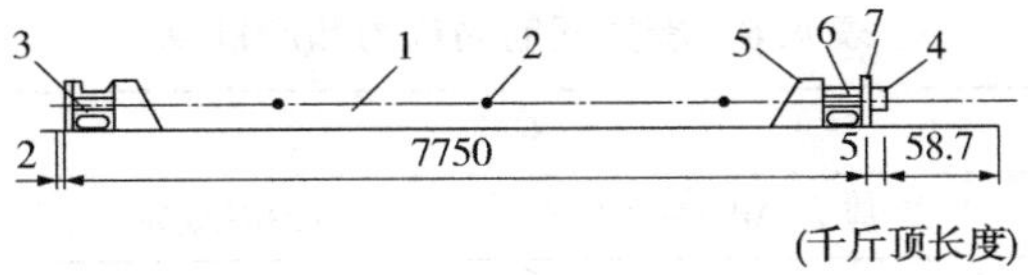

图4.3 长线台座预应力的钢筋下料长度(单位：cm)

1—预应力筋；2—对焊接头；3—镦粗头；4—夹具；5—台座承力支座；6—横梁；7—定位板

下料长度计算公式(按一端张拉)见式(4.2)。

$$\left.\begin{aligned} L&=\frac{L_0}{1+\delta_1-\delta_2}+n_1 l_1+l_2 \\ L_0&=L_1+L_2+L_3 \end{aligned}\right\} \tag{4.2}$$

式中，L为下料长度，cm；δ_1为冷拉率(对L而言)；δ_2为钢筋回缩率(对L而言)；n_1为对焊接头的数量；l_1为每个对焊接头的预留量；l_2为镦粗头的预留量；L_0为钢筋的要求长度，cm；L_1为长线台座的长度(包括横梁、定位板在内)，cm；L_2为夹具长度，cm；L_3为张拉机具所需的长度(按具体情况决定)，cm。

实际下料长度为8根9m钢筋和1根4.223m钢筋。

② 钢筋的对焊。预应力筋切断，宜采用切断机或砂轮锯，不得采用电弧切割。预应力钢筋的接头必须在冷拉前采用对焊，以免冷拉钢筋高温回火后失去冷拉所提高的强度。

普通低合金钢筋的对焊工艺，多采用闪光对焊接。对焊后应进行热处理，以提高焊接质量。预应力筋有对焊接头时，宜将接头设置在受力较小处，在结构受拉区及在相当于预应力筋30d(d为钢筋直径)长度(不小于50cm)范围内，对焊接头的预应力筋截面面积不得超过钢筋总截面积的25%。

③ 钢筋的镦粗。制作预应力混凝土构件时，要用夹具和锚具，需耗费一定的优质钢材。因此，为了节约钢材，简化锚固方法，可将预应力钢筋端部做一个大头(即镦粗头)，加上开孔的垫板，以代替夹具和锚具。钢筋的镦粗头可以采用电热镦粗；高强钢丝可以采用液压冷镦；冷拔低碳钢丝可以采用冷冲镦粗。冷拉钢筋端头的镦粗及热处理工作应在钢筋冷拉前进行。

钢筋或钢丝的镦粗头制成后，要经过拉力试验，当钢筋或钢丝本身拉断，而镦粗头仍不破坏时，则认为合格；同时外观检查，不得有烧伤、歪斜和裂开的情况。

④ 钢筋的冷拉。为了提高钢筋的强度和节约钢筋，预应力粗钢筋在使用前一般需要进行冷拉(即在常温下用超过钢筋屈服强度的拉力拉伸钢筋)。

钢筋冷拉按照控制方法可分为“单控”(即控制冷拉伸长率)和“双控”(同时控制应力和冷拉伸长率)两种。目前由于材质不良，即使同一规格钢筋采用相同冷拉伸长率冷拉后建立的屈服强度并不一致；或在同一控制应力下，伸长率又不一致。因此，单按哪一种控制都不能保证质量，最好采用“双控”冷拉，既可保证质量，又可在设计上充分利用钢材强度。采用“双控”冷拉时，应以应力控制为主，伸长率控制为辅。只有在没有测力设备的情况下，采用“单控冷拉”。

钢筋的应力和冷拉率不应超过表 4. 6 的规定。

表 4. 6　冷拉钢筋的应力和冷拉率

钢筋种类	双控		单控
	应力/MPa	冷拉率/%	冷拉率/%
Ⅱ级钢筋	450	≤5. 5	3. 5~5. 5
Ⅲ级钢筋	530	≤5. 0	3. 5~5. 0
Ⅳ级钢筋	750	≤4. 0	2. 5~4. 0

2）预应力筋张拉

先张法预应力钢筋、钢丝和钢绞线的张拉按预应力筋数量、间距和张拉力的大小，采用单根张拉和多根张拉。当采用多根张拉时，必须使它们的初始长度一致，张拉后应力才均匀。为此在张拉前调整初应力，初应力值一般为张拉控制应力值的 10%~15%。

为了减少预应力筋的松弛损失，可采用超张拉的方法进行张拉。超张拉值为张拉控制应力值的 105%(即 105%σK，σK 为预应力张拉控制应力)。先张法预应力筋张拉程序见表 4. 7。

表 4. 7　先张法预应力筋张拉程序

预应力筋种类	张拉程序
钢筋	0→初应力→105%$\sigma K\xrightarrow{\text{持荷 2min}}$90%$\sigma K$→$\sigma K$(锚固)
钢丝、钢绞线	0→初应力→105%$\sigma K\xrightarrow{\text{持荷 2min}}$0→$\sigma K$(锚固)

张拉时对钢丝、钢绞线而言，同一构件内断丝数不得超过钢丝总数的 1%；对钢筋而言，不允许断筋。

3）混凝土工程

预应力混凝土梁的混凝土工程，除了选用标号较高而在配料、制备、浇筑、振捣和养护等方面更应严格要求外，基本操作与钢筋混凝土构件中相仿。混凝土可掺入适量的外加剂，但不得掺入氯化钙、氯化钠等氯盐。混凝土的水泥用量不宜超过 550kg/m^2；水灰比不超过 0. 45；坍落度不大于 3cm；水、水泥、减水剂用量应准确到±1%；集料用量准确到±2%。此外，在台座内每条生产线上的构件，其混凝土必须一次性浇筑完毕；振捣时，应避免碰击预应力筋，尽量采用侧模振捣工艺。

4）预应力筋放松

当混凝土强度达到设计规定后（当无设计规定，一般应不少于设计标号的75%），可逐渐放松受拉的预应力筋，然后再切割每个梁的端部预应力筋。

预应力筋的放松速度不宜过快。当采用单根放松时，每根预应力筋严禁一次放完，以免最后放松的预应力筋自行崩断。常用的放松方法有以下两种。

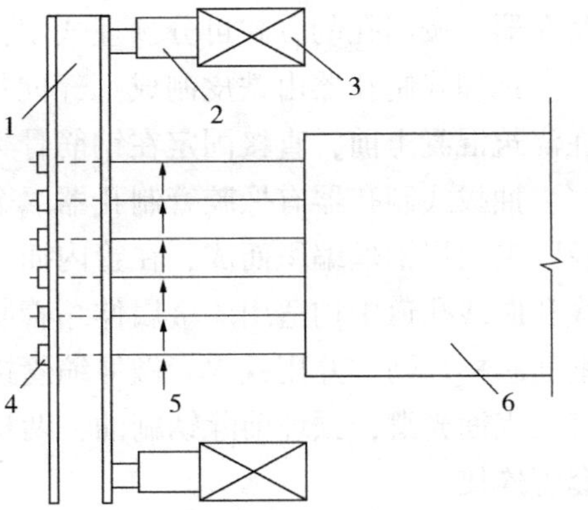

图 4.4　千斤顶放松张拉力的布置

1—横梁；2—千斤顶；3—承力支架；4—夹具；5—钢筋；6—构件

（1）千斤顶放松。在台座固定端的承力支架和横梁之间，张拉前预先安放千斤顶，如图 4.4 所示。

待混凝土达到规定的放松强度后，两个千斤顶同时回程，放张宜分数次完成，使拉紧的预应力筋徐徐回缩，张拉力被放松。

（2）砂箱放松。使用时从进砂口灌满烘干的砂子，加上压力压紧。待混凝土达到规定的放松强度后，打开出砂口，砂子即慢慢流出，放砂速度应均匀一致；预应力筋随之徐徐回缩，张拉力即被放松。当单根钢筋采用拧松螺母的方法放松时，宜先两侧后中间，分阶段、对称地进行。

钢筋放张后，可用乙炔-氧气切割，但应采取措施防止烧坏钢筋端部。钢丝放张后，可用切割、锯断或剪断的方法切断；钢绞线放张后，可用砂轮锯切断。

4.2.2　后张法预应力混凝土简支梁桥施工

4.2.2.1　后张法概述

后张法是先制作留有预应力筋孔道的梁体，待混凝土达到设计强度的75%后，将预应力筋穿入孔道，并利用构件本身作为张拉台座张拉预应力筋并锚固，然后进行孔道压浆并浇筑封闭锚具的混凝土，混凝土因有锚具传递压力而得到预应力。

后张法的优点是：预应力筋直接在梁体上张拉，不需要专门台座；预应力筋可按设计要求配合弯矩和剪力变化布置成直线形或曲线形；适合于预制或现浇的大型构件。

后张法的缺点是：每一根预应力筋或每一束两头都需要加设锚具，在施工中还增加留孔、穿筋、灌浆和封锚等工序，工艺较复杂，成本高。

后张法制作预应力混凝土构件，一般在施工现场进行，适用于大于25m的简支梁或现场浇筑的桥梁上部结构。

4.2.2.2　主要施工要点

1）预留孔道

（1）制孔器种类。为了在梁体混凝土内形成钢束的管道，应在浇筑混凝土前预先安放制孔器。按制孔的方式可分预埋式制孔器和抽拔式制孔器两类。

预埋式制孔器由铁皮制成。经向接头可采用咬口，轴向接头则用点焊，按设计位置，在浇筑混凝土前，直接固定在钢筋骨架上。多用于曲线形的孔道。

抽拔式制孔器有橡胶管制孔器、金属伸缩管制孔器和钢管制孔器。橡胶管制孔器是用橡胶夹两层钢丝编织而成，在管内插入钢筋芯棒，也可在管内充以压力水增加刚度。在直线和曲线孔道中均适用。金属伸缩管制孔器是用金属丝编织成的软管套，内用橡胶封管和钢筋芯棒加劲，并用铁皮管做伸缩管接头。钢管制孔器仅适用于直线形孔道，钢管必须平直，表面光滑，预埋前除锈刷油，两根钢管连接处可用 2mm 厚的铁皮做成两道长约 40cm 套管连接。

（2）制孔器安装。

① 安装要求。

a. 保证预应力筋预留孔道尺寸与位置正确，端部的预埋钢垫板应垂直于孔道中心线。保证预留孔道畅通，芯管的连接处不漏浆。

b. 采用定位钢筋固定安装管道，固定各种成孔管道用的定位钢筋的间距，对于钢管不宜大于 1m；对于波纹管不宜大于 0.8m；对于胶管不宜大于 0.5m；对于曲线管道宜适当加密。

② 安装方法。安装制孔器时，可先将外管沿梁体长度方向顺序穿越各定位钢筋的“井”字网眼，然后在梁中部安装好外管接头，并固定外管，最后穿入钢筋芯棒。外管接头布置在跨中附近，但不宜在同一断面上(同一断面是指顺制孔器长度方向为 1m 的范围内)。

（3）制孔器的抽拔。制孔器的抽拔应在混凝土初凝后与终凝前进行。过早抽拔，混凝土可能塌陷；过迟抽拔，可能拔断制孔器。一般以混凝土抗压强度达到 0.4～0.8MPa 时为宜。抽拔时间见表 4.8。

表 4.8　抽拔制孔器的时间

环境温度/℃	>30	20～30	10～20	<10
抽拔时间/h	3	3～5	5～8	8～12

抽拔制孔器的顺序是先抽芯棒，后拔胶管；先拔下层胶管，后拔上层胶管；先拔早浇筑的半根芯管，后拔晚浇筑的半根芯管。

抽芯后，应用通孔器或压水、压气等方法对孔道进行检查，如发现孔道堵塞或有残留物或与邻孔有串通，应及时处理。

2）预应力筋加工与下料

（1）预应力筋加工。后张法预应力混凝土简支梁桥常用碳素钢丝束、冷拉Ⅲ级和Ⅳ级粗钢筋、钢绞线作为预应力筋。

① 碳素钢丝束的加工。碳素钢丝束的加工包括下料和编束。编束时可将钢丝对齐后穿入特殊的疏丝板使其排列整齐成束。

② 粗钢筋的加工。粗钢筋的加工主要包括下料、对焊、墩粗(采用墩台锚具、冷拉等工序)。

③ 钢绞线的加工。钢绞线预应力筋在使用前应进行预拉，以减少钢绞线的构造变形和应力松弛损失，并便于等长控制。钢绞线成束的编扎方法与钢丝束相同。

碳素钢丝束、粗钢筋和钢绞线的下料，宜采用切割机或砂轮机，不得使用电弧切割下料。

(2) 预应力筋下料。预应力筋的下料长度应根据锚具类型、张拉设备确定，其计算公式见式(4.3)。

$$L=L_0+n(l_1+15) \tag{4.3}$$

式中，L 为下料长度，cm；L_0为梁的管道长度加两端锚具长度，cm；l_1为千斤顶支承端到夹具外缘距离，cm；n 为张拉端个数。

3) 预应力筋安装与张拉

(1) 预应力筋安装。预应力筋安装可在浇筑混凝土之前或之后穿入孔道，对钢绞线可逐根将钢绞线穿入孔道也可以将全部钢绞线编束后整体装入管道中。穿束前应检查锚垫板位置是否准确，孔道内是否畅通，有无水和其他杂物。在混凝土浇筑之前，必须将管道上一切非有意的孔、开口或损坏之处修复，并应检查力筋能否在管道内自由滑动。

(2) 预应力筋张拉。当构件的混凝土强度达到设计强度的75%时，便可对构件的预应力筋进行张拉。

① 张拉原则。

a. 对曲线预应力筋或长度不小 25m 的直线预应力筋，宜在两端同时张拉；对长度小于 25m 的直线预应力筋，可在一端张拉。

b. 张拉时应避免构件呈过大的偏心状态，因此，应对称于构件截面进行张拉，或先张拉靠近截面重心处的预应力筋，后张拉距截面重心较远处的预应力筋。

② 张拉程序。后张法预应力筋的张拉程序见表 4.9。

表 4.9 后张法的张拉程度

预应力钢筋种类		张拉程序
钢筋、钢筋束、钢纹线束		$0\rightarrow$初应力$\rightarrow105\%\sigma K\xrightarrow{\text{持荷 5min}}\sigma K$(锚固)
钢丝束	夹片式锚具、推销式锚具	$0\rightarrow$初应力$\rightarrow105\%\sigma K\xrightarrow{\text{持荷 5min}}\sigma K$(锚固)
	其他锚具	$0\rightarrow$初应力$\rightarrow105\%\sigma K\xrightarrow{\text{持荷 5min}}0\rightarrow\sigma K$(锚固)

③ 预应力筋张拉操作方法。预应力筋的张拉操作方法与配用的锚具和千斤顶的类型有关。如张拉钢丝束可配用锥形锚具、锥锚式千斤顶；张拉粗钢筋可配用螺丝端杆锚具、拉杆式千斤顶；张拉精轧螺纹钢筋可配用特制螺帽、穿心式千斤顶；张拉钢绞线束可配 OVM 锚(OVM 锚具指的是柳州欧维姆机械股份有限公司的锚具产品，“OVM”意为“欧维姆”)、穿心式千斤顶。其中锥形锚具配锥锚式千斤顶，张拉操作程序为准备工作、初始张拉、正式张拉和顶锚。

后张法预应力筋断丝及滑移，对钢丝、钢绞线而言，同一构件内断丝数不得超过钢丝总数的 1%，每束断丝或滑丝不得大于 1 根；对钢筋而言，不允许滑移或断筋。

预应力筋在张拉控制应力达到稳定后方可锚固。锚固完毕并经检验合格后即可切割端头多余的预应力筋，但应保留 30mm 外露长度。

4）孔道压浆及封锚锚固

为了使孔道内预应力筋不受锈蚀，并与构件混凝土结成整体，保证构件的强度和耐久性，当预应力钢筋张拉完毕后，应尽快进行孔道压浆。

孔道压浆的操作要点如下。

（1）冲洗孔道。压浆前先用清水冲洗孔道，使之湿润，以保持灰浆的流动性，同时要检查灌浆孔，排气孔是否畅通无阻。

（2）确定灰浆配合比。灰浆的配合比应根据孔道形式、灌浆方法、材料性能及设备条件由试验决定。孔道压浆一般宜采用水泥浆，水泥浆的强度应不低于 30MPa。孔道较大时可在水泥浆中掺入适量的细砂。压浆所用水泥宜采用普通硅酸盐水泥，强度等级不宜低于 42.5。水灰比应控制在 0.4～0.45 之间。水泥浆强度符合设计规定，如无规定不得小于 30MPa。掺入减水剂时，水灰比可减少到 0.35。水泥浆的泌水率最大不超过 3%，拌合后 3h 泌水率宜控制在 2%，泌水应在 24h 内重新全部被浆吸收。通过试验后，水泥浆中可掺入适当膨胀剂，但其自由膨胀率应小于 10%，水泥浆稠度宜控制在 14～18s 之间。水泥浆自调制至压入孔道的间隔时间不得超过 30～45min，水泥浆在使用前和压注过程中应连续搅拌。

（3）压浆。压浆时，对曲线孔道和竖向孔道应由最低点的压浆孔压入，由最高点的排气孔排气和泌水。压浆顺序宜先压注下层孔道，后压注上层孔道。压浆应缓慢、均匀、连续进行，不得中断，如中间因故停顿时，应立即将已灌入孔道的灰浆用水冲洗干净后重新压浆。压浆时，每一工作班应留取不少于 3 组的 70.7mm×70.7mm×70.7mm 立方体试件，标准养护 28d，检查其抗压强度。压浆过程中及压浆后 48h 内结构混凝土温度不得低于 5℃，否则应采取保温措施。当温度高于 35℃时，压浆宜在夜间进行。

（4）封锚锚固。孔道压浆后应立即将锚固端水泥浆冲洗干净，并将端面混凝土凿毛。在绑扎端部钢筋网和安装封锚模板时，要妥善固定，以免浇筑封锚混凝土时，模板走样。封锚混凝土标号应符合设计规定，一般不宜低于构件混凝土标号的 80%。封锚混凝土必须严格控制梁体长度。浇筑后 1～2h 带模养护，脱模后继续洒水养护不少于 7d。对于长期外露的锚具，应采取可靠的防锈措施。

4.2.3 预应力混凝土连续梁桥施工

预应力混凝土连续梁桥以结构受力性能好、抗震能力强、变形小、造型简洁美观、行车平顺舒适等优点而成为富有竞争力的主要桥型之一。预应力混凝土连续梁桥施工方法主要包括简支转连续施工、就地浇筑施工、连续梁悬臂施工、顶推施工和移动模架逐孔施工。因篇幅关系，下文仅对连续梁悬臂和顶推法施工进行详细介绍。

4.2.3.1 连续梁悬臂施工

悬臂施工法也称为分段施工法。悬臂施工法是以桥墩为中心向两岸对称地逐节悬臂接长的施工方法。

悬臂施工法，充分利用了预应力混凝土能抗拉和承受负弯矩的特性，将设计和施工的要求密切配合在一起而出现的新方法。即它把跨中的最大施工困难移至支点，又用支点的扩大截面来承受施工期间和通车之后的最大弯矩，所以能用较低的造价来修建大跨度的桥梁。

1）悬臂浇筑法

悬臂浇筑法采用移动式挂篮作为主要施工设备，以桥墩为中心，对称向两岸利用挂篮浇筑梁段混凝土，每段长2~5m。每浇筑完一对梁段，待混凝土达到规定强度后，张拉预应力束并锚固，再向前移动挂篮，进行下一节段的施工。

挂篮是由底模板、悬挂系统、刚桁架、行走系统、平衡重力及锚固系统、工作平台等组成。挂篮能沿轨道行走，能悬挂在已经完成悬浇施工的悬臂梁段上进行下一梁段施工。由于梁段的模板架设、钢筋绑扎、制孔器安装、混凝土浇筑、预加应力和管道压浆均在挂篮上进行，所以挂篮除具备足够的强度外，还应满足变形小、行走方便、锚固、拆装容易以及各项施工作业的操作要求，必须注意安全设施。

当挂篮就位后，既可在上面进行梁段悬臂浇筑施工的各项作业。

当桥墩宽度较小时，浇筑桥墩两侧的1号梁段，因挂篮拼装场地不足，往往采用托架支撑，然后再在其上安装脚手钢桁架，如图4.5(a)所示，供吊设挂篮和浇筑2号悬臂梁段。待左右两侧的2号梁段浇好后，再延伸刚桁架，并移动挂篮位置至外端，供3号梁段浇筑，如图4.5(b)所示。浇筑几段后，将刚桁架分成两半浇筑，后端锚固或压重，以防止倾覆。桥墩两侧梁段其悬臂施工应对称、平衡。平衡偏差不得大于设计要求。

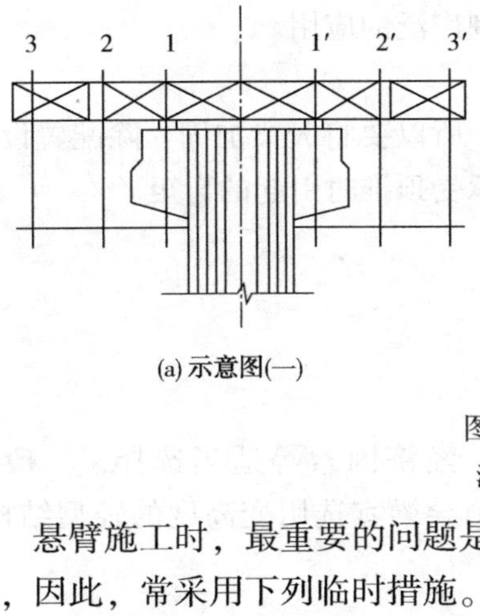

(a) 示意图(一)

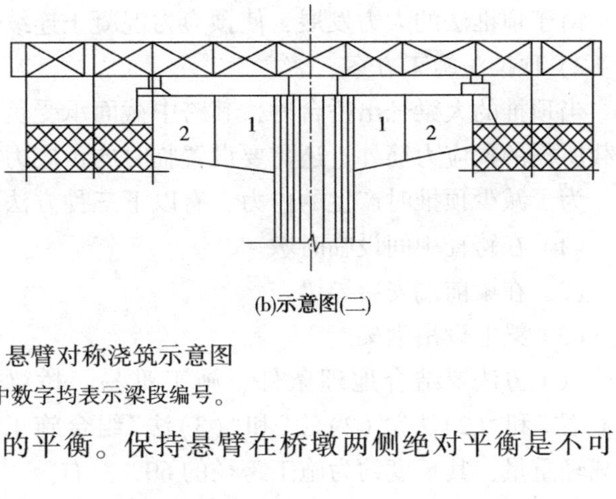

(b)示意图(二)

图4.5 悬臂对称浇筑示意图

注：图中数字均表示梁段编号。

悬臂施工时，最重要的问题是悬臂的平衡。保持悬臂在桥墩两侧绝对平衡是不可能的，因此，常采用下列临时措施。

(1) 用预应力临时固结，完工后解除之，以恢复原来的支承条件。

(2) 在桥墩两侧加设临时支墩。在墩顶设扇形托架，以达到梁与墩的临时固结。每段混凝土经养护达到设计强度的70%后，再经过孔道检查和修理孔口等工作，即可进行穿束、张拉、压浆和封锚。

2）悬臂拼装法

悬臂拼装法是利用移动式悬拼吊机将预制梁段起吊至桥位，然后采用环氧树脂和预应力悬臂拼装法施工，包括块件的预制、运输、拼装及合拢。

为了使段与段之间的接缝紧密，可先浇制奇数编号的块件，然后在期间浇筑偶数编号的块件。为了使拼装构件的位置准确，可以在顶板和腹板上设榫头作导向。

腹板上的榫头对于增强接缝抗剪能力，防止滑动起到重要作用。

悬臂拼装的顺序是先安装墩顶梁段，再用墩顶上的悬臂刚桁架，同时拼装两侧块件。待拼装几段后，分开导梁，一端支在已拼装的3号块件上，另一端支在岸墩上和支在靠近桥墩的块件上，依次对称拼装其他块件。桥墩两侧应对称拼装，保持平衡。平衡偏差应满足设计要求。

当梁的位置经校正其误差在允许范围后，即可穿束、张拉、使其自成悬臂，如此循环，直至墩顶梁段安装完毕。

4.2.3.2 连续梁顶推施工

顶推施工法是先在后台的路堤上预制箱形梁段，每段约10~20m长，待预制2~3段后，在箱梁上、下板内施加能承受施工中变号内力的预应力，然后用水平千斤顶等顶推设备将支承在聚四氟乙烯板与不锈钢板滑道上的箱梁向前推移，推出一段再接长一段，这样周期性地反复操作直至整段梁浇筑顶推完成。

1）适用范围

跨径40~60m的预应力混凝土桥采用顶推法最适宜。一般来说，3孔以上较为经济，特别对桥下难以树立支撑的深涧峡谷的桥梁，更显得有利。当跨度更大时，就需要在桥墩间设置临时支墩，顶推速度，当水平千斤顶行程为1m时，一个顶推循环需10~15min。

由于顶推法的大力发展，使预应力混凝土连续梁得到广泛的应用。

2）顶推法施工方案

当顶推的大梁悬出桥台时，其跨中截面承受负弯矩，所以要将大梁加固，除配置设计荷载所需的预应力筋外，还需要设置临时的预应力筋以承受顶推时引起的弯矩。

为了减少顶推时产生的内力，有以下三种方法。

（1）在跨径中间设临时墩。

（2）在梁前端安装导梁。

（3）梁上设吊索架。

以上方法要结合地理条件、施工难易、桥梁跨径、经济因素等适当选择，一般将“(1)法”和“(2)法”“(2)法”和“(3)法”组合施工。其中导梁宜选用变高度的轻型结构，以减轻重量，其长度约为施工跨径的60%左右。

3）施工方法

（1）梁段预制。为使梁顺利顶进和适应顶推时截面上力的变化，主梁一般均做成等高度的箱形梁为宜。混凝土浇筑工作可在桥台后方固定场地进行。

梁段的箱形截面大多数呈梯形，箱顶上两侧悬臂悬出相当宽的车道板，腹板有一定斜度，底板宽度则为减少墩而缩窄。

箱梁底板常在拼装场外浇好并与已完成的箱节连在一起成为整体，当梁段滑移出一节，预制好的底板亦随着推移至箱梁两侧腹板模板之间，在这个部位底板下设有中间支柱，以承受内模、腹板和顶板的重量。

腹板外侧模板顶起就位并固定后，即可安装腹板钢筋骨架。腹板内模就位于浇制好的底板上，再安装顶板钢筋和需要的预应力筋并浇筑混凝土。

（2）顶推装置。

① 用拉杆的顶推装置。在桥台前面安装一对千斤顶，使其底座靠在桥台上，拉杆一端与千斤顶连接，另一端用一顶推靴固定在箱梁侧壁上。当施加推力时，装在顶推靴上的自动开放的楔子便将装在梁身两侧的拉杆挟住，使梁身随着推力而滑移。

② 水平-垂直千斤顶的装置。其原理与顶推步骤如下。

a. 先将垂直千斤顶落下，使梁支承于水平千斤顶前端的滑块上。

b. 开动油泵，水平千斤顶进油，活塞向前推动滑块，利用梁底混凝土与橡胶的摩阻力大于聚四氟乙烯与不锈钢的摩阻力来带动梁体向前移动至最大行程后停止。

c. 顶起垂直千斤顶，使梁升高，脱离滑块。

d. 再开动油泵，向水平千斤顶小缸送油，活塞后缩，把滑块退回原处，然后再将垂直千斤顶落下，使梁又支承于滑块上，继续顶进。如此重复，直到整个梁就位。

③ 滑移装置。当顶推装置工作时，梁应支承在滑动支座上，以减少推进阻力，梁才得以向前。滑动支座的构造由混凝土块、抛光不锈钢板和在其上顺次滑移的聚四氟乙烯滑板所组成。由于梁底可能不平及聚四氟乙烯滑板的厚薄不均，所以在推移中，滑板必须连续跟上，以免影响推进。

在顶推时，应经常检查梁底边线位置，发现偏差时，及时用木楔及聚四氟乙烯板横向导向装置进行纠偏。

④ 落梁就位。全梁顶推到达设计位置后，可用多台千斤顶同时将梁顶起，拆除滑道，安上正式支座，进行落梁就位。落梁温度一般在20℃左右。

4.3 拱桥施工

4.3.1 拱桥的结构形式、受力特点与施工方法

4.3.1.1 拱桥的结构形式

拱桥的结构形式多样，最基本的组成部分包括基础、桥墩台、拱圈及拱上结构。其中，拱圈是拱桥最基本也是最重要的承力构件。

拱桥可按照以下几种方式进行分类。

（1）按照拱圈所采用的建筑材料可以划分为圬工（砖、石板或石块、混凝土砌块）拱桥、钢筋混凝土拱桥、木拱桥、钢管混凝土拱桥及钢拱桥。

（2）按照拱圈上方的建筑形式可以划分为实腹式拱桥、空腹式拱桥。

（3）按照主拱圈的拱轴线形式可以划分为圆弧拱桥、抛物线拱桥和悬链线拱桥。

（4）按照桥面与主拱圈之间的相对位置可以划分为上承式拱桥、中承式拱桥和下承式拱桥。

(5) 按照主拱圈的截面形式可以划分为实心板拱桥、空心板拱桥、肋拱桥、箱形拱桥、双曲拱桥。

(6) 按照成拱的静力体系可以划分为无铰拱桥、双铰拱桥、三铰拱桥。

4.3.1.2 拱桥的受力特点

对于拱桥来说，无论是哪一种结构形式，其桥面都通过某种承压结构而支撑于拱圈之上，或者通过吊杆悬挂于拱圈之下。因此，当桥面承受荷载作用时，最终都通过承压结构或吊杆体系将荷载传递到拱圈之上。

拱圈受到桥面荷载作用时将表现出图4.6所示的变形趋势。也就是说，当拱圈受到桥面荷载作用后其轴线长度必然缩短，从而使拱圈内不仅承受拱内压力，同时还伴随着剪力和弯矩。假设拱圈为双铰拱，则拱脚处承受的轴向压力 N 来源于拱脚基础的作用，反过来，拱脚也将对基础产生反作用力 N'，力的作用方向指向拱脚处的拱圈轴线方向。这实际上就是通过拱圈而传递到拱脚基础上的桥面荷载作用，对于静定的三铰拱、超静定的两铰拱和无铰拱都是成立的。

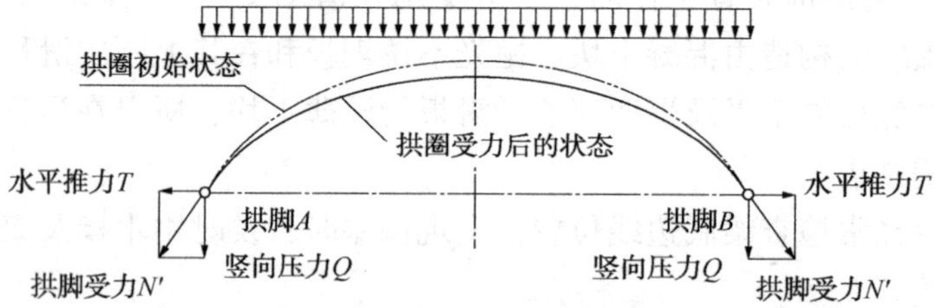

图4.6 拱圈受桥面荷载作用后的变形趋势示意图

通过拱脚而作用于拱桥基础上的轴向作用力 N' 可分解为两个方向的作用力，分别是对拱桥基础的水平推力 T 和对拱桥基础的竖向压力 Q。在只考虑活荷载的前提下，竖向压力 Q 的大小主要由桥面车辆荷载所决定，一般情况下应限制在最大允许荷载的范围内；水平推力 T 的大小不仅与桥面荷载有关，更多情况下由拱圈的矢跨比所决定。一般情况下，拱脚的水平推力随着矢跨比的减小而增大，反之则减小。这意味着可以通过降低拱圈的矢跨比来增大拱的水平推力，进而增大拱圈内的轴向压力，从而可大大减小拱圈的跨中弯矩，使拱圈截面的抗压强度得到充分发挥，增强拱圈的跨越能力，有利于建造更大跨度的拱桥。但是，水平推力的增大对拱脚基础在水平方向的稳定性提出了非常高的要求，因此这样的拱桥不适合建造在平原土质地基上，而适合建造在山区基岩地基上。

不过，对于超静定性质的拱圈，当矢跨比过小时，拱圈内的弹性压缩、混凝土收缩徐变以及温度效应等所产生的附加内力将达到不可忽视的程度，从而使得拱圈内的受力情况变得比较复杂，明显偏离以轴向受压为主的状态，这对于拱圈的受力安全是不利的。

4.3.1.3 拱桥的施工方法

在拱桥施工过程中，最为重要的内容是拱圈施工。一旦拱圈成型并且可以承载，拱桥其余部分的施工难度将大大降低。目前，拱圈的施工方法主要分为有支架施工方法和无支架施工方法两类。所谓有支架施工方法，就是在搭建的支架上将拱圈浇筑成型或者用预制砌块将拱圈砌筑成型，并在拱圈之上继续完成拱上结构之后再落架。但在很多情况(如跨越峡谷或跨越大江、大河)下，现场环境根本不允许搭建支架，从而诞生了无支架施工方法，其已成为近年来修建大跨度拱桥的主要方法。

4.3.2 拱桥的有支架就地浇筑、砌筑施工

4.3.2.1 拱架

拱桥的架设需要有拱架的支撑，能够对拱圈和拱上建筑的重力起到分担的作用。搭设拱架，还能确保依照设计来保持拱圈的形状。在搭设拱架时，必须确保拱架的韧性和强度，使拱架的稳定性足够支撑拱桥的搭建。

下面主要对满布立柱式拱架、撑架式拱架、三铰桁式木拱架、钢拱架等形式的拱架进行简要介绍。

1）满布立柱式拱架

满布立柱式拱架的制作材料为木材，分上下两部分，上部分也叫拱盔，是一个拱形的桁架，由立柱、斜梁、斜撑、拉杆组成；下部分则是立柱和横向联系构成的支架，在上部分和下部分中间有由木楔和砂筒组成的卸架设备。满布立柱式拱架中设置了众多的立柱，一般在通行需求不多的拱桥下使用，而且要求桥梁高度和跨度都不大。

2）撑架式拱架

撑架式拱架也分为上下两部分，上部分的构造包括立柱、斜梁、斜撑、拉杆，而下部分则是框架式支架和斜撑的组合。撑架式拱架和满布立柱式拱架相比，对木材的使用要少得多。

撑架式拱架的架构相对简单，在搭建时也会留出一定的空间，使通行需求得到了满足，同时也不会害怕漂浮物等对拱架结构的冲击。因此，在实际的桥梁建设中，经常会运用到撑架式拱架。

3）三铰桁式木拱架

三铰桁式木拱架包含了两个对称的弓形桁架，把这两个桁架在拱顶处拼在一起，拱架的两侧能够直接在墩台的牛腿或临时排架上支撑，并且在跨中不会继续设置支架。因为中间没有支架，因此架设了三铰桁式木拱架不会对通行造成影响，也不会害怕洪水、漂浮物的冲击，当桥梁建设在水流湍急、水深较深的河流上时，就会使用三铰桁式木拱架。三铰桁式木拱架对木材的消耗较少，但要求较高的制作水平，而且木材的质量也要符合制作要求，可以反复利用。但拱铰处的连接比较薄弱，需要添加纵横向的联系，以保持结构的稳定性，还要安装抗风缆索。施工过程中，浇筑混凝土要以对称的方式进行，避免受力不均而产生不良影响。

4）钢拱架

钢拱架采用单片拱形的桁架，相邻拱片保持 0.4m 或 1.9m 的距离，将单片弓形桁架相互拼接，可以组成三铰、两铰或无铰的拱架。如果施工跨径在 80m 以下，就可以采用三铰拱架；如果施工跨径低于 100m，可采用两铰拱架，如果施工跨径超过了 100m，就要用到无铰拱架。

一般在跨径比较大的拱桥施工时会使用钢拱架，因为钢拱架的重力比较大，且拼装式需要分成多个阶段，利用临时墩台和起吊设备将其运送到指定位置后重新拼装。施工时，把临时墩台和钢拱架之间的连接拆除，施工结束后，通过临时墩台将钢拱架拆卸成多个阶段，再运输出去。

4.3.2.2 拱圈施工

1）拱圈的砌筑施工

上承式拱桥的施工可以采取支架砌筑的方法，也可以用就地浇筑的方法，但总体上需要三个阶段，首先要对拱圈或拱肋混凝土进行施工，然后是对拱上建筑的搭建，最后是对桥面系的建设。

石拱桥、混凝土预制块拱桥在施工时多采用拱架砌筑。其中石拱桥使用的材料有不同的规格，因此石拱桥也被划分成粗料石拱桥、块石拱桥、浆砌片石拱桥。

（1）拱圈放样与备料。对粗料石拱圈施工时，需要根据拱圈设计时的尺寸来加工拱石。当根据 1∶1 的比例对石头进行放样，就能确保拱石尺寸的准确性，而且合理安排拱石，能够使放样更加可靠。在样台上将模板、锌铁皮根据大小制作成相应的样板，然后对每个样板编号，便于加工成合理的样品。

拱石的划分与贯穿拱圈所有宽度的拱石砌缝有关，其同拱圈中轴垂直，最后成为在拱圈中贯通的辐射缝。上层和下层拱石之间也存在砌缝，是断续的弧形缝，前侧的拱石和后侧的拱石砌成的缝隙是断续的平面缝，要求其平行于拱圈纵轴。两个拱石相邻的砌缝要交错开来，保持 100mm 以上的距离，这样才能让拱圈保持整体性，更好地完成传力。

根据施工需求和运输能力加工拱石，并确定拱石的大小。在相关设计和施工规范的指导下，来确定拱石尺寸和所要求的误差，同样要保持砂浆、混凝土等的使用比例。

（2）拱圈的砌筑。拱圈的砌筑一般分为连续砌筑、分段砌筑、分环分段砌筑、多跨连拱的砌筑。

① 连续砌筑。跨径小于 16m 的拱桥，当采用满布式拱架施工时，可以从两拱脚同时向拱顶一次按顺序砌筑，在拱顶合龙；跨径小于 10m 的拱桥，预加压力砌筑是在砌筑前在拱架上预压一定重力，以防止或减少拱架弹性和非弹性下沉的砌筑方法。它可以有效地预防拱圈产生不正常的变形和开裂。预压物可采用拱石，随撤随砌，也可采用砂袋等其他材料。砌筑拱圈时，常在拱顶须留一龙口，最后在拱顶合龙。为防止拱圈因温度变化而产生过大的附加应力，拱圈合龙应在设计要求的温度范围内进行。

② 分段砌筑。当跨径大于或等于 16m 时，应分段砌筑。分段长度应以能使拱架受力对称、均匀和变形小为原则，拱式拱架宜设置在拱架受力反弯点，拱架结点、拱顶及拱脚处。各段的接缝面应与拱轴线垂直。分段砌筑时，各段间可留空缝，空缝宽 3~4m。在空缝处砌石要规则，为保持砌筑过程中不改变空缝形状和尺寸，同时也为拱石传力，空缝可用铁条或水泥砂浆预制块作为垫块，待各段拱石砌完后填塞空缝。填塞空缝应在两半跨对称进行，各空缝同时填塞，或从拱脚依次向拱顶填塞。因用力夯填空缝砂浆可使拱圈拱起，故此法宜在小跨径拱中使用。当采用填塞空缝砂浆使拱合龙时，应注意选择最后填塞空缝的合龙温度。

③ 分环分段砌筑。对于较大跨径的拱桥，当拱圈较厚、由三层以上拱石组成时，可将拱圈分成几环砌筑，砌一环合龙一环。当下环砌筑完并养护数日后，砌缝砂浆达到一定强度时，再砌筑上环。上下环间拱石应犬牙交错，每环可分段砌筑。

④ 多跨连拱的砌筑。多跨连拱的拱圈砌筑时，应考虑与邻孔施工的对称均匀，以免桥墩承受过大的单向推力。因此，当为拱式拱架时，应适当安排各孔的砌筑程序；当采用满布式支架时，应适当安排各孔拱架的卸落程序。

2）主拱圈的就地浇筑施工

在支架上就地浇筑拱桥的施工同拱桥的砌筑施工基本相同，即浇筑主拱圈或拱肋混凝土，浇筑拱上立柱、联系梁及横梁等，浇筑桥面系。在施工时还需注意的是，后一阶段混凝土浇筑应在前一阶段混凝土强度达到设计要求后进行。拱圈或拱肋的施工拱架，可在拱圈混凝土强度达到设计强度的85%以上时，在拱上建筑施工前拆除，但应对拆架后的拱圈进行稳定性验算。

在浇筑主拱圈混凝土时，立柱的底座应与拱圈或拱肋同时浇筑，钢筋混凝土拱桥应预留与立柱的联系钢筋。

主拱圈混凝土的浇筑方法同砌筑施工，有连续浇筑法、分段浇筑法和分环分段浇筑法。施工方案的选定主要根据桥梁跨径来选择。

4.3.2.3 拱上建筑施工

当主拱圈达到一定强度后，即可进行拱上建筑施工。拱上建筑施工应当对称均衡地进行，避免使主拱圈产生过大的不均匀变形。

实腹式拱上建筑，应从拱脚向拱顶对称地进行，当侧墙砌完后，再填筑拱腹填料。空腹式拱一般是在腹拱墩或立柱完成后，卸落主拱圈的拱架，然后，对称均衡地进行腹拱或横梁、联系梁以及桥面的施工。较大跨径拱桥的拱上建筑砌筑程序，应按照设计文件规定程序进行。

4.3.3 拱桥的无支架就地浇筑施工

如果拱桥架设在深水、深谷等处，或者在汛期时对拱肋进行施工，此时的施工方法要采用无支架施工。拱桥的无支架就地浇筑施工方法主要有劲性骨架施工法、塔架斜拉索法、斜吊式悬浇法。

4.3.3.1 劲性骨架施工法

劲性骨架成拱可分为劲性钢骨架法和钢管混凝土劲性骨架法。

1）劲性钢骨架法

在劲性钢骨架施工时，需要先制作空间桁架，利用角钢、槽钢、工字钢等进行制作，然后设置内外立模板，并将拱桥分解成不同的节段，对每个节段浇筑混凝土，混凝土把骨架全部包裹后，就制成了拱肋。对混凝土进行浇筑之前，需要预压劲性骨架，避免在浇筑混凝土时出现骨架变形的情况，这样会导致骨架和混凝土无法结合。

为了更好地控制混凝土的应力，确保施工的质量得到控制，需要预先对骨架结构的稳定度进行分析，利用相应的设计程序对其预拱度、安全系数等进行计算，还可利用监控系统对现场施工进行监控，分析拱圈应力、拱轴线变形等，确保所有施工都处于稳定状态和安全范围中。在对混凝土进行浇筑时，可以从拱圈两侧以对称的方式开展。

2）钢管混凝土劲性骨架法

钢管混凝土拱桥在施工时，需要先对钢骨架进行分段预制，再分段安装形成钢管拱，然后把混凝土浇筑在钢管拱上，等混凝土强度到达一定程度后，钢管混凝土劲性骨架就制成了，在骨架上悬挂模板，继续完成对拱圈混凝土的浇筑，直到拱圈截面形成为止。最初浇筑成的混凝土凝结后，能够和劲性骨架一同作为承重结构，可以为后续混凝土浇筑提供支撑作用，让钢材的用量降低，避免骨架出现更大的变形。和劲性钢骨架相比，这种方法更加优越。

钢管混凝土劲性骨架对拱圈的浇筑，需要保证拱圈结构的稳定性，这有利于保证工程施工的安全性。要对钢管混凝土劲性骨架、拱圈面浇筑等进行分析，确保在浇筑混凝土的每个阶段都能不断完善，使整个施工阶段处于高度的安全范围。

4.3.3.2 塔架斜拉索法

国外最早对大跨径钢筋混凝土拱桥采取的无支架施工，就是运用的塔架斜拉索法。采用塔架斜拉索法需要将临时的钢筋混凝土塔架设置在拱脚墩台处，然后把斜拉索的两端分别连在拱圈节段和墩台后的锚碇上。拱圈节段上的悬臂设有挂篮，可以对拱圈混凝土进行逐段浇筑，浇筑的过程需要以对称的形式从两个拱脚处开始进行，并朝着跨中推进，直到完成拱顶的合龙。根据拱的跨径和矢跨比来确定塔架的高度和受力，可以采用钢丝束、钢绞线等制作斜拉索，根据拱段的长度和位置确定斜拉索的长度。

在对拱桥采用塔架斜拉索法施工时，可采用悬浇或悬拼的方式施工。浇筑完混凝土，应将液压千斤顶安放在拱顶上，并调节好千斤顶的应力，然后将拉杆放松。

4.3.3.3 斜吊式悬浇法

斜吊式悬浇法通过斜吊钢筋和专门的挂篮，同时对拱圈、拱上立柱、混凝土桥面板进行浇筑，一边浇筑一边制成桥架，然后把浇筑成的部分作为拱圈节段点固定。桥面上布置相应的明索，将斜吊杆上的力传递到岸边的锚上。

斜吊式悬浇法施工需要注意以下事项。

（1）完成引孔，把明索安置在桥面板上，吊架对第一段拱圈进行浇筑，浇筑后的混凝土凝固到预期的强度后，继续设置明索，然后把吊架拆除，把混凝土上的明索系在斜吊杆上，斜吊杆前段安装上悬臂挂篮。

（2）利用悬臂挂篮对拱圈逐段浇筑，挂篮如果到达拱上立柱的位置，就要对拱上立柱和立柱间的桥面板进行浇筑，当浇筑到下一个立柱时，要在两个立柱间设置明索和斜吊杆，再继续浇筑桥面板。反复向前浇筑，并不断对桥面的明索进行收紧，挂篮就向前移动一步。通过不断用斜吊钢筋完成悬浇，一直浇筑到拱顶时，将挂篮撤掉，完成对拱顶混凝土的浇筑合龙为止。

（3）如果拱圈是箱形界面，要根据箱形界面拱圈的施工方法来完成对拱圈的各节段施工。

(4) 利用活动支架来逐孔浇筑拱上桥面板，能够让浇筑的进度得到提升。在对大跨径拱桥使用斜吊式浇筑时，要避免出现施工误差，因为每个误差都会极大地影响工程的进展。严格把控施工质量，检查材料的规格、型号、强度，做好对混凝土浇筑的把控，特别是要控制好斜吊杆的拉力、斜吊钢筋的锚固、混凝土的应力等。

(5) 拱肋的混凝土浇筑，第一段可使用斜吊支架现浇，其他段则采用挂篮现浇。斜吊杆的材料可以用钢束，也可以用预应力粗钢筋。在搭设斜吊杆时，桥面板的临时拉杆将力传递到岸边的锚上，这个力就是用于斜吊的力。

4.3.4 拱桥的缆索吊装施工

最常见的无支架施工方式就是缆索吊装。装配式钢筋混凝土类拱桥使用缆索吊装施工时，其工序如下所示：

第一步，在工厂的预制场完成对拱肋、拱上结构的预制。

第二步，利用运输设备将已经预制好的拱肋、拱上机构运输到开展缆索吊装施工的位置。

第三步，利用缆索吊装将预制好的拱肋分段吊运到指定位置后，用扣索将分段拱肋临时固定住。

第四步，把合龙段拱肋吊到位置后，调整所有拱肋节段的轴线，最后完成对拱圈的合龙工作。

第五步，完成对拱上建筑的施工任务。

4.3.4.1 拱肋的分段预制

可以采用立式或卧式完成拱肋的分段预制，而卧式预制又有单片预制、多片叠制之分。

拱肋立式预制使用土牛拱胎作为底模，使木料的使用量减少，而且密排浇筑也会降低对场地面积的使用，起吊时更加便捷，有安全保障。

拱肋卧式预制比较容易控制拱肋的形状和尺寸，木料使用也很节约，对混凝土的浇筑施工非常便利，不过需要在起吊时由卧式转为立式，这个时候容易对拱肋造成损坏。

4.3.4.2 拱肋的安装

安装拱肋需要合理地安排吊装顺序，应根据相应的安装原则完成安装。

(1) 如果是单孔桥跨，对拱肋的吊装顺序取决于拱肋合龙的横向稳定方案。

(2) 如果是多孔桥跨，需要在每个孔内完成两片以上的拱肋合龙，然后再继续向下推进。合龙拱肋的片数要符合桥墩强度和稳定性所允许的单向推力的要求。

(3) 如果是高桥墩，要根据桥墩墩顶位移值来对单向推力进行控制。

(4) 如果桥跨设置了制动墩，就可以根据制动墩划分界限，完成对每个孔的吊装施工，已经完成合龙的拱肋可以直接安装拱肋接头横系梁。

(5) 如果使用缆索吊装，起吊拱肋的桥孔要最后安装，这样才能让拱肋起吊更加便利。还可以采用穿孔方法对最后几根拱肋进行吊装。在吊装时，将主索下的拱肋吊装完成后，再对主索进行移动，这样能够使主索横向移动次数降低。

（6）根据吊装的推进方向进行吊装，能够使扣索反拉次数降低。

拱肋的安装顺序主要是吊装悬挂边段拱肋、吊装悬挂次边段拱肋、总段拱肋安装合龙。边段和次边段拱肋进行吊装时，需要临时使用扣索进行加固。

4.3.4.3 拱肋的合龙

拱肋的合龙主要包括单基肋合龙、悬挂多边段或次边段拱肋后单肋合龙、双基肋合龙、索单肋合龙。通常，如果拱肋的跨度超过了80m或者横向稳定安全系数低于4，此时就应该利用双基肋合龙的方式。完成第一根拱肋的合龙，将拱轴线校正，并把拱肋接缝楔紧，扣索和起重索略微松开，把接头缝压紧而不卸掉扣索，然后完成第二根拱肋的合龙，横向固定两根拱肋，将风缆拉好，此时就可以把两根拱肋上的扣索和起重索完全松开。

当拱肋合龙后，扣索和起重索松开时要注意以下方面。

首先，对拱轴线、接头高程等进行校正，使其符合施工要求的规范。采用相关检测仪器来检测接头高程，避免接头高程存在不对称形变的情况，容易造成拱肋开裂或者稳定性不足。

其次，在松索时，需要先松拱脚段扣索，然后松次段扣索，最后松起重索，并且松索要均匀、对称，长度保持相等。

再次，每一次松索都要保持较小的量，使结构高程的变化低于1cm，当扣索、起重索几乎不受力时，要在接头缝处塞钢板，使接头缝被压紧，还要对拱轴线进行调整。对拱轴线进行调整时，需要观测接头、拱顶等的高程，保证其在施工要求范围内。

最后，利用电焊把接头处的部件焊死，确保安全性和稳定性，再把扣索和起重索松开，完成拱肋的合龙。

4.3.4.4 拱肋稳定措施

对拱肋的拉索吊装，需要做好相应的计算和分析，采取相应的措施，以保证拱肋在纵向和横向上的稳定性。

可以设置横向稳定风缆，也可以在拱间设置横向联系装置，这些都有利于保持拱肋的横向稳定性。

设置横向稳定风缆，能够对到位的边段拱肋的拱肋中线起到调整作用，也可以对合龙拱肋的接头进行横向偏移的约束；稳定风缆也能起到弹性支承的作用，使拱肋的自有长度降低，提升其横向稳定性；还能约束外力对拱肋形成的位移。

在拱间设置横向联系装置，如果设计拱肋的宽度在单肋合龙最小宽度以下，可以使用双肋合龙或多肋合龙的施工方式，能够保证拱肋的横向稳定性。

一般拱桥的跨径较大时，就可以使用双基肋或多基肋合龙的方式。基肋键使用紧随拼装的方式，其横向要使用木夹板、木剪刀撑、钢筋拉杆等进行连接，以保持横向稳定性。

如果拱肋的拱轴系数太大、拱肋横截面太小，或者拱肋的刚度低于标准，此时，需要对拱肋进行纵向稳定性的加强。可以在拱肋接头下方设置拉索，能够避免拱肋接头出现上冒变形；拱截面尺寸小、刚度低，就利用钢丝绳在拱肋底弧上分点张拉，使其刚度得到提升。

4.3.5 转体施工法

桥梁转体施工是20世纪40年代后发展起来的一种架桥工艺，它是指在河流的两岸或适位利用地形或使用简便的支架先将半桥预制完成之后，以桥梁结构的桥墩台本身为转动体，用一些机具设备，分别将两个半桥转体到桥位轴线位置或再浇筑合龙段成桥。

转体的方法有平面转体、竖向转体或平竖结合转体三种。平面转体又分有平衡重转体和无平衡重转体两种。下面主要介绍平面转体施工和竖向转体施工。

4.3.5.1 平面转体施工

1）有平衡重转体施工

有平衡重转体施工的特点是转体重力大，施工关键是转体。要把数百吨重的转动体系顺利、稳妥地转到设计位置，主要是靠正确的转体设计、制作灵活可靠的转体装置、布设牵引驱动系统等措施来实现。

（1）转动体系的构造。转动体系主要由底盘、上盘、背墙、桥体上部构造和拉杆(或拉索)等部分组成。底盘和上盘都是桥台基础的一部分，底盘和上盘之间设有能使其互相间灵活转动的转体装置；背墙一般就是桥台的前墙，它不但是转动体系的平衡重，而且是转体阶段桥体上部拉杆的锚碇反力墙；拉杆一般是拱桥(桁架拱、钢架拱)的上弦杆，或是临时设置的体外拉杆钢筋(或扣索钢丝绳)。

（2）转体装置。常用的转体装置有两种：一种是以聚四氟乙烯滑板构成的环道平面承重转体，另一种是以球面转轴支承辅以滚轮的轴心承重转体。

（3）拱桥的转体施工。有平衡重转体拱桥的主要施工程序如下：

① 制作底盘。

② 制作上转盘。

③ 试转上转盘到预定轴线位置。

④ 浇筑背墙。

⑤ 浇筑主拱圈上部结构。

⑥ 张拉拉杆，使上部结构脱离支架，并且和上转盘、背墙形成一个转动体系，通过配重基本把重心调到磨心处。

⑦ 牵引转动体系，使半拱平面转动合龙。

⑧ 封上下盘，夯填桥台背土，封拱顶，松拉杆，实现体系转换。

2）无平衡重转体施工

无平衡重转体施工是指把有平衡重转体施工中的拱圈扣索拉力锚在两岸的岩体中或利用边跨地自重构成平衡体，从而节省了庞大的平衡重。但由于锚碇的要求，此施工方法宜在山区地质条件好或跨越深谷急流处建造大跨桥梁时选用。

（1）转动体系的构造。转动体系主要由底盘、上转盘、锚扣系统、背墙、拱体、拉杆等组成。

① 底盘与上转盘：是桥台基础的一部分，地盘固定，上转盘与转体形成整体并可在底盘上旋转，从而实现拱体转动。

② 锚扣系统：目的是把支承在支架、环道或滚轮上的拱体与上转盘、背墙全部连接成一个转动体系并脱离周边支承，形成一个支承在转动轴心或铰上的悬空平衡体。

③ 背墙：桥台的一部分，作为转体阶段的拱体扣索或拉杆的锚碇反力墙。

④ 拱体：预制完成的半拱。

⑤ 拉杆(拉索)：连接半拱与台背的螺杆或者缆索。

(2) 无平衡重转体施工工序。

① 转动体系施工：

a. 设置下转轴、转盘及环道。

b. 设置拱座及预制拱箱(或拱肋)，预制前需搭设必要的支架、模板。

c. 设置立柱。

d. 安装锚梁、上转轴、轴套、环套。

e. 安装扣索。

这一部分的施工主要保证转轴、转盘、轴套、环套的制作安装精度及环道水平高差的精度，并要做好安装完成到转体前的防护工作。

② 锚碇系统施工：

a. 制作桥轴线上的开口地锚。

b. 设置斜向洞锚。

c. 安装轴向、斜向平撑。

d. 尾索张拉。

e. 扣索张拉。

③ 转体施工：正式转体前应再次对桥体各部分进行系统全面的检查，检查合格后方可转体。拱箱的转体是靠上、下转轴事先预留偏心值形成的转动力矩来实现的，启动时放松外缆风索，转到距桥轴线约60°时开始收紧内缆风索，索力逐渐增大，但应控制在20kN以下，待转不动时则应以千斤顶在桥台上顶推马蹄形下转盘。为了使缆风索受力角度合理，可设置两个转向滑轮。缆风索走速在启动时宜选用0.5~0.6m/min；行走时宜选用0.8~1.0m/min。

④ 合龙卸扣施工：转体就位时，拱顶合龙端的高差通过张紧扣索提升拱顶、放松扣索降低拱顶来调整到设计位置。封拱宜选在低温时进行。首先，用八对钢楔楔紧拱顶，焊接主筋、预埋铁件；其次，先浇封桥台拱座混凝土，再浇封拱顶接头混凝土；最后，当混凝土达到70%的设计强度后，即可卸扣索，卸扣索应对称、分级进行。

4.3.5.2 拱桥竖向转体施工

当桥位处无水或水很少时，可以将拱肋在桥位拼装成半跨，然后用扒杆起吊安装；当桥位处水较深时，可以在桥位附近拼装成半跨，浮运至桥轴线位置，再用扒杆起吊安装。

4.4 斜拉桥施工

斜拉桥是一种桥面体系受压，支承体系受拉的桥梁。斜拉桥桥面体系用加劲梁构成，支承体系由钢索组成。

从20世纪80年代开始，斜拉桥以其独特优美的造型及优越的跨越能力在我国迅速推广，特别在城市桥梁中被广泛采用。其材料结构多以预应力混凝土即PC(Polycarbonate，聚碳酸酯)结构为主，部分为钢叠合梁、混合梁或钢梁形式。桥型有双塔与独塔、双索面与单索面、固结与漂浮等。

斜拉桥的施工一般可分为墩、塔、梁、索四部分。只有索的施工(包括索的制造)有其特殊性。

4.4.1 斜拉桥主要结构体系

斜拉桥是一种桥面体系受压，支承体系受拉的桥梁。斜拉桥桥面体系由加劲梁构成，支承体系由斜拉索构成。斜拉桥的结构体系可根据主梁、斜拉索、索塔和桥墩的不同形式结合，形成四种不同的结构体系，下面做简要介绍。

4.4.1.1 漂浮体系：塔墩固结、塔梁分离

主梁除两端有支承外，其余全部由拉索支承，成为在纵向可稍做浮动的一根具有多点弹性支撑的单跨梁。地震烈度较高的地区优先采用这种体系。

4.4.1.2 半漂浮体系：塔墩固结、塔梁分离

在桥墩处主梁下设竖向支撑，半漂浮体系的主梁成为在跨内具有多点弹性支承的连续梁或悬臂梁。半漂浮体系在经济上和美观上都优于漂浮体系。

4.4.1.3 塔梁固结体系：塔梁固结、塔墩分离

塔梁固结并支承在桥墩上，主梁相当于顶面用拉索加强的一根连续梁或悬臂梁，主梁与塔内的内力和挠度同主梁和塔柱的弯曲刚度比值直接相关。该体系一般适用于小跨径斜拉桥。

4.4.1.4 刚构体系：主梁、索塔、桥墩三者互相固结

主梁、索塔、桥墩三者互相固结，主梁成为在跨内具有多点弹性支承的刚构。该体系适用于地震烈度较低且无抗风要求的地区。

4.4.2 主塔施工

4.4.2.1 钢主塔施工

钢主塔施工，应充分考虑垂直运输、吊装高度、起吊吨位等。钢主塔在工厂分段立体试拼装合格后方可出厂。主塔在现场安装，常常采用现场焊接接头、高强度螺栓连接、焊接和螺栓混合连接等方式连接。

经过工厂加工制造和立体试拼装的钢塔，在正式安装时，应予以测量控制，并及时用填板或对螺栓孔进行扩孔，调整轴线和方位，防止加工误差、受力误差、安装误差、温度误差、测量误差的积累。

钢主塔的防锈措施：可用耐候钢材，或采用喷锌层，但绝大部分钢塔都采用油漆涂料，油漆涂料常采用两层底漆、两层面漆。其中，两层底漆、一层面漆由加工厂涂装，最后一层面漆由施工安装单位完成。

4.4.2.2 混凝土主塔施工

一般横梁采用支架就地现浇，但在高空中进行大跨径、大断面、高强度预应力混凝土的施工难度大。混凝土索塔施工大体上可分为搭架现浇、预制吊装、滑模及翻模施工几种方法。

(1) 搭架现浇。这种方法工艺成熟，无须专用的施工设备，能适应较复杂的断面形式，对锚固区的预留孔道和预埋件的处理也较方便，其缺点是施工周期较长。跨度 200m 左右的斜拉桥，一般塔高约 40m，搭架现浇比较合适。

(2) 预制吊装。这种方法要求有较强起重能力的吊装设备，当桥塔不是太高时，可以加速施工进度，减轻高空作业的难度和劳动强度。混凝土结构一般采用卧式预制，由绞车和滑轮配合锚在对岸山壁上的钢丝绳和滑轮进行吊装。

(3) 滑模及翻模施工。此种方法是斜拉桥索塔最常用的施工方法。这种方法的最大优点是施工速度快，适用于竖直的或者倾斜的高塔施工；困难是对斜拉索锚固区预留孔道和预埋件的处理。

4.4.2.3 主塔施工测量控制

斜拉桥主塔一般由基础、承台塔座、下塔柱、下横梁、中塔柱、上横梁、上塔柱(拉索锚固区)、塔顶建筑八大部分或其中几部分组成。由于主塔的建筑造型千姿百态，断面形式各异，在主塔各部位的施工过程中，除应保证各部位的几何尺寸正确之外，更重要的是应该进行主塔局部测量系统的控制，并与全桥总体测量系统接轨。

主塔局部测量系统的控制基准点，应建立在相对稳定的基准点上，如选择在主塔的承台基础上进行主塔各部位的空间三维测量定位控制。测量控制的时间，一般应选择当日 22：00 至次日 7：00，以减少日照对主塔造成的变形影响。

此外，随着主塔高度不断升高，也应选择风力较小的时机进行测量，并对日照和风力影响予以修正。在主塔八大部位的相关转换点上的测量控制极为重要，应予以重视，以便根据实际施工情况及时进行调整，避免误差积累。

主塔局部测量系统的量测，一般采用三维坐标法或天顶法。若主塔局部测量系统的基点选择在相对稳定的承台基础上，因受到主塔高度增高、混凝土收缩及徐变、沉降、风荷载、温度等因素的影响，基准点必然会有少量的变化。为此，上述八大部位的相关转换点上的测量控制应与全桥总体测量坐标系统接轨，以便进行总体坐标的修正，进行测量的系统控制。

4.4.3 主梁施工

4.4.3.1 主梁施工方法

斜拉桥主梁施工方法包括顶推法、平转法、支架法和悬臂法。

1）顶推法

顶推法的特点是施工时需在跨间设置若干临时支墩，顶推过程中主梁反复承受正、负弯矩作用。该法较适用于桥下净空较低、修建临时支墩造价不大、支墩不影响桥下交通、抗压和抗拉能力相同、能承受反复弯矩作用的钢斜拉桥主梁的施工。对混凝土斜拉桥主梁而言，由于拉索水平分力能对主梁提供预应力，如在拉索张拉前顶推主梁，临时支墩间距又超过主梁负担自重弯矩的能力，为满足施工需要，需设置临时预应力束，在经济上不划算。

2）平转法

平转法是将上部构造分别在两岸或一岸顺河流方向的矮支架上现浇，并在岸上完成所有的安装工序(卸架、张拉、调索)等，然后以墩、塔为圆心，整体旋转到桥位合龙。平转法适用于桥址地形平坦、墩身矮和结构体系适合整体转动的中小跨径斜拉桥。

3）支架法

支架法包含在支架上现浇、在临时支墩间设托架或劲性骨架现浇、在临时支墩上架设预制梁段等几种施工方法。其优点是施工简单方便，既能确保结构满足设计线形要求，又适合用于桥下净空低、搭设支架不影响桥下交通的情况。

4）悬臂法

悬臂法包含在支架上修建边跨，然后中跨采用悬臂施工的单悬臂法，也包含采用对称平衡方式施工的双悬臂法。悬臂施工法分为悬臂拼装法和悬臂浇筑法两种。悬臂拼装法，一般是先在塔柱区现浇一段放置起吊设备的起始梁段，然后用各种起吊设备从塔柱两侧依次对称安装节段，使悬臂不断伸长直至合龙。悬臂浇筑法，是从塔柱两侧用挂篮对称逐段就地浇筑混凝土。我国大部分混凝土斜拉桥主梁都采用悬臂浇筑法施工。

综上所述，支架法和悬臂法是目前混凝土斜拉桥主梁施工的主要方法，其中支架法更适用于城市立交或净高较低的岸跨主梁施工。

4.4.3.2 主梁施工注意要点

进行主梁施工时，需要注意的要点如下。

1）结构设计由施工内力控制

斜拉桥与其他梁桥相比，主梁高跨比很小、梁体十分纤细、抗弯能力差。由于挂篮重量大，当采用悬臂法施工时，如果仍采用梁式桥传统的挂篮施工方法，梁、塔和拉索设计将由施工内力控制，很不经济。

因此，考虑施工方法，必须充分利用斜拉桥结构本身的特点，在施工阶段充分发挥斜拉索的效用，尽量减轻施工荷载，使结构在施工阶段和运营阶段的受力状态基本一致。

2）横截面浇筑

对于单索面斜拉桥，一般都需采用箱形断面。若全断面一次浇筑，为减小浇筑重量，要在一个索距内纵向分块，并需额外配置承受施工荷载的预应力束。所以，一般做法是将横断面适当地分解为三部分，即中箱、边箱和悬臂板。先完成包含主梁锚固系统的中箱，张拉斜拉索，形成独立的稳定结构，然后以中箱和已浇节段的边箱为依托浇筑两侧边箱，最后用悬挑小挂篮浇筑悬臂板，使整体箱梁按品字形向前推进。对于双索面斜拉桥，主梁节段在横断面方向分为两个边箱和中间车行道板三段，边箱安装就位后就张拉斜拉索，利用预埋于梁体内的小钢箱来传递斜拉索的水平分力，使边箱自重分别由两边拉索承担，从而降低对挂篮承重的要求，减轻挂篮自重，最后安装中间桥面板并现浇纵横接缝混凝土。

3）塔梁临时固结

为了保证大桥在整个梁部结构架设安装过程中的稳定、可靠、安全，要求施工安装时采取塔梁临时固结措施，以抵抗安装钢梁桥面板及张拉斜拉索过程中可能出现的不平衡弯矩和水平剪力。

4）中孔合龙

为保证大桥中孔能顺利合龙，根据斜拉桥的施工经验，一般选择自然合龙的方法。以上海杨浦大桥为例，需要考虑以下几个方面。

（1）合龙温度的确定。要保障大桥在自然状态下顺利合龙，关键是正确选择合龙温度。该温度的持续时间应能满足钢梁安装就位及高强螺栓定位所需的时间。

（2）全桥温度变形的控制。由于大桥跨度大，温度变形对中跨合龙段长度的影响相当大。因此，在整个施工过程中，应对温度变形进行监测，特别是对接近合龙段时的中孔梁段和温度变形更应重点量测，找出温度变形与环境湿度的关系，为确定合龙段钢梁长度提供科学依据。

（3）合龙段钢梁长度的确定。设计合龙段长度原定为 5.5m，在实际施工时再予以修正。其实际长度应考虑合龙湿度下设计长度及温度变形量。

（4）合龙段的安装。合龙段钢梁的安装是一个抢时间、抢速度的施工过程，必须在有限的时间里完成，因此，在合龙前必须做好一切准备工作。钢梁应预先吊装就位，一旦螺孔位置平齐，即打入冲钉，施拧高强螺栓，确保一次合龙成功。

（5）临时固结的解除。中孔梁一旦合龙，必须马上解除临时固结，否则温度变化引起的结构变形和内力，会使结构难以承受。因此，在合龙段钢梁高强螺栓施拧完后，应立即解除临时固结。

4.4.4 斜拉索施工

成型斜拉索由钢丝或钢绞线组成的钢索和两端的锚具组成。不同种类和构造的斜拉索两端需配装合适的锚具后才能成为可以承受拉力的斜拉索。目前常用的斜拉索的锚具有以下四种：热铸锚、冷铸锚、墩头锚和夹片锚。热铸锚的锚杯内采用低熔点合金以填充固定索体。冷铸锚的锚杯内采用冷铸带钢丸有机结合剂以固定索体。墩头锚使索体中的钢丝穿过对应的锚板孔眼后进行墩头固定。夹片锚采用由锚环或锚板和夹片组成的锚头固定索体的钢丝。

配装热铸锚、冷铸锚、墩头锚(统称为拉锚式锚具)的斜拉索，可以事先将锚具装到钢索两端，预制成斜拉索。

斜拉索可以在专门的工厂制作，然后成盘运到桥梁施工工地，或在桥梁施工工地现场制作，然后拖拉到桥位直接进行挂索和张拉。斜拉索有单股绞式钢缆、半平行钢绞线索、半平行钢丝索、平行钢丝索及平行钢丝股索等。这类斜拉索可称作预制索或成品索。我国的斜拉索生产水平已达到国际领先水平。

配装夹片群锚的斜拉索，张拉时直接张拉钢丝，待张拉结束后锚具才发挥作用。因此，配装夹片群锚的平行钢筋索及平行钢绞线索必须在桥梁现场架设过程中制作，故可称为现制索。

4.4.4.1 斜拉索的制作

斜拉索的制作工艺流程一般为：钢丝除锈→调直→应力下料→防护漆→穿锚→镦头→浇锚→烘锚拉索防护→超张拉→标定。

4.4.4.2 斜拉索的防护

1）临时防护

钢丝或钢绞线从出厂到开始做永久防护的这一段时间内，所需要进行的防护称为临时防护。国内目前采用的临时防护方法一般是钢丝镀锌，即将钢丝纳入聚乙烯套管内，安装锚头密封后喷防护油，并充氨气，以及涂漆、涂油、涂沥青膏等。具体措施可根据防锈蚀效能、技术经济比较、设备条件及材料种类确定。通常在钢丝或钢绞线穿入套管前，每根钢丝或钢绞线应在水溶性防腐油中浸泡或喷一层防腐油。在临时防护中，镀锌钢丝的锌层应均匀连续，附着牢固，不允许有裂纹、斑痕和漏块。此外，不镀锌处理的钢丝，在储存和加工期间应采取其他涂漆、涂油等临时防护措施。

2）永久防护

从斜拉索钢材下料到桥梁建成后的使用期间，应做永久防护。永久防护应满足防锈蚀，耐日光暴晒，耐老化，耐高温，涂层坚韧，材料易得，价格低廉，生产工艺成熟，制作、运输、安装简便，更换容易等要求。永久防护包括内防护与外防护，内防护是直接防止斜拉索锈蚀，外防护是保护内防护材料不流出、老化等。内防护所用的材料一般有沥青砂、防锈脂、凡士林、聚乙烯塑料泡沫和水泥浆等，这些材料各有优缺点。外防护所用的材料也各有优缺点，聚氯乙烯管质脆，抗冻和抗老化性能差，易破裂失效；铝管则需注水泥浆，而水泥浆的碱性作用易使铝管腐蚀；用钢管作外套时本身尚需防腐蚀且笨重；采用多层玻璃丝布缠包，目前效果尚可，但价格高，施工烦琐。

我国目前一般采用将炭黑聚乙烯在塑料挤出机中旋转，然后挤包于斜拉索上形成热挤索套防护斜拉索的方法，即PE(Polyethylene，聚乙烯)套管法。所用高密度聚乙烯与其他方法所用材料相比有以下优点。

在设计寿命期限内能抵抗循环应力引起的疲劳，在聚乙烯树脂中加炭黑能有效抵抗紫外线的侵蚀，与灌浆材料和钢材无化学反应，在运输、装卸、制造、安装和灌注时能抗损坏，能防止水、空气和其他腐蚀性物质的入侵，徐变特性低，对周围环境有一定的适应性。

同时，炭黑PE管的热膨胀系数大约是水泥浆和钢材的6倍。因此，为了控制温度变化并减小可能导致PE管损坏的不均匀应力，通常在PE管上缠绕或嵌套一层浅色胶带或PE面层。采用热挤索套不像PE管压浆工艺那样，存在斜拉索钢丝早期锈蚀，热挤索套可在很短的时间内完成防腐、索套制作、拉索密封等工艺。

总之，斜拉索防护绝大多数是在生产制作过程中完成的，与生产材料、工艺，以及生产标准、管道等密切相关。故此，要做好斜拉索的防护工作，就必须严格控制生产的各个环节，以确保斜拉索的质量。

4.4.4.3 斜拉索的安装

1）放索

为方便运输及在运输过程中对斜拉索进行保护，斜拉索起运前通常采用类似电缆盘的钢结构盘将斜拉索卷盘，然后运输。对于短索，也有采取自身成盘，捆扎后运输的情况。根据斜拉索不同的卷盘方式，现场放索常用的方法有立式转盘放索和水平转盘放索两种。在放索过程中，索盘自身的弹性和牵引产生的偏心力，会使转盘转动加速，导致散盘，危及施工人员的安全。所以，一般情况下，要对转盘设制动装置，或者以钢丝绳作尾索，用卷扬机控制放索。

2）索在桥面上的移动

在放索和挂索过程中，要对斜拉索进行拖移，由于索自身弯曲，或者与桥面直接接触，在移动中就有可能损坏斜拉索的防护层或索股，为避免这些情况的发生，一般采取以下方法，移动时对斜拉索进行保护。若索盘是在水上由驳船运来，对于短索一般直接将索盘吊到桥面上，利用放索支架放索，对于长索一般直接在船上设置放索支架放索。采用前者，需要在梁上设置吊装装备；采用后者，则需要在梁端设置转向装置以利于索的移动。对于现浇梁，转向装置设在施工挂篮上，若是拼装结构则设在主梁上，并且要求转向装置的半径不小于索盘半径，与梁体保持一定的距离。

3）斜拉索的塔部安装

斜拉索的塔部安装方法主要有单吊点法、多吊点法、起重机安装法、分步牵引法等。

（1）单吊点法：斜拉索运上桥面后，从索塔孔道中放下牵引绳，连接斜拉索的前端，离锚具下方一定距离设一个吊点，索塔吊架用型钢组成支架，配置转向滑轮。

（2）多吊点法：吊点分散、弯折小，在统一指挥下操作，可使斜拉索均匀起吊。因吊点较多，易保持索呈直线状态，两端无须用大吨位千斤顶牵引。

（3）起重机安装法：采用索塔施工时的提升起重机，用特制的扁担梁捆扎拉索起吊。拉索前段由索塔孔道内伸出的牵引索引入索塔斜拉索锚碇内，下端用移动式起重机提升。起重机安装法操作简单快速，不易损坏拉索，但要求起重机有较大的起重能力，故一般适用于重量不大的短索安装。

（4）分步牵引法：根据斜拉索在安装过程中索力递增的特点，分别采用不同的工具，将斜拉索安装到位。第一，用大吨位的卷扬机将索张拉端从桥面提升到预留孔外；第二，用穿心式千斤顶将其牵引至张拉锚固面。

4）斜拉索的梁部安装

同塔部安装，基本方法有如下两种。

（1）吊点法：在梁上设置转向滑轮，牵引绳从套筒中伸出，用起重机将索吊起后，随锚头逐渐牵入套筒，缓缓放下吊钩，向套筒口平移，直至将锚头牵入套筒内。

（2）拉杆接长法：对于梁部为张拉端的斜拉索，采用拉杆接长法安装比较方便。先加工长度均为1.0m左右的短拉杆，并与主拉杆连接（张拉杆连接），使其总长度超过斜拉索套筒加张拉千斤顶的长度。利用千斤顶多次运动，逐渐将张拉端拉出锚固面，并逐渐拆掉多余的短拉杆，安装锚固螺母。运用拉杆接长法，要加工一个组合螺母（张拉杆连接螺母）。采用这个螺母逐步锚固拉杆，直到将锚头拉出锚板后拆除。

4.4.4.4 斜拉索的调索、张拉

目前大吨位斜拉索整体张拉工艺已经十分成熟。无论是一端张拉还是两端张拉，一般情况下，都需在斜拉索端头接上张拉连接杆，之后使用大吨位穿心式千斤顶实施斜拉索的调索、张拉。为方便施工，张拉杆都采用分节接长，而非整根通长。拉锚式斜拉索张拉的主要步骤如下。

（1）对张拉千斤顶和液压泵进行标定，同时，对预计的调整值划分级别。根据标定得出的张拉值和液压表读数之间的直线关系，计算并列出每级张拉值相应的油表读数。

（2）对索力检测仪器进行标定。

（3）计算各级调整值并列出相应的延伸量。

（4）做好索力检测和其他各种观测的准备工作；将张拉工具、设备一一就位。

（5）先将千斤顶撑架用手拉葫芦等固定在斜拉索锚固面上，然后将千斤顶用螺栓连接支承在撑架上；将张拉杆穿过千斤顶和撑架，旋固在斜拉索锚头端，再将长拉杆上的后螺母从张拉杆尾端旋入；将千斤顶与液压泵用油管接好，开动液压泵，使千斤顶活塞空升少许，如调索要求降低索力，可根据情况多升一定量；接着将后螺母旋至与活塞接触紧密处。如调索是在斜拉索锚头还未被牵出锚固面的情况下进行的，则上述过程已在牵索过程中完成；如索力检测采用测量张拉杆拉力的方式，则应在张拉杆后螺母间安装穿心式压力传感器，测量张拉力。需要先将传感器从张拉杆后端插入，再将张拉杆后螺母旋入。

（6）按预定级别的相应张拉力，通过电动液压泵进油逐级调整索力。如果是降低索力，则先进油拉动拉索，使锚环松动，在旋开锚环后可回油使斜拉索索力降低。在调索过程中，如千斤顶达到行程允许伸长量，即可将斜拉索锚头的锚环旋紧，使其临时支承于锚固支承面上，这时千斤顶可回油并进行下一行程的张拉。如果调索是在斜拉索锚头还未牵出其锚固面的情况下进行的，则临时锚固由叠撑在锚环上的张拉杆前螺母，即两半边螺母承担。临时锚固张拉调索过程中，应以检测、校核数据，配合液压表读数，共同控制张拉力，并对结果随时观测，以防不正常情况发生。

4.5 悬索桥施工

4.5.1 悬索桥的受力特点与构造

4.5.1.1 悬索桥的受力特点

悬索桥的主要受力构件是锚碇、索塔、缆索系统以及加劲梁等。成桥后作用在桥面上的竖向荷载一部分由加劲梁承担，一部分通过吊索传递给主缆。主缆在塔顶由主索鞍提供支撑，并通过主索鞍将荷载传递给索塔，索塔传递给基础。主缆在两端的强大拉力通过锚碇来平衡，并通过锚碇将拉力传递给地基。

悬索桥属于柔性桥梁结构体系，刚度小、变形大，具有较强的非线性受力特征。从构件受力的重要性出发，可将悬索桥的各部件分为第一体系、第二体系、第三体系。

主缆是第一体系的主要承重构件，承担由吊杆传递过来的桥面荷载及恒载，以受拉为主。主缆通过塔顶鞍座悬挂在索塔上，两端锚固于锚体上。主缆是柔性构件，但主缆的恒载拉力提供了强大的重力刚度，使成桥后的桥梁总体刚度满足桥梁规范的要求。索塔是第一体系的主要承重构件，主要起支撑主缆的作用。悬索桥的恒载和活载均通过索塔传递给基础。锚碇是主缆的锚固体，属于第一体系的承重结构，它将主缆的拉力传递给地基，通常有重力式锚碇和隧道式锚碇。重力式锚碇依靠巨大的自重来抵抗主缆的竖向分力，水平分力由锚体与地基的摩阻力抵抗。隧道式锚碇是将主缆拉力直接传递给围岩。

悬索桥的加劲梁属于第二体系的承重构件，以受弯为主。其主要功能是提供桥面和防止桥梁发生过大的挠曲变形和扭转变形。加劲梁直接承受桥面荷载。

吊索属于第三体系的构件，主要作为传力结构，主要受拉。其主要功能是将桥面上的活载以及恒载，通过索夹传递到主缆上。吊索的上端通过索夹与主缆相连，下端与加劲梁相连。

4.5.1.2 悬索桥的构造

悬索桥是由主缆、索塔、锚碇、吊索及索夹、鞍座和加劲梁等构件构成的柔性悬吊体系。

1）主缆

主缆是结构体系中的主要承重构件，一般由钢丝绳组成，有时也可由平行钢丝组成。

主缆是通过塔顶鞍座挂在索塔上并锚固于两端锚碇中的，以受拉为主。

2）索塔

索塔是悬索桥抵抗竖向荷载的主要承重构件，以受压为主，是支撑主缆的重要构件。

3）锚碇

锚碇是锚固主缆的结构，它将主缆中的拉力传递给地基。根据不同的地质情况可修成不同形式的锚碇，如重力式锚碇、隧洞式锚碇等。重力式锚碇为一庞大的混凝土结构，依其自重实现对主缆的锚固；隧洞式锚碇则借助两岸天然坚固的岩体开凿隧洞再浇筑混凝土形成，利用岩体强度对混凝土锚体形成嵌固作用，以达到锚固主缆的目的。

4）吊索及索夹

吊索是将加劲梁自重、桥上荷载传递到主缆的传力构件，是连接加劲梁和主缆的纽带，起到承受拉力的作用。吊索可用钢丝绳、平行钢丝束或钢绞线等材料制作。

索夹位于每根吊索和主缆的连接节点上，它是吊索和主缆的连接件。索夹以套箍的形式紧固在主缆上，它在主缆上夹紧后产生一定的摩擦阻力来抵抗滑移，从而固定了吊索与主缆的节点位置。索夹也是固定主缆外形的主要装置。

5）鞍座

鞍座是设在索塔顶直接支撑主缆并将主缆荷载传递给索塔的装置。通过它可以使主缆中的拉力以垂直力和不平衡水平力的方式均匀地传到塔顶。

另外，在锚碇前墙处(或在锚碇之内支架处)，主缆需要散开成散束，就需要在此处设置散索鞍座。

6）加劲梁

加劲梁是供车辆通行的结构，承受桥上荷载和其他横向水平力，防止桥面发生过大的挠曲变形和扭曲变形。

4.5.2 锚碇与桥塔施工

4.5.2.1 锚碇的施工

在对主缆的支撑结构中，锚碇是非常重要的部分。如果悬索桥的跨度较大，就需要使用锚碇，主要包括锚块、锚块基础、锚室、散索鞍墩、锚盖、锚碇架等。锚碇主要分成两类，分别是重力式锚碇和隧道式锚碇。

1）重力式锚碇

重力式锚碇在浇筑大体积混凝土的时候使用，需要注意的是，在施工过程中要处理好混凝土水化热的问题，同时也应合理使用分块浇筑的方法。混凝土水化热可能会导致因为混凝土内外温差过大，造成锚体混凝土出现开裂的情况。

2）隧道式锚碇

在设置隧道式锚碇时，需要对岩体进行开挖，而开挖时使用的爆破药量要适中，不能过多而导致岩体破坏严重，整体性丧失，不利于隧道锚的稳定性和可靠性。

3）锚碇架的制作和架设安装

在主缆锚固结构中，锚碇钢构架是最主要的部分，包括锚支架、锚杆、锚梁。在施工过程中，锚支架可以起到支撑作用，能够为锚杆、锚梁进行定位。锚杆连接着主缆的索股，有单束的，也有双束的，多用 A3 或 16Mn 的钢板焊成。在焊接锚杆时，要严格要求焊接的品质，确保锚杆的变形量和精度。在安装锚碇时，先控制好锚梁，然后安装锚杆，最后理顺锚碇的轴线，对锚固点的高程进行相应的调整。

4.5.2.2 桥塔的施工

在对悬索塔的桥塔进行施工时，其施工方式和斜拉桥的桥塔施工接近，同样可修筑悬索桥钢桥塔和混凝土桥塔。

1）悬索桥钢桥塔的施工

悬索桥钢桥塔在进行施工时，可采用塔式吊机、浮式吊机、爬升式吊机等几种吊装设备，因此也就形成了这几种施工方法。采用钢桥塔方式，多根据施工的地形条件进行，也要将经济适用性考虑在内。

2）混凝土桥塔的施工

混凝土桥塔在进行施工时，可采用翻模法、滑模法、爬模法、提升支架法等施工方法来安装塔身和立柱。

4.5.2.3 锚碇和桥塔基础的施工

安装悬索桥的锚碇和桥塔基础，可采用的施工方法主要有桩基础、扩大基础、明挖基础、沉井基础、沉箱基础等。

4.5.3 主缆施工

4.5.3.1 主缆架设的准备工作

在架设主缆之前，需要将索鞍装配好，通过塔顶吊机或者吊架，再利用其他配套设施，可以将导索、拽拉索、猫道等架设好，这些都是架设主缆的基础。

4.5.3.2 导索及牵引索(拽拉索)架设

1）海底拽拉法

导索架设最初采用海底拽拉法，这种方法采取的步骤如下。

先从一岸的塔底将导索临时锚固起来，之后利用船只把导索索盘装好运输到对岸的桥塔处，然后将导索放入水中。

将航道封闭，防止对通航造成影响，通过提升装置把导索向上提升到塔顶处，将导索装入导轮组，使其到达两端的锚碇。

导索的两端分别同卷扬机筒和拽拉索连接起来，把卷扬机打开，导索就会将拽拉索牵引到河对岸。

2）浮子法

架设导索也可以使用浮子法。每隔一段距离就在导索上安装一个浮子，然后用船将导索向对岸牵拉，由于浮子的作用，导索不会沉入水底。

如果水中没有岩礁或者水流相对平缓，就可以使用海底牵拉法或浮子法。

3）空中渡海法

如果架设导索的地点的水流非常急，此时就不能用海底拽拉法和浮子法了，需要使用空中渡海法。把锚碇一侧连接到导索上，放松导索，从另一侧把导索牵拉起来，从而拉出牵引索，通过卷扬机将导索收起来，最后带动牵引索牵引过河。

4.5.3.3 猫道架设

猫道如同临时的索桥，能够为主缆架设提供在空中施工的平台。猫道的基本构成包括猫道承重索、猫道面板系统、横向天桥、抗风索。每个主缆下可设置一个宽 3~5m 的猫道。猫道面层可同主缆中心线高 1.3~1.5m，可以对称设置。

可以使用架设导索架的方式设置猫道索，从一端的塔顶将猫道索一侧吊起，另一端则可使用卷扬机进行牵拉，调整好垂度，两端用锚固定好。调整猫道索的矢度，然后铺设猫道面板，预制横木和面板分段，将其提升到塔顶，顺着猫道索向下释放，最后将所有分段连接起来，固定在承重索上，设置立柱和扶手锁。架设好猫道后，还可架设横向天桥。

架设主缆时，利用门架对拽拉系统进行支撑和导向，每隔一段距离设置一个猫道门架。

4.5.3.4 主缆架设方法

悬索桥的钢缆有钢丝绳钢缆和平行线钢缆。钢丝绳钢缆适用于中、小跨度的悬索桥，平行线钢缆适用于主跨为500m以上的大跨悬索桥。平行线钢缆根据架设方法分为空中纺丝法(Air Spinning Method，简称AS法)和预制平行钢丝索股法(Prefabricated Parallel Wire Strands，简称PPWS法)两种。

1) 空中纺丝法架设主缆

(1) 架设方法。空中纺丝法架设主缆是在桥两岸的索塔和锚碇等都已安装就绪后，沿主缆设计位置，在两岸锚碇之间布置一无端牵引绳，将牵引绳的端头连接起来，形成从此岸到对岸的长绳圈。其主要架设方法如下。

① 将送丝轮扣牢在牵引绳上，且将缠满钢丝的卷筒放在一岸的锚碇旁，从卷筒中抽出钢丝头，暂时固定在靴跟处(称为“死头”)。

② 继续将钢丝向外抽，由死头、送丝轮和卷筒将正在输送的丝形成一个钢丝套圈，用动力机驱动牵引绳，于是送丝轮就带着钢丝送向对岸。

③ 在钢丝套圈送到对岸时，用人工将套圈从送丝轮上取下，套到其对应的靴跟上。

④ 随着牵引绳的驱动，送丝轮又被带回此岸，取下套圈套在靴跟上，然后又送向对岸。

⑤ 这样循环进行，当其套在两岸对应靴跟上的丝数达到一根丝股钢丝的设计数目时，就将钢丝“活头”剪断，并将该“活头”与上述暂时固定的“死头”用钢丝连接器连起来，即完成了一根丝股的空中编制。

(2) 空中纺丝法施工注意事项。空中纺丝法主缆每一丝股内的钢丝根数为300~600根，再将这种丝股配置成六角形或矩形，挤紧而成为圆形。空中纺线法架设主缆施工必须设置猫道、配备送丝设备，还须有稳定送丝的配套措施。为使主缆各钢丝均匀受力，应分别对钢丝长度和丝股长度进行调整，还应及时进行紧缆和缠缆。

2) 预制平行钢丝索股法架设钢缆

(1) 架设方法。预制平行钢丝索股法架设钢缆的目的是使空中架线工作简单化。索股预制股每束61丝、91丝或127丝，再多就过重。两端嵌固热铸锚头在工厂预制，先配置成六角形，然后挤紧成圆形。

(2) 索股线形调整步骤。

① 垂度调整应在夜间温度稳定时进行。温度稳定的条件：长度方向索股的温差不大于2℃，横截面索股的温差不大于1℃。

② 绝对垂度调整，应测定基准索股下缘的标高及跨长、塔顶标高及变位、主索鞍预偏量、散索鞍预偏量。主缆垂度和标高的调整量，应在确定气温与索股温度等值后经计算确定。基准索股标高必须连续3d在夜间温度稳定时进行测量，3次测出结果误差在容许范围内时，应取3次的平均值作为该基准索股的标高。

③ 相对垂度调整，应按与基准索股若即若离的原则进行。

④ 垂度调整允许误差：基准索股中跨跨中为±1/20000跨径；边跨跨中为中跨跨中的2倍；上下游基准索股高差10mm；一般索股(相对于基准索股)为-5~10mm。

⑤ 调整合格的索股不得在鞍槽内滑移。索股锚头入锚后应进行临时锚固。索股应设一定的抬高量，抬高量宜为200~300mm，并做好编号标志。

⑥ 索力的调整应以设计提供的数据为依据，其调整量应根据调整装置中测力计的读数和锚头移动量双控确定。实际拉力与设计值之间的允许误差应为设计锚固力的3%。

4.5.3.5 主缆防护

首先，主缆防护应在桥面铺装完成后进行。防护前必须清除主缆表面灰尘、油污和水分等，并设置临时覆盖。待涂装及缠丝时再揭开临时覆盖。

其次，主缆涂装应均匀，严禁遗漏。涂装材料应具有良好的防水密封性和防腐性，并应保持柔软状态，不硬化、不脆裂、不霉变。

最后，缠丝作业宜在二期恒载作用于主缆之后进行，缠丝材料以选用软质镀锌钢丝为宜。钢丝缠绕应紧密均匀，缠丝张力应符合设计要求。缠丝作业应由电动缠丝机完成。

4.5.4 加劲梁架设

悬索桥的加劲梁一般采用钢结构，早期以钢桁梁为主，个别中小跨度的悬索桥采用钢板梁。由于钢板梁的抗风性能不佳，而后在较大跨度的悬索桥中不再采用钢板梁。

4.5.4.1 加劲梁断面形式

现阶段，加劲梁主要有钢箱梁(钢箱式加劲梁)和钢桁梁(桁架式加劲梁)两类。

钢箱梁的抗风性能较好，风阻吸收仅为钢桁梁的1/4~1/2，且耗钢量较少；钢桁梁在双层桥面的适应性方面远较钢箱梁优越，适用于交通量较大或其他特殊条件下的悬索桥。

与一般钢桥相同，钢箱梁或钢桁梁均在工厂内制造，运输到现场后通过节段间现场连接的方法成桥。加劲梁的制造节段长度一般与钢桁梁的节间长度或其纵向吊索间距相同。

4.5.4.2 加劲梁架设安装顺序

加劲梁的架设安装顺序主要有两种：一种是从主跨跨中及两侧桥台向索塔的两侧推进；另一种是从索塔两侧分别向主跨、跨中及两侧桥台推进。拼装顺序应能保证塔顶纵向位移尽可能较小，梁段的竖向变位起伏小，并有利于抗风稳定。

随着悬索桥施工实践的日益增多，加劲梁架设顺序也在不断发展。但无论采用哪种架设顺序，均须考虑主缆变形对加劲梁线形(高程)的影响，应在施工前尽可能先做模型试验与必要的计算分析，再结合各桥的特点加以确定。

4.5.4.3 缆载吊机

加劲梁架设的主要工具是缆载吊机，其由主梁、端梁及各种运行提升机构组成。缆载吊机横跨并支承在两主缆上，其主梁跨度即为两主缆的中心距。

梁段用驳船浮运到安装位置的下方，提升梁上的卷扬机，放下提升钢丝绳。钢丝绳通过平衡梁与加劲梁节段连接。卷扬机将梁段提升到吊索位置后，将吊索下端与梁段上的吊点连接，同时，将本段梁段与相邻梁段临时铰接，然后松开平衡梁，本梁段即吊装完毕。

主缆是柔索结构，当只有部分梁段悬吊在主缆上时挠度很大，已吊装的加劲梁将产生很大的弯曲变形。如果梁段吊装到位后即与相邻梁段连接，则加劲梁将承担很大的弯曲应力，容易造成结构破坏。

为此，梁段吊装到位后只在上缘与相邻梁段形成铰接，下缘在吊装期间张开。随着吊装梁段的增加，主缆的局部挠度减小，加劲梁下缘的间隙逐渐闭合，待梁段全部吊装完成或大部分完成后，在相邻节段间永久固结连接。此时，加劲梁恒荷载完全由主缆承担，加劲梁只承担节段内的局部弯矩。

4.6 装配式桥梁上部结构施工

4.6.1 装配式钢筋混凝土箱梁

装配式钢筋混凝土技术是一种现代化的建筑技术，通过在工厂中预制构件，然后在现场进行组装和连接的方式来构建建筑物。它结合了钢筋混凝土构造的优势和预制构件的便利性，具有高强度和高精度等优点，采用吊装、滑移、拼装模式进行组装，可以大幅度缩短施工周期、提高施工效率，成为近年来越来越受欢迎的建筑方法。

下文将对装配式钢筋混凝土箱梁预制施工关键技术进行介绍。

4.6.1.1 钢筋加工及安装

1）钢筋加工

（1）切割。切割是钢筋加工中常见的操作，主要用于将原材料进行截取和调整尺寸。在装配式施工中，需要注意以下几个技术要点：

① 选择适当的切割设备。根据需要切割的规格和数量，合理选择机械切割、火焰切割或激光切割等设备，并对设备进行必要的维护。

② 确保准确度。在进行钢筋切割时，应仔细测量所需尺寸，并采取相应措施来确保准确性。

③ 避免过热和变形。在切割过程中，应注意控制切割速度和刀具的使用状态，以避免过热和过度变形。

（2）弯曲。弯曲是将钢筋按照所需设计的角度进行弯折。在装配式施工中，弯曲技术要点如下：

① 选择适当的弯曲机。根据需求选择适当的弯曲机械设备，确保其功能齐全，并定

期检查维护。

② 预测钢筋行为。在进行弯曲操作之前，需要精确地计算和预测钢筋的强度和应力变化情况，以确保工序安全。

③ 适用性与可行性评估。在每个项目中都应对弯曲方案进行审查，并评估其适用性和可行性，在提供结构完整性的同时获得最佳效果。

（3）折弯。折弯是指将钢筋按照所需角度折叠。在装配式建筑施工中，折弯技术要点如下：

① 选取合适的夹具：根据要求选择合适的夹具，并确保其稳定性和耐用性。

② 控制外力：在进行折弯操作时，需要注意控制外力大小，避免对钢筋产生过大的力度和压力。

③ 检查折弯质量：在折弯完成后，应仔细检查折弯质量，确保没有明显的缺陷和破损。

2）钢筋安装

（1）明确钢筋安装施工工艺，并加强现场施工环节的管控，以保证钢筋绑扎的强度和尺寸合格。

（2）根据不同钢筋材料的特性选择合适的连接方式。当钢筋直径超过 25mm 时，采用螺纹套筒连接方式；当钢筋直径在 12~25mm 之间时，采用焊接连接方式；当钢筋直径在 12mm 以下时，采用绑扎连接方式。在应用焊接连接方式之前，需将焊接试件送至试验室进行检测，只有当各项指标合格后方可进行焊接作业。在焊接过程中，若采用双面焊接方式，焊接长度应超过钢筋直径的 5 倍；若采用单面焊接方式，则焊接长度应超过钢筋直径的 10 倍。焊接接头的间距需超过 100cm，并且同一断面内的接头数量不得超过钢筋总数的 50%。加强控制接头部位的轴线偏差，确保符合工程技术标准。

4.6.1.2 波纹管安装

波纹管的安装是桥梁工程重要环节。首先，安装人员会根据设计要求，在适当的位置开挖出合适的排水沟或沟槽，便于波纹管顺利布设；其次，将波纹管按照需要的长度进行剪切；最后，将剪切后的波纹管逐一放置进排水沟或沟槽中。相关技术要求如下。

（1）根据设计方案精准确定波纹管的安装坐标数据。每间隔 1m 进行定位钢筋直线段的加固处理，曲线段则将间距缩小到 0.5m。上述工作结束后即可进行钢筋的绑扎施工，该环节必须严格执行设计方案和工艺标准。

（2）纵向波纹管安装时，单个节段的长度为 10m，并且按照先两侧、后中间的顺序逐步进行。加强控制接头部位的安装质量，并且使用胶带缠绕在接头外侧，提升其密封性。

（3）波纹管安装的精确性、垂直度必须达到工程标准，防止发生漏浆的问题而造成管道堵塞。

4.6.1.3 模板安装

（1）使用定型钢模板进行施工，所有模板的质量都必须符合要求，并对模板焊缝进行打磨处理，确保其表面的平整度合格，同时模板之间的连接必须稳定、牢固。使用螺栓进行模板的连接，确保其尺寸合格。

(2) 安装整体液压侧模时，加强控制各个部位的尺寸，采用移动台车的方式推动侧模，将台座移动到规定的部位上，采取交错的方式进行连接，确保模板和台座连接稳固。

(3) 打磨模板并涂刷脱模剂，利用电动钢丝球对表面进行打磨处理，确保其没有任何杂物，之后涂抹一层脱模剂。

(4) 内模、端模使用厚度为5mm的钢板制作而成，采用抽拉式组合成为整体。安装定位锚垫板时，使用双面胶粘贴端部，达到封堵的效果，以免发生漏浆问题。

(5) 顶板使用定位钢筋连接，并且在一侧设置限位挡板，确保翼缘板钢筋的顺直度满足工程要求。

(5) 为了避免在混凝土浇筑的过程中出现内模板上浮现象，需要在外侧每间隔2m设置1条压杠，中间部位焊接直径为32mm的钢筋作为限位装置，达到固定的效果。

4.6.1.4 混凝土浇筑

为确保混凝土施工质量，需要注意以下两点。

(1) 混凝土拌制。需在统一的拌和站进行混凝土的搅拌制作，并对其性能进行检测。在搅拌过程中，强化对配合比的控制，确保各种材料的掺入比例合格。同时，控制搅拌时间在合理范围内，以确保混凝土的强度和可塑性等参数符合标准。拌制完成后，需要检查混凝土的坍落度，确保在160~200mm之间。

(2) 混凝土施工。在混凝土浇筑之前，对伸缩缝、支座等部件进行全面检查，确保预埋件安装方式符合要求且安装精度达标。浇筑应按照底板、腹板、顶板的顺序进行，并从一侧到另一侧逐步浇筑。采用斜向分层的浇筑振捣施工方式，确保各个结构部位的混凝土质量合格，并避免因水化热过大而导致的结构性能不合格。在浇筑结束后，及时插入振捣棒进行振捣处理。振捣棒的插入间距应控制在振捣棒直径的1.5倍以内，插入深度控制在50~100mm之间。每次插入振捣棒后，振捣时间为20~30s，以表面不再下沉和无气泡为合格标准。需要注意的是，腹板两侧使用附着式振捣器在距离顶部下沿75cm的位置上每间隔1.4m进行振捣。在施工现场，需由专人进行检测，确保各个结构部位的施工效果符合工程要求。

4.6.1.5 拆模、凿毛

(1) 拆模作业必须严格按照规定的程序和标准进行，确保模板拆除之后不会对混凝土结构造成损坏和影响。并采用合理的通风措施，确保现场作业的安全性。施工人员系好安全绳，将模板逐步移出施工现场。

(2) 在拆模的过程中，可以使用锤子敲除木楔，然后拆除对拉螺栓的螺母，将对拉螺杆抽出。在操作过程中，必须严格执行工艺方案的要求，确保混凝土结构表面和棱角部不会发生损坏的问题。侧模的拆除要保持整体性，为后续的施工作业提供良好的基础。

(3) 模板拆除之后，应及时进行清洁处理。可以使用手砂轮对其表面进行打磨，并涂抹一层脱模剂。拆除之后的扣件应集中收集管理，避免流失而影响后续的使用。模板拆除工作结束之后，及时使用电动凿毛锤对模板侧面和顶面残留的混凝土进行凿毛处理，然后将表面的浮浆清理干净，裸露出新鲜的混凝土材料。

4.6.1.6 养护

混凝土浇筑结束后的养护处理非常关键，其中对混凝土表面的养护处理是至关重要的一环。为了保持混凝土表面的湿润状态，常常采用覆盖土工布和洒水的方式进行养护处理。首先，土工布具有良好的透气性和抗撕裂性，覆盖土工布可以在混凝土表面形成保护层，抵御外界环境的影响，并防止水分过快蒸发。还可以起到保护混凝土免受日晒、风化、雨水冲刷等因素的作用。其次，通过定期适量洒水，可以确保混凝土在湿润的环境中充分水化，促进混凝土的强度发展，减少温差引起的内部应力，有助于避免龟裂的产生。最后，养护时间应不少于7d。

4.6.2 装配式小箱梁

小箱梁常用跨径为20~35m，作为装配式结构，易实现机械化、工厂化施工。因仅设端横隔梁，桥下视觉简洁，加之梁高较矮，在梁高受限、景观要求较高之处，具有一定的优势。下文将结合某市政工程实例详细介绍预制小箱梁施工工艺。

4.6.2.1 工程概况

该工程第五标段(K8+138.722~K10+848.679)北起平安大道北，南至金水东路以南，全长2709.957m，现状地面道路宽度40m，道路红线宽80m，本标段预制小箱梁按部分预应力混凝土A类构件设计，主线及匝道横向均为整幅桥形式。其中，主线预制小箱梁的高度为1.6m，中梁与边梁的宽度分别为2.4m与2.75m，顶板厚度、支点底、腹板厚度以及跨中底、腹板厚度分别为0.18m、0.3m以及0.2m。此外，平行匝道桥在E1与W1位置中的宽度为800cm，采用小于主线翼板宽度的箱梁作为小箱梁，并且边梁宽与中梁顶宽分别为2.175m和2.075m，其他特性均一致。E2，W2平行匝道桥宽9m，小箱梁宽度与主线相同。小箱梁底板水平，顶板横坡2%，通过腹板高度调节。

4.6.2.2 施工准备

1）运梁线路

在预制梁架设时，沿线二期保通路已经完成施工，按照二期保通规划，确保满足运梁要求，运输之前进一步仔细勘查运梁线路的实际情况，保证运输道路的畅通，检查线路的平整度、宽度及转弯半径是否满足要求，要求路幅宽度不小于4.5m，道路转弯半径不小于50m。对于不符合运输的部分路段，通过当地部门协调，进行临时修整、加宽，运梁完成后进行及时恢复。为了进一步确认运输路线能满足运梁要求，特在运梁之前，运梁车通过全尺寸仿真运梁模式空载进行线路走形，进一步验证线路的可行性、安全性。

2）运梁方式

预制箱梁最长为30.48m，重106.0t，运输距离为5.5km，为保险起见，使用载重吨数为150t的重型牵引车来完成相应部件的运输任务，并采用拖车与牵引车前后承载方式运输，该车组转向灵活，承重性强，方便运输。

3）运输准备

施工方案批复完成后，到公路交警部门办理相关手续，使手续齐备，程序合法。装梁之前，施工单位要注意对作业设备的性能方面进行查验，确保所有作业设备均具备工程施工条件，为工程的顺利开展奠定必要的基础。此外，装梁完成后，检查梁体的捆扎情况，绳索、倒链、挂钩等捆扎器具的完好性、绑扎牢固性，并在运输车辆前、后及四周布设明显警示标志及安全警示牌等，确保无误后方可进行上路运输。

4）运输安全保障

运输准备工作完成确保无误后，运梁车才可上路运输，每辆运梁车配备2~3人；前面配置1辆运输指挥车进行指挥、引导通行，并适时下车查看箱梁捆绑情况、运输车辆车况及通行道路路况，运梁车前后设置醒目的安全警示标志、警示灯，提醒过往车辆注意安全。

4.6.2.3 预制小箱梁架设施工工艺

1）架设前准备工作

（1）运梁车在施工区域行驶及汽车吊吊装箱梁时，需对原有道路上绿化带进行硬化处理。先清除表层杂质、浮土、树根、草木、建筑垃圾等，下挖40cm后将其整平处理，采用20t振动碾压密实，回填压实度不低于95%，铺设15cm碎石，浇筑25cm的C30素混凝土。

（2）根据箱梁总体架设计划和现场实际情况，熟悉图纸、了解设计意图，掌握工程的质量、安全要点。细心编制箱梁架设作业指导书。对于采用吊车架设的箱梁，每一片箱梁都应有对应的架设方案。所有参加箱梁架设的人员必须接受技术安全交底教育，了解设备工作的原理，明确架设方案、操作要点后方可上岗工作。

（3）箱梁、盖梁、支座垫石强度必须达到设计100%，箱梁、盖梁、支座垫石和支座必须经验收合格，施工方案经审批切实可行，起重机需通过技术质量监督部门产品认证后方可开始架梁工作。

（4）盖梁顶清理干净，将所有支座垫石顶面和盖梁顶面支座安装处打磨平整。测量垫石和盖梁顶支座安装处的标高，放样支座垫石中心点，做标记，并根据中心点位置，用墨线在垫石上弹出支座安装轮廓线。

（5）现场具备箱梁吊装条件后，应报请监理工程师检查，待监理对小箱梁验收合格，确认汽车吊机和运梁车性能良好，证件齐全后方可开始吊装。

2）箱梁架设工艺

运梁板车到现场后经专人指挥倒驶入指定位置停车。汽车吊驶入孔内，打开支腿，四支腿下铺钢垫板2700mm×2700mm×150mm，每个钢垫板上铺设纵横双排2000mm×250mm×250mm垫木16根。在驶入现场的过程中，应由专人指挥板车的进退，防止碰到墩柱、盖梁及板车沉陷等，确保运梁板车驶入指定地点，满足安装工作要求。

（1）箱梁捆绑。箱梁采用捆绑吊装，捆绑吊点应满足设计要求，首先用钢丝绳穿过梁底，而后将钢丝绳两端的吊鼻穿入汽车吊吊钩内，钢丝绳和箱梁接触部分衬垫旧橡胶皮或轮胎皮，防止应力集中使钢丝绳剪切破坏，或者使混凝土破坏造成钢丝绳滑移，确认箱梁捆绑牢靠，平衡稳定后方可进行吊装。

（2）架前试吊。预制小箱梁架设拟采用2台260t汽车吊配合使用。首先两台吊车落钩，系好钢丝绳后，吊车缓慢起钩，待两车受力分别在20t左右时，一台汽车吊停止动作，由另外一台汽车吊继续缓慢起钩，待箱梁端头离开梁车后时，吊车停止动作，然后另一台吊车缓慢起钩。两端端头均离开梁车后，两侧吊车同步缓慢起钩，当箱梁起升距梁车5~10cm后，两台汽车吊车停止起钩，停顿3~5min无异常后，吊车方能作下一步动作。

（3）箱梁架设就位。两台汽车吊继续起钩，当箱梁起升至距梁车面1.0m左右后，吊车停止动作，待箱梁平稳后，检查运梁车与梁体是否有接触，确认后运梁车缓慢驶离。待梁体平稳后，缓慢落钩至距盖梁上方10~15cm处(保持梁体的平稳)，待校正好支座后，两台吊车同时缓慢落钩，桥梁就位。

（4）箱梁吊装。

① 如用铁钩等来完成穿绳作业，注意吊物下方不得伸入手臂，以免出现危险事故。钢丝绳与梁体接触部位依次加橡胶垫和护角钢板。

② 挂绳：应按顺序挂绳，吊绳不得相互挤压、交叉、扭压、绞拧，确保吊装时梁体平衡、稳定。

③ 试吊：起重机可在吊绳完全套牢情况下开始以缓慢的速度起升。同时，注意起升高度不可高于施工要求。在试吊开始时，各班组成员要与驾驶员通力配合，如在此阶段发现问题，例如，梁体重心不稳等，则要及时暂停起吊工作，待将问题处理完毕后方可继续开始。

④ 摘绳：吊绳可在支稳、停稳后予以放松。此过程需要注意的是，摘绳工作不可在吊物上方进行，当人工摘绳存在困难时，可用其他作业工具来辅助完成，为了安全起见，不可在吊物或绳索上开展攀登作业。

⑤ 抽绳：起绳时注意保持吊物重心与吊钩处于90°位置，注意起绳的速度不可过快，避免出现强拉、斜拉等情况，更不可在抽绳时对吊臂进行旋转。

（5）轮胎汽车吊抬梁架设操作。梁体架设之前清理施工现场内的所有障碍物，确保起重机工作半径和高度的范围内不得有任何障碍物，严禁起重机斜拉斜吊。双机抬梁施工，吊车臂杆应保持一定距离，必须设专人指挥起吊、架设，单机降效25%进行作业。架梁指挥操作：

① 首先将1号(260t)吊车占位至待架梁孔内待架梁的一端，要求占位合理，满足工作半径要求，同时进行空载旋转模拟试吊，确保工作半径和起吊位置布置满足架设要求。

② 2号吊车就位，2号吊车占位至待架梁孔的下一孔内，即待架孔的另一端，梁体起吊、架设半径内，同时进行空载旋转模拟试吊，确保工作半径和起吊位置布置满足架设要求。

③ 运梁车驶至架设地点，按1号吊车和2号吊车的占位半径要求，运梁车将待架梁体倒车倒至1号吊车和2号吊车的工作幅度范围，确认满足吊装要求后，可将用于运输梁体时所用到的捆绑与支撑等措施拆卸下去。待两台吊车处于指定位置后，可对梁体实施穿绳、挂绳等作业，随后在特制的钢丝中挂上吊钩，并进行试吊，绷紧绳索。为防止吊装过程中对梁体造成损坏，在钢丝绳与梁体接触部位垫橡胶垫和护角钢板。

④ 提升：吊车在提升过程中应有专人进行指挥，并指派安全员对吊车的工作情况进行详尽记录。

⑤ 转向、对位、落梁：待梁体开始脱离运输车辆后，可暂时停止提升作业，对梁体

的晃动情况予以控制，并对吊车、梁体以及吊具等情况进行检查，若未发现异常情况，则可继续开始提升作业。当提升高度高于盖梁顶部后，可对梁体进行移动，使其处于指定位置。此外，对于吊车驾驶人员来讲，其要对吊车实际工作情况进行实时监管，不得随意进行相关操作，保证所有操作在指挥人员的命令下来进行开展。另外，待完成支座的调整后，从两端开始一同进行落梁。待梁体安装到指定位置前，将线锤挂在梁侧面的端部，确保梁体不出现倾斜。最后，对支座位置、纵向轴线以及梁端位置是否符合设计要求进行查验，待确认无问题后便可从两端一同进行落梁作业，确保梁可落在指定位置。

⑥ 小箱梁架设到位后，必须有临时支架支撑，防止倾覆。用方木顶撑梁体并楔紧，摘除吊钩，待第二片梁体架设、稳定就位后，及时焊接连接横隔板、端横梁及湿接缝主筋钢筋，依次类推在每一片箱梁架设、稳定后，及时与相邻梁体进行连接，使整跨箱梁连成整体，确保稳固。待整个梁体水平约束后，务必拆除临时固定装置。

⑦ 在未完成梁的孔、缝防护以及其周边设施的施工前，不可有其他闲杂人员进入施工区域。待完成边梁的架设工作后，需要做好相应的防护工作。

公路桥梁工程预制小箱梁架设，主要考虑箱梁运输的线路，确保线路运输畅通，前期修建保通道路时就要考虑道路的承载力及转弯半径等，小箱梁架设过程中，要确保吊机的站位，在作业半径范围内，严禁超载吊装，采用汽车吊吊装架设，经济、灵活、安装速度快。

4.6.3 装配式钢-混凝土组合结构

钢-混凝土组合结构，是钢部件和混凝土或钢筋混凝土部件组合成为整体而共同工作的一种结构，兼具钢结构和钢筋混凝土结构的一些特性。装配式钢-混凝土组合结构包括钢桁腹组合梁、装配式组合钢箱梁、波形钢腹板-钢管混凝土组合梁、钢板组合梁等。

钢桁腹预应力混凝土组合梁桥采用钢桁式腹杆代替混凝土腹板，是一种新型组合结构桥梁，适用于中等或大跨径桥梁结构。装配式组合钢箱梁采用耐候钢、波形钢腹板等新材料，结合双钢箱闭合截面新工艺，提高了桥梁承载力，使得桥梁结构更轻盈。波形钢腹板-钢管混凝土组合梁桥，该桥型结构新颖，由混凝土顶板、钢管混凝土下弦杆、波形钢腹板组合而成，其中波形钢腹板-钢管混凝土制造中的空间曲面焊接问题是最主要的结构技术难点。钢板组合梁是由外露的工字型钢与钢筋混凝土顶板通过剪力键链接形成的一种组合结构。该桥型充分发挥了钢材和混凝土各自的材料性能，具有承载力高、抗震性能和动力性能好、施工快捷等优势。由于篇幅关系，下文仅对装配式组合钢箱梁的主要施工工艺进行详细介绍。

4.6.3.1 装配式组合钢箱梁的基本组成

装配式组合钢箱梁由一个个钢箱组合成叠合单元，结合预应力技术、水泥混凝土技术达到组合受力，组装成钢结构桥梁。其顶板、底板采用聚合物纤维水泥混凝土，腹板采用波形钢板相结合的组合体系。在底板中设计体内预应力，在顶板中设计桥面抗剪筋，钢与混凝土结合截面采用聚合物界面连接喷涂胶。

4.6.3.2 新型组合结构的创新点

（1）组合钢箱梁的钢腹板采用耐候钢，解决了普通钢材的腐蚀问题，省去了传统钢结构及钢-混凝土组合结构的防腐涂装，采用裸装服役极大程度上降低了钢-混凝土组合结构的后期维护费用，此外其主要构件为钢结构，回收价值极高。

（2）底板钢套箱及顶板钢-混凝土结合截面采用聚合物界面连接喷涂胶，实现了钢与混凝土的高强度连接，根本上解决了钢-混凝土组合过渡截面的层间滑移问题。底板采用封闭的钢套箱，浇筑微膨胀混凝土，在外壁闭合钢板的抱裹约束下工作，同时施加预应力，使底箱混凝土呈三向受力状态，实现了结构受力的良好传递。

（3）组合钢箱梁的腹板部分采用波形钢板，解决了腹板纵向拉伸延缩以及竖向稳定问题，使预应力作用效能得到充分发挥，同时从根本上解决了混凝土腹板的开裂问题，减小了主梁自重。该结构较传统的混凝土主梁结构自重降低40%以上，桩基础及下部结构也可根据其恒载变化而降低原设计荷载要求。

（4）组合钢箱梁的钢与混凝土协同变形，其刚度较纯钢结构桥梁的刚度大，且省去了纯钢结构中设计的横、纵、竖向加劲肋，简化了制作程序。

（5）实现了组合钢箱梁的工厂自动化流水线生产工艺，自动开平对焊，定尺自动切割，工件自动成型，机械手自动焊接，保证了成型尺寸一致。质量稳定、精度可靠、效率超前。

（6）实现了庞大构件的标准化生产，现场安装采用拼装技术，效率较高，极大程度上缩短了施工工期，解决城市道路车辆拥挤问题效果明显。

4.6.3.3 装配式组合钢箱梁的主要施工工艺

1）备料及材料的化学成分、力学性能检验

作为特殊用钢耐候钢的检验项目主要包括化学成分、拉伸、弯曲、冲击试验以及焊丝焊剂等相关检验。施焊前应进行焊接工艺评定，确定科学合理的焊接工艺后方可施焊，施焊采用自动焊接技术。

2）板材整形

因耐候钢进场原材为钢卷板，因此首道工序即通过板材整形设备将卷板整形为平板，以便于后续对钢板的加工。

3）抛丸除锈

因耐候钢卷板长期存放会在钢材表面形成致密的氧化膜，该氧化膜虽然阻止了大气中氧和水向钢铁基体渗入，减缓了锈蚀向钢铁材料纵深发展，但对后期的组焊及钢-混凝土结合处施工界面胶的质量影响较大，故需事先将板材进行预处理，除锈等级为Sa2.5，Sa3.0。采用抛丸除锈，也可采用喷砂除锈。

4）号料

号料为实现成品箱梁组装前的关键工序，也是控制组合钢箱梁合理消耗的重要环节。号料时应充分考虑钢板的坡口损耗、压缩变形、焊接变形等众多因素，并结合各部分构件合理配料，最大程度上降低消耗，充分确保构件单元的加工精度。

5）构件加工

波形钢腹板采用专用的连续模压设备，经整形且号料准确的平钢板经过模压设备进行波形板连续模压，实现了整梁波形板纵向无焊接缝，确保了受弯构件的整体稳定性。底板套箱、波形钢腹板平行作业，同步完成后流水作业转入组拼成型工序。

6）组装成型

底板构件、腹板构件、顶板构件采用全自动焊接机器人操作，实行三大构件、两大结合面的全自动焊接作业。对于顶板与腹板焊接处高难度的仰焊作业，采用大型翻转机将箱梁整体进行翻转，将高难度的仰焊变为低难度的平焊，从而确保焊缝的施工质量。要对焊接成型后的组合钢箱梁进行焊缝的无损检测，常规检测方法为射线探伤、超声波探伤。

7）预应力施工

为增强钢-混凝土组合结构的整体刚度和承载能力，在底板钢套箱内引入体内预应力钢束，以实现底板弯拉构件提前预压，体内预应力钢束的张拉可根据实际情况采用先张法或后张法，但从经济指标看，先张法要优于后张法施工。

8）混凝土施工

底板箱内采用自流平微膨胀水泥混凝土，保证了水泥混凝土对钢绞线和连接件的握裹力，确保了受力均匀分布和力的有效传递。顶板为钢混复合结构，采用高强聚合物界面连接喷涂胶和“Ω”形钢筋连接件与钢筋焊网焊接，浇筑聚合物纤维混凝土使钢顶板与钢筋混凝土网固结成一体、永不分离，协同受力。

9）组合钢箱梁运输

运输采用平板运输车，在运输过程中要重点注意对组合钢箱梁的运输安全管理工作，确保其运输过程中牢固稳定，同时加强主要成品组合钢箱梁的保护，在与钢箱梁固定卡索接触部位采用柔性材料进行保护。

10）组合钢箱梁现场安装

组合钢箱梁的现场安装工作雷同于常规的先简支后连续预应力混凝土箱梁，但因其自重较小，可采用较小吨位的自行式吊机或架桥机等设备进行吊装作业，同时加强吊装过程中的测量和监测工作，确保就位的精度和安全。

11）组合钢箱梁的梁长设计及横向连接

装配式组合箱梁受作业平台、运输安全、吊装便利等诸多因素影响，目前设计梁长为16~35m，横向连接在梁端支座处采用钢-混凝土端横梁做加强设计，梁体部位采用钢-混凝土横隔板连接以增强其横向联系，横隔板设计因跨径不同取3~4m设置1道。

组合钢箱梁作为一种新型的结构形式，缺乏规范及相关标准的指导和评定。国内尚需加快钢桥及钢-混凝土组合结构体系相关规范的编制工作。组合钢箱梁的加工长度尚受机床作业面、运输安全、吊装便利等诸多因素影响，不能满足任意尺寸的结构形式需要，应进一步研究组合钢箱梁的加速高效、质量可靠的纵向接长技术。组合钢箱梁的受力性能尚需进一步研究和优化。我国对钢桥的研究已趋于成熟，但对于组合结构，尤其是波形钢腹板组合结构的受力特性尚不明确，现行设计中纵向弯曲受力采用“断面的平截面假定”，该分析理论有待进一步论述和验证。

第5章 公路桥梁养护

5.1 公路桥梁养护概述

5.1.1 公路桥梁养护的分类与分级

桥梁的养护应包括桥梁及其附属设施的检测评估、养护工程及建立档案资料，应尽量保证桥梁经常处于完好的技术状态，延长其使用年限，满足承载力和通行能力要求。因此，对桥梁进行经常性的养护维修是十分必要的。

（1）根据桥梁在道路系统中的地位，桥梁养护宜分为以下5类：

Ⅰ类养护的桥梁——特大桥梁及特殊结构的桥梁。

Ⅱ类养护的桥梁——快速路网上的桥梁。

Ⅲ类养护的桥梁——主干路上的桥梁。

Ⅳ类养护的桥梁——次干路上的桥梁。

Ⅴ类养护的桥梁——支路和街坊路上的桥梁。

（2）根据各类桥梁的重要性，本着“保证重点，养好一般”的原则，桥梁养护等级宜分为Ⅰ等、Ⅱ等、Ⅲ等。

养护等级及养护、巡检要求应符合以下要求；

Ⅰ等养护的桥梁应为Ⅰ～Ⅲ类养护的桥梁及Ⅳ类、Ⅴ类养护的集会中心、繁华地区、重要生产科研区及游览地区附近的桥梁，应重点养护，巡检周期应不超过1d。

Ⅱ等养护的桥梁应为Ⅳ类、Ⅴ类养护的区域集会点、商业区及旅游路线或市区之间的联络线、主要地区或重点企业所在地附近的桥梁，应有计划地进行养护，巡检周期宜不超过3d。

Ⅲ等养护的桥梁应为Ⅴ类养护的桥梁及居民区、工业区的主要道路上的桥梁，可一般养护，巡检周期可在7d内。

（3）根据桥梁技术状况、完好程度，对不同养护类别，其完好状态等级划分及养护要求应符合下列规定：

① Ⅰ类养护的桥梁完好状态宜分为两个等级：

合格级：桥梁结构完好或结构构件有损伤，但不影响桥梁安全，应进行保养、小修。

不合格级：桥梁结构构件损伤，影响结构安全，应立即修复。

② Ⅱ～Ⅴ类桥梁完好状态宜分为5个等级：

A级：完好状态，*BCI*达到90～100，应进行日常保养。

B级：良好状态，*BCI*达到80～89，应进行日常保养和小修。

C 级：合格状态，*BCI* 达到 66~79，应进行专项检测后保养、小修。

D 级：不合格状态，*BCI* 达到 50~65，应检测后进行中修或大修工程。

E 级：危险状态，*BCI* 小于 50，应检测评估后进行大修、加固或改扩建工程。

5.1.2 桥梁养护的内容

桥梁的养护维修主要是对危害桥梁正常运营的部分进行经常性的修缮工作，如保持桥面清洁，伸缩缝完好并能伸缩自由，以及疏通泄水孔等。桥梁养护与修理工作的范围包括以下内容：

(1) 技术检查与检验。

(2) 建立和健全完整的桥梁技术档案。养护档案应包括桥梁主要技术资料，施工竣工资料、养护技术文件，以及巡检、检测、测试资料、桥梁自振频率、桥上架设管线等技术文件及相关资料。

(3) 桥梁的安全防护。桥梁应安全、完好、整洁；夜间照明应符合有关标准的要求；各种指示标志应齐全、清晰。人行天桥、立交、高架路、隧道、通航河道上的桥梁必须设桥下限高的交通标志；立交、跨河桥应设限载牌。

(4) 桥梁的经常保养、维修与加固。

(5) 列入文物保护范围的城市桥梁的养护，除应执行本规范外，还应符合文物部门的有关技术规定。

5.1.3 桥梁养护工程的分类

桥梁的养护工程宜分为保养、小修，中修工程，大修工程，以及加固、改扩建工程。

5.1.3.1 保养、小修

对管辖范围内的城市桥梁进行日常维护和小修作业。日常保养与小修是为保证桥梁及其附属设施的使用功能正常，而安排的经常性养护和修补其轻微损坏部分的作业，使之经常保持完好。对一些特大型、特殊桥梁，这样的养护作业尽管每天都在轮回进行，但仍存在不可预见的因素，即在每日的养护作业中还会常常发现新的问题和缺陷，如果不及时处理这些问题和缺陷，将对行车安全造成威胁。

5.1.3.2 中修工程

中修工程是在保证交通的情况下进行的规模性养护施工，是对桥梁各部分，包括设计规定的引桥、引道，以及各种设施的一般性自然磨损和局部损坏进行修复的作业。中修工程可以使得桥梁保持符合载重等级的要求，保证车辆安全通行。此类修复工程可根据资金状况进行预测与安排，一般情况宜定期按计划进行。

5.1.3.3 大修工程

大修工程是对桥梁各部分，包括设计规定的引桥、引道，以及各种设施的较大损坏进行周期性的综合修复的作业，以全面恢复到原设计标准水平，或在原技术等级范围内进行局部改善和个别增建，并逐步提高其通行能力。此类修复工程应每隔数年(如 10~15 年)

进行，一般按年度计划进行。

5.1.3.4 加固、改扩建工程

对桥梁因不适应现有的交通量、载质量增长的需要，以及桥梁结构严重损坏，需恢复和提高技术等级标准，显著提高其运行能力的工程。

5.2 公路桥梁日常养护与维修

5.2.1 桥梁上部结构的养护与维修

上部结构大部分构造天然敞露，常会受到车辆及大气的影响，是养护维修的重点。下文主要介绍上部结构养护、维修与加固的有关内容。

5.2.1.1 桥面铺装层的养护与维修

桥面铺装材料主要有水泥混凝土和沥青类材料两种。使用材料的不同，所产生的缺陷形式也不一样。沥青类铺装层的缺陷主要有泛油、松散、露骨、裂缝及高低不平，产生“跳车”。普通水泥混凝土铺装层的缺陷主要有磨光、裂缝、脱皮、露骨及高低不平。

（1）桥面的养护除应符合道路养护的有关标准规定外，还要满足以下要求：

① 不得随意增加荷载。老化的沥青混凝土桥面，应进行铣刨更新处理，严禁随意加铺沥青混凝土结构进行补强。严禁用沥青混凝土覆盖伸缩装置。

② 桥面更新后的横坡和纵坡，应满足排水要求。

③ 架设在桥上的管线安全保护设施应完整、有效；线杆应安全、牢固；井盖应完好。

④ 桥面上人行道铺装、盲道和缘石应完好、平整。当有缺损时，应及时维修或更换。

（2）水泥混凝土铺装层如有磨光、脱皮、露骨或破裂等缺陷时，通常可用以下方法进行维修：

① 原结构凿补。将原水泥混凝土铺装层的表面凿毛，并尽可能深一些，使骨料露出，用清水冲洗干净并充分润湿，再涂刷上同强度等级的水泥砂浆(或其他黏结材料)，最后铺筑一层4~5cm厚的水泥混凝土铺装层(在桥梁荷载能力允许的前提下)。

② 采用黑色路面改建桥面。采用黑色路面即沥青类修补桥面铺装，一般较水泥混凝土铺装容易，且上下结合也比较牢靠，施工期间对交通影响也比较小。但路面改变原有结构且必须全桥加铺，否则影响美观。黑色路面修补的结构可采用沥青表面处治或沥青细砂罩面，也可加铺一层2~3cm的沥青混凝土。采用沥青细砂时，应先涂刷黏层沥青，使之与旧面层结合良好。

③ 全部凿除，重筑铺装层。桥面铺装层如已损坏严重，可采用全部凿除，重筑铺装层的方法修补。

新铺的面层可采用普通水泥混凝土，也可采用钢纤维混凝土等其他材料。沥青类桥面铺装层出现缺陷后，应及时处理，经常保持桥面完好平整。

桥面凸凹不平，如因构件连接处沉陷不均引起时，可采用在桥下以液压千斤顶顶升，调整构件连接处高程，使其顶面具有相同高度的方法进行维修。

(3) 桥面卷材防水层的养护应符合以下要求：

① 损坏的防水层，应及时进行修补。防水层维修应按施工要求进行。

② 修补后的防水层，其防水性能、整体强度、与下层黏结强度和耐久性等指标，应满足原设计要求。

(4) 防水混凝土结构层的养护应符合以下要求：

① 当防水混凝土表皮脱落或粉化轻微而整体强度未受影响，且防水混凝土层与下层连接牢固时，应彻底清除脱落表皮和粉化物。

② 当防水混凝土受到侵蚀，表皮严重粉化且强度降低或防水混凝土层与下层已脱离连接时，应完全清除该层结构重新进行浇筑。

③ 清理表皮脱落层时，应清理至具有强度的表面完全露出。

(5) 清除损坏的结构层时，应切割出清理边界，然后再进行清除作业。清除应彻底，不得留隐患，并应避免扰动其他完好部分。

(6) 钢筋网结构的防水混凝土层清除作业时，应确保原钢筋结构的完整。

(7) 在浇筑新混凝土前，作业面(包括边缘)应清洁、粗糙。

(8) 选用的防水混凝土抗渗等级应高于 P6，且不得低于原设计指标要求。在使用除雪剂的北方地区和酸雨多发地区，防水混凝土的耐腐蚀系数应不小于 0.8。严禁使用普通配比混凝土替代防水混凝土。

5.2.1.2 桥面伸缩装置的养护与维修

目前，常用的桥面伸缩装置有锌铁皮伸缩缝、钢板式伸缩缝和橡胶伸缩缝 3 种。由于伸缩缝设置在桥梁梁端构造薄弱部位，直接承受车辆反复荷载作用，又多暴露于大自然中，受到各种自然因素的影响，因此，伸缩缝是易损坏、难修补的部位，经常发生各种不同程度的缺陷。

伸缩缝出现缺陷后，会使车辆行驶出现跳车、噪声，甚至引起交通事故。同时，缺陷不及时修补会向结构主体进一步发展。因此，对桥面伸缩缝要经常注意养护，经常检查。出现缺陷后，要及时进行必要的修补或更换。

1) 伸缩装置养护的一般要求

(1) 伸缩装置应平整、直顺、伸缩自如，处于良好的工作状态。有堵塞时，应及时清除。出现渗漏、变形、开裂、行车有异常响声、跳车时，应及时维修。保养周期每年应有两次。

(2) 橡胶板式伸缩装置的固定螺栓应每季度保养一次，如有松动应及时拧紧；橡胶板丢失，应及时补上，弹簧(止退)垫不得省略。严重破损的橡胶板，应及时按同型号进行更换。

(3) 异型钢类伸缩装置的密封橡胶带(止水带)，损坏后应及时更换。密封橡胶带的选择，应满足原设计的规格和性能要求。

(4) 钢板伸缩装置的钢板开焊、翘曲和脱落时，应及时发现并及时补焊。

(5) 弹塑体伸缩装置出现脱落、翘起时，应及时清除，并应重新浇筑弹塑体混合料。当槽口沥青混凝土塌陷、严重啃边或附近沥青混凝土平整度超过规范规定时，应清除原弹塑体混合料和周围沥青混凝土，重新摊铺、碾压，并按新建工艺要求重新安装弹塑体伸缩装置。

2) 伸缩装置的更换

(1) 伸缩装置的安装宽度，应根据施工时的气温计算确定。安装放线时间应选择在一天中温差变化最小的时间段内。

(2) 应满足新伸缩装置的安装技术要求。在安装连接点处，桥面板(梁)的锚固预埋件有缺损时，应打孔补植连接错筋。

(3) 伸缩装置在安装焊接时，连接筋与锚盘的搭接长度应符合焊接要求，严禁点焊连接。

(4) 安装伸缩装置所使用的水泥混凝土保护带，其设计强度应符合设计要求，但不得小于 C40，且应具有早强性能。保护带宜采用钢纤维混凝土。

(5) 应保证伸缩装置中间和梁头与桥台(梁端头)之间充分隔离、封闭，宜采用硬塑料泡沫板进行充填。伸缩装置的型钢下部和后部，应保证混凝土完全充满。

(6) 混凝土达到设计强度，且伸缩装置全部安装完好后，方可恢复交通。

5.2.1.3 桥跨结构的养护与维修

桥跨结构是桥梁的主要承重结构，除直接承受车辆荷载的作用外，还长期暴露在自然界中。如桥跨结构长期受到自然界的各种因素的影响出现的缺陷，势必会扩大、加深、发展，危及桥梁的安全。因此，发现桥跨结构出现缺陷后，必须及时进行调查研究，分析缺陷的产生原因、现状、发展趋势，以及桥梁遭受破坏的程度和对使用的影响等，及时采取措施进行维修加固。

1) 钢结构梁的养护

钢结构梁在使用运营中其刚度、强度和稳定性应符合设计要求。根据钢结构形式，应加强对各部分连接节点及杆件、铆钉、销栓、焊缝的检查、养护。对承载能力或刚度低于限值、结构不良的钢结构，应进行维修或加固。

(1) 钢结构外观应保持清洁，冬季应及时除冰雪。泄水孔应畅通，桥面铺装应无坑洼积水现象，渗漏部分应及时修好。当桥面积水时，应设置直径不小于 50mm 的泄水孔，钻孔前应对杆件强度进行验算。

(2) 钢结构应每年进行一次保养、每年做一次检测。检测时，发现节点上的铆钉和螺栓松动或损坏脱落、焊缝开裂，应采用油漆标记并做记录。在同一个节点，缺少、损坏、松动及歪斜的铆钉超过 1/10 时，应进行调换。当焊接节点有脱缝，焊缝处有裂纹，应及时修补。对有裂纹及表面脱落的构件，应仔细观察其发展，做出明显的标记，注明日期，以备观察。必要时，应补焊或更换。

(3) 钢梁有下列状态之一时，应及时维修：

① 桁腹杆铆接接头处裂缝长度超过 50mm。

② 下承式横梁与纵梁加接处下端裂缝长度超过 50mm。

③ 受拉翼缘焊接一端裂缝长度超过 20mm。

④ 主梁、纵横梁受拉翼缘边裂缝长度超过 5mm；焊缝处裂缝长度超过 10mm。

⑤ 纵梁上翼缘角钢裂缝。

⑥ 主桁节点和板拼接接头铆栓失效率大于 10%。

⑦ 主桁构件、板梁结合铆钉松动连续 5 个及以上。

⑧ 纵横梁连接铆钉松动。

⑨ 纵梁受压翼缘、上承板梁主梁上翼缘板件断面削弱大于 20%。

⑩ 箱梁焊缝开裂长度超过 20mm。

2）钢筋混凝土及预应力混凝土桥梁的维修

钢筋混凝土及预应力混凝土桥梁应每年进行一次结构裂缝和表面温度裂缝的观察；应重点检查受拉、受剪区域结构裂缝，表面温度裂缝应重点检查构件的较大面。

（1）钢筋混凝土及预应力混凝土桥梁裂缝应根据裂缝类型和构件抗裂等级分别采用不同的方法处理：

① 对表面温度裂缝，可封闭处理。

② 对结构裂缝，应根据抗裂等级的不同，分别采取下列措施：

a. 当裂缝宽度大于允许最大裂缝宽度时，应查明开裂原因，进行裂缝危害评估，确定处理措施。

b. 预应力混凝土构件受压区，一旦发现裂缝，应立即封闭交通，严禁车辆和行人在桥上下通行，并委托相应资质的检测部门进行结构可靠性评估，判别裂缝的危害程度，并提出相应的处理措施。

c. 预应力混凝土构件受拉区，出现结构性裂缝，应进行裂缝危害性评估，确定处理措施。

（2）钢筋混凝土及预应力混凝土结构发生混凝土剥落、露筋等现象时，应及时清除钢筋锈迹，凿去表面松动的混凝土后进行修补。对损坏面积较大的结构，凿除混凝土后不得明显降低结构的承载力，必要时宜采用分批修补。

（3）当预应力混凝土构件锚固端的封端混凝土出现裂缝、剥落、渗漏、穿孔、预应力锚具暴露时，应及时对预应力锚具刷防锈漆，重做封端混凝土。

（4）钢筋混凝土与预应力混凝土桥梁加固可采用下列方法：

① 横向联系损伤、桥梁各构件不能共同受力的板梁桥，可通过桥面补强或修复加固横向联系。

② 梁的刚度、强度、稳定性及抗裂性不足，可采用加大结构断面尺寸或增加钢筋数量等方法进行加固。加大断面及增加配筋数量应根据计算确定。

③ 采用体外预应力补强加固，如图 5.1 所示。

（5）双曲拱桥横向联系不足，全桥承载力不足或横向失稳，拱桥主拱圈强度或刚度不足时，应进行加固。钢筋混凝土拱桥拱圈开裂超过限值时，应限制或禁止通行，并应通过特殊检测查明原因，进行处理。

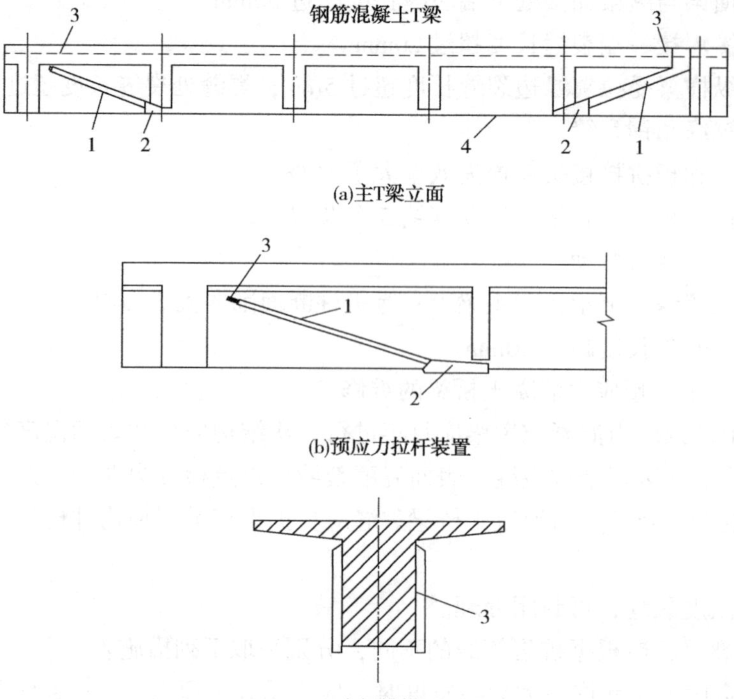

(a)主T梁立面

(b)预应力拉杆装置

(c)主梁横剖面

图 5.1 施加体外预应力加固法

1—斜筋；2—支撑座；3—套箍；4—梁

5.2.2 桥梁下部结构的养护与维修

在桥梁的使用过程中，下部结构的养护与加固对后期工程质量及使用影响很大。下文主要介绍下部结构养护、维修与加固的有关内容。

5.2.2.1 桥梁墩台的养护与维修

1）墩台的保养、小修

（1）墩台表面应保持清洁，并及时清除青苔、杂草、荆棘及污垢。

（2）当圬工砌体表面部分严重风化和损坏时，应清除损坏部分后用原结构物相同材料补砌，应结合牢固，色泽和质地宜与原砌体一致。

（3）圬工砌体表面灰缝脱落时，应重新勾缝。

（4）当混凝土表面发生侵蚀剥落、蜂窝麻面等病害时，应及时将周围凿毛洗净后做表面防护。

（5）当立交桥墩靠近机动车道时，宜在桥墩四周浇筑混凝土护墩。

2）墩台的维修与加固

（1）当表面风化剥落深度在 30mm 及以内时，应采用 M10 以上的水泥砂浆修补；当剥落深度超过 30mm 且损坏面积较大时，应增设钢筋网浇筑混凝土层，浇筑混凝土前应清除松浮部分，用水冲洗，并采用锚钉连接，如图 5.2 所示。

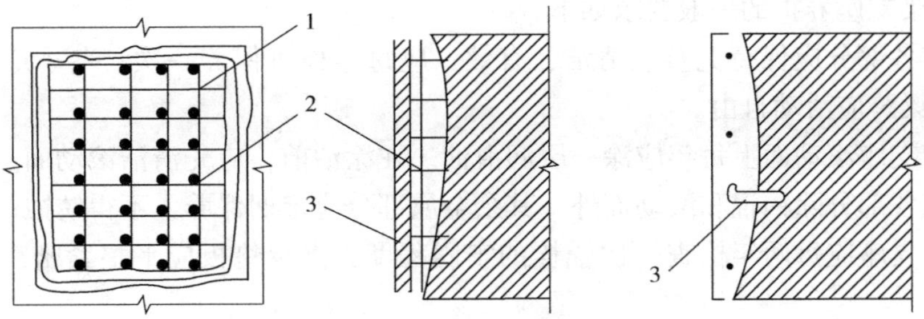

图 5.2 混凝土缺损修补

1—钢筋网，ϕ8mm～ϕ12mm；2—牵钉间距，≤50cm；3—模板

(2) 墩台出现变形应查明原因，采取针对性措施进行加固。

(3) 当墩台裂缝超过规定限值时，应查明原因，采取以下措施进行加固：

① 裂缝宽度小于规定限值时，应进行封闭处理。

② 裂缝宽度大于规定限值且小于 0.5mm 时，应灌浆；大于 0.5mm 的裂缝，应修补。

③ 当石砌圬工出现通缝和错缝时，应拆除部分石料，重新砌筑。

④ 当活动支座失灵造成墩台拉裂时，应修复或更换支座，并维修裂缝。

⑤ 基础不均匀沉降产生的自下而上的裂缝，应先加固基础，并根据裂缝发展程度确定加固方法。如图 5.3 所示为常用的围带加固法。

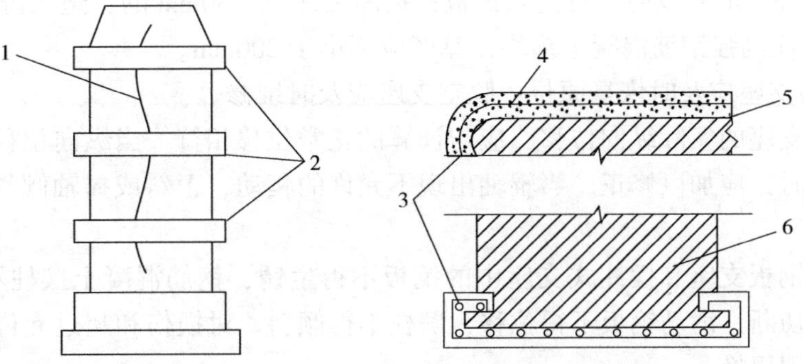

(a)示意图(一)　　(b)示意图(二)

图 5.3 围带加固法

1—桥墩裂缝；2—钢筋混凝土围带；3—钢筋；4—桥墩环形围带；5—牵钉；6—桥台 U 形围带

(4) 桥台发生水平位移和倾斜，超过设计允许变形时，应分析原因，确定加固方案。

(5) 桩或墩台的结构强度不足或桩柱有被碰撞折断等损坏，应查明原因，进行加固处理。

(6) 桥台锥坡及八字翼墙在洪水冲击或填土沉落的作用下容易产生变形和勾缝脱落，修复时应夯实填土，常水位以下应采用浆砌片(块)石，并勾缝。

5.2.2.2 桥梁支座的养护与维修

桥梁支座是桥梁上下部结构的结合点，一有损坏将严重影响桥梁承载能力和使用寿命。因此，必须注意经常养护，保证其处于正常的工作状态。

(1) 桥梁支座养护的一般要求如下：

① 支座各部分应保持完整、清洁、有效，应每年检查保养一次。冬季应及时清除积雪和冰块，梁跨应活动自由。

② 滚动支座滚动面上每年应涂一层润滑油。在涂油前，应先清洁滚动面。

③ 支座各部分除钢辊和滚动面外，其余金属部分应定期保养，不得锈蚀。

④ 固定支座应每两年检查一次锚栓的牢固程度，支承垫板应平整紧密，及时拧紧接合螺栓。

⑤ 板式橡胶支座恒载产生的剪切位移应在设计范围内：支座不得产生超过设计要求的压缩变形；支座橡胶保护层不应开裂、变硬、老化，支座各层加劲钢板之间的橡胶应均匀和正常；支承垫石顶面不应开裂、积水；进行清洁和修补工作时，应防止橡胶支座与油脂接触。

⑥ 滚动盆式橡胶支座，固定螺栓不得有剪断损坏，应及时拧紧松动的螺号。

(2) 当支座出现缺陷故障，应及时维修或更换，并满足以下要求：

① 滚动面不平整，轴承有裂纹、切口或个别辊轴大小不合适，应更换。

② 板式橡胶支座损坏、失效，应及时更换。

③ 支座座板翘曲、断裂，应予更换和补充，焊缝开裂应予维修。

④ 对需抬高的支座，可根据抬高量的大小选用以下两种方法：

a. 抬离量在50mm以内，可垫入钢板；抬高量在50~30mm的，垫入铸钢板。

b. 就地灌注高强钢筋混凝土垫块，厚度应不小于200mm。

⑤ 滑移的支座应及时恢复原位；脱空支座应及时维修。

(3) 辊轴支座的实际纵向位移，应与计算的正常位移相符。当纵向位移大于允许偏差或有横向位移时，应加以修正。当辊轴出现不允许的爬动、歪斜或摇轴倾斜时，应校正支座的位置。

(4) 弧形钢板支座和摆柱式支座中的钢板不得生锈，钢筋混凝土摆柱不得脱皮露筋，固定锚销不得切断，滑动钢板不得位移，摆柱不得倾斜。对损伤和超过允许位移的支座钢板，应及时修理更换。

(5) 球形支座应每年清除尘土，更换润滑油一次。支座地脚螺母不得剪断，橡胶密封圈不得龟裂、老化。支座相对位移应均匀，并记录位移量。支座高度变化应不超过3mm；应每两年对支座钢件(除不锈钢滑动面外)进行油漆防锈处理。

5.2.2.3 桥梁基础的养护与维修

桥梁的基础及地基的养护是使结构物保持完整、牢固、稳定，不发生倾斜，并减少行车振动和基础冲刷。板桩及填补混凝土防护示意图见图5.4。

1) 日常养护要求

(1) 跨河桥梁上下游50~500m的河床应稳定，并随时清理河床上的漂浮物和沉积物。不得在河床内建构筑物或挖砂、采石。

(2) 桥桩和桥梁浅基础的边缘埋设的地下管线、各种窨井、地下构筑物，应经计算后采取加固措施，并先加固、降水，再施工。

2）基础的维修与加固

（1）当基础局部被冲空时，应及时填补冲空部分。当水深大于 3m 时，应及时填塞冲空部分，并应比基础宽 0.2~0.4m。

（2）基础周围冲空范围较大时，除填补基底被冲空部分外，并应在基础四周加砌防护设施。如图 5.4 所示为加固方式。

（3）严寒地区对浅桩冻拔或深桩环状冻裂，应在冰冻开始前进行保温防护。

（4）为防止桥墩被流冰和漂浮物撞击，可在桥墩上游设置菱形破冰体。

（5）当简支梁桥的墩台基础均匀总沉降值大于 2.0cm、相邻墩台均匀总沉降差大于 1.0cm 或墩台顶面水平位移值大于 0.5cm 时，应及时对简支梁桥的墩台基础进行加固。

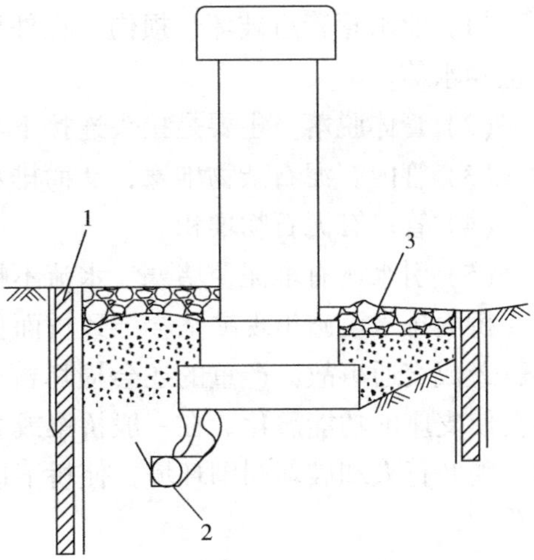

图 5.4 板桩及填补混凝土防护
1—板桩；2—抛石或水下混凝土；
3—表面浆砌片石

5.2.3 桥梁附属设施的养护与维修

桥梁附属工程几乎都在显眼的位置上，对桥梁的安全视觉效果有十分重要的影响，并且这些工程对桥梁的使用性能、使用寿命都有很大的影响。因此，要重视这些桥梁附属工程设施。下文主要介绍桥梁附属设施的养护、维修与加固的有关内容。

5.2.3.1 栏杆的养护与维修

栏杆是桥上的一种安全防护设施。它是桥梁上部结构一个不可缺少的组成部分，也是美化桥梁的一种艺术装饰。

桥梁栏杆的缺陷主要有撞坏、缺损和裂缝。栏杆损坏虽然不妨碍交通，但能丑化桥容，使桥上交通缺少安全感，降低交通安全的舒适水平。因此，桥梁栏杆应经常保持完好状态，对损坏的桥梁栏杆应及时修复。栏杆养护应满足以下要求：

（1）当金属或非金属防护栏杆褪色严重或有表皮脱落现象时，应清除并维修。

（2）涂料性能应符合原设计的要求，表面涂层均匀、不漏刷、不流淌。

（3）弯道部分、分流和合流口处的栏杆，宜刷涂一段警示图案，以辅助交通指示标志。

（4）当栏杆被撞有严重变形、断裂和残损现象时，应及时按原结构进行恢复，并安装整齐、牢固。

（5）伸缩装置处的栏杆或护栏维修后满足桥梁随温度变化的位移，不得将套筒焊裂。

（6）采用的临时防护措施，应牢固、醒目，使用时间不得超过两周。

5.2.3.2 排水设施的养护与维修

桥面排水设施主要有泄水管道和引水槽两种。这两种排水设施的常见缺陷如下：

（1）泄水管管道破坏、损伤。在外界作用影响下而产生局部破裂、损伤，出现洞穴而产生漏水等。

（2）管体脱落。主要是接头连接不牢而产生掉落，失去排水作用。

（3）管内有泥石杂物堆塞，从而排水不畅，甚至水流不通。

（4）管口有泥石物堆积。

（5）引水槽有堆泥、堵塞、水流不畅、槽口破裂损坏而出现漏水、积水等。

桥面排水设施出现缺陷会导致桥面积水，给行车带来不利影响，降雨时易引起车辆滑移，造成交通事故，严重的还会损坏桥梁结构本身的安全。当雨水由伸缩缝进入支座时，将会使支座的功能恶化。在一般桥梁或立交跨线桥中，由于桥面积水，车辆过桥时污水四溅，殃及行人和破坏周围环境，使桥下居民受害。因此，必须加强对桥面排水系统的维修与养护。

桥面的泄水管、引水槽要及时清扫、疏通。缘石的横向泄水孔道，不够长的要加以接长，避免桥面流水沿梁侧流泻。桥面泄水管、排水槽在每年雨季前，应全面检查、疏通，跨河桥梁泄水管下端露出应不少于10cm，立交桥泄水管出口宜高出地面50~100cm或直接接入雨水系统。

泄水管损坏要及时修补。接头不牢已掉落的，要重新安装接上。损坏严重的，要予以更换。

引水槽已破裂的，要重新修理。长度不足时，应予以接长。当槽口太小且不能满足排水需要时，要扩大槽口重新修筑。

立交桥除泄水管排水外，其他地方不得往桥下排水，冬季北方立交桥不得有冰凌悬挂。

5.2.3.3 防护设施的养护与维修

桥梁的防护栏杆、防护栅、防护栏、防护网、隔离带、防撞墩、防撞护栏、遮光板及绿色植物隔离带等防护设施，应完整、美观、有效。有断裂、松动、错位、缺件、剥落、锈蚀等损坏现象，应及时维修。

防护设施应色彩鲜艳醒目。桥内绿化不得腐蚀桥梁结构和影响桥梁安全，不得影响桥梁养护、检查和行车安全。遮光板及其指示标志应完整、有效，不得误挂和缺项。遮光板变形后，应立即恢复。

快速路两侧应放置防护网。上跨快速路及铁路的天桥、有人行步道的立交桥两侧，应设防护网，防护网应完整、美观、有效。损坏、变形修复期不得超过7d。防撞墩、防撞栏杆不得有缺损、变形；被撞损后，宜在3~7d内恢复。

防撞墩、防撞栏杆养护应满足以下要求：

（1）防撞墩混凝土裂缝大于3mm且小于5mm，可灌缝封闭。

（2）表面露筋、钢筋未变形拉断的，可做防腐处理后，用水泥砂浆修补。

（3）防撞墩混凝土裂缝大于5mm，可消除被撞坏的混凝土，重新浇筑混凝土。

（4）被撞损后的防撞栏杆、防撞墩等，严禁使用砖砌筑代替原结构，应原样恢复，严禁使用塑料管仿制。

5.2.3.4 挡墙、护坡的养护与维修

挡墙应坚固、耐用、完好。挡墙应每季度检查一次，中雨以上降雨时巡检。挡墙倾斜超过 20mm 或膨胀、位移，下沉超过 20mm 时，应进行维修加固。挡墙折断应及时加固。开裂超过 10mm 时，应进行封闭。

护坡应完好，下沉超过 30mm、残缺超过 0.2m^2时，应及时维修。

5.2.3.5 声屏障、灯光装饰的养护与维修

声屏障应干净、有效、完整，损坏、缺失应在 1 周内修补。声屏障应每季度冲洗一次，吸声孔不得堵塞，应每年补充和更换老化的填充物。新增设声屏障不得影响桥梁结构安全，并应安装牢固。桥梁安装灯光装饰，应设 3 道漏电保护装置，专人维护保养。开彩灯期间，宜有专人值班；关闭彩灯后，应拉闸断电。彩灯装饰应完整、美观，缺损应及时恢复。安装彩色灯光装饰不得影响桥梁结构的完整耐久性，不得影响桥梁养护维修。

5.2.4 立交桥和人行天桥的养护与维修

5.2.4.1 立体交叉桥梁的养护与维修

立体交叉桥梁多数采用梁式结构，也有钢结构和钢筋混凝土结构，其正常养护与维修如下：

(1) 道路下穿立交的跨线桥，其桥下净空应保持道路规定的净空限界，不得有任何部件侵入。如跨线桥下净空不够，可采用下列方法改善：

① 在两侧桥基深度许可的条件下，可将道路路面高程降低至符合标准为止。排水有困难者，宜增设机械排水，并在桥下一定范围内改建成水泥混凝土路面。

② 可将原跨线桥的桥面结构改为建筑高度较低的桥面结构，以增加桥下净高。如跨线桥下净宽不足，在原桥处扩宽有困难时，可在附近另辟桥孔，分向行驶。

(2) 道路下穿式立交因地势较低、排水困难的，如条件许可采取自然排水，其排水的沟管一般较长，纵坡偏小，容易积水和淤沙，应经常养护清理，特别是进水口的窨井和出水口，必须保持完好状态，使水流畅通。

(3) 道路下穿式立交如因地形限制必须增设机械排水设施的，设备房址应选择在地势较高的位置，防止受淹。排水泵阀和动力设备、排水管道应保持功能完好、运转正常，并作定期检修。备用的动力设施也应定期维修保养，并至少每月发动一次，检查其功能。其他配套设备如窨井、沉淀池(井)应经常清淤，排除污杂物，以防堵塞管道。

(4) 道路上跨式立交的桥梁，应保持桥面及排水系统的完好。保证桥面水按规定的方向和地点排出，防止桥面水向下行道任意溢流、渗漏。应经常对上跨式立交桥的沟渠管道和窨井进行疏通清淤和维修保养，确保完整无缺。

(5) 立交桥的桥头，设有踏级、阶梯以及人行天桥或地道的，应保持其完好状态。如有积水，应及时排除；如踏级砌体缺损，阶梯构件松动或短缺，应及时修理；在有积雪和积冰时，应采取防滑措施。

(6) 立交的照明设施和反光标志，应随时检查照明器具和输电路线有无损坏或短缺现

象，灯柱是否完好，照明灯和反光标志是否正常。若有灯泡不亮、反光膜(漆)脱落等缺损时，应及时修理和更换。桥头设有立面标记的，应同时检查养护，保证其正常完好。

(7) 道路与电信线、电力线、电缆、管道、渠道等相交，各种管线均不得入道路限界，也不得妨碍道路交通，并不得损坏道路的构造物和设施。

(8) 用来制止行人或动物进入立体交叉的栅栏，应定期检查、修理，防止人为破坏和自然损坏。栅栏附近的垃圾、杂物应随时清理，禁止就地焚烧垃圾，以防损伤栅栏。

5.2.4.2 人行天桥的养护与维修

1) 人行天桥日常养护的内容

(1) 桥面要及时排水，保持泄水孔的通畅，及时清扫桥面的各类脏物。小修小补应及时进行。如桥面面砖脱落，应马上落实修补措施。

(2) 钢质或木质栏杆的油漆剥落、钢筋混凝土栏杆的裂缝及破损，应及时修补。

(3) 钢质扶梯一旦发现锈斑，应及时除锈重刷油漆。对混凝土扶梯脱落的嵌条，要及时补上。对少量破损踏步，可采用超早强快硬混凝土进行快速修补。

(4) 钢支座要定期除锈、除尘、上油养护。

(5) 梁体及墩柱主要根据所用的材料，采用不同的方法养护。如为钢结构的梁体，主要是除锈、油漆养护；如为钢筋混凝土结构，主要是各种裂缝的修补。

(6) 基础要专门养护。及时排除桥墩基础处积水。对具有推力结构型的桥梁，应避免钢腿浸在水中。

2) 人行天桥的养护周期

影响人行天桥有关项目养护周期的因素有过桥人流情况、桥梁材料类型及桥梁周围的自然环境等。根据上述因素，可确定养护周期。表 5.1 为有关项目养护周期参考表。各地可因地制宜，根据当地的具体情况制订养护周期。

表 5.1　人行天桥有关项目养护周期参考表

结构	周期				
	桥面及泄水孔	栏杆	扶梯	钢支座	基础
钢结构	1~7d	60d	60d	1a	1a
混凝土结构	1~7d	180d	30d	1a	1~2a

5.3 公路桥梁结构加固与旧桥拆除

桥梁加固是通过改善桥梁受力性能，提高桥梁局部或整体承载能力的技术措施。桥梁加固应以保持原结构受力体系为原则，如确需改变原结构受力体系，需进行严格的结构分析与验算。当加固仍不能满足要求时，可进行桥梁的部分或全部拆除重建。

5.3.1 桥梁加固的原则与原因

桥梁加固是一项十分重要而又极具专业性的工作，要求将专业基础理论与桥梁病害情况有机结合在一起，需要考虑许多方面的因素。从某种意义上说，无论是加固方案的拟订与设计计算，还是具体实施，难度往往比新建桥梁还大。

5.3.1.1 桥梁加固的原则

一般桥梁加固是针对Ⅱ～Ⅴ类桥梁，或者是需要临时通过超重车的桥梁，有时也可与桥梁拓宽、抬高等技术改造工程同时进行，以满足并适应交通发展的需要。加固措施所涉及的内容很广，包含桥梁检测鉴定、设计计算、加固方案比较选择以及经济效益的优化等方面。所以，桥梁加固工作从开始至实施阶段还应遵循以下原则。

1）结合现场条件，制订加固技术方案

桥梁加固前，应对原结构受力体系的承载能力、使用性能进行全面的鉴定，对桥梁结构的各种病害、缺陷等实际状况进行客观准确的把握和评价，并分析桥梁结构病害的原因。

设计时的分析计算模式、材料性能指标应尽量与实际一致，制订加固实施方案应充分考虑对既有交通的影响，使其具有较强的可操作性，而所采用的施工工艺、设备机具应与现场条件相结合。

制订加固方案时，应先考虑温度变化、地基沉降、腐蚀及振动等因素对桥梁结构耐久性及使用性能的不利影响，并适当考虑交通流量增大超重超载车辆及施工荷载等因素对结构受力的影响，以及对其可能造成的损坏提出对策措施，避免这些不利因素再次影响桥梁加固的效果，消除各种隐患。同时，根据桥梁结构的实际状况、历史变迁、荷载变异、功能要求、加固效果交通状况、施工条件及资金投入等方面的因素，经比较、论证、优中选优，最终确定加固技术方案。

2）采取有效措施，防止对结构造成新的损害

桥梁加固过程中，如果发现原有结构或构件存在新的缺陷等问题，应立即停止施工，并会同设计、监理单位采取有效措施，防止对原有结构造成新的损害。对于可能存在倾覆、失稳、滑移、倒塌的结构，应采取有效的临时加固措施，防止在加固期间产生新的病害或损伤。此外，应尽量不损伤既有结构，保留其具有利用价值的部分、避免不必要的损伤、拆除或更换。

3）满足安全性、可靠性、耐久性要求

桥梁加固还应考虑新旧结构的强度、刚度与使用寿命的均衡与匹配，尽可能地保证新增加的截面和构件与原有结构能够可靠地协同受力，有序加固，共同承担外荷载，满足结构安全、可靠、耐久的要求。一般说来，在这项加固过程中，结构受力形式、荷载大小及作用位置等都在不断变化，因此，桥梁加固工作必须依据加固技术与工艺设计的要求，尽量减少作用在原有结构上的施工荷载，避免在某个阶段产生过载现象，导致对原有结构造成新的损害。

5.3.1.2 采取加固措施的原因

考虑桥梁加固的内容及范围，应根据桥梁评估结论并通过充分的比较，才能决定是否需要采取加固措施。通常加固措施可分为一般性维修加固和结构性加固。

一般性维修加固如加厚桥面铺装层、油漆涂装、裂缝封闭与灌浆处理、支座更换等，这些也是桥梁养护的日常内容，目的是保证桥梁结构的使用性能和耐久性能不受大的影响。结构性加固如地基基础及上部结构的加固等，一般用来弥补桥梁结构先天缺陷，恢复受损构件的承载力或使其满足新的使用条件下的功能要求。

当加固费用比新建费用节省一半时，应优先考虑加固。一般确定桥梁加固可以包括整座桥梁，亦可以是指定的区段或特定的构件，同时要求加固技术可靠、耐久，养护方便。若发现以下几种情况宜考虑采取加固措施。

1）桥梁承载能力不足

按照现行通行车辆荷载进行验算，并采用实际计算应力与容许应力比较分析的方法，即当实际荷载作用下构件所产生的计算应力大于材料实测容许应力时，则需要加固；反之，则仅采用维修养护措施即可。

2）桥梁局部损坏

桥梁因车辆超载局部产生破损，若破损严重，已不能满足承载要求时，应尽早对个别受损构件进行加固；若破损不严重，对正常车辆通行影响不大，对受损构件进行维修即可。

3）车辆通行能力不足

现代城市交通量日益增长而造成桥面宽度不够，影响车辆通行能力，宜考虑采取拓宽的加固形式，满足通行能力的要求。

4）结构使用性的影响

桥梁局部或整体刚度不足，已影响正常使用时，可采取提高桥梁刚度的加固措施，改善桥梁结构的使用性能。

5）战争或自然灾害的影响

因战争或遭受特大自然灾害，受损桥梁需进行抢修，以及为保证重车临时通过桥梁时的安全，需对桥梁采取临时加固措施。

6）为保持路段内载重一致

为了使整条路线上或一个路段内桥梁的承载能力保持一致，对个别载重能力较低的桥梁，应按当前载重要求进行加固。桥梁加固是一项探索性实践性、技术性很强的工作，需要在实践中不断积累经验，总结分析后期桥梁运行效果，采取更科学、更适用的方法，实施桥梁加固。

5.3.2 桥梁加固的常用方法

桥梁加固可采用多种方法，一般应根据旧桥的实际状况、承载能力下降的程度以及日后交通量而定。但不论采取哪种加固方案，都应考虑投资省、工效快、交通干扰小、技术可行、安全可靠和有较好耐久性等方面要求。若采用扩大或增加桥梁构件断面的方法加固，应考虑增加断面的部分与原有部件的结合效果。如果通过这种维修加固的桥梁仍达不到车辆交通的要求，则必须考虑桥梁部分或全部改造重建。

5.3.2.1 上部结构加固方法

桥梁上部结构常用的加固方法，通常包含增大构件截面加固法、粘贴加固法、体外预应力加固法、改变结构体系加固法、增设承重构件加固法等。

1）增大构件截面加固法

增大构件截面加固法又称为“外包混凝土”加固法，即通过增大混凝土构件的截面、增加配筋、提高配筋率等加固方法来提高桥梁的承载能力。该方法可加固梁式桥，也可加固拱式桥，并按构件的截面可分为单侧、双侧、三侧或四周外包加固；又根据加固目的和要求的不同，还可以分为以增大断面为主，或增加配筋为主的加固。一般说来，增大构件截面是中小跨度桥梁常用的加固补强方法之一，其优点是可以提高结构承载能力、增大结构刚度，缺点是恒载增加较多、新旧材料的受力性能可能会存在差异。增大截面的途径包括增大梁肋断面加固、加厚桥面铺装层加固和喷射混凝土加固等几种方法。

（1）增大梁肋断面加固。有相当一部分既有桥梁属于多梁式结构，如装配式T梁桥、钢筋混凝土肋拱桥等。对于这些桥梁的加固，通常是将梁肋的下缘加宽，扩大截面，并在新增混凝土截面中增设受力主筋与箍筋，以提高混凝土梁(肋)的有效高度和抗弯承载力。

（2）加厚桥面铺装层加固。将原有桥面铺装层拆除，重新铺设一层钢筋混凝土补强层，用以增大主梁有效高度和抗压截面，改善桥梁荷载横向分布性能，从而提高桥梁整体承载能力。由于这种方法会使桥梁自重和恒载弯矩增加较多，可能造成既有结构下缘受拉钢筋的应力超出规范的限值，所以这种方法只适用于跨径较小的T梁桥或板梁桥。

（3）喷射混凝土加固。当既有梁体截面过小，下缘应力超过规范允许值而使其出现裂纹，且桥下净空又允许时，宜借助高速喷射机械，将新混凝土连续地喷射到已锚固好钢筋网的受喷面上，凝结硬化而形成钢筋混凝土。通过增大梁体受力断面与增加受力钢筋数量的技术手段，加强桥梁结构的整体性，实现提高桥梁承载能力的目的。

2）粘贴加固法

当桥梁结构构件的抗弯、抗剪能力不足，受拉部位开裂时，可以采用环氧树脂胶黏剂将钢板、钢筋及碳纤维布等材料，粘贴到钢筋混凝土结构构件的受拉丝或薄弱部位，使之与原结构形成整体，用以代替需增设的补强钢筋。此法可实现增强结构的抗弯抗剪能力，改善结构的受力状态，以防止结构裂缝进一步扩展。

（1）粘贴钢板加固。根据混凝土构件受力部位的应力状态，选择粘贴钢板加固的形式。一种是沿主钢筋方向或分布钢筋方向单个方向的加固，采用带状钢板加固的形式；另一种是沿主钢筋方向和分布钢筋方向同时加固，采用板状钢板加固的形式。粘贴钢板的用量可通过换算成钢筋用量的方法获得，如果计算求得的钢板厚度很小，一般最小厚度宜取4.5mm。粘贴钢板加固的优点是施工简便、周期短；粘贴时所占空间小，不减桥下净空；加固的部位、范围与强度可视需要灵活设置，可在不影响或少影响交通的情况下作业。其缺点是黏结剂的质量及耐久性是影响加固效果的关键因素，应充分重视；另外钢板容易锈蚀，应做好防锈处理。

（2）粘贴钢筋加固。粘贴钢筋加固常用于中小桥的加固。由于与粘贴钢板可以互换，一般加固工程应用较少。其优点主要是与结构物粘连性能较好，加工成型容易，加固效果明显；缺点是与粘贴钢板相比，加固可靠性稍差，耐久性有所不足，故宜依据其自身的特点合理采用。

（3）粘贴碳纤维布加固。粘贴碳纤维布加固是一种新型的结构加固技术，它是利用树脂类黏结剂将碳纤维增强复合材料（Carbon Fiber Reinforced Polymer Composite，CFRP）粘贴在混凝土构件表面。粘贴时应沿构件主拉应力方向（或与裂缝正交方向），两端应分别设置锚固端，可以约束裂缝的扩展。当结构荷载增加时，碳纤维布因与混凝土协调变形而共同受力，从而提高混凝土构件的承载能力与刚度，对构件起到加固作用。碳纤维的拉伸强度一般在2400~3400MPa之间，与普通钢板相比，具有拉伸强度高、自重小、化学结构稳定的特点。碳纤维布补强加固施工方便，不需要任何夹具、模板，能适应各种钢筋混凝土结构外形，但也存在难以改善原有结构的应力状况、减弱钢筋塑性对构件延性产生的影响、黏结剂耐久性不足等问题。

3）体外预应力加固法

桥梁使用应力过大，混凝土梁体容易产生开裂，并可能产生过大的下挠变形，而采用体外预应力加固法对其进行加固，是按照预应力的原理，在预应力拉杆或钢束的张拉作用下，对混凝土梁的受拉区施加一定的初始压应力，尽量减少混凝土的应力对该受拉区的影响，避免梁体再受力开裂，以改善桥梁使用性能及耐久性。体外预应力拉杆加固，又可根据加固对象的不同，分为水平拉杆加固、下撑式拉杆加固和箱梁体外预应力加固三种形式。

一是正截面受弯的构件采用水平拉杆进行加固，这种加固方法能提高构件的抗弯能力，如可在预应力混凝土T形梁或工字梁断面的受拉侧安装水平拉杆，通过紧俏螺栓实施横向张拉，使拉杆内产生较大纵向拉力，此刻梁体下缘受拉区受到拉杆预应力的作用，梁的挠度将逐渐减小，原有的裂缝也随之缩小。

二是使用下撑式拉杆对斜截面受剪、正截面受弯的构件进行加固。这种加固方法能同时对受弯构件的抗剪、抗弯强度起到补强作用。

三是箱梁体外预应力加固。这是针对箱梁抗弯、抗剪强度不足、主拉应力过大而采用的一种加固技术，可有效解决预应力连续箱梁跨中区段梁体开裂等问题。在制订此种加固技术的设计方案时，应考虑把体外预应力束设在箱室内对称布置并在中墩处尽量靠近顶板，以增强中墩附近截面的抗剪能力。同时，跨中区域还应考虑设置型钢转向块，通过转向块将体外预应力束的效应传至腹板，并利用转向块在纵桥向位置调整体外预应力，对箱梁中跨区域施加较大的压应力，以满足加固效果。

而在实施张拉加固时，应估计预应力的损失，因为它将影响预应力拉杆加固的效果。估计预应力的损失时应考虑加固件本身和承受加固件的结构变形。这两方面的结构变形主要包含承受加固件的收缩，加固件的徐变及节点，传力构造的变形以及温度应变等。为了减少这些预应力损失以保证加固效果，宜在加固时预留构造设施，以便调整加固工作应力。

4）改变结构体系加固法

改变结构体系加固法是通过改变桥梁结构的受力体系，以减少梁的内力或应力，提高承载能力的一种加固方法，其加固效果较好，特别适用于解决超重车辆的临时通行问题。通常桥梁改变结构体系都会在桥下操作，所以采用这种加固方法，还必须考虑尽量减少对桥下船舶通行和排洪能力的影响。

以下简单介绍三种常用的加固方法：

(1) 简支梁的连续加固。根据简支梁与连续梁的特征，增加纵向钢筋，将简支梁与简支梁连接转换成连续梁，或将多跨简支梁转换成多跨连续梁，或将多跨简支梁改造成桥面连续体系，从而减小原桥梁跨中截面的弯矩和挠度值，改善多跨梁桥的受力特性。

(2) 增设加劲梁或叠合梁加固。该加固法的力学计算，应根据被加固的结构体系转换形成的新受力状态，得出计算图式，并通过补强计算。而实际运用中，桥梁结构的受力体系比较复杂，各结构部分之间存在多种多样的联系，而决定每个部分联系性质的主要因素是结构的刚度比值。所以，为了获得简明的计算图式，可依据相对刚度大小，把桥梁的结构受力体系分解为基本部分和附属部分，分开计算其内力，如分成主梁与次梁、主跨与附跨，并考虑略去结构的次要变形。

(3) 增设八字撑架加固。原有主梁下增设八字形斜撑做支承。斜撑为型钢或钢筋混凝土预制构件，其下端支承在桥墩上或承台顶面，上端支承于梁底，中部有时可加设托梁。如果通过设计计算，增设八字形斜撑仍不能满足桥梁加固所要求的承载能力，还可采取对原有主梁增设主筋或增厚桥面板等措施。增设八字形斜撑时，对主梁支撑点的位置选择应适当，合理。若原结构为简支梁，则新增设支撑点的位置，应考虑恒载与活载组合作用不得超过主梁上缘配筋容许的负弯矩，单跨梁则按三跨弹性支承连续梁进行验算；若原结构为连续梁，该支撑点的位置应通过计算确定，且控制主梁在增设支撑点的负弯矩与原有主梁由恒载产生的正弯矩相近，使每个截面工作时的应力小于容许应力值。而此时的恒载宜按原有结构受力体系计算，活载应按原有结构与八字形斜撑组成的受力体系进行计算。

5）增设承重构件加固法

当桥梁承载能力不能满足要求，但梁体结构基本完好，桥梁墩台、地基又具备足够的承载能力时，可考虑采用增设纵梁或横梁的加固方法，以提高原有桥梁的荷载等级。该方法对于活载内力占总内力比例较大的中小跨度梁桥、拱桥，具有比较明显的加固效果与经济优势。

(1) 增设纵梁加固。增设纵梁加固的方式可根据原结构承载能力、加固需求及施工条件等综合考虑。一般情况下，对普通钢筋混凝土梁桥，可以利用原结构设置悬挂模型板，现场浇筑新增加的纵梁，也可以安装预制纵梁。预应力钢筋混凝土梁桥因无法在桥上进行张拉，所以新增加的纵梁也应先预制，后安装。

在增设纵梁加固的同时，可以采取桥面拓宽和不拓宽这两种设计形式。采取桥面拓宽的相关内容可参考其他文献。若不拓宽桥面而增设纵梁，所新增的纵梁宜设置在原内梁的两侧，又由于原内梁比较密集，个别梁体技术状况又不好，可考虑更换其中的几个梁。而为了使新旧梁体形成整体共同受力，应将这些新旧纵梁都通过横隔梁内的钢筋焊接起来，或预埋钢板焊接。如果横向受力需要，还可将横隔梁加宽、加高并相互贯通。

(2) 增设横梁加固。增设横梁的方法常用于因横向整体性差而降低了承载能力的梁桥，或受力整体性较差的双曲拱桥、桁架拱桥。增设横梁可以使各纵梁之间增强横向联系，改善荷载横向分布。其加固特点是需要在纵梁上新增横梁的部位钻孔，并设置贯通桥梁宽度的连接钢筋，而连接钢筋的两端应采用螺帽锚固在纵梁上，以及采取必要的防护措施。之后，悬挂模板浇筑混凝土，便形成了新旧纵、横梁相互间的受力整体。

5.3.2.2 下部结构加固方法

桥梁的承载能力是否满足正常运行的需求，不仅与上部结构的技术状况相关，也与桥梁重要组成部分的下部结构相关。而桥梁下部结构主要包括墩台和基础，这两部分结构将直接承受上部结构的恒载与活载作用，并将荷载传递到基础。因此，桥梁下部结构的技术状况同样也直接影响桥梁的承载能力与桥梁的正常运行，且部分桥梁有些病害还是由于下部结构的原因引起的。

桥梁下部结构的加固技术，一般采用扩大基础加固法、增补桩基加固法、桥墩箍套加固法、桥台帽梁拓宽加固法等措施。如果墩、台和基础结构技术状况特别差，或加固的施工工艺复杂、把握性不大，工程经费又较高，则不宜考虑加固利用。

1）扩大基础加固法

扩大基础加固即为桥梁扩大基础底面积的加固方法。该方法适用于桥梁基础承载能力不足，或基础埋深不够，而且砌筑的墩、台为刚性实体基础。通常情况下，地基的承载力满足要求，而发生的缺陷或病害仅是基础不均匀沉降变形过大引起的，宜采用扩大基础底面积加固的方法。所需扩大基础底面积的大小，应根据地基变形计算确定。

2）增补桩基加固法

桥梁桩基深度不够或水流冲刷过大等造成墩台倾斜、沉降或船舶漂流物撞击而导致桩端头损伤，在此情形下，采用增补桩基加固是一种比较有效的加固方法。加固时一般是在原基础周围补加钻孔桩(或打入钢筋混凝土预制桩钢管桩)，扩大原承台、基础，并牢固结合，以此提高基础承载力，增强稳定性。

3）桥墩箍套加固法

桥墩因承载能力不足、水流冲刷，以及地震、火灾、船舶和漂流物撞击等造成的损坏，宜采取外围浇筑钢筋混凝土箍套加固补强，箍套的厚度一般不宜小于10cm，并通过内部植入钢筋、布设化学锚栓与原结构形成整体。

4）桥台帽梁拓宽加固法

有时需要对桥梁进行拓宽，而随着桥梁上部结构的拓宽，下部结构中的桥墩、桥台也要加宽加大。当原有桥梁结构布置桥台或盖梁，常常采取接长盖梁的做法，如果盖梁的接长范围较大，则应在盖梁前后及侧面布设体外预应力筋，盖梁接长部分的内部需加密钢筋网，并设置螺旋钢筋网，钢板等预埋件。

5.3.3 旧桥拆除作业

目前桥梁工程界在桥梁拆除设计理论、施工方法和技术方面已积累了一定的经验，特别是近年来，随着对静态切割技术(绳锯切割、碟式切制、墙体切割等)、破碎技术(高压水枪、静态爆破、液压破碎锤和液压破碎镐等)、顶升技术(电动和气动液压千斤顶、连续千斤顶、大吨位千斤顶等）和吊装技术（缆索吊装、桥面吊架、大吨位汽车吊和履带吊等）的研究、开发和利用，一些新型的可用于桥梁拆除的施工工艺不断涌现，一支支具有较高业务素养的拆除队伍也在逐渐成长。合理利用已有的新兴工艺和技术，组织专业施工队伍进行桥梁拆除施工，提升科学拆除各类桥梁的能力势在必行。

5.3.3.1 旧桥拆除存在的主要问题与应对措施

国内桥梁拆除行业主要存在以下问题：长期以来重新建、工期、经济指标，不重桥梁的管养和拆除；由于旧桥受力复杂，桥梁拆除理论研究难度大且相对滞后；桥梁拆除专业施工队伍少，市场较为混乱；管理理念落后，安全意识薄弱。

针对桥梁拆除行业存在的这些问题，投资建设和施工单位尤其要高度重视安全问题。加大桥梁拆除理论和技术的研究投入，加快施工经验的总结和提升，确保相关设计施工规范规程早日出台。加强桥梁拆除管理，强化拆除资质的管理，规范市场，规避不合理低价中标，以及不重视环保和拆除过程控制等现象。首选安全可靠的拆除方式，推行方案专家审查制度、报批制度和全员责任制度，合理利用已有的建筑新技术，要确保拆桥设计合理，选择有经验的专业设计和施工单位。

与新建桥梁相比，桥梁拆除完全是“反其道而行之”。新建桥梁是集零为整的过程，每一步是单一的，安全问题容易克服。拆除桥梁是化整为零的逆过程，每一步是复杂的安全风险大。行业内曾有这样的说法：“新建桥梁自第一个构件就位到建设交工前，仅需要考虑1%的安全问题；而拆除桥梁从第一个构件拆除到结束前，始终需要考虑99%的安全问题。”这足以说明，桥梁拆除的安全问题是决定拆除成功与否的关键。如果在施工组织管理和技术层面把握不好，就容易酿成惨痛的安全事故，造成人员伤亡、机械损毁。

5.3.3.2 旧桥拆除方案设计

一般来说，旧桥只有在结构和功能上同时不满足使用要求时才考虑拆除。桥梁拆除首先要保证的应是结构受力上的安全。梁桥、板桥、拱桥吊桥、组合体系桥（斜拉桥、悬索桥）等不同类型的桥梁受力不一，拆除方法也因此各异，即使是同种桥型，其拆除方案也可能不同。这主要由于旧桥梁本身结构和功能还在发挥作用，其赋予的关联和影响因素诸多，需要具体问题具体分析。如何克服旧桥拆除过程中的复杂影响因素，确保拆除过程安全，是选择桥梁拆除方案必须考虑的。

(1) 旧桥梁的拆除作业是一项技术较复杂、危险性高的施工作业，从事拆除作业的施工单位或人员应具有拆除施工经验。拆除方法的选用应根据城市桥梁所处的地理位置、桥梁结构类型、拆除方案的可操作性、作业安全性、环境影响以及经济性等情况进行筛选，并应进行拆除方案设计，编制详细的施工组织设计方案。

(2) 因桥梁结构复杂多样，受力形式不同，拆除方法和步骤很难一概而论，通常首先是先拆非受力构件，再拆主要受力构件，化整为零，其次应按建桥时的逆序施工，并以对称平衡进行卸载。为此，还应把握好下列三项基本原则。

① 制订合理的拆除方案，选择合理的拆除工艺。

② 注重施工过程控制，优先选择静力切割拆除等方式。

③ 制订完备的安全应急预案和应急机制。

(3) 一般陆上的城市桥梁作业场地条件较好，采用人工法拆除较合适；水中的城市桥梁，由于人工拆除较困难，费用也较高，作业条件较复杂，应经过详细的方案筛选后确定拆除方法。一般情况下，拆除顺序应按建桥时的逆序施工，而多孔拱桥则应根据实际情况考虑连拱作用的不利影响。

总之，桥梁的拆除应依据施工组织设计的拆除程序，按照逆向施工要求逐步减少恒载。而拱梁的拆除需基于恒载分布对压力线的影响，拆除工作切不可盲目进行，避免拆桥中拱圈突然倒塌造成人员伤亡事故。桥梁拆除这项作业的危险性和风险性较高，因此应实行现场管制，禁止非作业人员及车辆进入拆除作业区域，采用爆破法拆除桥梁的，应按爆破作业的有关规定执行，爆破拆除时应确定合适的警戒区域，并实行管制，禁止非相关人员和车辆进入警戒区范围内。爆破警戒区应按爆破作业的有关规定确定，并制订合理的警戒方案。

5.3.3.3 旧桥拆除施工必备条件

(1) 对于桥梁拆除过程中的所有步骤和环节，包括制订科学合理的拆桥方案和全面的安全管控体系，以及拆除过程的具体实施，人作为拆除实施的主体，起着重要作用。因此，应选择具有经验的专业施工队伍和专业技术人员承担桥梁拆除的任务。这一点对保障桥梁拆除安全至关重要。

(2) 部分桥梁拆除资料显示，很多桥梁存在先天缺陷和施工质量问题，如按原设计图制订的桥梁拆除方案实施，发现结果与实际情况出入较大，比如截面尺寸、预应力钢筋位置、普通钢筋数量、混凝土质量与原设计不一致。另外，桥梁使用数十年后，材质劣化，无法通过计算确定结构的承载能力。这种情况下，桥梁本身的受力和潜在的安全隐患很难把握。旧桥经过多年的运营和维修加固，其强度、刚度、稳定性都有不同程度的下降，同时拆除过程中桥梁结构体系也在不断变化，使得结构受力更加复杂。如果没有丰富的桥梁拆除施工经验，不能对其拆除施工进行可控分析计算，特别是此种情况下如再采用不成熟的拆除设计方案，拆除难度和风险会更大。因此施工的每步推进，都必须进行现场调查核实，加强拆除过程的技术控制和施工组织管理。

(3) 由于桥梁拆除的方式本身机动灵活，而桥梁拆除设计缺乏理论指导和经验保证，现有各类拆除设计均是套用现有新建桥梁的设计规范，以及建筑起重等方面的规范和规程，设计出来的桥梁拆除方案的可实施性、经济性能指标都不太理想。此种情况下，设计方和施工方应不断优化拆桥方案，使桥梁拆除设计方案安全高效、实用、文明、环保。因此，应结合已有桥梁拆除工程实践，对现有的桥梁拆除设计理论进行合理的安全性、经济性和适应性论证，必须进行桥梁拆除设计理论方面的研究，制订桥梁拆除相关的设计规范。

5.3.3.4 旧桥拆除方法

旧桥拆除主要包括直接支撑凿除法、顶推法拆除法、液压系统平衡法、静力切割拆除法、整体坍落法和吊移法等方法。

(1) 若施工条件许可，在有安全防护的前提下，应首选直接支撑凿除法，特别对于净空高度较低的桥梁，该拆除方式直接、快捷、经济。通常桥的箱梁结构基本上可采取直接在贝雷支架及土牛支撑上凿除的方式。对环境要求不高的，也可选工期短、费用较低的爆破拆除方式。

(2) 在不影响交通的前提下，考虑经济性较好的顶推法拆除法。如地形合适，交通许可，可考虑工期更短、经济性更好的液压系统平衡法施工。

(3) 对于交通组织难度高的城市桥梁，可选择对交通干扰小对原结构损伤小，但成本相对较高的静力切割拆除法(液压切制法)。该方法在原北京西直门立交桥、京杭运河无锡城区航段红星桥老桥(主跨 94.4m 的固端梁桥，主跨分段切制、桥面吊架吊装、大型运输船托运)的桥梁拆除中都有应用。

(4) 针对大跨径拱桥，包括混凝土拱桥、钢管混凝土拱桥和钢拱桥，一般可采用整体坍落法和吊移法进行拆除。整体坍落法主要有爆破法和机凿法；吊移法分桥下支架法、桥上起吊法及缆索吊装法。

不同桥梁的拆除各有其特点、难点及重点，拆除方式因桥而异，科学总结已有桥梁拆除工程实例对我国未来桥梁拆除事业的发展具有重要意义。合理利用静态爆破、顶推、液压系统平移、静力切割、整跨下放、同步顶升、桥面起吊、缆索吊装等新工艺，可为我国桥梁拆除工程提供安全、有效的保证。

5.4 腐蚀环境下公路桥梁的防护

公路桥梁的环境腐蚀主要是大气腐蚀，且涉及所有的大气腐蚀类型，其中腐蚀性最强的是工业大气和海洋大气。无论是哪种建筑形式的桥梁，它所采用的结构材料主要有钢铁和混凝土。钢桥梁面临最大的问题应是防腐，尽管钢筋混凝土桥梁本身是由耐腐蚀的材料组建的，但其中的混凝土也会产生化学反应，尤其是在酸性条件下，若长期暴露在这样的环境中，桥梁的钢结构和钢筋混凝土结构都会受到环境的腐蚀，影响桥梁的安全性和使用寿命。

5.4.1 桥梁腐蚀破坏的因素

5.4.1.1 钢桥梁的腐蚀因素

钢桥梁一般有钢板梁桥、钢箱梁桥、大跨径的斜拉桥和悬索桥等结构形式。其中，斜拉桥和悬索桥一般还有钢箱梁或钢桁架梁、钢结构的桥塔，以及还具有钢拉索、钢缆索、钢吊杆体系。实际运行中，这些钢桥梁的耐久性在很大程度上决定于钢构件的防腐效果。钢构件的腐蚀已经被证实是一种电化学腐蚀，前提是具有水和氧这两个必要条件。当钢桥梁环境达到一定的临界湿度以后，暴露于大气中的钢构件表面就会形成一层非常薄的电解质液膜，大气腐蚀就是从这层薄的电解质液膜所处的钢构件表面开始的，经平衡阳极与阴极的反应，使得阳极反应开始让金属溶解，阴极反应通常被认为是氧的还原反应。

特别在干湿交替条件下，腐蚀性污染物在电解质液膜内的浓度可以达到相对高的值，会使阳极与阴极的反应更加激烈。所以大气腐蚀的关键因素，应包括润湿时间、环境温度及大气污染物。

1）润湿时间

润湿时间主要决定于临界相对湿度。在通常情况下，钢构件表面吸湿的腐蚀产物和腐蚀产物里水分的毛细凝结分别被认为是出现临界湿度的原因，这里毛细凝结的机理也可解释在表面微裂缝和金属/灰尘颗粒界面处形成的电解质液膜。然而雨水对大气腐蚀破坏的影响作用却具有两面性，一方面雨水会为腐蚀反应提供电解质溶液，另一方面雨水也能“洗掉”或稀释钢构件表面上有害的腐蚀性物质而起到有益作用。

2）环境温度

钢桥梁的环境温度对钢构件腐蚀速率的影响是复杂的，但总趋势是温度升高会加快电化学反应和对这个反应的进一步扩散。因而，在恒湿条件下，环境温度升高会使腐蚀速率加快，同时温度升高也导致钢构件表面的湿度下降，使电解质液膜更快地挥发，钢构件表面的腐蚀速率就会降低。

在凝固温度下，由于电解质液膜会发生凝固，这时候如果电解质没有受到氯化物的污染，电化学腐蚀活性将降到很低的程度。如果是在钢箱梁内部等相对封闭的空间里，温度降低就会引起相对湿度增大，对钢构件内部的腐蚀速率则有重要影响，这时就需要通过除湿以避免加速大气腐蚀破坏。

3）大气污染物

大气污染物主要有硫化物、氯化物、碳化物及尘埃。常见的二氧化硫也是大气主要污染物之一，它可吸附在钢构件表面，在水中溶解性高，并且在表面有水膜的条件下容易形成硫酸，对桥梁结构造成严重腐蚀。如果大气中还含有氯化物则会显著提高大气腐蚀的速率，导致钢构件加速腐蚀破坏。而大气中的尘埃对大气腐蚀速率的影响更大，特别是在腐蚀初期，其促进大气腐蚀的机制包括：通过潮解降低临界湿度；提供促进金属溶解的阴离子；通过比腐蚀金属更为惰性的沉积物形成微电偶效应。

5.4.1.2 桥梁钢筋混凝土的腐蚀因素

现代桥梁建设离不开钢筋混凝土材料，而混凝土的使用寿命也越来越受到关注。据相关资料统计，混凝土结构的实际寿命远没有达到设计寿命，每年都有大量建筑物要进行维修、改造、翻新。如北京市西直门立交桥于2000年拆除时，桥面板下方大面积混凝土脱落、钢筋腐蚀，有些大梁和大部分的桥柱出现顺筋开裂的现象，裂缝长度多为1~2m，宽度为1~5mm，有专家认为这是氯离子侵蚀造成的。

在通常情况下，桥梁钢筋混凝土结构的表面对钢筋有物理和机械保护作用。同时，表面混凝土为钢筋提供的是一个高碱环境（$pH>12.5$），能使钢筋表面形成一层致密的钝化膜，从而长期不锈蚀。当混凝土碱性降低时钝化膜逐渐被破坏，钢筋开始锈蚀，当pH低于12时锈蚀速度明显加快。但引起钢筋混凝土桥梁结构破坏的因素，除了环境条件的影响外，还有混凝土中性化、硫酸盐侵蚀、氯离子腐蚀，以及氧和水的作用等。

1）环境条件的影响

现役城市桥梁所处的外部大气环境大致可分为干、潮、湿三类。其中，潮是指在某一临界湿度下形成的非常薄的水膜，湿与雨水、露水、积水、飞溅水、喷溅水等有关。由于桥梁一般建于江、河、湖泊等水体上，所以其所处的大气环境主要是潮、湿两类，这两类环境都对钢筋锈蚀有明显影响。特别是混凝土自身保护能力不合要求或混凝土保护层有裂缝等缺陷时，外界环境因素的影响会更突出。许多实际调查结果表明，混凝土结构在干燥无腐蚀介质的情况下，其使用寿命要比在潮湿及腐蚀介质的环境中长 2~3 倍。

2）混凝土中性化

混凝土中性化是指混凝土中的碱性物质与酸性物质进行反应，造成混凝土 pH 值降低，通常也称为混凝土碳化。与混凝土碳化相关的主要因素是大气中二氧化碳的浓度、空气湿度、温度等，混凝土碳化的结果是混凝土碱性降低，钢筋逐渐失去钝化层的保护。

3）硫酸盐侵蚀

我国工业生产中排放大量的二氧化硫气体，从而形成了酸雨，酸雨覆盖国土的面积已达 30%，而长江以南大部分区域已是酸雨区域，这就使得针对城市桥梁混凝土结构的防酸雨措施显得更为重要。酸雨中的硫酸盐对桥梁混凝土结构的侵蚀可能产生两种结果：一是硫酸盐能中和掉混凝土中的碳酸钙，使混凝土碳化、酸化，生成难溶的钙矾石和二水石膏，然后吸收大量的水而体积膨胀，造成混凝土的破坏，并使混凝土内部的钢筋丧失碱性保护而发生腐蚀；二是硫酸盐可直接促进钢筋的电化学腐蚀。

4）氯离子腐蚀

氯离子半径小，穿透能力强，能够加速钢筋腐蚀。氯离子进入混凝土并到达钢筋表面，破坏钢筋表面的钝化膜，使钢筋发生局部腐蚀。又因为氯离子破坏钢筋表面的钝化膜，露出了钢材的基体，基体在这暴露区与周围钝化膜形成电化学腐蚀电池，使阳极反应过程发生，这时氯离子还强化了腐蚀电池的导电性，加速电化学腐蚀。混凝土中氯离子含量对钢筋腐蚀的影响也极大，因此，氯盐的掺量应少于水泥重量的 1%（按无水状态计算），而且掺氯盐的混凝土结构必须振捣密实，不宜采取蒸汽养护。

5）氧和水的作用

氧参与了钢筋电化学腐蚀过程的阴极反应，水不仅可加速混凝土的碳化作用，也为钢筋的腐蚀提供了条件。

5.4.1.3 桥梁缆索系统的腐蚀因素

缆索桥作为一种常见桥梁形式，多为大跨度桥梁，在提升道路通畅性以及减少交通障碍方面发挥着重要作用。但缆索桥在长期使用期间，受各种因素影响，其本身也会出现相应损伤，而腐蚀作为常见问题，会对桥梁质量产生巨大影响，甚至出现一系列危害。自然灾害、各类交通事故、材料和制作较差以及金属腐蚀均会在不同程度上导致桥梁腐蚀，而金属腐蚀是导致桥梁缆索系统腐蚀最为常见的原因，与对金属防腐蚀涂装不到位、未能对金属件进行及时更换以及金属件本身质量较差相关，同时金属腐蚀还受防腐蚀技术、地理气候条件等影响。

5.4.2 钢桥梁的腐蚀防护

常用的钢结构防腐蚀措施主要分为两类：一类是物理隔绝措施，即采用惰性材料包覆在钢结构表面，隔绝水及氧气等腐蚀介质，达到防腐蚀的目的；另一类是根据电化学腐蚀原理，人为提高钢结构的电位，使其处于电位较高的一极，从而达到保护的目的。依据上述原理，常用的钢结构防腐蚀方法有重防腐蚀涂料涂装、电弧喷涂复合涂层、热浸镀等。

5.4.2.1 重防腐蚀涂料涂装的防护

重防腐蚀涂料是相对常规涂料而言的，它能在相对苛刻腐蚀环境里应用，并具有较长的防腐蚀寿命。一般在工业大气和海洋环境里，重防腐蚀涂料可使用10年，甚至15年以上，即使在酸、碱、盐和溶剂介质里，在一定温度条件下，也能使用5年以上。

1）重防腐蚀涂料

重防腐蚀涂料通常由富锌底漆、环氧中间漆和耐候性面漆涂装体系组成。其中，富锌底漆有无机富锌底漆、有机富锌底漆和水性富锌底漆之分。涂装的涂层厚度一般为50~100μm；最常用的中间漆宜包括环氧云铁、环氧玻璃鳞片、氯化橡胶云铁等，中间漆的涂层厚度一般为60~100μm；最常用的面漆宜包括脂肪族聚氨酯、丙烯酸聚合物和氯化橡胶等，其涂层厚度一般为60~100μm。

2）重防腐蚀简单原理

重防腐蚀涂料的涂层对环境中的腐蚀介质，如大气中的氧、水蒸气，腐蚀性的工业气体，酸雨，酸碱盐及其他强电解质溶液，具有一定的阻隔作用，可阻止腐蚀性介质与金属直接接触，从而阻止了金属的腐蚀。另外，有机涂料的成膜物质主要是具有高阻抗的高分子材料，对金属表面由于腐蚀性介质所形成的微电池，可阻止电化学反应时离子的移动，增加了反应的极化作用，使电化学反应受阻。如果把被保护的基体金属和外在的腐蚀性介质作为电化学过程的两个体系，有机涂层则是在两个体系中插入了一个电阻层，阻止这两个体系的接触而使电化学反应不能进行。

3）涂装体系失效形式

重防腐蚀涂装体系以机械屏蔽式隔离防护作用为主，随着涂层的老化和粉化，这种隔离作用就会减弱或失去作用，最后的结果是起阴极保护作用的锌粉膜无法与钢构件基体相结合，锌粉膜保护将逐渐失效。另一种涂装体系失效形式，是考虑涂层本身有无数针孔，又长期处在盐雾、潮湿环境下，氯离子、水分子等会透过针孔腐蚀基体金属，并使产生腐蚀产物的金属体积急剧膨胀，导致涂层剥落、失效。

5.4.2.2 电弧喷涂复合涂层的防护

热喷涂技术是利用不同的热源来加热被喷涂的材料至熔融状态，并借助于雾化气流加速形成了所谓的“微粒雾流”，高速喷射到经过表面处理的工件上，形成与基体紧密结合的堆积状喷涂层。桥梁的热喷涂防腐涂层主要采用电弧喷涂技术。采用电弧喷涂复合涂层的防腐蚀体系，由电弧喷涂底层、有机封闭涂层和面漆组成，可为钢构件提供50年的防腐蚀保护。其中，电弧喷涂的底层一般有喷锌、喷铝、喷锌铝合金以及先喷锌后喷铝等涂层之分，可供不同腐蚀环境选择使用。喷涂厚度可根据腐蚀环境和耐蚀年限的不同，通常选取 100~300μm。有机封闭涂层通常采用环氧云铁类中间漆。因会渗透到电弧喷涂涂层的孔隙内，第一道封闭漆不能形成厚度，需考虑第二道封闭漆的厚度，其厚度宜为 30~80μm。面漆涂层最常使用脂肪族聚氨酯、丙烯酸聚合物和氯化橡胶等，其涂层厚度宜为 60~100μm。

5.4.2.3 热浸镀的防护

热浸镀也称热浸锌或热浸镀锌，是将除锈后的钢构件浸入熔化的锌液中，铁与熔融锌反应生成一层合金化的锌层，附着在钢构件表面，从而达到防腐的目的。这是一种有效的金属防腐蚀方式，可用于桥梁附件等尺寸较小的构件，如扶手、护栏、灯座、伸缩缝部件等。镀层厚度宜为 60~80μm。

5.4.3 钢筋混凝土桥的腐蚀防护

桥梁钢筋混凝土结构的腐蚀防护主要从两方面考虑：一是阻止或延缓侵蚀源的破坏作用；二是通过提高钢筋的防腐性能，或采取电化学的方法提高钢筋的抗蚀能力。混凝土的腐蚀防护是采用高性能混凝土或混凝土表面涂装等方法，钢筋混凝土结构内部钢筋的腐蚀防护是采用钢筋阻锈剂、环氧涂层钢筋等。

5.4.3.1 混凝土的防腐

1）采用高性能混凝土防护

高性能混凝土(High Performance Concrete，HPC)以耐久性作为设计的主要指标，采用优质材料配制，且掺加足够数量的矿物细掺料和高效外加剂，能有效降低混凝土的渗透性，又便于浇筑、振捣，具有力学性能稳定、早期强度高和体积稳定等耐久性能，特别适用于高层建筑、桥梁以及暴露在严酷环境中的建筑结构。

2）采用混凝土表面涂装防护

混凝土表面涂装防护的作用是将混凝土与侵蚀性介质隔绝，在混凝土表面形成一层耐候、抗渗、耐久的涂层，保护混凝土桥梁不受侵蚀，以防止混凝土碳化和中性化。通常这样的混凝土表面涂层分为水泥基覆盖层(如水泥砂浆、聚合物改性水泥砂浆)、渗透型涂层(如硅烷浸渍剂、硅烷防水剂等)、成膜型涂层(如环氧沥青涂料、重防腐涂料体系等)。

5.4.3.2 钢筋的防腐

1）采用钢筋阻锈剂防护

钢筋阻锈剂(Rebar Inhibitor，RI)以一种外加剂的形式掺入混凝土，能使混凝土构件中的钢筋钝化，改善钢筋的防腐蚀能力；同时还兼有减水、密实和提高混凝土强度的作用。其功能是能在氯离子等有害离子进入混凝土之后，使这些有害离子丧失侵蚀的能力，抑制、阻止、延缓钢筋腐蚀的电化学过程，从而达到延长桥梁钢筋混凝土结构物使用寿命的目的。

2）采用环氧涂层钢筋防护

环氧涂层钢筋防护是利用正负电相吸的原理，将环氧粉末均匀地分布在钢筋表面，使该钢筋具有耐碱性、耐化学侵蚀、弹性和耐摩擦性。

在正常使用情况下，即使氯离子、氧、水分等足量渗入混凝土，该环氧涂层钢筋也能长期免遭腐蚀。但由于环氧涂层损伤极易导致钢筋的点腐蚀，加速结构破坏，因此，对环氧涂层钢筋的检验、储存、加工及安装等，都有非常严格的规定，然而因局限于目前的管理水平，尚难于控制其施工质量，故主张慎用。

3）采用镀锌钢筋防护

在实际使用时，采用较多的是用镀锌钢筋进行防腐。镀锌钢筋其实是把除锈后的钢筋浸在熔融的锌液中形成一层锌层，这层锌既可以使钢筋和外界环境隔离，又可起到牺牲阳极的阴极保护作用。

5.4.4 桥梁缆索系统的腐蚀防护

当桥梁缆索系统受到腐蚀后，会引起局部的应力集中现象，这会造成其疲劳强度的降低，然后随着腐蚀和疲劳的相互促进，加速了缆索系统的破坏。因此防腐蚀设计对缆索来讲，比其他任何桥梁构件更加重要。

5.4.4.1 斜拉桥拉索的防腐

斜拉桥是按照超静定结构体系设计的，拉索是斜拉桥的主要受力构件。国外斜拉桥使用的拉索有封闭索、平行钢丝索、平行钢绞线索和高强粗钢筋索四种类型。使用较多的是平行钢丝索，特别是钢绞线索，它在大跨度斜拉桥中的使用逐渐多了起来。国内斜拉桥常用半平行钢丝索和平行钢绞线索两种拉索。

国内已建成的斜拉桥的拉索防腐方法包括：

（1）多层玻璃纤维缠绕加涂沥青或环氧树脂形成玻璃钢外壳。

（2）钢套管内压注水泥浆，且在拉索表面先用多层玻璃纤维缠绕加涂沥青及聚氨酯橡胶，钢套管外涂防锈漆。

（3）高密度聚乙烯(High Density Polyethylene，HDPE)管内压注水泥浆，其外再缠包环氧树脂纤维布形成玻璃钢外壳。

（4）热挤高密度聚乙烯套管，亦有在热挤前对索表面进行铝粉及锌的金属喷涂或先用聚酯带缠包后进行热挤压 PE(Polyethylene，聚乙烯)管。

目前最常用又有效的是上述第“(4)”种防腐方法，即采用热挤高密度聚乙烯套管，该方法成本低，防腐效果好。

5.4.4.2 悬索桥缆索的防腐

主缆是悬索桥主要的承重结构，是悬索桥的“生命线”。主缆的涂装防护通常是在主缆架设好后，先在镀锌钢丝表面涂一层防锈涂料，然后用直径约 4mm 的软质镀锌钢丝缠绕，最后涂刷油漆。

上述主缆的涂装防护措施还应满足以下要求：

（1）组成缆索和缠丝的镀锌高强钢丝的锌膜及主缆外表面涂层应保持完好。

（2）保持主缆受力部位及锚室的干燥。

（3）主缆系统中鞍座与索夹等部位的空隙应保持封闭状态。

（4）在索夹附近应留有通路，一旦有水分进入主缆，可将主缆内积聚的水分排出。

5.5 公路桥梁智能养护技术

5.5.1 桥梁养护信息化系统

我国的桥梁养护现状是工作手段落后，管理系统滞后，还存在“管理手段机械化、危害记录平面化、资料管理台账化”的静态管理状态。相对于其他信息化走在前列的行业，桥梁养护手段存在较大的局限性，如桥梁巡查是路桥养护公司的常态化工作之一，也是直接发现城市基础设施病害的最主要的来源。传统模式下的巡查，由一线作业人员随机检查责任区域的城市基础设施使用情况，一旦发现病害，则向施工部门进行信息提报，施工部门接到指令后进行病害检修。此模式在执行过程中至少有以下瓶颈：

一是缺乏固化的巡查路线，工作缺乏计划性、规范性，容易出现漏查、漏检的现象；

二是对病害维修时限没有把控，容易造成病害长期不修的现象；

三是缺乏监管机制，管理部门无法实时监管相关区域责任人的工作执行情况，考核无从开展；

四是病害信息无法全面、实时记录，不利于数据的整合和分析。

综上所述，传统养护已经不能满足现阶段桥梁养护的新需求和新形势，急需采用更加科学、有效的信息化系统来管理桥梁的养护工作，为桥梁的安全运行保驾护航。利用桥梁养护信息化系统可以规范整体业务流程操作，提高运营效率，控制运营成本，提高报表水准，实现桥梁的智能化管理养护。

5.5.1.1 桥梁养护信息化系统的概念与功能结构

桥梁养护信息化系统是指利用 PC(Personal Computer，个人电脑)端软件与手机端 APP(Application，应用软件)实现数据传递、共享，对整个养护流程进行固化，将整个养护过程通过数据进行记录并储存，从而实现系统管控、数据积累、报表分析。

桥梁养护信息化系统功能结构如图 5.5 所示。

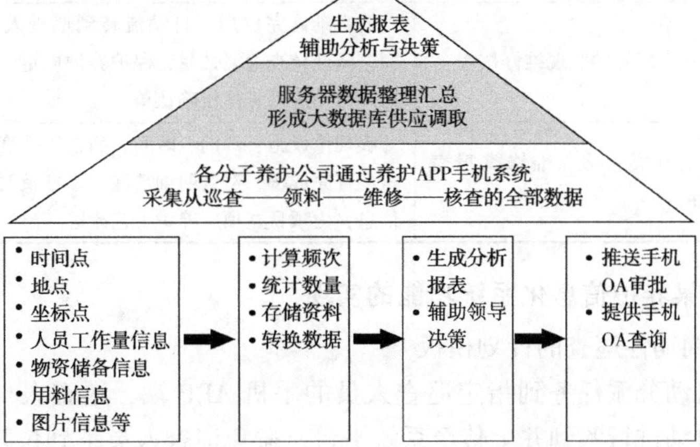

图 5.5 桥梁养护信息化系统功能结构图

5.5.1.2 桥梁养护信息化系统的实现功能与应用价值

桥梁养护信息化系统的实现功能与应用价值见表 5.2。

表 5.2 桥梁养护信息化系统的实现功能与应用价值

所属模块	实现功能	应用价值
设施管理——设施信息管理	维护和管理养护设施基本信息和坐标信息	实现基础信息标准化管理，是养护管理 APP 应用的基础。通过系统报表，能够迅速、准确掌握养护设施的基本信息
病害信息管理	管理养护病害的基本信息	实现基础信息标准化管理，是养护管理病害的参考档案。根据不同的病害分类，制订不同的维修时限，系统根据病害发生时间和维修时间自动计算维修完成时间，作为维修时效考核的依据
设施维护管理——巡检计划	根据管理需求维护巡检计划、巡检人员、巡检周期	根据管理要求，由系统维护日常巡查计划，系统根据设定的巡查周期自动生成和关闭巡查任务，通过信息化手段，实现管理制度的落地与管控
设施维修管理——病害申请	维护非手机终端上传病害；通过设置审批流程，把病害转到设施、病害对应的维修主管	通过信息系统实现病害及时、准确地流转到对应维修主管，提高工作效率。实现报表统计汇总分析不同来源的病害数量和比例
设施维修管理——维修工单	维护维修工单中的人员、物料、工具等信息，派发工单到手机端；记录病害维修的全过程	通过维修工单状态管理工单派单、维修完成、检查完成的维修过程；根据工单记录的维修完成时间，与病害计划完成时间进行比较，判断是否超期，实现 NC 系统对维修及时率的统计考核；通过材料、人工、工具费率，计算工单消耗的成本，实现维修成本的多维度统计分析；系统自动生成工作量确认单，节省内业工作量，提高工作效率
手机端巡查	在手机端进行巡查签到和病害上传	通过手机端 GPS 在设施点定点签到，加强人员的现场管理；病害实时拍照上传，数据在系统内自动存档。节省内业工作量，提高工作效率
手机端维修	在手机端进行维修信息收集上传	通过手机上传维修时间、维修照片的信息，根据维修时间计算人工和设备耗用成本；上传的维修照片自动进入工作量确认单
手机端核查	在手机终端实现维修核查	病害维修完成后，自动流转到巡查人员手机，提高工作效率，降低核查遗漏数量，保护养护质量；核查人员上传的核查照片自动进入工作量确认单
报表分析	巡查类报表、维修类报表分析	实现按设施、部门、时间、病害等维度准确、高效地统计分析巡查完成率、巡查明细情况、维修及时率、维修明细情况等信息，为项目立项、养护工艺改进、招投标等提供可靠依据

5.5.1.3 桥梁养护信息化系统功能的实现

1）固化桥梁周期性巡查的计划模板

系统周期性自动分派任务到指定巡查人员的手机 APP 端，巡查人员根据巡查任务到达巡查地点，会自动进行签到并上传至系统平台，避免巡查人员不到位现象；巡查发现养护问题后，现场采集病害位置、类型、照片并及时上传至平台。同时，利用 GPS（Global

Positioning System，全球定位系统）定位与地图功能，管理部门可通过可视化的方式，随时跟踪和监督每位巡查人员的工作动向、实际巡查路线以及是否按时完成巡查等，提升了对巡查人员工作效率和有效性的考核。

2）任务单生成实现自动化

现场病害上传至平台后，平台自动提醒主管负责人下发维修单，派遣维修人员进行养护处理；维修人员凭借手机APP的派单信息向仓库领取所需材料和设备，并根据派单信息在指定地点进行养护作业，完成后立即通过APP上传维修照片、人员、工时、用料等信息，主管负责人可及时在平台上进行查看，保证维修质量；巡查人员再根据维修信息核查养护维修情况，上传核查照片及核查结果，形成养护工作闭环。同时，系统根据不同的病害分类制定不同的维修时限，根据病害发现时间和维修时间自动计算维修完成时间，作为维修时效考核的依据。

3）自动生成各类报表，并方便查询

（1）巡查情况统计表：该表进行各部门每日巡查计划任务数、实际完成数、未完成数及完成率的统计，实现了工作的监管。同时，此报表支持按分公司、部门和日期条件进行信息筛选查询。

（2）巡查情况明细表：该表提供设施名称、设施类别、管理部门、应检日期、设施实时是否有未处理病害、未处理病害数量、巡查人员以及巡查周期等信息。通过该表可查询具体哪些设施已经完成巡查，哪几座设施没有完成巡查或者正在巡查。

（3）维修明细表：该表可提供每个案卷的详细信息的查询，包括：设施名称、设施管理部门、病害位置、病害分类、病害名称、病害范围、病害计量单位、首次发现病害时间、病害维修时限、维修开始时间、实际修复时间、超期时间和超期次数等，超期案卷通过亮红灯的方式作为异常显示。

（4）维修工程量确认单：在完成每项养护工作后，系统自动生成维修工程量确认单，以便实现工程量统计和成本核算的功能。

5.5.2 基于SOA服务架构的城市桥梁养护管理系统

桥梁养护是一个专业、长期、繁琐的过程，它伴随着桥梁的整个服务周期。随着城市的快速发展，当前的城市桥梁管理手段已不能满足桥梁的养护管理需求。早期的处理方式不仅效率低下，投入成本也高，而且信息精确性不高。为此，有必要开发新的城市桥梁养护管理系统，以解决管理工作中存在的问题成为行业发展方向。

5.5.2.1 传统养护管理存在的问题

1）成本投入过高

目前桥梁运营期检测监测技术已经相对成熟，包括一般桥梁检测技术、荷载试验技术、计算分析和健康监测等。但以上技术专业性强、操作技术要求高、费时费力，导致养护管理工作开展受到诸多影响。

2）精确性不足

桥梁的常规检测、定期检测一般分为外业调查、试验测试和内业整理3个阶段。目前城市桥梁设施(包括立交桥、跨河桥、人行过街天桥、人行过街地下通道等)的日常管理、养护维修工作日益增多，导致日常普查内外业工作难度大、病害描述不统一，容易导致内业整理偏差或结构病害误判，且检测报告整理和导出工作量很大，需多次复核才能保证检测信息的准确性。

3）检测难度较大

桥梁检测工作繁重、复杂，单纯依靠人工的方式，不仅效率低下，而且容易出现低级失误。

4）桥梁资料不全

传统桥梁检测资料以纸质记录为主，存在资料缺失导致的运管数据不连续、档案不闭环等现象。在进行养护管理时，工作人员没有可供参考的充足数据和信息，只能凭借经验进行处理，使养护管理工作出现许多失误，难以达到标准的要求。

5.5.2.2 城市桥梁养护管理系统的研发

1）研发背景

计算机技术高速发展，BIM(Building Information Modeling，建筑信息模型)技术日新月异，相关数据库技术与桥梁工程全生命周期工作应用需求结合成为行业热点。国内外已有多项研发应用，但是还存在着系统与实际工作结合不紧密、初始信息不全、研发扩展难度大等问题。为此开发一套实用、智能、专业、高效的城市桥梁养护管理系统，并在养护管理工作中应用，进一步开发和完善，从而提升城市桥梁养护管理水平显得非常重要。

2）软件数据框架

（1）采用SOA面向服务架构，提高系统集成性、灵活性、扩展性。城市桥梁养护管理系统的研发采用面向服务的体系结构(Service-Oriented Architecture，SOA)，以平台化、工具化、配置化为思路，搭建一个易于扩展、发展的基础技术框架和运营平台，在该基础技术框架的应用支撑下，平台层将最大限度地利用、整合现有的信息系统资源和成熟稳定的第三方中间件，使其具有良好的扩展性、灵活性、可重用性和高可用性等。基于SOA的技术支撑平台架构如图5.6所示。

（2）采用总线技术，提升系统的灵活性、可维护性。该系统应用的总线包括应用服务总线和交换总线。应用服务总线用于各种交通应用、公共服务组件、通用业务组件、门户之间的连接、路由、转换，交换总线用于实现交换中心、交换节点间建立连接通道、队伍管理、交换路由和监控等。

总线的建立将大大减少对象间(如系统与系统间、交换节点间)直接连接的接口，提升系统的可维护性，并且提升系统的灵活性、可扩展性(包括集成新的应用系统、增加新的交换节点等)。

（3）采用J2EE技术，提升平台及应用的可移植性。该系统采用成熟的J2EE(Java 2 Platform Enterprise Edition，企业开发应用程序标准平台)技术架构，以保证系统的高质量和稳定性；同时采用关系型数据库热备份和冷备份技术处理方案，以应对数据库的故障，采用数据库集群提高查询速度和实现数据库灾备，以实现不间断服务的要求；操作系统均采用Linux(操作系统内核)以提高安全性和机器工作效率；采用B/S(Browser/Server，浏览器/服务器)结构，将系统功能实现的核心部分集中到服务器上，简化了系统的开发、维护和使用过程。浏览器通过 Web Server(WEB 服务器，即网站服务器)同数据库进行数据交互。

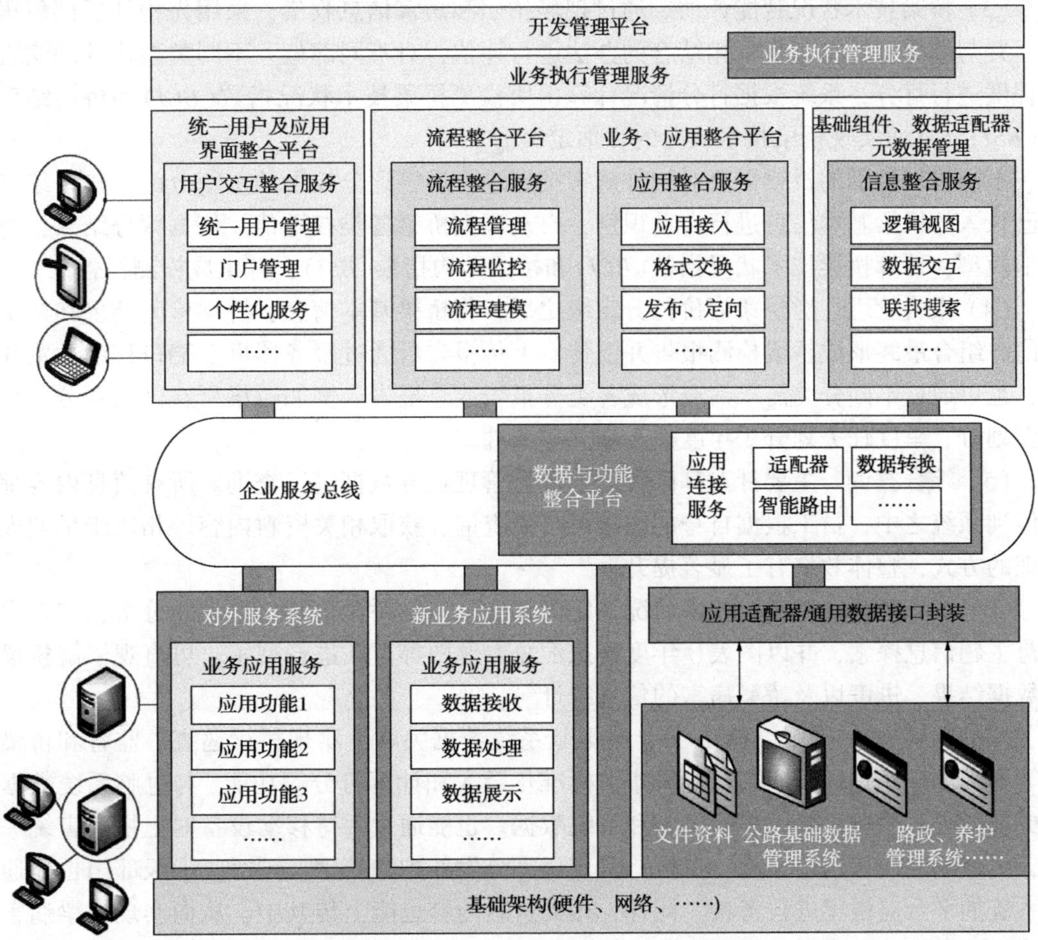

图 5.6　基于 SOA 的技术支撑平台架构图

(4) 采用组件技术，增强系统复用性。组件模型是系统架构的一种形式，软件开发从过程功能模型、面向对象模型，演化到组件模型。

采用组件模型可以通过业务功能封装在不同组件中，实现功能分解并降低系统的耦合程度，从而保证系统中的各个组件能够独立地修改和扩展。同时，组件模型还支持通过增加组件扩展系统的功能，以保证系统能够可持续扩展。

(5) 采用 Web Service 技术。对外接口统一采用 Web Service(业务逻辑管理)服务的方式定义，为公共和业务系统提供用户、权限、流程等接口服务。

3) 系统内容

系统内容主要涉及 7 个方面。

(1) 设施基本数据管理。城市桥梁基本信息数据管理需要将桥梁日常养护、维修加固、改扩建等信息或现场校核的基本信息补充到城市桥梁基本信息里。桥梁基本信息包含设计资料、施工资料、养护管理资料以及桥梁原始状态等信息。

（2）桥梁检测数据管理。桥梁检测数据管理主要可实现桥梁检测档案卡、维修记录卡的管理、考核结果查询。通过检测可发现并记录病害，为桥梁技术状况评估提供依据。

（3）桥梁技术状况智能评估。通过现场拍照和病害信息收集，采用先构件后部位再综合，并与单项直接控制指标相结合的办法进行评估，对不同部位、不同类型构件的病害严重程度进行打分，系统根据打分情况计算出所检测桥梁技术状况指数(*BCI*)和桥梁结构指数(*BSI*)，从而实现桥梁技术状况的评估定级。

不同构件类别的桥梁需要对构件病害类别进行病害评分权重的重新分配，该系统可根据已录入的桥梁基本信息进行自动识别，自动调整桥梁各类权重值。依据评分结果，通过评估模型，计算桥梁技术状况指数(*BCI*)和桥梁结构指数(*BSI*)，并生成检测报告。

（4）报告管理。对桥梁评价打分定级之后，将桥梁基本信息、桥梁检测结果和桥梁照片信息组合最终形成桥梁检测报告并上传。上传报告后通过服务器可多端口移动预览并下载，也可通过不同分类需求筛选形成各类分报告或总报告。例如桥梁所在区域划分、桥梁类型划分、季度任务划分、年度任务划分等条件。

（5）综合查询。主要针对基础数据、养护管理业务数据进行查询。所有信息内容都能上传到系统之中，员工根据自身的需求可自由查询、获取相关资料内容。相比于早期人工处理的方式，整体效率有了显著提升。

（6）统计分析。以桥梁技术状况评定为核心，提供桥梁检测信息专题分析，实现多角度跨主题信息探索，并以图表、年度信息汇总专题图等方式进行展示，可直观了解桥梁检测数据结果、进度以及桥梁病害的信息统计等。

（7）移动 APP 应用。移动 APP 与电脑系统数据关联，实现桥梁巡查、监管和桥梁检测等方面的现场拍照、病害信息采集、标准化录入和计算打分等功能。与电脑系统数据同步更新，打开手机可随时查看报告和系统数据。也能通过手持移动设备对上报病害统一分拣，对识别的病害信息入库、上报，实现病害分发养护和管理。同时，上级部门也能通过该系统的平台对桥梁进行考核。此外，相关资料内容也能上传其中，从而实现桥梁病害信息的全面共享。

5.5.2.3 应用与展望

1）实践应用

该系统开发完成后，经过充分的试算，证明了该系统应用于桥梁常规定期检测后，效果达到预期。

通过手机 APP 采集系统和常规定期检测(普查)管理系统，可对城市桥梁普查工作进行综合管理，提高了工作效率。

城市桥梁养护管理系统对城市桥梁管理水平提高起到了巨大作用，该系统的开发也填补了城市桥梁技术状况评估电子化的空白。实现了桥梁工作监管规范化、评估定级自动化、设施管理可视化和养护决策科学化。

2）系统展望

（1）通过系统既有的地图定位功能，与桥梁实体模型相结合，建立管理区域内桥梁三维地图，使桥梁设施管理可视化水平进一步提升。

（2）完善系统内设施基础数据的同时，建立起多维度的设施管理平台的联动机制，有效便捷地进行数据沟通，使桥梁设施管理数据动态化水平进一步提升。

（3）通过逐步的数据积累，引入大数据相关算法，在桥梁结构病害类型、病害发展速率等方面进行预判，从而对养护维修类型和养护维修周期提供了建议和指导。

5.5.3 BIM 技术在桥梁养护中的应用

美国国家建筑科学院对 BIM 的定义较为全面，认为 BIM 既可以是建筑信息模型（Building Information Model），也可以被理解为建筑信息建模（Building Information Modeling）。张建平教授曾引用美国国家标准技术研究院对 BIM 定义，在国内得到普遍认可，认为 BIM 是以三维数字技术为基础，集成了建筑工程项目各种相关信息的工程数据模型，是对工程项目设施实体与功能特性的数字化表达。虽然对 BIM 的定义，各个机构组织、国内外专家并未统一，但基本可以把 BIM 定义为既包括建筑模型结果，又包含建筑建模过程的一个“动名词”。因此，本书参考各家意见，认为 BIM 是利用一个包含了建设项目物理特性与功能特性的数字模型，并考虑该模型的信息共享和互用性技术服务于建设项目的全生命周期的决策与分析。

5.5.3.1 传统模式下桥梁养护管理中的不足

在桥梁整个生命周期的管理中，养护管理是一个重要环节，在很大程度上决定了桥梁的使用寿命。在既有桥梁的养护管理中，传统模式的主要问题体现在：第一，既有桥梁的运营和维护时间有较大的跨度，桥梁有比较多的构件，而且较为复杂，桥梁的设计、具体施工、运营维护都是由不同的单位负责，桥梁设计阶段和施工阶段的信息不能运用到运营和维护阶段，造成桥梁故障分析出现滞后，无法及时维修桥梁出现的故障。第二，监测既有桥梁若是只依靠人工方式巡检，不能实现实时监测，同时监测浅层化。人工方式巡检使用肉眼对结构问题进行识别，或借助传感器实施结构监测，将监测信息手动存储到文档中，无法集成信息。这种运营维护管理模式较为烦琐，其效率也不高，且会有较高的出错率。第三，传统模式的运营维护和管理达不到可视化，无法在三维视图中直观显示故障部位，不能实时定位构件、设备，不能预测桥梁的健康趋势。

5.5.3.2 BIM 技术在桥梁养护管理中的优势

在既有桥梁的养护管理中应用 BIM 技术，其主要优势如下。

（1）能达到桥梁养护管理的基本要求，共享设计、桥梁施工与养护管理的信息，使桥梁全生命周期信息准确度得到提升，提供给各方人员进行管理的便捷平台，使养护管理的效率得到有效提升。

（2）以 BIM 技术为基础开展桥梁的养护管理，能达到可视化监测，在 BIM 桥梁养护模型中集中了结构软件、人工巡检和其他的监测信息，能直接预测桥梁未来发展的健康趋势，在监测中可观察桥梁的薄弱环节，明确需要重点监测的对象。

（3）在桥梁的养护管理中，BIM 技术也能在变更工程、动态改变信息资源和交互信息等方面实现可视化，能让养护管理既有桥梁的设计单位、管理单位和施工单位很方便地开展协同化构建与管理。

5.5.3.3 基于BIM技术的桥梁监测系统的搭建

基于BIM技术的桥梁监测系统集数据采集、数据传输、数据分析、综合评估与预警等功能为一体。根据桥梁结构特点，以及桥梁预警、管养与评估决策方面的要求，该系统可由下列五大子系统组成：

1）传感器子系统

传感器子系统包括桥梁的结构变形，如桥面的具体技术要求如下。

（1）根据BIM技术中实景建模技术真实地呈现桥梁的周边自然地理环境，通过软件快速三维建模，观察桥面是否存在较大病害，通过控制点测量桥墩、桥台等关键结构是否存在偏移和下陷等变化，以此来确定监测内容及选择传感器的测点布置。

（2）通过Bentley（本特利）的Context Capture软件来实现结构物和周边环境的实景建模。Context Capture是一款由Bentley公司推出的三维实景建模软件，该软件原理是从不同视点拍摄大量静态构造物的照片，连续拍摄且有80%以上的重叠率（重叠率越高，真实场景的还原度越高），相邻两张照片自动生成高分辨率的三维模型。如桥梁的整体模型和桥面、桥墩、桥台等局部模型都可以通过该软件精确自动生成。模型的精度主要取决于所拍照片质量、数量，还有拍摄距离、拍摄角度、拍摄方式等诸多要素。

（3）充分考虑实际的地理、气候环境，尽量选用高精度专业无人机拍摄，以及技术成熟、性能先进的品牌传感器，无人机和传感器的稳定性和可靠性在实桥中已予以适用验证。

（4）监测项目的设计和测点的布置符合必要性的原则，即要求监测数据或照片应能客观反映关乎桥梁结构安全的状态信息，满足安全预警和评估要求，遵循“代表性、实用性、经济性、精确性”的原则。

（5）无人机、传感器等设备抗干扰性强、耐久性好，能够在工作环境下稳定工作。

（6）设备实用性强，方便安装、维护和更换，集成化程度高，便于统一管理控制。

（7）应保护传感器及采集传输设备不受温度、雷击及干扰源（电源、电磁）等环境因素的影响而出现损坏现象。

2）数据采集与传输子系统

数据采集与传输子系统的主要功能是对无人机拍摄的照片和各传感器信号进行采集和传输。该系统应符合以下要求。

（1）能够向安全评估与预警子系统提供满足数量和精度要求的监测照片和数据。

（2）能够实现数据的同步采集。

（3）按照不同的数据特点及其分析要求，采取对应的采集方案，保证信噪比高、不失真。

（4）数据采集与传输设备的选择要做到兼容性、耐久性和环境适应性好，易于维护、更换。

3）数据处理与管理子系统

数据处理与管理子系统包含计算机硬件、BIM信息处理和数据分析软件以及数据库管理和接口软件，是监测中心的“心脏”，它是桥梁监测信息化、数据化的核心，并为整个桥梁状态评价和预警提供有力数据支撑。该系统主要功能是完成大量数据的处理、归档和存储等管理；通过网络设置来控制桥梁的各个数据采集站、传感测试设备等工作；管理和存储整个监测系统各个桥梁结构主体的全寿命的静态数据和动态数据，静态数据包括桥梁地理信息数据(地理位置)、基础设计资料和荷载试验资料等，动态数据包括工程结构物日常巡检、定期检测、特殊检测、动态监测数据。该子系统应符合以下要求。

(1) 能够实现对监测数据处理、存储、归档以及自动备份的管理。

(2) 能够自动控制实现对数据的采集和传输，并且能够实现人工干预控制。

(3) 具有相应的软硬件安全机制，保证数据安全，防止数据丢失或者人为恶意破坏、盗用。

(4) 对监测数据、监测设备信息和桥梁检查、检测信息等与结构状态有关的数据进行分布式存储与管理。

(5) 系统具有数据备份和恢复功能。

(6) 系统应该具有数据转换功能，为安全评估与预警子系统及用户提供各种格式的数据。

(7) 具有数据维护功能，可对数据库中已有的数据进行增加、删除和修改等操作。

(8) 能够实现海量数据快速检索的功能。

4) 安全评估与预警子系统

安全评估与预警子系统能够利用监测数据实现结构状态及损伤识别，并结合检查、检测结果对桥梁结构的安全状况进行预警评估；能够实现对荷载与环境数据、结构整体和局部数据的全面系统分析和特殊分析，为安全预警、评估提供基础数据。该系统应当具备以下功能。

(1) 通过设置的明确阈值，对实时监测结构状态参数信号进行判断和分级预警，并对报警情况进行记录。

(2) 对自动化监测数据和定期测量结果进行统计、对比分析、趋势分析和相关分析。

(3) 综合各种监测数据、定期测量信息和分析结果，对结构安全和使用状态进行总体评价。

5) 桥梁监测平台

桥梁监测平台是对所有桥梁进行集群化监测及统一显示的平台，通过该平台实现将各种数据实时按需求向用户进行展示，并且接受用户对系统的控制与输入。通过建立在监测中心服务器上的基于 B/S 架构的 BIM 中的 Bentely 软件，向监测中心现场操作人员以及授权的远程客户端用户提供友好的人机交互界面，实现便捷的系统控制、监测数据立体查询和在线分析。该平台应当实现以下功能。

(1) 提供方便的人工定期测量信息录入接口。

(2) 基于 BIM 软件提供监测桥梁三维真实环境下的桥梁结构展示，并提供逻辑结构清晰的，集图形、表格、文字等多种形式于一体的数据信息展示方式，展示效果简明且直观。

（3）具备远程信息发布与共享、远程授权操控能力。

（4）基于 BIM 强大的数据信息管理能力，具有自动化报告和报表生成功能。

（5）用户界面能够展示实时动态监测数据，显示数据采集与传输工作状态、数据处理与分析结果，做出安全评估并给出安全预警信息提示等。

BIM 技术在实际桥梁监测系统的搭建中发挥巨大作用，实现了桥梁养护的信息化管理，大大提高了桥梁，特别是大型、复杂桥梁的监测养护的效率和效益，节约了时间与成本。BIM 技术为桥梁监测系统的搭建提供了新的思路，为桥梁后期的运营维护提供了新的方向。

5.5.3.4 BIM 技术在桥梁养护管理中的应用

随着环境因素和交通荷载的相互作用，桥梁的技术状态不断恶化，使用功能降低。目前，国内桥梁坍塌事故已造成人民生命财产的损失，造成了恶劣的社会影响。因此，桥梁的养护管理受到交通主管部门的高度重视。

为了实现桥梁病害的精细定位，实现三维可视化和跟踪式病害记录，本书提出了基于 BIM 技术的桥梁信息采集与管理系统的三维可视化。该系统结构分为病害记录存储模块、桥梁三维建模模块、病害信息采集模块、病害记录管理模块和用户权限管理模块。

1）病害记录存储模块

病害记录存储模块可以存储各桥梁、各批次病害记录，定义病害信息离散、存储方式，病害信息存储以结构化数据表存储病害记录。其中，每个病害记录包括病害记录 ID（Identity Document，身份标识号）、桥梁 ID、检查批次 ID、副病害记录 ID、病害位置的三维坐标和自身属性参数。病害记录 ID 是各病害记录的唯一标识；桥梁 ID 区分系统中的各座桥梁，标明哪座桥梁出现病害；检查批次 ID 则是区分检查任务批次，确认病害属于哪个批次记录；副病害记录 ID 是上一批次中与本条病害记录同一位置的病害记录 ID，以便追踪病害历史、发展情况；病害位置的三维坐标与桥梁三维模型坐标对应，每个三维模型在不同的模块，都使用统一坐标模型，模型改变时，相应的三维坐标系统数值也应当随之相应变化；自身属性参数是指病害位置信息以外的、关于病害类型和特征参数的信息，如裂纹长度、支座脱空百分比等。此外，还可以根据系统的功能添加额外的属性到病害记录中，它适用于存储模块中的结构化数据库。病害信息离散后以结构化数据表的形式存储为病害记录，病害记录以病害标记体的形式显示。

2）桥梁三维建模模块

桥梁三维建模模块为系统的每个模块提供了桥梁三维场景的坐标系统的统一模型——基于 BIM 技术桥梁模块的三维模型，该模型不仅包括三维几何模型，也包含三维模型相应的连接信息。三维模型在建立过程中，关键部件的拆分模式十分重要，部件拆分过细则会使得构件数量过多，使得数据库被大量较低价值的信息占据，造成系统信息维护以及运行成本增加；拆分过粗则会使得相关信息缺失，运营分析工作受阻。因此，构件是承载信息的基础，结构拆分是否合理将直接影响信息组织和信息利用效率。在建模过程中，应合理分离桥梁构件。拆分后部件作为信息描述的最小单元，其建造、损坏、维护和替换信息将被记录下来。在 BIM 模型中，组件的几何形状绑定到数据库中的组件 ID，然后将数据库中的组件信息连接起来。

3）病害信息采集模块

病害信息采集模块用于桥梁维修病害检测、病害信息采集等领域。这个模块通常是基于移动设备，如 Android（安卓，美国谷歌公司开发的移动操作系统）或 IOS（苹果公司开发的移动操作系统）设备，软件采用如 OpenGL（Open Graphics Library，开放图形库）和 WebGL（Web Graphics Library，Web 的 3D 绘图标准）等三维引擎，以显示桥梁三维模型。在三维模型的基础上，获取模型场景的三维坐标，并输入病害的参数。三维坐标和参数连接后，形成病害记录。病害记录可以被缓存到采集设备的本地存储数据库中。用户通过用户权限管理信息采集模块，验证登录后的病害信息采集模块，选择待查桥梁，检查不同批次，获取不同批次记录的桥梁 ID。

4）病害记录管理模块

病害记录管理模块进行病害记录的三维可视化管理。该设备模块采用 PC、平板电脑等支持数字三维显示设备的硬件，在管理软件中采用对应的三维引擎、显示桥梁模型，并在此基础上显示三维信息和维护病害信息。该模块包含两个子模块，分别是病害信息三维显示模块和病害信息维护模块，分别对数据存储模块中的病害记录进行显示和维护。病害信息三维显示模块的三维显示方式包括：病害信息的图形化显示、查看详细信息、桥梁病害总览、病害历史追踪；病害信息维护模块中的维修方式包括：删除病害记录、修改病害记录、增加病害记录。

5）用户权限管理模块

用户权限管理模块的功能是控制各用户的操作权限。不同用户具有系统设置、桥梁基本信息维护、数据入库、数据查询、数据修改、数据删除等权限或权限组合。

BIM 技术基于三维的管理模式，突破了传统管线管理系统的二维平面静态管理方式，具有内容更丰富、图形更直观等特点，以病害标记体作为信息入口，可以更加方便地对病害信息进行查看、删除、属性修改以及位置移动等操作；构件根据损伤程度不同以不同颜色显示，可以更直观地观察结构整体损坏情况。

第6章　国内外公路桥梁工程实践

6.1　嘉兴市市区快速路环线工程

6.1.1　工程概况

6.1.1.1　工程整体情况

本项目一期工程为广益路至洪波路，统一实施三环东路、长水路、嘉杭路和中环西路建设高架形成一条快速通道，路线总长约14.4km。本项目部负责实施沿中环西路，天琴路—文昌路范围，主线桩号K10+373~K12+851(含6条平行匝道)。

6.1.1.2　地形、地貌

项目区域位于浙江省嘉兴市中心城区西部，地貌属于滨海平原工程地质区中滨海低地亚区，地势平坦低洼，地面标高2.0~4.8m，地貌形态简单，拟建工程场地位于嘉兴市南湖区，沿中环西路走向，场地地势较平坦，地面标高一般在2.53~5.18m。

嘉兴市地处长江三角洲太湖平原东缘，上海滨海平原西缘，场地地貌类属于太湖湖澡平原区。周边建筑较密集，地下管线较多。

6.1.1.3　气象、水文

地处北亚热带南缘，属东亚季风区，冬夏季风交替，四季分明，气温适中，雨水丰沛，日照充足，具有春湿、夏热、秋燥、冬冷的特点。

嘉兴市属于亚热带南缘的东亚季风气候区，气候温和湿润，四季分明，雨水充足。多年平均气温15.9℃，极端最高气温38.53℃，最低气温-10.8℃。年平均降水量1157.2mm，最大年降水量1683.2mm，最大日降水量167.6mm；累年平均相对湿度82%；累年平均风速3.2m/s，累年最大风速35.5m/s，全年主导风向为东南风，冬季以北风和西北风为主。夏秋之交，台风对本地区天气影响较大，是本地区的主要灾害性天气。

6.1.2　项目特点与重难点分析

6.1.2.1　项目特点分析

1）环境特点

（1）项目处于嘉兴市中环西路-嘉杭路，为交通主干道，车流量较大。

（2）标段范围内横穿110kV、220kV高压线5条，与路线并行220kV高压线一条。

（3）范围内管线较多，涉及17家产权单位，现状污水管线、光缆、通信等设计所依据的资料与实际情况存在一定的误差，施工过程中易对现状管线产生扰动。

2）设计特点及主要结构特点

（1）项目为市政高桥桥梁及新建地面道路，桥梁设计时速 80km/h，地面道路设计时速 50km/h，标准段为 6 车道，局部加宽为 8 车道。

（2）桥梁结构设计造型迎合嘉兴市历史文化特点，墩柱造型设计禾型槽，盖梁设计为红船梁。

（3）墩柱设计为矩形墩，盖梁为大悬臂预应力盖梁，最大悬臂 9.75m。

（4）桥梁加宽段盖梁横跨整幅路，盖梁最大长度 44m。

（5）桥梁跨主要路口采用钢混叠合梁过跨，单跨钢箱梁最大跨度 70m。

6.1.2.2 项目重点分析

（1）项目预制箱梁数量较多，采用自密实混凝土浇筑，外观质量为控制重点。

（2）预制梁场存梁区较小，现场盖梁施工制约预制厂产能，盖梁施工进度控制为重点。

（3）钢箱梁体量大，施工时间长，影响桥梁贯通，钢箱梁施工进度为控制重点。

（4）墩柱、盖梁的质量通病为控制重点。

（5 ）项目地处嘉兴市主干道，施工过程无法断行交通，安全管理工作为重点。

6.1.2.3 项目难点分析

（1）拆迁协调工作难点：本工程范围内管线较多，涉及 17 家产权单位，现状污水管线、光缆、通信等设计所依据的资料与实际情况存在一定的误差，施工过程中易对现状管线产生扰动，协调难度较大。

（2）交通组织安全工作难点：该段落社会通行车辆较多，交通导改难度大，主线高架施工不能实现全幅封闭交通，尤其是上部结构施工时，需要确保行车道车辆行驶安全，安全风险较大。

（3）施工技术难点：钢箱梁跨度大，位于中环西路与既有道路交叉口，临时支墩位于交叉处，受交通压力影响，安装难度大。

（4）新材料应用难点：关于 UHPC（Ultra-High Performance Concrete，超高性能混凝土），没有相关施工经验，实施难度及 UHPC 施工生产质量控制难度大。

（5）施工组织难点：道路沿线与现有及规划道路交叉口 10 处，交叉口施工质量控制及施工组织为难点。

（6）工程创优难点：本项目要求质量达到“钱江杯”标准，争创“鲁班奖”，施工质量要求高，工程创优难度大。

6.1.3 桥梁下部结构施工

6.1.3.1 桩基施工

根据地质条件，桩基采用正循环钻施工工艺。通过埋设钢护筒，制备泥浆，钻机就位开钻，通过泥浆包裹流入泥浆池内进行沉淀，达到钻进清孔效果。

1）施工准备

（1）在施工前清除地面杂物、平整场地，保持施工便道的畅通，并做好场地排水措施，为避免地基产生不均匀沉陷而使钻机倾斜，钻机底座应置于方木支撑上。混凝土配合比、钢筋原材料、钢筋焊接等均应通过自检和监理检验，导管的闭水试验，泥浆的调制等工序在开钻前全部完成，水泵、钻头、泥浆泵等配套设备均到位。开钻前，对桩位处通过探挖确认无地下管线。

（2）桥柱墩桩基采用正循环钻。钢筋笼吊放采用25t汽车吊，导管采用ϕ300mm丝扣接头型导管，单节长度为2.5~3m。

（3）对施工设计图纸进行审核，确定工序的施工技术方案，技术方案必须得到监理，开工前对现场技术人员、施工人员进行技术、安全交底，使其熟悉工序施工工艺和质量标准。本工程桩基桩径为1m和1.2m两种规格，设计图要求孔底沉渣不大于50mm。

（4）本桥钻孔灌注桩施工根据不同桩位、桩长利用桥墩之间（根据现场实际情况确定）的位置结合钻孔桩施工工艺设置一定容量的具有循环、沉淀和存储功能的泥浆池及沉淀池，尽量保证多桩共用。其中储浆池的容积根据施工钻孔桩体积而定，沉淀池根据桩长及桩径确定其体积，沉淀池比储浆池稍大些。

泥浆尽量考虑循环利用，以节省水资源，施工中严禁将泥浆排至河道内，避免淤塞河道及造成环境污染。

2）测量放样

用全站仪准确地放出其中心位置，在桩位四周埋设护桩，护桩采用直径20mm，入土深度不小于60cm的钢筋棍，或采用木桩（桩顶钉铁钉），护桩周边采用混凝土进行稳固，避免护桩偏位。护桩应选择地质好且不受施工破坏位置。经复核无误后，报监理检测认可后开钻。

3）钻孔施工

（1）护筒埋设。钢护筒埋设工作是钻孔施工的开端，埋设前，先准确测量放样，保证钢护筒顶面位置偏差不大于50mm，埋设中保证钢护筒斜度不大于1%。

护筒的外形尺寸符合设计要求，护筒内径大于桩径200mm，采用8mm厚A3钢板卷制而成，长度为1.5~6m，护筒顶面高出原地面0.3~0.5m，局部桩桩基位于路面结构上护筒埋设略低路面，以免泥浆循环时外溢。埋设钢护筒时通过十字护桩放样，把钻机钻孔的位置标于孔底。再把钢护筒吊放进孔内，找出钢护筒的圆心位置，用十字线在钢护筒顶部或底部，然后移动钢护筒，使钢护筒中心与钻机钻孔中心位置重合。同时用水平尺或垂球检查，使钢护筒竖直。此后即在钢护筒周围和底脚对称、均匀回填最佳含水量的黏土，要分层夯实，达到最佳密实度，以保证其垂直度及防止泥浆流失及位移、掉落。如果护筒底土层不是黏性土，应挖深或换土，在孔底回填夯实300~500mm厚度的黏土后，再安放护筒，以免护筒底口处渗漏塌方，夯填时要防止钢护筒偏斜。

（2）泥浆制备。泥浆采用高黏度黏土或膨润土制备，采用自然造浆方式进行护壁，泥浆的配合比和配制方法通过试验确定，制备泥浆的主要性能指标为：相对密度1.05~1.20，黏度17~22s，pH值8~10。当钻孔过程中发现地质与设计不符出现易坍地层时，除需及时与设计方、监理方、业主报告处理外，泥浆相对密度等需按规范相关规定进行调整。

钻孔过程中经常测定泥浆技术指标，根据工程钻进需要，随时调整泥浆相对密度，保持各项指标符合要求，不因泥浆过浓影响进度，过稀导致塌孔等。

（3）钻机就位、钻进。

① 钻机就位前，对主要机械及配套设备进行检查后开始安装就位，为保证钻机底座和顶端保持平稳，钻机平台填土底部经过处理后，顶面铺设钢板，防止产生位移和沉陷。

② 开始钻孔时，稍提钻杆，在护筒内打浆，并开动泥浆泵进行循环，待泥浆均匀后方开始钻进。进尺要适当控制，对护筒底部，应低档慢速钻进，使底脚处有较坚固的泥皮护壁。如护筒底土质松软出现漏浆时，可提起钻头，向孔内倒入黏土块，再放入钻头倒转，使胶泥挤入孔壁堵住漏浆空隙，稳住泥浆后继续钻进。钻至护筒底部以下1m后，则可按土质情况以正常速度钻进。

③ 钻进过程中应经常注意土层变化，每进尺2m或在土层变化处应捞取渣样，判断土层，记入钻孔记录表并与地质柱状图核对。操作人员必须贯彻执行岗位责任制，随时填写钻孔施工记录，交接班时应详细交代本班钻进情况及下一班需注意的事项。

④ 钻孔过程中要防止扳手、管钳等金属工具或其他异物掉落孔内，损坏外钻头。钻进作业必须保持连续性，升降锥头要平稳，不得碰撞护筒或孔壁。拆除和加接钻杆时力求迅速。

⑤ 桩孔钻至设计标高后，对成孔的孔径、孔深、倾斜度等进行检查，满足设计要求后，报请监理工程师进行终孔检验，并填写终孔记录。

⑥ 钻孔作业连续进行，因特殊情况必须停钻时，将钻头提至钻机平台处，以防埋钻。

（4）成孔及清孔。

① 如图6.1所示，钻孔深度以测绳量测和钻杆+钻头尺寸双控法控制，开钻前记录钻机平台标高 H_1，填写在钻机记录表中，钻孔达到设计标高 H_2 时，用测绳进行测量并记录，算出差值与钻杆+钻头尺寸进行比较，如差值较大应查明原因，双控法得出的实际孔深≥设计孔深（钻孔施工人员应严格控制孔深，不得用超钻代替钻渣沉淀）。

② 钻孔完成后应用孔规检测孔径和倾斜度。成孔孔径不得小于设计桩径，倾斜度不大于1%，用符合规定的探孔器上下两次检查钻孔是否合适，合格后方可清孔。

③ 清孔时将钻头提离孔底50~80mm，维持冲洗液循环，并向孔中注新鲜泥浆，令钻头在原地空转，直至达到清孔要求为止。

④ 导管安装后，在混凝土浇筑前，对孔内的泥浆指标和沉淀厚度再次进行检测，如

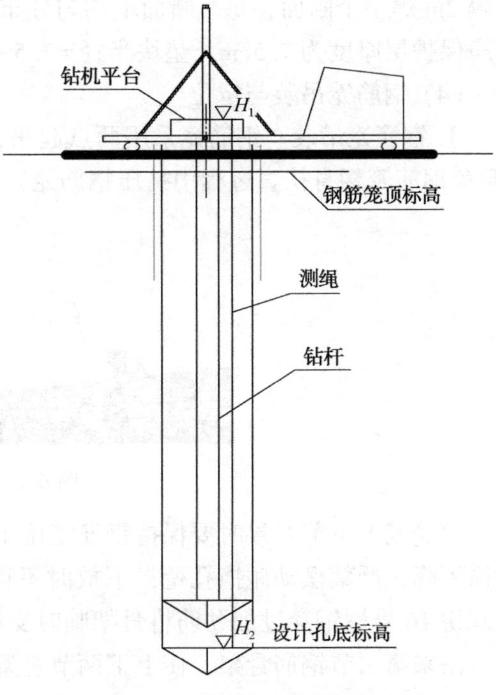

图6.1 孔深检测示意图

超过规定，用导管和水泵进行二次清孔。

4）钢筋笼加工、吊装与定位

（1）原材料检验。钢筋进场时应具有出厂质量证明书及检测报告，按品种、规格分批检查，对钢材还要进行外观检查，包括锈蚀情况，有无缩颈断裂、起皮、油污、损伤等。钢筋原材料要按现行规范规定及时取样送试验室检验，抽取试样做力学性能试验，加工过程中如有脆断，连接性能不正常或机械性能显著不正常，须进行化学成分检验及其他检验，待检验合格后方可使用；检测不合格的材料进行退场处理。对已使用的不合格材料的成品或半成品做废品处理。

（2）主筋连接。主筋采用直螺纹机械连接，加强筋自身搭接部分采用双面或单面搭接焊，焊缝宽度应是焊接钢筋直径的 0.8 倍，焊缝深度大于等于 $0.3d$（d 为焊接钢筋的直径），双面焊焊缝长度不应小于 $5d$，在双面焊无法施焊时，采用单面焊接，焊缝长度不小于 $10d$，本工程桩基主筋直径为 $\phi22$mm，连接方式采用直螺纹套筒连接。

（3）钢筋笼加工。钢筋笼应在台座上进行加工，制作时，先在制作好的加强筋上标好主筋位置，然后将主筋放在台座上槽口上，将加强筋与主筋焊好，焊接时要注意与主筋垂直。其余主筋依次与加强筋画好的点对称焊接。骨架制作完成后在骨架上缠绕箍筋并绑扎完成钢筋笼制作。

主筋长度及间距应满足设计和规范要求。箍筋、加强筋位置要准确无误。焊接时不能灼伤主筋，焊渣要及时去除。

钢筋笼加工允许偏差：主筋间距±10mm；箍筋间距±20mm；骨架外径±10mm。

钢筋保护层制作，用 $\phi12$mm 钢筋穿直径为 14cm 圆形砂浆块点焊（或绑扎）于主筋上，每隔 2m 焊一个断面，每个断面上均匀分布 4 个砂浆块。垫块采用 C30 砂浆垫块，桩基主筋净保护层厚度为 7.5cm，垫块半径 = 7.5 − 0.7 = 6.8cm，实际建议取半径 6cm，厚度 3cm。

（4）钢筋笼吊装与定位

① 钢筋笼吊装。钢筋笼采用两点起吊，空中翻身扶直，顶部采用槽钢制作的扁担梁（避免钢筋笼翻身扶直过程中挤压钢筋笼）。钢筋笼起吊示意图如图 6.2 所示。

图 6.2　钢筋笼起吊

钢筋笼上下节对接时要保持钢筋笼位于同一直线上，当骨架进入孔口后，将骨架扶正徐徐下降，严禁摆动碰撞孔壁，下放时不得强行冲入。骨架下降到最后一个加劲筋处时，用双拼 16 号槽钢穿过加劲筋将骨架临时支承于孔口。

吊来第二节钢筋骨架，使上下两节骨架位于同一竖直线上，按拼接标记对位，对于少数由于起吊钢筋笼变形引起的错位，可用小型手拉葫芦（1～3t）手动牵引就位，进行焊接连接，接头完成，稍提骨架，抽去临时支撑，将骨架徐徐下降，如此循环，使全部骨架降至设计标高为止。灌注桩钢筋笼吊装如图 6.3 所示。

钢筋笼吊放结束，马上进行导管安放，导管长度根据孔深预先计算好。导管内壁力求光滑、顺直、光洁、无局部凹凸，各节导管的内径大小一致。导管安装使用前，将按规定做水密试验、接头抗拉试验，各项检验合格后方可投入使用。下导管之前，对每节导管编号、注明长度。节与节之间的连接紧密不漏水，导管底部距孔底 0.3~0.4m。

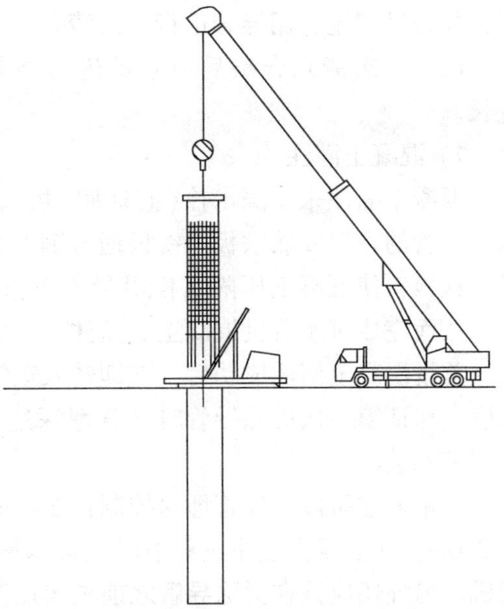
图 6.3 灌注桩钢筋笼吊装示意图

② 钢筋笼定位。连接钢筋笼的四根吊环对称焊接在钢筋笼的四根主筋上，且两吊环焊接点到圆环口的长度要等长，吊环采用 HPB235(ϕ16mm) 圆钢。这样，钢筋笼才会平稳，两吊环的受力才能一致，钢筋笼的对中才能得到相对的控制。

钢筋笼下放入孔后，在固定钢筋笼之前，要保证承担钢筋笼的两根槽钢扁担梁在同一水平面上，扁担梁不在一个水平面上时，会导致钢筋笼上的两个吊环也不在同一个水平面上，这样，就会导致孔内的钢筋笼倾斜而偏位。

钢筋笼吊放入孔时，要保证钢筋笼吊绳的竖直方向要与设计桩孔的中心方向一致。这样，钢筋笼就会顺着桩孔中心的垂直方向自由落入孔内，使其达到对中的目的。如果钢筋笼入孔时就发生偏位，最后一节钢筋笼纠偏时难度就比较大。所以，钢筋笼入孔时就控制中心的对中精度和钢筋笼的垂直度，必要时可以采取安放入孔定位支架的措施控制对中。利用定位支架时，有两点需要注意，一是保证定位支架的中心准确，这一点可以利用护桩或者护筒对中标记保证；二是保证支架内沿与钢筋笼保护垫块的距离，一般按 2cm 左右控制，防止钢筋笼被支架卡住。

5）声测管加工与安装

（1）主管材选用外径 54mm，壁厚为 1.5~3.0mm 的无缝钢管。

（2）连接套管采用内径 54mm，壁厚为 6.5mm 无缝钢管，每个套管长 80mm。

（3）钢管端头无毛刺，套管连接稳固，且套管处应缠绕胶带以防漏浆。钢管焊接时注意电流大小，不要灼穿钢管管壁。

（4）检测管制作完成后，检测管以钢筋笼中点焊于钢筋笼内侧，并将检测管上下口封闭，顶部用木塞封闭，底部用 10mm 厚钢板密封，防止砂浆、杂物堵塞管道。

（5）声测管按每 10m 一节。

6）二次清孔

（1）在吊入钢筋笼以后，混凝土浇筑前，对孔内的泥浆指标和沉淀厚度须再次进行检测，如超过规定，用导管进行二次清孔。

（2）二次清孔合格后应立即进行浇筑混凝土，各工序应紧密衔接，静置时间不得过长。

7）混凝土灌注

混凝土灌注采用隔水拴（篮球胆）拔塞法施工，即用篮球胆封住导管口，在漏斗的底部、导管的顶口安放铁板。铁板通过钢丝绳挂在起重设备上，当漏斗内灌满混凝土后立即吊出铁板，使混凝土压隔水栓沿导管下落，同时混凝土不间断地通过漏斗、导管注入孔底，从而完成桩基首批混凝土的灌注。

首批混凝土灌注成功后，随即转入正常灌注阶段。在第一次拆卸导管前认真复核埋管深度，保证第一次拆除导管时导管埋深达到5m，拆除导管后换用小料斗灌注，直至完成整根桩的灌注。

正常灌注阶段，导管埋深控制在2~6m，每次拆除导管后，导管底口的埋置深度不小于2.0m。在混凝土灌注过程中应经常测量混凝土面标高，以确定导管埋深、拆除导管的时机。另外还应该在拆除导管之前核实送至现场的混凝土方量，以便现场根据实测标高计算的混凝土方量进行比较，防止出现差错。

在混凝土灌注接近结束时，应采取措施保证料斗内的混凝土与桩顶有足够高差，增加桩顶混凝土的顶升能力，最终混凝土灌注的顶面高程（以捞渣器捞到石子的面为顶面）应比设计高80~100cm。

6.1.3.2 承台施工

1）基坑开挖

桩基施工完毕3~5d后即可开挖基础，基础采用挖掘机进行开挖，人工辅助清理成型，开挖中须根据地质情况注意按规范要求对基坑进行绿网围护，内置爬梯根据不同地质采取不同的施工方法。

对地下水较少、土质相对稳定可采用一次开挖到位后，采用砂袋放坡，沿基坑周边进行围护，放坡系数1∶0.3，并在基坑较低处开挖集水坑，用抽水机排水。

对于土质不稳定、地下水水量较大、难以一次开挖到位的地段采用先打木桩或钢板进行周边支护，然后边抽水、边开挖。

2）桩头处理及检测

采用环切法对桩头进行破除。

环切法破桩头施工工艺如下。

（1）测出桩顶设计标高线，并在桩顶标高控制线（设计标高+承台钢筋保护层厚度）和以上10cm处做出标记（即：上切线和下切线，上切线作为环向打孔的控制线，下切线作为混凝土最终凿除的控制线）。

（2）凿除上切线与下切线之间的混凝土使钢筋外露。

（3）沿环切位置，对称水平插打钢楔块，使桩头与桩身分离；利用混凝土抗拉强度极低的特性，通过对称水平插打钢楔块，能较轻松使桩头与桩身分离。

（4）直接用吊机整体垂直吊起移除桩头。对桩头顶面进行人工修整后，即进入下道工序施工。

3）基底处理

首先对基底的平面位置、尺寸、高程、水处理等情况进行检验。基底地质承载力应符合设计及规范要求，如不符合应及时对基底进行处理，其中桩基桩头凿除的混凝土可以作为承台基底处理材料，将其加以铲平，在处理好的底面铺垫一层不少于5cm厚的碎石垫层，再用10cm厚的C20细石混凝土浇筑找平，混凝土达到一定强度后可以作为承台的底模。浇筑垫层可在承台周边预埋部分预埋件用来固定模板底角。

4）钢筋加工

（1）进场钢筋要有质量保证书，并按规范要求对原材料进行抽检试验和焊接接头试验，确认合格后方可使用，钢筋表面应洁净、无损伤。

（2）焊工必须持有焊工证，在考核合格后方可上岗施焊。

（3）钢筋加工前应进行配料计算，下料要有配料单，承台钢筋采用闪光对焊焊接，钢筋接头错开布置，对于焊接接头在接头长度区段内同一根钢筋不得有2个接头，同一截面的钢筋接头面积不超过钢筋总面积的50%。对焊接头的抗拉强度不应低于该级别钢筋的规定值，并至少应有2个试件断于焊缝以外，且程塑性破裂。每个闪光对焊接头的外观应符合下列要求。

① 接头周缘应有适当的镦粗部分，并不得大于2mm。

② 钢筋表面不应有明显的烧伤或裂纹。

③ 接头弯折的角度不得大于4°。

④ 接头轴线的偏移不得大于0.1d（d为钢筋直径），并不大于2mm。

（4）钢筋先加工为半成品，运至现场后绑扎成型，绑扎成型的钢筋品种、规格、间距、形状、接头及焊接等均要符合设计图纸和施工规范要求。钢筋保护层采用混凝土垫块，其强度不小于承台混凝土设计强度，每平方米放置不少于4个，确保保护层厚度。

5）模板制作与安装

（1）模板采用组合钢模板，模板厚度采用6mm，模板要有足够的强度和刚度，拼缝严密、不漏浆，面板平整、光洁。

（2）模板制造完成后要进行预拼检验，安装前要进行模板打磨，并涂脱模剂。安装侧模时，应防止模板移位凸出，可在模板外设立支撑固定，模板设对拉杆固定。模板安装完成后，测量班要检查其平面位置及顶面标高，保证承台的结构尺寸。模板涂刷脱模剂时，外露混凝土面模板应采用同一品牌的脱模剂。施工过程中要注意保护钢筋，钢筋不得污损。

6）混凝土浇筑

（1）混凝土的供应。

① 承台混凝土统一使用商品混凝土。

② 混凝土灌注前应检查其均匀性和坍落度等性能指标。

（2）混凝土由9m^3罐车运送到墩位，倒入输送泵进行泵送浇筑，混凝土的运输能力应满足初凝和浇筑速度的需要，使浇筑工作不间断，混凝土运到浇筑地点后应保持良好的和易性和规定的坍落度，入模温度控制在5~30℃，采用泵车输送混凝土至模内。混凝土浇筑要分层进行，采用斜向分层，由一端向另一端浇筑，每层厚度不超过30cm，上层混凝土的浇筑应在下层混凝土初凝前进行。混凝土振捣采用直径50mm、75mm的插入式振动器。插点距离为其作用半径的1.5倍，插入深度应进入下层混凝土5~10cm，振捣棒应避免碰撞模板、钢筋，混凝土随灌随振捣，避免漏振、欠振或过振，每一振捣部位达到混凝土停止下沉、不再冒出气泡、表面出现泛浆后才徐徐提出振动棒。

7）混凝土养护

混凝土浇筑后，及时进行养护，保证混凝土结构及模板24h处于湿润状态，养护时间不少于7d。养护时注意测温控制，测温时间，自混凝土覆盖测温点开始测温，直至混凝土内部温度与大气环境平均温度之差小于15℃以下为止。测温频率，在浇筑混凝土后72h内每6h测温一次，72h后每12h测温一次，7~14d每24h测温一次。

通过对测温数据进行计算、分析，及时指导现场混凝土养护。如果混凝土内部温度与大气环境平均温度之差大于20℃必须通水冷却，直至温差不大于20℃。

8）模板拆除

当混凝土内部温度与大气环境平均温度之差小于15℃以下时方可拆模。拆模要自上而下进行，遵守先支后拆，后支先拆的原则，拆除边角部位要特别小心，防止混凝土面及结构物棱角受到碰击。拆模后混凝土表面覆无纺布，洒水养护，保持湿润。

9）基坑回填

混凝土养护结束，在基础脱模验收合格后及早进行基坑回填。墩台基础回填原状土，当基坑积水时，应将积水排除，清淤后回填。

6.1.3.3 墩柱施工

1）测量放样

由测量人员放出墩柱中心并用红油漆标注墩柱中心点，由现场技术人员用墨线弹出墩柱中心点十字线，为钢筋绑扎和模板支立提供准确依据。混凝土浇筑前对模板进行位置复测，并测量模板的顶标高，在模板内划出柱顶标高，精确控制墩身的位置和标高。

2）混凝土凿毛

为了保证墩身混凝土与承台混凝土接触面结合密实，将墩身范围内的系梁台顶混凝土进行凿毛处理。凿毛后的承台顶混凝土表面应露出混凝土骨料，且表面无松动骨料，然后将混凝土顶面清理干净。

墩顶混凝土施工完毕后，均需要进行凿毛工作，要求凿毛时间在混凝土浇筑后24h。

3）钢筋工程

（1）钢筋加工。钢筋必须具有出厂合格证，分批验收进场，按检验频率进行原材料试验，经过试验合格获得通知施工班组可下料制作。

按照施工图设计在钢筋加工场地集中下料加工，现场绑扎成形。钢筋在弯制前必须调直除锈，清除油渍、漆污、污皮和铁锈，保证钢筋表面洁净。

（2）钢筋连接。墩身主筋连接采用机械连接。

（3）钢筋运输与绑扎安装。加工好的半成品采用自制钢筋运输车由钢筋加工场地转运至施工墩身附近，用汽车吊配合人工整节钢筋笼吊装。钢筋的绑扎顺序遵循先下后上、先主后次原则，即先绑扎外露部分主筋、箍筋及拉结筋，再连接主筋绑扎箍筋。钢筋安装应特别注意墩身钢筋预埋。钢筋安装完毕后，使用缆风绳进行锚固，墩柱钢筋笼采用圆饼型混凝土保护层垫块，与钢筋笼绑扎固定。

4）模板工程

（1）浇筑垫层。每个墩位在第一次墩身混凝土前，需在模板支立位置，沿墩身外轮廓线浇筑一圈宽 8.5cm、高 5cm 的砂浆垫层。

（2）模板准备。墩身模板采用定型钢模板，面板采用 6mm 钢板，10 槽钢做纵向背楞，横向背楞采用双 16a 槽钢，拼装成大块模板进行安装。模板安装前必须清刷干净模板内壁，并涂刷清机油作为脱模剂，涂刷好机油的模板不能及时吊装的，要用塑料薄膜覆盖好，防止灰尘污染。

（3）模板安装。涂刷好脱模剂的模板单片吊装到墩位处，缝口打磨清理干净，贴双面胶或海绵，两片模板合缝就位，模板间用螺栓紧固拧牢。调整模板的竖直度和平整度，使其横、竖缝在一条直线上。用 25t 吊车起吊模板安装。并用 3 根直径 14mm 钢丝绳固定模板，钢丝绳一端固定于模板顶、另一端固定于地垄上，钢丝绳与地垄用花篮螺栓连接、拉紧。钢丝绳与墩身模板呈 45°~60°。固定好模板后测量混凝土浇筑标高，在模板内侧用红油漆画出墩顶标高。

5）混凝土工程

（1）混凝土拌和。混凝土原材料进场必须经过检验，确保合格。采用拌和站集中拌和，拌和前由试验室测定原材料（砂、碎石）的含水量，为拌和站开出施工配合比。混凝土搅拌设专人监督控制，确保拌和质量。

（2）混凝土运输。混凝土经拌和站拌和，由混凝土罐车运输至现场，吊车配吊斗入模。安排专业技术人员在混凝土浇筑时，每 $50m^3$ 混凝土测定坍落度，将混凝土坍落度偏差控制在设计配合比±20mm 范围内。

（3）混凝土浇筑。混凝土浇筑前注意天气情况，严禁在中雨以上情况下浇筑混凝土。混凝土分层浇筑，每层浇筑厚度为 30cm。浇筑前，要对混凝土平面凿毛，混凝土表面要充分润湿。混凝土自由倾落高度不得超过 2m，当倾落高度超过 2m 时，应通过串筒倾落。混凝土振捣用插入式振捣器，振捣时移动间距不得大于振捣器作用半径 1.5 倍，与模板保持 5~10cm 的距离，并插入下层混凝土 5~10cm。对每一部位必须振捣密实，振至混凝土停止下沉，不冒出气泡，表面平坦泛浆为止，杜绝混凝土过振离析。

混凝土浇筑过程中试验人员应严格检查混凝土的坍落度、离析及泌水情况，不符合要求的进行第二次搅拌或废弃。

（4）混凝土养护。墩身混凝土在暖棚内进行养护。在浇筑结束后的养护过程中，顶面混凝土初凝后，覆盖一层土工布、一层塑料布洒水养护。

（5）拆除模板。混凝土强度大于 2.5MPa 后方可拆除模板。

6.1.3.4 桥台施工

本项目桥台为轻型桥台，桩基接桥台盖梁。

1）测量放线

测量队用坐标法定出基坑各控制点的平面位置，并洒出白灰线。用水准仪测出控制点标高，根据设计标高计算出开挖深度。

2）基坑开挖

（1）开挖作业方式以机械作业为主，采用挖掘机开挖，自卸汽车运输，人工辅助清槽。挖基弃土要外运或远离坑边缘卸土，以免塌方和影响施工。在施工过程中为避免雨水冲坏坑壁，基坑顶四周应做好排水，截住地表水，基坑下口开挖的大小应满足基础施工的要求；对渗水的地带，基底平面尺寸可适当加宽 50~100cm，便于设置排水装置和安装模板；其他情况可放小、加宽尺寸。不设基础模板时，按设计平面尺寸开挖。

（2）采用集水坑排水方法，在基坑角挖 50~100cm 深的集水坑，将基坑水引入，用水泵集中抽水，以降低地下水位保持基底无水。

（3）基坑开挖应连续施工，避免晾槽，一次开挖距基坑底面以上要预留 20~30cm，待验槽前人工一次清除至标高，以保证基坑底面坚实。

（4）开挖石方以光面爆破法辅以人工修整进行基坑开挖。

（5）基坑开挖深度超过 2m 时，要在周围做好安全防护，并设立明确的标识牌，防止行人、车辆落入坑中。

3）垫层施工

将基坑整平至垫层底标高后，支垫层模板，浇筑垫层混凝土。

4）绑扎桥台盖梁钢筋

（1）在垫层强度达到 75%后，进行钢筋骨架的制作。

（2）钢筋采用集中加工、现场绑扎。

（3）在钢筋骨架下垫同标号混凝土垫块。

5）安装模板

（1）在垫层混凝土达到一定强度后，在垫层上放出盖梁模板位置线。

（2）模板安装。桥台盖梁模板采用组合钢模板现场拼装。模板要接缝严密，表面平整度要符合规范要求，用螺栓和对拉螺杆进行连接，并要支撑稳固。模板支设好后，对主要控制点的标高进行测量，根据设计标高计算混凝土浇筑位置，并用墨盒弹线标记。

6）浇筑混凝土

（1）模板验收合格后进行混凝土浇筑。混凝土由罐车运至施工现场后，直接放入准备好的溜槽进行浇筑。

（2）浇筑应分层连续进行，最长间隔不得大于混凝土的初凝时间。

（3）混凝土振捣采用插入式振捣器振捣，振捣器移动间距不超过其作用半径的 1.5 倍，并插入下层 5~10cm。振捣要均匀，不得漏振。不得触碰钢筋、模板等。

（4）对每一振动部位，必须振动到该部位混凝土密实为止。密实的标志是混凝土停止下沉，不再冒出气泡，表面呈现平坦、泛浆。

7）混凝土养护

混凝土收浆后用土工布覆盖、洒水养护。养护时间为 7d。

8）拆除模板

混凝土抗压强度达到 2.5MPa 时方可拆除侧模板。

9）背墙、耳墙施工

通过测量放样确定位置、标高后，用组合模板按照设计尺寸安装模板，在确认尺寸、位置、标高无误并得到监理工程师的认可后方能浇筑混凝土。

10）台背回填

混凝土达到一定强度后，台背回填应采用砂砾石或砂质土等透水性良好的材料，材料最大粒径不大于 50mm，保证内摩擦角不小于 35°，对台背进行回填施工。

6.1.3.5 盖梁施工

本项目盖梁均为大悬臂倒 T 盖梁，悬臂盖梁施工拟采用贝雷片支架，在支架上搭设型钢支架，模板采用刚模板制作。支架纵梁采用 4 根 I32 工字钢双拼，横向分配梁为 10 号槽钢，间距 50cm 布置，底模系统为 10cm×10cm 木方，模板采用钢模板进行侧模底模拼接。为方便支架卸落，在纵向梁处设置卸落砂筒。

盖梁钢筋在钢筋加工场加工绑扎，运输至现场分段吊装，混凝土浇筑采用泵送方式。混凝土浇筑完成之后覆盖土工布洒水养护，养护时间不少于 7d。

1）凿除柱顶浮浆

将柱顶混凝土浮浆全部凿除，裸露新鲜混凝土，并冲刷干净，以保证墩柱与盖梁混凝土连接牢固。

2）安装大悬臂支撑系统

首先安装承重立柱，利用承台预埋件连接承重钢立柱，安装卸落块后固定桁架。

3）施工放样

测量人员将盖梁轴线放出后，施工人员按盖梁轴线和盖梁标高安装底模，并调整盖梁底模达到设计高标。

4）盖梁底模安装

盖梁模板采用定型钢模由专业模板厂设计制作。承重横梁及方木搭设完毕后，将盖梁底模安装就位，底模安装应在跨中预留 3~5mm 的上拱度，按抛物线布置，以消除由于承重工字梁受荷载作用后引起的下挠，盖梁底模标高安装施工误差不应大于±5mm，轴线偏位误差不应大于±10mm，模板接缝间要垫双面胶条，防止接缝漏浆造成混凝土面色差或麻面。

5）安装盖梁钢筋

盖梁骨架钢筋在加工车间先加工成骨架片，然后在现场进行绑扎成型，整体吊装就位。吊装应注意吊点位置，并采取必要的加固措施，防止骨架变形。就位要准确，确保钢筋保护层厚度误差不大于 5mm。

6）安装盖梁侧模

侧模安装前均匀涂刷脱模剂，侧模与侧模、侧模与底模之间的接缝要紧密，加垫双面胶条防止不漏浆。模板各部位支撑、拉杆要稳固。安装完毕后，仔细检查各部位尺寸以及稳定性。

7）混凝土浇筑

混凝土浇筑前，应报请监理工程师检查模板各部位尺寸是否正确，接缝是否严密，支撑、拉杆是否稳固以及钢筋、预埋件位置等是否正确。以上各项全部符合设计要求后方可浇筑混凝土。

采用商品混凝土、混凝土罐车运输、吊车吊运混凝土入模。浇筑顺序从与墩柱连接部位开始向两端分层浇筑，混凝土振捣以混凝土面停止下沉，并无明显气泡上升、表面平坦一致为宜。在灌注上层混凝土时，要将振捣棒插入下层混凝土内不少于10cm。混凝土振捣时严禁碰撞钢筋和模板，浇筑混凝土时要留足够数量的混凝土试件。

混凝土初凝后，用土工布或塑料布覆盖洒水养护。

8）模板拆除

当盖梁混凝土强度达到2.5MPa时，在不损坏棱角的情况下拆除侧模，侧模拆除后，立即用土工布或塑料布覆盖洒水养护。

当盖梁混凝土强度达到设计强度80%以上时，拆除承重底模。

9）测量放线及复核

由测量人员放出每块支座垫石的位置坐标及高程，约请监理测量人员进行复核。将设计图上标明的支座中心位置标在支撑垫石及橡胶支座上，橡胶支座准确安放在支撑垫石上，要求支座中心线同支撑垫石中心线相重合。

10）现浇盖梁顶面垫石

采用C40混凝土现浇盖梁顶面垫石，盖梁顶面垫石高度不同，具体见支座垫石构造图。顶面要求标高准确，表面平整，在平坡情况下同一片梁两端支撑垫石水平面应尽量处于同一平面内，其相对误差不得超过3mm，避免支座发生偏歪、不均匀受力和脱空现象。

11）支座安装

橡胶支座在安装前，应检查产品的合格证书中有关技术性能，如不符合设计要求，不得使用。安装前将盖梁顶面垫石处清理干净，并使其顶面标高符合设计要求。橡胶支座要按设计位置和高程安装好，底部用环氧树脂水泥砂浆粘结牢固。

6.1.4 桥梁上部结构施工

6.1.4.1 箱梁预制及安装施工

1）箱梁预制

（1）钢筋加工及安装。

① 根据图纸设计，箱梁钢筋按结构位置可分为腹板钢筋、横隔板钢筋以及翼板钢筋。

② 梁场设置钢筋加工场，钢筋原材料采用数控加工成半成品，在台座进行绑扎。

③ 腹板、横隔板钢筋通过台架进行安装，翼缘板钢筋于合模安装梳型模板后，进行安装。

（2）波纹管安装。

① 安装肋板钢筋同时，使用“井”字形对波纹管坐标进行定位。

② 采用“U”形筋卡紧波纹管，并与环形筋焊接牢固。

(3) 模板安装。

① 箱梁模板由腹板模板、端头模板组成，由专业厂家加工生产。

② 模板运至现场后，进行试拼，调整接缝、加固处理，满足要求后进行打磨处理，并涂抹脱模剂。

③ 腹板钢筋、横隔板钢筋以及波纹管安装完毕后，进行合模，安装梳型模板、横隔板底模。

④ 顶板钢筋安装完毕后，使用泡沫胶对模板接缝及穿孔处进行封堵。

(4) 混凝土浇筑。

① 混凝土采用商品混凝土，使用罐车运送至预制场。

② 采用小龙门吊吊装吊斗进行混凝土分段、分层浇筑施工。

③ 使用附着式振捣器与插入式振捣器进行振捣。

④ 混凝土初凝前进行顶板顶面拉毛处理。

(5) 拆模、养护。

① 混凝土强度达到 2.5MPa 以上时，方可进行模板拆除工作。

② 先拆除梳型模板，再拆除堵头模板，最后拆除梁肋模板，横隔板底模暂不拆除。

③ 横隔板底模用方木结合楔形块方式进行支撑。

④ 使用专用凿毛机对梁端、横隔板端部以及翼缘板端部进行凿毛。

⑤ 模板拆除完毕后，在梁肋两侧、顶板覆盖土工布，翼缘板环形钢筋上悬挂喷淋管，进行喷淋养护。

(6) 预应力张拉、压浆。

① 混凝土强度、弹性模量均达到 90% 以上，可进行预应力施工。

② 预应力张拉、压浆采用智能设备，千斤顶采用内卡式。

③ 钢绞线整体穿束后安装锚具。

④ 使用支撑架和手拉葫芦调整设备位置，配合张拉工序施工。

⑤ 张拉工序完成后，将钢绞线外露钢绞线进行切除，长度不少于 3cm，使用原子灰进行封锚。

⑥ 压浆采用专用压浆剂、水泥配置。

⑦ 压浆时，先在梁端压浆孔安装返浆阀、止浆阀，两梁端阀门分别用压浆胶管连接，压浆端端口设置在最下面一束，出浆端端口设置在最上面一束，待压浆完成浆体初凝后，拆除压浆管。

(7) 封锚。

① 压浆强度达到 90% 以上进行封锚施工。

② 施工顺序：安装钢筋→封端模板→浇筑混凝土。

③ 封锚时，根据桥梁线形纵坡确定结构尺寸，确保伸缩缝线形，为后期伸缩缝安装提供保障。

(8) 移梁、存放。

① 压浆强度达到 90% 以上进行移梁施工。

② 对吊装孔、梁底混凝土进行保护后，使用龙门吊吊运至存梁区。

③ 存梁区台座按两层箱梁存放。

2）箱梁安装

（1）施工准备。

① 完成汽车吊或履带吊拼装及相关审批工作。

② 完成箱梁预制、张拉及压浆，满足箱梁吊装质量要求。

③ 对支座垫石进行放样，确定支座中心位置。

④ 完成运梁便道硬化工作。

（2）装梁、运梁。

① 使用梁场大龙门吊将箱梁从预制台座或存梁区台座吊至运梁车上，使用5t手拉葫芦进行固定。

② 由运梁车将箱梁运送至汽车吊或履带吊位置，进行喂梁工作。

③ 由汽车吊或履带吊将运梁车上的箱梁提起，并进行有效固定，进行对位。

（3）喂梁、箱梁安装。

① 根据垫石中心放样位置，安装支座。

② 运梁车前车先将箱梁一端由汽车吊前端天车固定，待后端与箱梁末端位置相重后，将箱梁另一端吊起，完成喂梁作业。汽车吊提梁进行纵、横向对位，确保运梁位置准确。

③ 首片梁落梁后，使用圆木支撑翼缘板位置，满足梁体抗倾覆要求。

④ 同跨剩余箱梁按上述步骤安装，同时进行有效的横向连接。

⑤ 每孔安装完毕后，吊车转位。

6.1.4.2 箱梁湿接缝现浇段施工

1）横隔梁、端横梁、中横梁施工要点

（1）横隔梁、端横梁、中横梁采用UHPC浇筑，拼缝内钢筋交错布置无焊接。

（2）横隔梁模板采用竹胶板、木方、钢管组合加工而成，竹胶板横向每30cm用5cm×10cm木方加固，纵向沿预制梁端分别设置两根竖向钢管，以保证其有足够的刚度，防止变形。模板在加固时采用蝴蝶卡扣拉紧两端竖向钢管，并在箱梁翼缘板上设置另外两根钢管，用拉筋将模板吊起。

模板与预制混凝土贴合处使用海绵条粘贴严防漏浆。模板安装前应均匀涂刷脱模剂，模板安装采用简易吊篮作为施工平台。

（3）横隔梁模板安装完成经自检合格后报请监理工程师复查，合格后即可浇筑混凝土。UHPC采用立轴强制式搅拌机现场进行拌和，拌和UHPC用各种原材料必须经监理工程师检验合格后方可进场，浇筑混凝土时湿润模板及接触面，施工前检查模板密闭性，以免UHPC流出模板。混凝土浇筑应保证浇筑质量及外观要求，即达到外美内实。

（4）横隔板浇筑完毕、达到拆模强度10MPa后即可拆除模板，保证其表面及棱角不致因拆模而受损坏时方可拆除；钢筋混凝土结构的承重模板，应在混凝土强度能承受其自重荷载及其他可能的叠加荷载时，方可拆除。

2）UHPC 的养护

UHPC 浇筑完成后，立即覆盖塑料薄膜，养护用水不得使用海水或含有害物质的水，混凝土的洒水保湿养护时间应不少于 7d。

6.1.4.3 钢混叠合梁桥面板施工

1）施工现场准备

（1）进行安全防护及安全标识布设。

（2）施工用电接入施工现场，并按照三级配电安全要求连接配电箱。在合适位置安放备用发电机，以备停电时使用。

（3）整理施工场地，进场的机械、设备、特种设备能正常安放。

（4）在进行作业前，操作人员应对作业场地进行清理并保证所有支架体系材料到达现场，确保施工作业的顺利进行。

2）施工技术准备

（1）组织相关人员进行图纸会审，熟悉施工图纸，掌握相关技术参数，熟悉相关施工技术规范和质量验收标准。

（2）在施工前对所有参建人员进行安全技术交底和培训，明确施工程序、工艺流程及检验控制标准。

（3）开工前，进行导线点、水准点复核、加密。

（4）根据图纸和规范要求进行配合比设计，并完成报批工作。

（5）进场原材料检测合格。制作钢梁的所有材料的品种、规格、性能符合设计图纸的要求和现行国家产品标准的规定，材料除生产厂家的质量证明书外，还对材料进行抽样复验，复验合格后方可使用。

（6）依据工程设计文件的要求，选择木模（竹胶板），并按要求计算相应荷载。设计模板时，模板的几何尺寸要符合设计文件的尺寸要求，并保证结构构件各部位相应位置的准确。模板本身及支承系统，计算时要考虑足够的强度、刚度和稳定性，能可靠地承受混凝土荷载和施工荷载，不产生破坏或质量要求标准以外的变形。

（7）在选择模板时，模板的构造和拼合连接要便于安装和拆除，以利于多次周转使用。

3）模板安装

（1）主梁间吊模体系安装。在顶板焊接 I22 工字钢做钢支撑（高于混凝土面 10cm），钢支撑顶部用[10 槽钢作为承重横梁，主梁间模板采用 15mm 后的优质竹胶板，纵楞采用 100mm×100mm@ 300mm 的方木，横楞采用[10 槽钢@ 1000mm。吊筋采用 M16 拉杆，后附吊模体系计算附件。

模板安装过程中，应注意以下事项。

① 模板安装必须平整、线形顺适，胶合板表面必须平整光滑，质地密实，拼缝时所有的接缝必须平整。几何尺寸、高程应符合设计及规范要求。

② 桥面板底模安装时必须在纵横向拉线，以保证拆模后倒角线形流畅、美观。

③ 为防止漏浆，在钢梁翼板与模板相交处及倒角处填塞高弹性海绵条以防漏浆，底

模倒角处采用双面胶密封处理。

④ 模板分段制作、分段铺装成型，模板拆除后必须及时清理干净模板表面的浮浆，涂抹色拉油或专用脱模剂。

（2）悬臂翼缘板吊架体系安装。在两侧钢板中心剪力钉上插设短钢管立柱，纵向间距1.0m，高度根据桥面板浇筑厚度及施工空间要求而定，钢管外设置PVC套管，方便后期拆除拔出。钢管顶部设置顶托，顶托内安放14#工字钢主梁，主梁长度为4m，伸出钢梁外1.5m。根据工字钢高度、尺寸及位置，采用ϕ16mm圆钢下料制作吊架后支点“几”字形卡，并安装到位，与主梁钢板焊接，焊接长度不小于20cm，焊缝要饱满，保证焊接质量。

4）钢筋施工

焊钉采用圆柱头焊钉，规格为ϕ22mm×180mm，焊钉焊接时需注意避开桥面板钢筋，剪力钉的平面位置必须考虑钢筋布置。

顶板钢筋在钢筋加工厂集中下料、加工，采用汽车吊配合人工现场安装。

钢筋绑扎前，先由测量队定位放线，检查底模的偏位和梁底高程，经检查符合要求，将底模板清理干净，刷脱模剂，然后开始钢筋安装，钢筋布置按设计图纸。

顶板钢筋加工及安装的特点是钢筋密、预埋件多、弯曲钢筋多，精度要求高。钢筋加工形状、尺寸应严格按设计图纸执行，标准弯钩应严格执行规范。钢筋绑扎时，可在底模边用油漆标出位置，这样既保证质量，又方便施工。

部分钢筋位置冲突时，严禁随意切割，钢筋避让时，应遵循普通钢筋让预应力筋，次要钢筋让主要钢筋的原则，当无法避让时，设计和监理工程师同意后可适当改变冲突处钢筋的加工形状。

钢筋必须在加工前进行调直、除锈。桥面板中ϕ16mm以上的钢筋采用焊接连接，单面焊接长度不小于10d。根据设计图及钢筋加工料表进行下料和钢筋加工制作。主钢筋混凝土净保护层不小于30mm。横桥向钢筋采用ϕ20mm@100mm，纵桥向钢筋采用ϕ22mm@150mm。

受力钢筋的焊接接头应设置在内力较小处，并错开布置，在接头长度区段内，同一根钢筋不得有两个接头，配置在接头长度区段内的受力钢筋，其接头的截面面积占总截面面积的百分率应符合国家现行标准有关规定。

5）混凝土浇筑

桥面板混凝土设计强度等级为C50补偿收缩混凝土，混凝土采用商混站集中拌和，罐车运输，混凝土输送泵车泵送入模。浇筑前要仔细核对图纸，注意预埋件的设置，千万不可遗漏，预埋时同样要注意各预埋件的尺寸和位置。

混凝土浇筑时纵向自中间向两边对称均匀进行。横向先浇筑中间钢腹板内侧部分，后浇筑两侧悬臂部分。浇筑中间部分时，以结构中心线为准，两边之差不超过单边的1/2；在浇筑两侧悬臂部分时，两侧之差不超过单侧的1/2。

混凝土浇筑前，对模板进行一次检查，保证底模表面平整、接缝严密，并对模板进行仔细清理，清除模板内杂物后用清水冲洗。浇筑前，由测量人员测出桥面板顶面高程，并做好标记，保证桥面板和厚度符合设计及规范要求。

桥面板混凝土浇筑全段整幅一次浇筑，混凝土浇筑时采用纵横向分段的浇筑顺序，循序渐进一次完成。

混凝土采用50型振动棒振捣，振捣时间要认真控制，既不漏振也不能过振，每一处振完后，边振捣边慢慢提出振动棒，采取快插慢拔的方法进行，移动间距不应超过振动棒作用半径的1.5倍，每一处振完后应徐徐提出振捣棒。每点的振动时间应根据混凝土的坍落度的大小来控制，防止出现过振和漏振现象。振捣应使没出混凝土达到密实，混凝土密实的标志是混凝土停止下沉，不再冒出气泡，表面呈现平坦、泛浆，混凝土浇筑应不间断连续进行。混凝土现场振捣时，施工人员一定边振捣，边观察，防止漏振或过振，技术人员跟班作业。

混凝土振捣密实后，采用提浆整平机和刮尺相结合的方式作为顶面控制措施，先用提浆整平机顺桥向走行一次，再用水平刮尺将高出高程控制点位的混凝土或砂浆刮去(刮尺走向顺桥轴线方向)，以刮后顶面平整、无明显洼坑或高坡为度。顶板混凝土浇筑完成后，采用人工进行抹平收光，为消除梁体表面混凝土裂纹，进行至少不少于三次的人工收光并进行横向拉毛处理。

混凝土浇筑时需注意以下事项。

(1) 混凝土采用汽车泵泵送入模，落料高度不大于2m，严格控制混凝土坍落度，以满足施工实际需要和规范要求，并做到均匀布料。

(2) 混凝土振捣人员须经培训后上岗，要定人、定位、定岗、定责，分工明确，尤其是钢筋密布部位、端模、拐(死)角部位指定专人进行捣固，每次浇筑前应根据责任表填写人员名单，做好交底工作。

(3) 混凝土采用插入式振捣器均匀布点振捣，以混凝土水泥泛浆及无下沉为度。同时振捣棒不得碰撞管道及预埋件，以防管道漏浆及无下沉为度。同时振捣棒不得碰撞管道及预埋件，以防管道漏浆堵塞和预埋件产生位移。

(4) 混凝土浇筑过程中，派专人对模板体系进行监控，发现异常立即停止浇筑，妥善处理后，方可继续浇筑。

(5) 混凝土强度达到3.5MPa前，不得使其承受人、运输工具、模板、支架等荷载。

6) 混凝土养护

混凝土浇筑完成后及时采用土工布覆盖养护，每2h洒水1次，养护周期不少于7d，以防止表面产生收缩裂纹。

7) 模板拆除

(1) 拆除期限的原则规定。

① 非承重侧模板应在混凝土强度能保证其表面及棱角不因拆模而受损坏时方可拆除，一般应在混凝土抗压强度达到2.5MPa时方可拆除。

② 底模等承重模板在同条件养护试件强度达到设计强度75%后方可拆除模板。

(2) 拆除时的技术要求。

① 拆模前应检查所使用的工具有效和可靠，扳手等工具必须装入工具袋或系挂在身上，并应检查拆模场所范围内的安全措施。

② 模板拆除应按设计的顺序进行，设计无规定时，应遵循先支后拆，后支先拆的顺序。模板的拆除工作应设专人指挥。作业区应设围栏，其内不得有其他工种作业，并应设专人负责监护。拆下的模板、零配件严禁抛掷。

③ 拆除模板时不容许用猛烈地敲打和强扭等方法进行。

④ 多人同时操作时，应明确分工、统一信号或行动，应具有足够的操作面，人员应站在安全处。

⑤ 高处拆除模板时，应符合有关高处作业的规定。严禁使用大锤和撬棍，操作层上临时拆下的模板堆放不能超过 3 层。

⑥ 拆模如遇中途停歇，应将已拆松动、悬空、浮吊的模板或支架进行临时支撑牢固或相互连接稳固。对活动部件必须一次拆除。

⑦ 已拆除了模板的结构，应在混凝土强度达到设计强度值后方可承受全部设计荷载。当在未达到设计强度以前，需在结构上加置施工荷载时，应另行核算，强度不足时，应加设临时支撑。

⑧ 遇 6 级或 6 级以上大风时，应暂停室外的高处作业。雨、雪、霜后应先清扫施工现场，方可进行工作。

⑨ 桥上模板从一端向另一端逐一拆除，在桥面码放整齐，然后采用汽车吊吊至桥下运走。箱室内杂物、积水必须清除干净，检查钢梁表面油漆有无损坏，并安排人员及时补刷油漆。人孔采用吊模法浇筑封闭，并通过钢梁检修孔进出拆模和材料搬运。叠合梁悬臂部分及主梁间镂空隔舱支架模板可借助汽车吊、起重机等作业机械，配合人工完成，遵循自上而下、先搭后拆、后搭先拆的原则，一步一清，从一端向另一端逐一拆除，材料吊至桥下堆放整齐，并及时运走。支架拆除过程中，严禁强行撬砸，桥面悬臂吊架钢管立柱拔出，掏出 PVC 套管，采用微膨胀自密实混凝土封堵密实。

6.1.5 附属工程施工

6.1.5.1 桥面铺装

1）凿毛、清理桥面

施工前，对梁混凝土面进行全面测量，以确保调平层的设计厚度，凿除浮碴、浮浆，清除泥土等杂物，并用空压机及高压水枪冲洗干净，以利于铺装和桥面板的有效结合，检查合格后，进行桥面的钢筋网片安装作业。

2）测量放样

根据设计图纸放出中心线及边线，放出连续缝、伸缩缝、预埋件的位置，确定平面控制点及高程控制点，并准确拉线定位浇筑高度，定位间距不应大于 5m，对于现浇层厚度不够部分，应采用人工或风镐进行凿除，确保现浇调平层的厚度。精确定位摊铺机轨道面的标高，使其摊铺面与桥面铺装的设计标高一致；并且在桥面铺装两侧浇筑边线伸入护栏 15cm 的位置精确放出施工边线。

3）钢筋网片安装

桥面系钢筋采用直径 10mm 带肋钢筋网片（10cm×10cm），钢筋网片在施工前需根据浇筑宽度进行网片尺寸设计，钢筋网片底部设置同强度等级混凝土垫块控制保护层厚度，防止混凝土卸料时导致网片筋下沉变形。安装时其中一边与桥轴线平行，网片采用扣接法，即一张网片的钢筋扣搭在另一张网片，使两张网片的纵向和横向钢筋各自在同一立面内搭接，搭接长度不小于 20cm。在轨道面通过横向挂线检查网片筋的顶面高程，如有误差可调整梁面预埋筋的高度来控制网片筋的顶面高程，使其符合实际要求。施工时，严禁机动车辆在钢筋网上行走，以免损坏钢筋网片。

箱梁预制时在张拉槽口处钢筋预留足够的焊接长度，施工桥面系时，对预留钢筋进行扳弯，依次单面焊接同型号钢筋进行纵横向连接，焊接长度大于 $10d$（d 为钢筋直径）。

4）标高带施工

为确保桥面现浇层高程施工的精确度，采取在护栏内侧浇筑标高带，桥面中心采用[8 槽钢作为桥面高程控制轨道的方法。标高带采用同标号 C50 混凝土浇筑而成，离护栏内边 15cm，宽度 90cm；桥面中心每 1m 设置一个标高控制点，[8 槽钢下面用高标号砂浆根据控制点标高进行找平，保证现浇层的厚度，找平后对采用间距为 1m 的 ϕ12mm 钢筋对槽钢进行加固，确保施工时轨道的稳定。

5）模板安装

按照水准测量成果进行模板高度控制并支立模板。模板标高控制在 2mm 误差之内。

6）混凝土浇筑

桥面混凝土采用混凝土罐车运输，然后用汽车泵泵送到待浇筑部位，运输到现场的混凝土坍落度控制在 14~16cm 之间。在混凝土浇筑前，对桥面进行润湿，保证调平层混凝土与箱梁的良好粘接，混凝土进行浇筑时先采用插入式振捣棒对混凝土进行人工振捣，然后用三辊轴整平机进行混凝土整平，用铝合金靠尺刮平。注意检查控制桥面标高和平整度，局部边角部位用人工收面，待混凝土初凝前，用座驾式磨光机对混凝土进行磨光，座驾式磨光机由于其自重较重，必须在混凝土接近初凝时进行抹光，这样大大减少了混凝土表面的收缩裂缝。在抹光后，必须及时进行拉毛处理，拉毛在混凝土初凝时进行，拉毛应垂直于梁纵向，深度控制在 2~3mm，桥面有缺陷时采用铣刨工艺。

（1）清除梁顶浮浆、油污。浇筑桥面现浇层混凝土前应将梁顶浮浆、油污等清除干净，并进行冲洗，以利于混凝现浇层与桥面板有良好的结合。桥面现浇层 C50 混凝土坍落度为 16~18cm。

（2）压实。混凝土摊铺要均匀，布料高度略高于桥面标高 2cm 左右，以备整平和收浆，严禁抛掷，防止混凝土离析。用插入振捣棒、三滚轴振捣梁压实，振捣找平时尤其要将竖起和外露的石子压下去。在靠近标准带处应先用插入式振动棒按顺序振捣，要快插慢拔，按成行或成列顺序前进，其移动间距不应大于其作用半径的 1.5 倍。然后再用三辊轴全面振捣，沿桥面纵向由一侧向另外一侧移动振捣，振捣器在每一位置振捣的持续时间，应以拌和物停止下沉不再冒气泡并泛出水泥砂浆为准，最后再静滚一次收面。

（3）抹光机抹面。三辊轴整平压实后，采用人工对局部不平整处进行收面，保证表面的平整度，同时对浮浆进行及时处理以免造成漏骨现象。混凝土初凝后采用驾驶型抹光机压光、收面、提浆，提取表面浮浆进一步提高桥面铺装层密实性、平整度、防水性能。

（4）桥面拉毛。在混凝土表面初凝前，二次抹面后用硬质扫帚在表面进行横向拉毛，拉毛应保证线条顺直、均匀，桥面平整，粗糙。

（5）混凝土养护。桥面铺装养护采用土工布覆盖洒水养护，先覆盖土工布，洒水时不能对着混凝土直喷，洒水水流要缓慢。养护不少于7d，养护期间要派专人养护，土工布一直要保持湿润，养护期间要杜绝施工车辆在铺装层上行驶或者堆放杂物，以免使铺装层混凝土受到损伤。

（6）注意事项。

① 浇筑铺装层时，为避免钢筋变位，必须在钢筋网上搭设行走支架，不得在钢筋上搁置重物，严禁在钢筋网上推运混凝土及人行践踏，并在浇筑过程中，随时纠正钢筋位置。

② 桥面铺装混凝土浇筑时，为防止混凝土离析，宜从下坡向上坡进行，布料时宜分多堆卸料，严禁抛掷或用振捣棒驱赶混凝土，并防止在布料整平过的混凝土表面留下踩踏的脚印。

③ 三辊轴的行驶速度要控制合适，防止行驶过快而造成混凝土下部振捣不密实，过程中要用铁锹补充振捣梁前面的空隙，靠近轨道处的混凝土振捣可辅以插入式振捣器进行补振。

④ 桥面铺装混凝土严禁振捣后再贴补或使用砂浆找平，任何不经批准的涂抹，均视为不合格工程。

⑤ 混凝土桥面养护要求采用土工布覆盖，人工洒水进行养护，保证混凝土表面处于湿润状态，防止表面产生收缩裂缝。

6.1.5.2 防撞护栏

1）模板制作

根据设计要求的尺寸、线形，选择有经验、有资质、信得过的生产厂家加工钢模板。模板加工要有足够的刚度和强度，不易变形，钢板转角处应采用压模处理，以保证板面光滑、线形圆顺，面板钢材厚度应大于4mm，加工时不允许采用碎钢板拼接板面，确保浇筑的混凝土表面光洁。为了保证曲线段防撞墙线形顺畅，应适当加工一些短模板来调整线形。本工程单块长度主要为1.5m，在弧度比较小的地方制作几个长度比较小的单块。模板制作好之后，预拼装，验收合格后，在模板上注上显目的编号。

2）测量放样

在施工前先应根据设计要求测量放出的护栏边线，并分别向桥面内引出20cm作为校核模板和做调整的基准线。外引线用墨线弹出明确的线形，作为控制模板的标志线。当模板局部出现反向线形现象时，应该调整对应点位尺寸（在保证桥面净宽的前提下），使得护栏线形圆顺、美观。

3）钢筋制作与安装

护栏的钢筋与梁体内预埋的钢筋焊接，满足焊接长度$5d$（d为钢筋直径，双面焊），$10d$（单面焊）要求，焊缝饱满。在加工护栏钢筋时一定注意要保证防撞墙的钢筋净保护层厚3cm。在焊接一段钢筋时在钢筋顶部拉一条线，控制好钢筋顶面，防止护栏顶部钢筋出现波浪状，并且护栏的通长钢筋应在桥面连续缝和伸缩缝位置断开。

4）预埋件安装

预埋件主要为预埋排水管、路灯基础、扶手、接线盒，应按照设计要求施工，现场跟踪指导，保证预埋件位置的准确，在安装模板之前必须特别检查。钢筋绑扎后在立模时应设置垫块，保证防撞墙混凝土保护层。

5）模板安装

模板安装加固采取“夹、拉、顶、压”的方法对模板进行加固，确保模板稳固不变形。模板安装根据弹出的墨线恢复护栏边线，安装和加固好两侧模板，安装时底部面板内侧和墨线相吻合，内模加固采用在内模内侧用 ϕ16mm 的钢筋做定位钢筋焊在底部主筋上顶住内模。具体加固如图 6.4 所示。

在模板安装时，每一块都应严格吊线，保证模板垂直度，模板间的错台必须控制在规范允许范围之内，并在模板拼接缝处贴双面胶密封。模板安装时应该做好预留缝设置，桥梁端部必须设置断缝，其余断缝间距 8~10m 左右，防撞墙通长钢筋在该处也应断开处理。安装完整段模板后再次对护栏的线形进行调整，保证护栏模板没有反弯线形、急弯现象，做到护栏圆顺、美观。

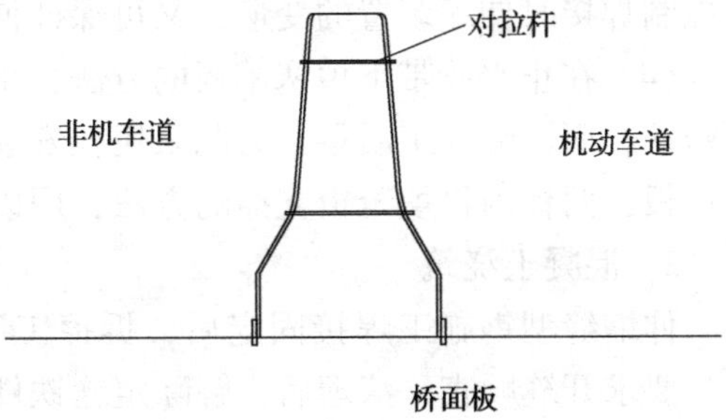

图 6.4 模板加固示意图

6）混凝土浇筑与养护

防撞墙混凝土采用 42.5 普通硅酸盐水泥配制的 C30 混凝土浇筑，施工用混凝土坍落度控制在 16~20cm 之间，根据各桥情况，混凝土罐车上不去的采用泵送。非泵送的混凝土运到现场后采用溜槽下料，防止混凝土离析或粗细骨料“窝集”。混凝土分层浇筑时，分层厚度控制在 30cm 左右，振捣棒在振捣时应伸入下层混凝土 5~10cm 左右，振捣棒不能碰击模板，预埋管底部的混凝土密实，防止预埋管周围混凝土出现空洞。严格控制防撞墙伸缩缝与桥面伸缩缝保持在一条直线上，浇捣时保证伸缩缝不歪斜。在最底层振捣时应采用小型的振捣棒（ϕ3cm 振捣器）来提高混凝土的振捣密实度。在浇筑至上部时可采用大型的振捣棒。振捣应“采用快进慢出”的施工原则，专业振捣手振捣，振捣移动间距不应超过振捣半径的 1.5 倍，距模板边为 5~10cm，插入下层混凝土为 5~10cm，振捣直到该层混凝土面没有气泡排出和混凝土面停止下沉时为止，每一处振捣完备后应边振捣边徐徐提出振捣棒。护栏顶面要收抹平整，不能出现凹凸不平的现象。在施工混凝土时应该避免外界温度过高时施工。混凝土浇筑完毕后，拆除模板后要及时对混凝土进行覆盖洒水养护达到 7d 以上。

6.1.5.3 伸缩缝

1）施工准备

（1）材料进场后，经检验合格后方可投入使用。

（2）伸缩缝安装前首先检查伸缩缝开槽宽度与伸缩装置的间隙是否符合温差要求。

（3）间隙中是否清理干净，待检查验收合格后安装。

2）伸缩缝安装

（1）安装方法采用反开槽二次切边法施工，即当铺筑完沥青混合料路面后再反开伸缩缝安装槽。第一次切边按设计边线向内反 5cm 处切边，待伸缩装置安装完成后再二次切边至设计线，以保证切边边口的整齐。

（2）安装形式，桥面伸缩装置与防撞墙伸缩装置，分体安装以桥面伸缩装置端头的翘起来保证缝端的漏水问题。

（3）为防止安装过程伸缩缝装置产生的变形，保证伸缩装置与两侧路面的平顺，采用“吊缝固定法”，即采用长 3m，25#工字钢垂直于槽放置，间距 1m，用∩形钢筋在工字钢上将伸缩缝吊起同工字钢靠紧固定，用仪器检查平整度、顺直度合格后予以焊接。这样既可控制焊接时伸缩装置的变形，又可保证伸缩装置安装的整体质量。

（4）在止水胶带下填塞苯板的方法，不能很好地保证浇筑槽内混凝土时两梁的间隙及严密性，而影响施工质量，为此采用在安装前伸缩缝钢梁前端根据锚固槽深度，焊上 2mm 铁挡板，两板内再填苯板支撑的方法，用以保证这一环节的施工质量。

3）混凝土浇筑

伸缩缝型钢施工焊接固定后，拆掉工字钢，切断∩形钢筋，按设计规定宽度二次开缝，要求开缝顺直，清理后，解除定缝铁件，再次对各部位质量进行检查，合格后，浇筑混凝土，混凝土浇筑采用两侧同步浇筑严密振捣的方法，至无气泡止，然后用刮杠刮平，以两遍抹子成活，成活后拉锚。

4）混凝土养护

混凝土浇筑完成后，在混凝土表面收浆后，采用覆盖、洒水等方式保湿养护。

覆盖方式：采用两层覆盖，即一层土工布、一层塑料薄膜。

养护期间，设专人看护。

6.1.6 重难点工程施工

6.1.6.1 大悬臂倒 T 盖梁施工

1）测量放样

在墩柱顶准确放出盖梁的中线，标高、轴线放样数据复核后，上报监理工程师。考虑混凝土保护层厚，在盖梁模板上标出主钢筋就位位置。放样数据和原始记录报监理工程师批准后方可进行施工。

2）承重桁架安装

承重桁架钢管立柱与承台预埋件连接，钢管立柱采用 ϕ630mm×10mm 钢管，顶部设置卸落块，悬臂桁梁主梁采用单拼或者双拼贝雷片组成，与卸落架固定钢管立柱上组成大悬臂桁架支撑系统，分配梁采用 I22b 工字钢，间距 80cm 布置，I22b 工字钢分配梁与主梁工字钢采用螺栓连接，防止两侧行走平台倾覆，布置分配梁过程中适当调整位置使底模模板接缝位置有工字钢支撑，防止底模在混凝土浇筑时受力变形，分配梁铺完后逐次检查固定。

3）底模板安装

底模板采用定型钢模，安装前进行除锈处理，底模板安装时拼缝位置设置于分配梁上方，以免混凝土浇筑时受力变形，底模板安装预留 13mm 预拱度。

4）钢筋的加工与安装

钢筋采用厂内集中加工的方式，因其钢筋骨架较大，故分节段加工安装。主筋连接方式采用机械连接，钢筋骨架拼接完后布设预应力穿束。

5）侧模安装

在钢筋绑扎完成后进行侧模安装，模板整体拼装后，安装加劲核对拉螺杆，拼装模板时注意保护拼缝的密封性和钢筋骨架的保护层，防治漏浆露筋，模板拼装完成复核平面位置及高程。

6）混凝土浇筑

混凝土采用商品混凝土，运至现场后采用泵车泵送入模。从墩顶对称浇筑，分层厚度不大于 30cm，振动过程中禁止破坏波纹管。

7）张拉

混凝土养护 7d 强度达到 100%进行第一批钢束张拉，第一批预应力张拉完成后拆除底模，落架，待箱梁架设完成后进行第二批钢束张拉。

8）压浆封锚

张拉完毕后及时压浆，水泥浆强度大于 50MPa，采用真空压浆工艺。

6.1.6.2 钢箱梁吊装施工

1）临时支架基础

临时基础采用开挖扩大基础，基础尺寸要求为深度 0.5m、宽 2m、长 4m，灌注 C30 混凝土，基础预埋钢板与支架进行焊接。

2）临时支架的结构形式

根据桥址实际情况及钢箱梁加工分段，钢箱梁安装临时支架采用在梁段接口处搭设钢管支架的方案。支架由支架基础、钢管立柱、横梁组成，钢管立柱之间采用一组连接撑，以增加支架的整体稳定性。

临时支架结构根据位置不同采用两种结构：中央分隔带处可利用场地狭小，采用宽度 1.8m 的支架，其余场地采用宽度 2.6m 支架，支架立柱采用 ϕ609mm×10mm 钢管作为支撑，钢管间通过 20a 槽钢进行连接，钢管上放置双拼 I40b 工字钢分配梁，保证支架均匀受力，横梁上放置双拼槽钢用于调整梁底标高程。支架结构如图 6.5 所示。

3）立柱、顶部横梁及支架

立柱采用 ϕ609mm×10mm 钢管，顶端使用 365mm×365mm×10mm 钢板封顶，底部钢板与基础上预埋钢筋焊接连接。

在支架立柱钢管顶端封板上设置一组双拼 40#工字钢横梁，必要时翼缘边两侧需用 10mm 以上钢板加强，间隔为 1~2m，作为叠合梁的沙箱支承搁置点。横梁同时也是连接立柱成为整体的主要构件。

支架顶部设置槽钢支点，吊装前复核支点高程，保证满足安装要求。

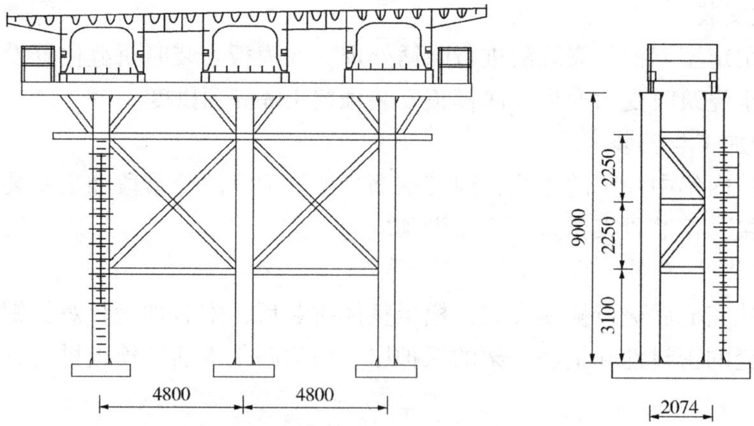

图 6.5　临时支架的结构形式(单位：mm)

钢箱梁焊接完成后，卸载支架时，为防止出现不均匀沉降造成梁体扭曲，严禁采用直接割除支点的卸载方式，用千斤顶将两段顶起 3～5mm，一次性割除牙板支点，缓慢下放千斤顶，至千斤顶与梁体分离，千斤顶卸载过程应控制千斤顶压力保证均匀卸载。

4）吊装施工

箱体在现场拼成吊装节段再进行吊装。吊装前的注意事项如下。

① 吊装前要通过检修保证吊车的正常运作，检查钢丝绳是否安全可靠，以保证吊装顺利进行。

② 吊装前看现场，检查吊装区域上空有无不符合吊装安全距离的电线及高压管线，如有问题提前与有关方协商处理。

③ 吊装前检查临时支架或小钢管立柱是否牢固，保证其不会掉落。

考虑工期对现状道路的影响，拟采用先安装路口部分，然后安装路口外部分的安装顺序，如图 6.6 所示。

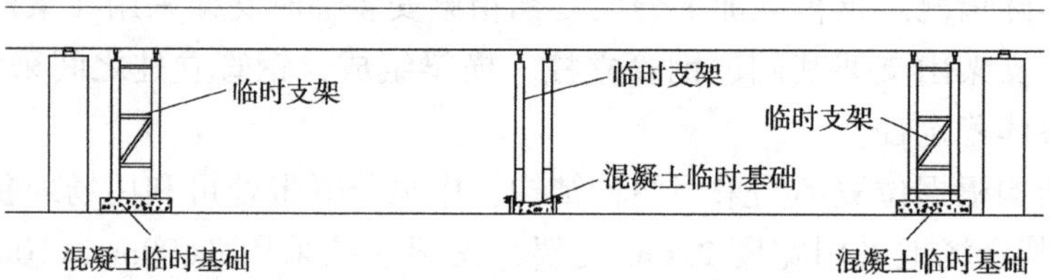

图 6.6　钢梁吊装示意图

6.2　乌干达 104 延长线项目

6.2.1　工程概况

6.2.1.1　项目简介

104 延长线项目位于非洲乌干达共和国东部边境，项目全长 44km，包含布西亚至托罗罗 26km 公路升级和马尤盖与布西亚 18km 城镇道路等项目，开工日期为 2022 年 6 月 1 日，总工期 24 个月，质保期 1 年；项目合同金额 1368.57 亿先令，折合人民币约 2.46 亿元。

合同模式为施工总承包，业主及设计单位均为乌干达公路局，监理单位为公路局内部监理团队，主要施工内容包括路基土石方工程、路面及结构层工程、排水及防护工程、附属工程等。

6.2.1.2 主要工程

乌干达 104 项目主要工程见表 6.1。

表 6.1 乌干达 104 项目主要工程列表

序号	工程项目		单位	数量
	分部工程	分项工程		
1	排水防护工程	浆砌片石	m^2	34668
2		涵洞	m	856
3		混凝土水沟铺砖	m^2	3302
4		混凝土	m^3	9765
5		钢筋	t	1052
6		石笼	m^3	1760
7	路基路面	挖方	m^3	80933
8		填方	m^3	581008
9		水稳底基层	m^3	71875
10		碎石基层	m^3	60000
11		透层	L	278860
12		沥青混凝土	m^3	1170
13		沥青双表	m^2	278860
14		50/70 沥青	t	156
15		粘结层沥青	L	6431
16	附属工程	防撞护栏	m	5000
17		路灯	n	75

6.2.1.3 主要技术标准

本项目为二级公路，采用英国标准技术规范。

6.2.1.4 水文地质特征

项目区域处于乌干达东部东非高原，项目沿线地势总体较为平缓，以中低山和丘陵地形为主，线路经过处海拔标高介于 1097~1208m 之间。地处热带季风气候区，雨量充沛，地下水补给充足。主要土壤类型是灰褐色砂土，通常位于陡坡上的风化浅骨壤土、红褐色砂土和壤土中，土壤具有良好的渗透能力，可最大限度减少转化为径流的有效降雨量。

6.2.2 项目重难点及应对措施

(1) 该项目除 26km 公路升级施工外，还有马尤盖以及布西亚 18km 城镇道路铺设，施工地点相隔较远，对项目人员、材料设备调动构成挑战。

（2）本项目设计既有碎石基层经再生后掺拌水泥变更为新路底基层，施工工艺复杂，需机械设备配合度较高，受雨季影响较大。若水泥稳定层施工不能按计划完工，将严重影响后期级配碎石基层和沥青双表摊铺施工，因此水泥稳定层施工作为本项目的重点难点。

（3）沥青双表路面施工，质量控制难度大，且本项目涉及的专业工程数量较多，包括道路、路灯、交通等，是另一大难点。

（4）雨季时间长，降水多，雨季施工难度大，对项目工期影响较大。

（5）应对措施：

一是策划好施工组织管理机构，明确施工任务划分，组建专业的架子队进行施工，配齐各种施工资源，加强现场管控，积极调整施工组织。

二是施工时精确进行测量放线，确保水平面符合图纸要求。

三是项目进场后，首先从国内购买专业冷再生一体机，合理规划施工组织，积极与当地气象部门联系，掌握气象动态，在乌干达当地旱季迅速展开施工，尽量减少雨季不利影响。利用前期项目经验，合理进行施工组织，化解各种项目风险。

6.2.3 公路桥梁施工

6.2.3.1 施工标准

应符合《道路和桥梁工程通用规范2010手册》第6000章的要求。具体工作方法应在工程开工前两周提交，经监理或其代表批准后，方可在现场开工。

6.2.3.2 桥梁施工

拟建桥梁为现浇复合桥面板，预制混凝土梁位于现浇钢筋混凝土桥台上的支座上，支承在埋入式底板基础上。

桥梁施工现场周围设置安全围栏和安全带，以防止未经授权进入，并清楚显示因其靠近水道而受特殊规则管辖的区域。

1）桥梁基础调查

承包商应按照招标文件规范第7100节进行岩土工程现场勘测。勘测的施工方案和风险评估应提交UNRA（乌干达公路局）批准。承包商的调查应由材料工程师领导，以确保调查符合规范，并提交报告，验证地基设计的可行性。批准建议后，承包商方可开始施工。工程开工前，将制定现场废物管理计划（SWMP），以便在整个项目期间持续监测。

2）获取许可

在将任何水排入雨水道或受控制的水道（如沟渠、溪流、池塘、湖泊、河流或含水层）之前，应获得乌干达国家环境管理局（NEMA）的同意或许可。NEMA要求排放到排水沟或控制水道中的任何水不含污染物（如淤泥或碳氢化合物），并对排放的水可能含有的悬浮固体或其他污染物数量设定绝对限制。因此，应定期监测排放水的质量，例如从开挖处流入水道的排放水的质量。如果怀疑水已被污染，必须停止排放，直到确定并停止污染源。检查频率将与监管机构商定。每次检查结果将记录在健康和安全监测表上。

3）现有桥梁的拆除

施工区域内道路交通将被转移到便道，实现分流管制。使用电缆避开工具、现有法定承办人平面图和探地雷达对现有服务设施（埋地或其他）进行全面调查，所有服务设施应使用木桩或其他标记进行清楚标记。在任何拆除工程开始之前，现有设施（电力和通信电缆以及总水管）将被断开或改道。

交通改道计划（表6.2）是为了确保边境邻国一侧的部分不被利用。大部分导流将从布希亚镇和托罗罗交易中心开始，进入金加-托罗罗高速公路，以确保在桥梁和箱型暗渠工程期间最大限度地减少交通干扰。

表6.2 交通改道计划表

分流点	入口点	分流点	入口点
Achapa 6+250 左侧	Katex-Kayoro 7+648 左侧	Kasipodo16+021 左侧	金加-托罗罗高速公路 7 英里处
Asinget 12+707 左侧	金加-托罗罗高速公路 7 英里处		

为使河流分流，应建造和维护围堰，以确保不损害工程和工人的安全。围堰应在监理工程师的监督和批准下施工，并设立临时便道，以便车辆通行。围堰要在河流上游开挖，清除所有淤泥并选用合适材料进行回填，用压路机进行压实，直到所有机械设备或车辆能在上方通行。在合适地点开挖临时涵洞使河流流出，防止水流堵塞漫延到施工区域。

围堰的施工顺序应确保水流改道不接触待施工桥台的一侧。采用挖掘机向河流中倾倒和布置石块，并修建围堰，以保护一侧即将开工的施工工程。桥台一侧施工过程应从地基到桥台顶完成，包括回填。桥台一侧施工完成并获得批准后，使用挖土机拆除围堰，使水流恢复到桥的完工面，并对另一侧进行施工。

桥面和其他相邻上部结构（如工字钢和护墙）需小心拆除，并用移动式起重机将其拆成大块，确保不会有任何东西掉入河流中。将甲板和其他上部结构按照相关规范进行分解和拆卸，并将其回收或处置至场外的特许位置。

4）桥梁开挖。

（1）开挖软质材料。如技术规范所示，在工程实施期间进行的挖掘工作包括常见的挖掘软质物料，以及挖掘岩石的硬质物料。承包商应将不合适的材料开挖至所需深度。

桥面和相邻上部结构拆除后，应保护外露边缘，确保没有人员靠近。在河道通过使用围堰改道至一侧时，使用挖掘机将现有桥台墙后的填料挖至桥墩和桥台基础地层的水平，应留出超出桥台端墙的余量，以容纳石笼垫层。如有必要，可将板桩墙延伸至桥台两侧，以确保在新桥施工的全宽范围内保护河流。额外的板桩将在开挖前使用带有特殊打桩附件的挖掘机打入地面。在开挖、填充、浇筑混凝土及相关工程期间，持续监测河流及其河岸，以防止任何东西掉入。

开挖时应持续使用抽水泵保持干燥，以便即使在轮班之间，也不会有水溢出围堰。开挖产生的排放物将被送至“淤泥清除器”沉淀池，并在其进入河流之前定期监测排放物的浊度和其他污染物。

（2）岩石开挖。在遇到硬质材料时，除非监理另有指示，否则挖沟或基坑应开挖到设计标高。如果需要爆破，承包商应在任何永久性混凝土工程施工开始前完成整个开挖，除非监理另有批准。并移除现场任何不适用的挖掘材料、圆石或其他原木。

5）回填

桥墩和桥台底座应在压实至所需水平后，用批准的材料水平分层回填，厚度不超过150mm。每层应保证达到材料的最佳含水量，然后压实至所需密度。回填应在桥梁和桥面两侧同时均匀进行，以防止产生不均匀的侧向力，直到达到规定的最小覆盖率。完工后，涵洞两侧的回填宽度应至少等于涵洞或雨水渠开口的直径(或跨度)。三周达到强度后，应分层回填和压实桥台，厚度不超过200mm。回填前应拆除所有支撑模板。应沿桥面提供维修管道，以便于安装新的、现有的和未来的电缆。

6）混凝土工程

混凝土应由现场混凝土搅拌站制备，将混凝土浇筑到已准备好的模板中后，应使用插入式振捣器压实混凝土，混凝土需用水或养护剂养护。

混凝土工程应按照技术规范第6400节进行。

（1）地基础。应使用GPS对桥墩和桥台已压实的基底表面进行放样。铺设一层垫层混凝土，以提供干净、平整的工作环境。

建造钢筋混凝土底板的表面。混凝土由混凝土罐车运输，并将混凝土浇筑在基底上，浇筑位置不得使任何混凝土溢出到水道或河岸附近。任何溢出的混凝土将在专门指定的料车中处理，该料车也将用于盛装用于冲洗搅拌机的水。

钢筋凝固2天后，应使用专用切割机切割，并在专用弯曲机中弯曲。然后将其放置并保持在图纸所示的位置；应使用专用垫片来保证符合要求的保护层，以加固由钢板、钢支柱和木板构成的工程，这些材料应足以在施工过程中支撑混凝土而不发生偏转。

模板应由刚性装配的单独钢板制成，以便为硬化混凝土提供图纸所示的线条、标高和形状所需的支撑。它将有足够的强度来承受所有施加的荷载，包括现浇混凝土的压力、振动荷载、工人和设备的重量，而不会变形。模板应采用砂浆密封，其设计应允许在不损坏已完工结构的情况下拆除。模板中的接缝应垂直于混凝土形状的主轴。

当地基完成并达到允许的固化时间时，模板将被移除，以便在现场其他地方重复使用。

（2）桥台施工。所有即将进行的混凝土浇筑操作与基础混凝土浇筑操作一样，将采用相同的控制来防止混凝土沉积在河流中或附近。如果在彻底的风险评估后，水泥对河道的污染风险水平仍然过高，则可指定快速凝固混凝土混合料。

模板和钢筋在现场施工，以形成桥台基础和墙，并分多次浇筑。

桥梁支座使用水泥灌浆进行安装和固定，确保达到与混凝土浇筑相同的环境保护水平。

使用合适的填料在桥台墙周围进行回填，回填层厚150mm，或经工程师批准，以确保充分压实，并非常小心地确保填料不会落入溪流中。由于空间限制，如有必要，可在河岸上安装碎片网，并在填充期间持续监测，必要时清除材料。回填完成后，在边缘安装安全保护装置。

在潮间带进行的任何工程，均须在低水位或低水位附近进行，以使任何时候都不会有任何东西入水。

(3) 桥面施工。桥面设计包括横跨每个桥台并固定在支座上的预制梁。对于箱涵，桥面仅为现浇钢筋混凝土。

使用移动式起重机将梁降低到位，移动式起重机位于桥跨一侧的桥台墙后，完成对对齐。

混凝土通过混凝土罐车进行预拌，并使用罐车安装的悬臂泵进行浇筑，再次注意不要直接在桥面边缘 2m 范围内浇筑混凝土。湿混凝土通过手动工具摊铺，并使用电动振动棒压实。

(4) 护墙、伸缩缝和表面。固定位置使用手持式冲击钻预先钻入混凝土桥面。表面应保持潮湿，以防止空气中的灰尘。预制混凝土护墙段(理论上长 3m)由车辆运输，并使用位于桥台墙后的移动式起重机放置到位。

桥面伸缩缝采用类似于护墙部分的方法固定在桥面和桥台挡砟墙之间缝隙的任意一侧的混凝土结构上，并采用聚苯乙烯填料填充或经工程师批准的类似控制措施。

在桥面上铺设耐磨表面之前，应铺设防水层。

铺设预制桥路缘石以分隔人行道，然后使用摊铺机铺设沥青路面，并使用振动压路机压实。桥梁护墙有助于防止任何此类材料落入溪流中，对于其他作业，关键区域如护墙末端，持续监测将确保溪流不受污染。

7) 质量控制和保证

承包商将继续对垫层、安装回填、端部结构混凝土材料等进行质量控制和测试。在进行下一步工作之前，在工程的每个阶段进行必要的测试。混凝土工程应按照批准的混凝土配合比设计进行。此外，还应提供制造商的水泥试验证书供参考。

8) 安全

所有进入现场的人员应遵守承包商的现场规则，并按要求穿戴个人防护用品。所有人员应在工程实施前，通过现场特定的入职培训，全面了解安全工作方法。所有起重机的移动将由电力主管控制。

现场安全和环境通过每周现场检查以及上述段落中所述的持续监测进行持续监测。这些检查是独立于项目进行的。

6.2.4 经验分享——测绘技术在土方工程中的应用

测绘是工程施工的首要环节，测绘结果直接决定施工方案的制定和工程质量。乌干达 104 延长线项目前期土方工程运用测绘技术实施开挖和回填作业，取得良好效果，确保工程顺利推进。本节分享其主要做法。

6.2.4.1 测量放样

开工前，以《道路和桥梁工程通用规范》和《乌干达公路局规范》为施工标准。测量过程中要特别注意被勘测的历史遗迹，防止其受到损坏、干扰或位置偏移。

检查测量标石位置和标高之后，测绘人员与监理人员共同进行以下活动：

1）道路中心线放样

读取原始地面的横截面和纵断面图，并提供给办公室工程部，以编制模板和结构施工图以及任何其他相关数据，供监理批准。

2）施工期间的水平位置控制

测量设备应使用全站仪、水准仪。人员由高级测量员、测量员、助理测量员、水准员、丈量员和普通劳工组成。

6.2.4.2 清理、除根和开挖

1）清理和除根

施工开始前，应清除道路上的碎屑。道路定线范围内的所有材料，包括淤泥、树木、草、农作物和构筑物，应按照经监理批准的方式进行清除。此外，所有主要的树桩和树根都需要移除(挖出)，留下的洞需要用合适的回填材料填充并压实。

2）现有路面的移除

现有路面层应使用松土机进行机械翻松，翻松深度为200mm，或按照工程量清单、图纸或工程师的指示进行。

3）开挖

在开挖(包括移除任何不合适的材料)之前，应进行横断面测量。根据这些信息，设计横截面将与现有地面的横截面比较计算得出土方工程的体积和数量。评估开挖材料的适用性，尽可能使用合适的材料。挖出的材料可以临时堆放，然后运到指定地点，但不能对道路设施造成损坏，也不能阻止道路或周围土地排水。

施工中任何多余的材料应运输至监理批准的指定地点，并按照指示单独堆放这些材料。

施工期间应积极修建或维护沟渠，以确保始终适当排水，且不会损坏道路。

开挖施工方案见表6.3。

表6.3 开挖施工方案

项目	描述
路堑开挖法	根据路堑的深度和纵向尺寸，选择合适的机械进行开挖
横向切割法	采用反铲开挖、推土机、装载机、运输自卸车等设备，从整个断面宽度和深度的一端或两端推进，边坡和排水沟采用反铲开挖，平地机整形，人工修整
纵向开挖法	沿道路开挖一条纵向通道，并在两侧扩建。通道上半段扩挖至路堑边坡后，下半段直挖至路基顶标高。这条通道将用于交通运输。由两台推土机同时作业，形成若干工作面。这种方法适用于偏差段
运输	当运距小于100m时，采用推土机运输。运输量较大且运距较远时，采用自卸汽车运输。挖掘和装载均采用反铲，推土机和装载机作业相结合，以最大限度地提高装载机的效率
废料	废料将倾倒到弃土场。弃土堆放方式及排水系统需布置合理，外观整洁、稳定，对周围环境无干扰和污染
岩石开挖	将采用浅钻孔方法。边坡及排水沟采用手持式液压锤进行边坡修整

6.2.4.3 填方

1）要点

（1）所有路基材料应无植被等物质，材料的大小形状应符合要求。

（2）路基应采用适当的材料并保持一定含水量，压实可形成路堤全宽的稳定层。

（3）应按照2005年通用规范，完成三次每$1000m^2$压实度的试验。如果结果显示没有达到要求的密度，则需要进一步压实。

（4）除非另有规定，路基排水沟应在路堤边缘建造。

（5）压实的路基层需要经过批准，并对任何松软区域进行压实，然后才能进行下一步施工。

2）回填

回填施工方案见表6.4。

表6.4 回填施工方案

分项	描述
工作流程	分为采坑装料、运输、摊铺、整平、压实等流程
	填充、找平、压实然后测试
	准备工作、地基处理、回填、摊铺、整平、洒水或烘干、碾压质量检测和路基整形
准备工作	内容：编制土方回填施工方案，准备回填面测量放样，通过试验段确定工作参数，准备开挖
编制土方回填施工方案	根据供应商取土坑储备位置，结合回填位置，以运距最小为原则，确定土方回填方案
准备回填	回填前，清除回填区植被根系、淤泥和积水，翻松至150mm，平整压实，测量标高
测量放样	恢复道路中心线，增加控制点，测量标高，标出标志号和填土高度
整理开挖面	在机械摊铺前清扫和测量开挖断面
确定工作参数	进行现场压实测试，记录压实设备的类型，最佳组合，压实次数，设备移动速度，压实松散层厚度，含水量等回填参数
工作内容	分层填筑，摊铺平整，控制含水量，机械压实，修建排水沟，检查质量，修整新旧道路连接处和连接段的回填工程
回填	从较低位置开始填充松散层，厚度通过试验段确定，且不超过规范中给出的限制
摊平	推土机粗整平，平地机精整平，从路堤侧面向中间进行，并保持一定的弧度，以利于排水
控制含水量	含水量应控制在可接受范围内。推土机和松土机将用于翻松该层，并在发现含水量符合要求后立即进行压实。如果不够，就用洒水车补充水分
压实	根据试验段确定的工作参数，采用光轮压路机碾压，然后用振动压路机进一步压实
修建排水沟	利用平地机沿路堤压实进行边坡整形，并修建排水沟
质量检测	采用FDT试验，确保回填压实质量符合设计要求
修整设计高度	回填后测量标高，用平地机刮平
连接到主路的岔路口施工	对岔路口进行清扫；如果横向坡度不符合要求，则按照监理的指示对地面进行翻松整理，并在回填之前压实；当横向坡度超过要求时，在回填之前，将现有地面开挖至指定设计的内斜坡度。压实时应遵循由低到高的原则，特别注意岔路口地区，压实密实，无拼接痕迹

6.2.4.4 注意事项

(1) 路基层位于路面层的正下方。路基层由开挖后直接回填的土壤或由当地取土坑的土壤组成。在这两种情况下，路基层必须压实到位。

(2) 如果发现路基层中的材料不合适，应开挖并用合适的材料替换，然后压实。

(3) 路基应在路堤的整个宽度上进行处理，包括路肩。在某些情况下，为了维持交通，需要做部分拓宽处理，并确保路堤的全宽满足路基材料和压实要求。

(4) 如果路段使用现有材料，则应将现有材料充分松解至路基水平以下 150mm 的深度。任何结块应移除或打碎至小于 50mm 的大小。

(5) 路基应使用振动压路机均匀压实。材料的含水量应接近整个路基层的最佳含水量，以便能够形成紧密的压实层。压实应从路堤外缘开始，并通过由纵向碾压，逐渐向中心推进，以使每个部分获得相等的压实强度。

(6) 每 1000m^2路基应进行压实试验。如果试验结果表明密度低于要求，则需要进一步压实。之后应重新检查密度，以确保达到所需的压实密度。

(7) 达到要求的完工路基表面横截面，建议公差为规定标高以上或以下 20mm。在承包商开始路面施工前，应先等路基通过报检。

(8) 在填筑任何路肩填料之前，需要完成所有路基排水工程。对于路肩，每 500m^2完工层应进行压实试验。

参考文献

[1]《市政施工员专业与实操》编写组．市政施工员专业与实操[M]．北京：中国建材工业出版社，2015.
[2] 曹磊．市政桥梁工程桩基础施工技术要点[J]．工程建设与设计，2022(10)：134-136.
[3] 曹向阳．市政桥梁伸缩缝施工技术研究[J]．智能城市，2018，4(08)：134-135.
[4] 陈近民．关于装配式桥墩施工的相关分析[J]．智能城市，2019，5(11)：116-117.
[5] 方诗圣，李海涛．道路桥梁工程施工技术 第2版[M]．武汉：武汉大学出版社，2018.
[6] 付振宇，郭宇鹏，郑晓林．无人机在公路桥梁养护检测中的应用[J]．中国设备工程，2023(20)：168-170.
[7] 杭争强，张运山，等．道路桥梁工程施工与养护维修技术[M]．武汉：华中科技大学出版社，2021.
[8] 郝银，王清平，等．市政工程施工技术与项目安全管理[M]．武汉：华中科技大学出版社，2022.
[9] 何天涛，陈斌．城市桥梁养护管理[M]．北京：中国建筑工业出版社，2021.
[10] 李奔．市政桥涵工程施工与养护[M]．上海：上海交通大学出版社，2020.
[11] 李杰，安彦龙，等．市政路桥施工技术与管理研究[M]．北京：文化发展出版社，2020.
[12] 李书芳，李红立．市政道路养护与管理[M]．重庆：重庆大学出版社，2022.
[13] 刘志伟，刘文君，等．路桥工程管理与给排水规划设计[M]．长春：吉林科学技术出版社，2022.
[14] 马起柱．市政高架桥梁桥墩立柱和盖梁装配式施工技术探讨[J]．四川水泥，2023(01)：274-276.
[15] 苗冬．道路桥梁工程技术与建设[M]．北京：北京工业大学出版社，2023.
[16] 彭颖．市政桥梁工程项目施工安全风险评估研究[D]．南京林业大学，2024.
[17] 沈鑫，樊翠珍，等．市政工程与桥梁工程建设[M]．北京：文化发展出版社，2022.
[18] 孙伟杰．市政桥梁工程中预应力张拉施工的关键技术研究[J]．工程建设与设计，2020(21)：212-214.
[19] 唐会元．基于伸缩缝施工技术在市政路桥建设中的应用研究[J]．四川水泥，2021(05)：258-259.
[20] 王摩西．关于沉井基础施工技术要点分析[J]．福建建材，2015(03)：76-77.
[21] 王苹苹．公路城市跨线桥梁整体同步顶升施工技术[J]．工程建设与设计，2018(09)：251-253.
[22] 王瑞，郝建伟．城市与公路桥梁技术状况评判确定方法对比分析[J]．工程建设与设计，2022(23)：125-127.
[23] 王修山．道路与桥梁施工技术 第2版[M]．北京：机械工业出版社，2022.
[24] 王永州，舒红．论我国城市桥梁发展现状及其发展趋势[J]．江西建材，2017(07)：184-185.
[25] 王云江，张海东．桥梁工程养护维修与管理[M]．北京：化学工业出版社，2014.
[26] 吴伟民．市政工程施工技术[M]．厦门：厦门大学出版社，2013.
[27] 徐会忠，田章华，等．城市桥梁养护与维修[M]．北京：中国建材工业出版社，2019.
[28] 闫兆铭．伸缩缝技术在市政桥梁施工中的应用[J]．工程建设与设计，2017(19)：182-184.
[29] 杨斌，马跃明，等．公路高架桥梁与长隧道施工及研究[M]．北京：文化发展出版社，2019.
[30] 杨纪，宋银平，等．桥梁工程与大跨度桥梁理论[M]．长春：吉林科学技术出版社，2019.
[31] 杨寿君，刘建强，等．城市道路桥梁建设与工程项目管理[M]．长春：吉林科学技术出版社，2021.
[32] 叶茂勇，方力，金涛，等．应用同步顶升技术更换桥梁支座[J]．市政设施管理，2015(4)：27-30.
[33] 余建民．城市桥梁运行管理探索与实践[M]．杭州：浙江工商大学出版社，2017.
[34] 袁文灿．市政桥梁桥面铺装施工中钢纤维混凝土的应用优势分析[J]．河南建材，2018(02)：145-146.
[35] 张忠磊，赵伟朝，等．道路与桥梁设计施工技术[M]．武汉：华中科技大学出版社，2022.

[36] 中华人民共和国交通运输部．公路工程质量检验评定标准 第一册 土建工程：JTG F80/1—2017[S]. 北京：人民交通出版社，2017.
[37] 中华人民共和国交通运输部．公路桥涵施工技术规范：JTG/T 3650—2020[S]. 北京：人民交通出版社，2020.
[38] 中华人民共和国交通运输部．公路土工试验规程：JTG 3430—2020[S]. 北京：人民交通出版社，2020.
[39] 中华人民共和国住房和城乡建设部．城市道路照明工程施工及验收规程：CJJ 89—2012[S]. 北京：中国建筑工业出版社，2012.
[40] 中华人民共和国住房和城乡建设部．城市桥梁养护技术标准：CJJ 99—2017[S]. 北京：中国建筑工业出版社，2017.
[41] 重庆市城市建设投资(集团)有限公司，重庆市城投路桥管理有限公司．城市桥梁管理与养护手册[M]. 哈尔滨：黑龙江科学技术出版社，2019.
[42] 周全，马隽，等．城市建成区域路桥设计施工技术与交通组织优化[M]. 长春：吉林科学技术出版社，2022.
[43] 祝丽思，尹晓静．市政工程计量与计价[M]. 北京：北京理工大学出版社，2020.
[44] 张垚，陈家骏，等．预制装配式技术在市政桥梁工程中的应用[J]. 运输经理世界，2023(10)：91-93.
[45] 何远义，彭浪．装配式盖梁施工技术在桥梁工程中的应用[J]. 工程建设与设计，2020(05)：198-200.
[46] 李三伟，李伟伟．市政工程预制装配式小箱梁架设技术应用[J]. 山西建筑，2019，45(01)：151-153.
[47] 高剑容．市政桥梁预制墩柱拼装关键技术应用研究[J]. 福建建设科技，2022(05)：104-106.
[48] 李国雄．装配式钢筋混凝土在桥梁工程中的应用[J]. 运输经理世界，2023(34)：97-99.
[49] 苏立超．装配式组合钢箱梁在桥梁工程中的应用[J]. 施工技术，2015，44(17)：40-41+78.
[50] 孙润生．装配式建筑技术在市政桥梁工程中应用探讨[J]. 建设科技，2022(05)：124-128.
[51] 王超，江浩，郑泽海，等．公路桥梁工程施工技术与管理[M]. 北京：中国石化出版社，2022.